"十三五"国家重点出版物出版规划项目
智慧物流：现代物流与供应链管理丛书

国际物流学

第2版

张良卫　林勋亮　陈海权　等编著

机械工业出版社

本书结合“一带一路”倡议推进过程中我国对外贸易及国际物流的实践，以及数字经济的发展趋势，全面系统地介绍了国际物流管理的基本理论、基本知识和基本方法。本书分为13章，每章都配有学习目标、学习要点、场景导入、本章小结、案例讨论、课后思考与练习等内容。本书在结构和内容安排上，坚持以把握理论、注重实践为主线，有利于教师教学和学生学习；帮助学生了解学习目标，把握学习重点，掌握关键内容，实施开放训练；引导教学过程由浅入深、循序渐进，启发思维，激励创新。

本书可供物流管理与物流工程、工商管理、电子商务、国际经济与贸易等专业师生作为教材使用，也可供各类企业培训中高层管理人员学习国际物流业务知识使用。

图书在版编目（CIP）数据

国际物流学 / 张良卫等编著. -- 2版. -- 北京 : 机械工业出版社，2024. 12. -- (智慧物流 : 现代物流与供应链管理丛书). -- ISBN 978-7-111-77306-1

Ⅰ. F259. 1

中国国家版本馆CIP数据核字第20259QA287号

机械工业出版社（北京市百万庄大街22号 邮政编码100037）

策划编辑：常爱艳 责任编辑：常爱艳 章承林

责任校对：樊钟英 张亚楠 封面设计：鞠 杨

责任印制：刘 媛

北京中科印刷有限公司印刷

2025年3月第2版第1次印刷

184mm×260mm · 21印张 · 519千字

标准书号：ISBN 978-7-111-77306-1

定价：64.80元

电话服务 网络服务

客服电话：010-88361066 机 工 官 网：www. cmpbook. com

010-88379833 机 工 官 博：weibo. com/cmp1952

010-68326294 金 书 网：www. golden-book. com

封底无防伪标均为盗版 机工教育服务网：www. cmpedu. com

前 言

在2019年“两会”期间，“物流”成为高频词，物流业已成为我国新发展格局中的热点。国家发展和改革委员会等24个部门和单位在“两会”期间联合印发的《关于推动物流高质量发展促进形成强大国内市场的意见》，将物流业定义为支撑国民经济发展的基础性、战略性、先导性产业。《中华人民共和国国民经济和社会发展第十四个五年规划和2035年远景目标纲要》特别强调“加快发展现代物流业”。国际物流成为实现国家“一带一路”倡议、实施粤港澳大湾区发展战略的集中体现和具体实践。

我们知道，国际物流是实践国际贸易的具体过程。它涉及从进出口合同的磋商、签订开始，到卖方把货物交到买方手上为止的整个过程。这个过程可能涉及许许多多的当事人，他们具有不同的身份，情况错综复杂，而且这个过程还涉及不同国家的法律及有关的国际规则。我们常常看到，在卖方所在国，相关人有卖方本人、货运代理人（属卖方或买方的代理则依贸易术语而定）、托运人、发货人、租船人、无船承运人、租船代理人、船务代理人、实际承运人（如船方、铁路、航空公司等）、采购代理人、保险人、商检、海关、港口（海港、空港、车站、货运站、堆场等）、银行、仲裁机构等；在买方所在国，相关人有买方本人、货运代理人（买方或卖方的）、租船人、租船代理人、船务代理人、实际承运人（船方、铁路、航空公司等）、销售代理人、收货人、保险人、商检、海关、港口（海港、空港、车站、货运站、堆场等）、银行、仲裁机构、独家经销商、独家代理人等。整个过程既非常复杂，又非常有规则，特别讲求规范有序，要求遵守国际规则和法律。要完成整个过程，从业人员既要有理论素养，又要有实践能力。按照“国际物流学”的课程教学目标和要求，学生应该了解，在这样一个复杂有序的环境中做好国际物流的业务和管理工作，必须既懂得国际贸易规则和流程，又懂得国际物流规则和流程。国际物流业务的中高层管理人员，不仅要处理好国际物流中的各种日常管理事务，还要熟悉国际贸易流程，进而能够解决比较复杂的国际物流问题；能够维护好公司在国际物流过程中的合法权益，能够把理论和实践很好地结合起来。简而言之，国际物流的高质量发展要有高质量的国际物流人才作为支撑。

对于普通高等院校经济管理类专业来说，一本好的《国际物流学》教材的关键在于要能把理论创新与实践创新紧密地结合起来，把“一带一路”相关的国际物流理论、实践及教学科研紧密地结合起来，把国际物流的专业理论基础、培养目标与应用型人才培养目标紧密地结合起来。现在能够比较好地实现这一系列结合目标的精品教材并不多见。

本书从着手撰写到完成，时间之长，付出的努力远远超出了原来的计划安排。这是因为，一方面，我国的物流管理专业建设注重应用型人才培养，所以“国际物流学”这门课程的教材既要有一定的理论性，又要强调应用性要求。另一方面，现在与国际物流相关的教材很多，但要写好却很不容易。本书试图把国际贸易的实际流程与国际物流的实际流程比较好地结合起来，在介绍国际物流的运作时能够很好地反映国际贸易的客观实际，使国际贸易商流与物流紧密结合，形成具有现代视野和国际化特征的国际物流理论体系。

本书第1版于2019年出版后，被众多本科高校选作教材，并受到广泛好评，现对它加以修订。本次修订，主要是为了适应产业数字化转型、物流数字化应用、数字贸易发展的大趋势，特意增加了海运数字化、数字贸易、低碳物流等内容，侧重国际物流数字化理论和应用。

本书由广东外语外贸大学、暨南大学、广东财经大学、华南农业大学、上海海事大学、广州软件学院、上海外国语大学、首都经济贸易大学等高校物流管理专业的资深教授及团队，以及我国物流业界知名物流企业广州嘉诚国际物流集团、广东林安物流集团、广东华新商贸公司、前海数字贸易公司、纽约航运交易所亚洲区的企业家们共同协作完成。本书为粤港澳大湾区、长三角一体化建设、京津冀协同发展中国物流理论与实践相结合的产物。本书结合“一带一路”推进过程中我国国际物流的实践，以应用型人才培养为宗旨，以数字化国际物流人才培养为主线，全面系统介绍了国际物流管理的基本理论、基本知识和基本方法。

本书由广东外语外贸大学的张良卫教授策划、提出教材大纲，并会同上述高校物流管理专业的有关教授及业界知名企业的企业家商讨，分工撰写完成，有关企业案例由物流界黄平、余栋梁、蔡军等知名企业家提供。各章编写分工如下：张良卫、付夏莲（第1~3章），张良卫、付夏莲、许冬敏（第4、5章），张良卫、陈卓阳、黎楚莹（第6章），边展、黎楚莹（第7、9章），文晓巍、黎楚莹、许冬敏（第8章），林勋亮、张大卡、黎楚莹（第10章），陈海权、李良、黎楚莹（第11章），张良卫、付夏莲、黎楚莹（第12章），甘爱平、张良卫、付夏莲（第13章），张良卫、付夏莲、黎楚莹负责撰写各章的学习目标、学习要点、场景导入、本章小结、案例讨论、课后思考与练习等，付夏莲、黎楚莹负责整理和编排书稿的电子版，全书最后由张良卫统稿、修改和定稿。

本书在写作过程中参考了不少同行出版的著作、教材和论文，以及网络资料，在此予以致谢！由于资料来源较广，时间跨度比较大，参考文献未能一一列出，敬请见谅。书中难免有不如人意之所在，敬请读者批评指正（lwzyf@ gdufs. edu. cn），以便再版时修订，使之能够更契合教学和时代的要求。

我们为选择本书作为授课教材的教师免费提供教学课件（PPT）、课后习题答案及教学大纲，请登录机工教育服务网（www. cmpbook. com）索取。

张良卫

2024年9月10日于广州

目 录

第一章

国际物流概述

学习目标

掌握国际物流的概念，了解国际物流的分类与特点，熟悉国际物流的发展趋势，了解国际物流的研究对象，了解国际物流学的学科基础。

学习要点

国际物流　第三方物流　国际物流管理　国际贸易　绿色物流　贸易性国际物流　非贸易性国际物流

场景导入

张明明即将从物流管理专业毕业，他正在参加广州某国际货运代理公司的面试，面试官让他谈谈国际物流的作用与影响，以及国际物流管理具体是做什么工作的。

问：

假如你是张明明，你会怎么回答？

物流自古有之，国际物流的发展也由来已久。公元前138年，张骞出使西域，打通了著名的“丝绸之路”，从而实现了中国与中亚、欧洲等地区的物流和信息流。在此过程中，张骞利用马匹、骆驼等交通工具，通过陆路运输茶叶、丝绸、玉石等商品，构建了一条国际物流的先驱之路。但由于古代国际物流与商流的高度复合性，古“丝绸之路”更多被视为商路。直到20世纪初，人们基于对军事后勤体系的清晰认知，“物流”一词才被正式提出。1905年，昌西·B. 贝克写道：“与战术部门相关的军备流通和供应称为物流。”在第二次世界大战期间，美军充分利用物流学模型和系统分析方法，确保了所需物资的及时供应。在战争期间广泛运用的许多物流技巧，在战后的经济重建中暂时被人们忽视了。营销管理者将注意力转向了满足战后对物资需求的生产，关注企业是否有能力降低商品的单位生产成本。

20世纪50年代，经济危机爆发，管理者开始关注实物配送——物流。1958年，市场出现利润收缩的现象，这为管理者寻找更加有效的成本控制系统创造了环境，与此同时，许多企业开始意识到物流也是产业活动，加之运输成本急剧上升、生产效率达到峰值、库存理念发生根本性转变、消费者需求日趋多样化、计算机和信息技术在商业中广泛应用、产品回收利用日益引起公众关注、新型的连锁巨头不断涌现等的影响，企业将产业活动的重心转向物流。

21世纪，全球产品市场进入买方市场。人们发现，只有解决好物流问题，才能顺利地扩大再生产，推动经济持续健康发展。尤其在中国，长期推行“大生产、大市场、大流通”的策略，导致产品的大量积压，物流费用占了国内生产总值（GDP）的20%。

中国加入世界贸易组织后，国内市场和国际市场之间的区别正在逐步消失，所有的贸易从某种程度上来讲都是全球性的。因此，制造高质量的产品不再是确保顾客忠诚度的唯一因素，企业还必须始终以合理的价格在顾客需要时为其发送满意的商品。对那些想在日益多样化的市场上为顾客提供优质服务的企业来说，彼时物流成为它们向外发展的最大障碍。

国际物流的运转环境相当复杂，涉及的节点众多，并且与对外经贸业务密切相关，如国际金融、运输保险、多式联运、货物清关、出入境检验检疫等。随着中国外贸依存度的逐年提高，作为国际货物贸易的最终交付手段——国际物流显得日趋重要。因此，在构建以国内大循环为主体、国内国际双循环相互促进的新发展格局下，完成国际物流与国际贸易的“无缝对接”就成了当务之急。

可见，国际物流已成为全球经济发展的一个重要热点，它对提升企业的生产效率、降低商品的流通成本、改善对顾客的服务质量、调整国家的产业结构、实现我国经济增长模式的根本性转变、增加工商企业乃至国家经济的核心竞争力，都具有深远的意义。

第一节　国际物流的概念、分类及特点

一、国际物流的概念

1. 国际物流的含义

国际物流（International Logistics，IL）是相对国内物流而言的，它是指不同国家（地区）之间的物流，是跨国界（地区）的、流通范围扩大了的物品的实体流动，是国内物流的延伸和进一步扩展。国际物流也可以说是国际贸易的一个重要组成部分，各国之间的相互贸易实际上最终都将通过国际物流来实现。

2. 国际物流的性质

国际分工是国际物流形成的基础。国际分工的不断深化，使国家之间的分工合作成为一种必然。各国不能包揽世界上的一切专业分工，它们之间必然会选择分工合作。国际贸易成为市场经济条件下国家之间选择分工合作最直接有效的方式。伴随国际贸易而来的国际商品、物资的流动便形成国际物流。国际物流的有效运作和实现，将国外客户需要的商品适时、适地、按质、按量、低成本地送抵，从而提高了本国商品在国际市场上的竞争力，扩大了对外贸易。同时也将本国所需要的设备、物资等商品及时、高效、安全、便宜地从国外进口到国内，满足国内人民生活、生产建设、科学技术与国民经济发展的需要。

二、国际物流的分类

1. 按广义和狭义区分

广义的国际物流包括贸易性国际物流和非贸易性国际物流。广义的国际物流的研究范围包括贸易性国际物流、非贸易性国际物流、国际物流投资、国际物流合作、国际物流交流等领域。其中贸易性国际物流是指国际贸易货物（进出口货物）的国际合理流动。非贸易性国际物流是指各种会展物品、行李物品、办公用品、捐助物资、援外物资等非贸易货物的国际流动。

狭义的国际物流是指贸易性国际物流，即当商品的生产和消费分别在两个或两个以上的国家（地区）独立进行时，为了克服生产与消费之间的空间距离和时间间隔，对商品进行时间和空间转移的活动，也就是卖方交付货物和单证、收取货款，买方支付货款、接受单证和收取货物的过程。

2. 按货物的社会再生产领域属性区分

按照货物的社会再生产领域属性，国际物流可分为国际贸易性物流、国际投资性物流、国际服务性物流，它们也可简称为国际贸易物流、国际投资物流、国际服务物流。

三、国际物流的特点

（1）国际性。物流活动的货物跨越关境所产生的一系列国际性活动是国际物流最显著的特点。国际物流活动是国际贸易交易双方就各种贸易合同项下的货物跨越国家或地区的关境所进行的空间位移活动和时效安排，也是这些货物因国际供需而有计划地实现其在国际流通的过程。

（2）复杂性。国际物流活动的复杂性在于其跨越不同国家所导致的不同的政策、人文、法律、文化、习俗和基础条件等因素的相互交织和影响。国际贸易合同、国际直接投资合同、许可证贸易合同、国际工程承包合同、国际服务贸易合同等各种合同下所涉及的各种国际物流活动，会不同程度地涉及各国的各种不同政策、人文、法律、文化、习俗和基础条件等现实条件并受其影响，情况比较复杂。

（3）风险比较大。国际物流活动所涉货物往往是远涉重洋或跨越数国的，其所处的海洋条件或所承担的风险及所处软硬环境的差异性往往都比较大。国际物流需要通过国际远洋运输、国际铁路运输、国际航空运输、国际管道运输或国际多式联运等不同的国际运输方式，将货物从启运地（港）运往目的地（港），途中需要跨越各大洋水域或国际海域或空域，或者跨越不同国家的陆域疆界，其中的海洋条件、自然环境和气候条件异常多变，遭遇各种风险的可能性比较大。例如，2007 年 11 月，“中远釜山”号货轮停靠旧金山湾时撞上了海湾大桥的桥墩，其船体一侧约 27m 宽的缺口非常明显，造成超过 5 万加仑燃油泄漏到旧金山湾。2003 年 7 月，希腊籍油轮“塔斯曼精灵”号在巴基斯坦卡拉奇（Karachi）附近搁浅，该船运载的 62000t 原油有 1/5 漏进了大海，被认为是巴基斯坦历史上最为严重的环境灾难。1989 年 3 月 24 日，“埃克森·瓦尔迪兹”号超大型油轮在美国阿拉斯加州威廉王子湾（Prince William Sound）撞上暗礁，致使 1100 万加仑原油泄漏至该水域，这些漏油在事故发生 20 年后仍在释放着毒素。1978 年 3 月 16 日，美国石油公司“卡迪兹”号油轮在法国布列塔尼（Brittany）半岛的海岸处搁浅并断为两截，其泄漏的超过 160 万桶原油将当地海岸线几乎全部污染。这是海运史上最为严重的一次原油泄漏灾难。

（4）高度标准化。国际物流活动所涉货物、装卸设备、港口条件和作业要求的标准化程度高、形式规范，要求都很严格。国际所涉货物从其原材料采购到工厂生产再到订单销售，从包装到装卸、运输与报关报检，从入库上架到出库下架、分拣配送，其整个国际物流运作过程都要求严格实现标准化的操作和运营。

四、国际物流管理

国际物流管理，是指公司在网络化或者系统化的基础上，通过网络平台或系统化的运作，降低国际物流运作成本，提高国际物流服务质量，创造国际物流服务市场，实现公司国际物流管理目标的管理活动。

国际物流管理的本质在于，按分工协作原则，依照国际惯例，利用国际化的物流网络、设施和技术，通过国际管理，实现货物的国际流动和交换，获得国际物流价值链上的合理份额，促进公司的健康成长和资源的优化配置，实现公司的管理目标。

第二节 国际物流的历史演进与发展

上启秦汉、中承唐宋、下至明清，中国古代历史进程一路伴有物流的发展。“仓廪实而知礼节”，先秦时代开启了国家仓储制，用以调节物资供需平衡，确保社会长治久安。

我国古代历史进程也伴有国际物流的演进。“骞以郎应募，使月氏”，汉朝使臣张骞出使西域，开辟了全长7000多km、横贯亚欧的陆上贸易通道——“丝绸之路”。“涉沧溟十万余里”，明朝郑和率船队远航西太平洋和印度洋30多个国家，开辟了“海上丝绸之路”。

一、国际物流的兴起

国际物流的兴起有着深刻的国际经济社会背景。

（1）从宏观上看，全球化的发展是国际物流兴起的有力推动因素；信息全球化是推动国际物流兴起的纽带；市场全球化是国际物流兴起的物质基础；资本全球化是国际物流兴起的金融支柱；生产全球化是国际物流兴起的基本源泉。

（2）从微观上看，跨国公司的发展带来专业分工的深化，供应链模式的改变促进了国际物流的兴起。跨国公司的兴起是国际物流得以兴起的公司组织基础，世界范围内的跨国公司的专业化分工和全球化经营大大促进了国际物流的迅速兴起；供应链模式的改变使公司的经营模式发生了重大变化，大量的国际物流活动成为跨国公司成长的必然选择。特别是20世纪90年代以来，跨国公司有了更加迅速的发展。根据不完全统计，目前世界有6.5万家跨国公司，它们创造了全球60%以上的贸易额，掌握的高新技术占全球的70%，控制的国际技术贸易占全球的70%，产值占世界总产值的40%，投资额占各国对外投资的23%，全球排名前100的大银行几乎垄断了所有跨国商业性金融服务。同时，国际直接投资也产生了大量的国际物流需求，对国际运输的直接需求迅速增长，并提出了更高的国际物流服务要求。

二、国际物流的历史演进

20 世纪中后期以来，国际物流有了较大的发展。20 世纪 60 年代，开始形成国家间的大量物流，出现了大型物流工具，如国际集装箱船舶、国际大型油船等。20 世纪 70 年代，船舶大型化趋势进一步加强，提高了国际物流服务水平。20 世纪 70 年代中后期，航空物流大幅度增加，出现了更高水平的国际联运。20 世纪 80 年代前期和中期，出现了“精细物流”的服务要求。到 20 世纪 80 年代、90 年代，国际物流的发展进入了物流信息化时代。进入 21 世纪以来，国际物流的网络化、全球化、专业化程度日益增强。

三、国际物流的发展趋势

展望未来，国际物流的发展趋势主要包括以下几个方面：

（1）物流企业向信息化、网络化、集约化、协同化方向发展。物流企业的信息化已经成为我国物流业态进行企业信息化更新改造的根本方向；我国的国际物流企业作为国际物流的供应商，正逐渐形成能够在全球范围内提供国际物流服务的网络平台；现代国际物流服务，要求的不仅是传统的国际物流服务的粗放式延伸，还是有现代国际物流服务的集约式扩张。国际物流发展的过程也是国际物流供求合同各方的上游与下游不断协同共进的结果。

（2）物流服务的个性化、优质化、全球化、专业化趋势日益明显。构建合同导向的个性化国际物流服务体系成为企业获取竞争优势的关键。国际物流服务的需求方对物流企业提供的国际物流服务的要求不断提高，提供优质化的物流服务成为物流企业满足国际物流需求和赢得市场的决定性要素。能够提供全球化的物流服务也已成为国际物流服务需求方对物流企业进行甄别的导向性要素。能够提供专业化的物流服务则已成为国际物流需求方和市场选择的技术性要素。

（3）第三方物流迅速发展，其地位和作用日益突出。第三方物流是指独立于供需双方，为客户提供专项或全面的物流系统设计或系统运营的物流服务模式，是运用外部公司完成由组织内部完成的物流功能，包括全部的物流功能或所选择的部分物流功能。在委托方提出的物流需求的推动下，物流服务企业提供从简单的储存、运输等单项活动到全面的物流服务，包括：物流活动的组织、协调和管理，设计最优物流方案，以及物流全程的信息搜集和管理等。

跨国公司是第三方物流的主要推动者。在日趋全球化的社会中，几乎任何一种经济潮流都与跨国公司有着紧密的联系。跨国公司在规模和地域上的强大优势使其成为物流服务的重要需求方。

（4）绿色物流、低碳物流成为国际物流发展的时代要求。在现代绿色经济、低碳经济时代，任何产业的发展必须优先考虑环境问题，国际物流的发展也不例外，需要从环境角度对国际物流体系进行改造，即需要形成一个环境共生型的国际物流管理系统。这种国际物流管理系统是建立在维护全球环境和可持续发展的基础之上的，能够改变以往经济发展与物流、消费生活与物流的单向作用关系，在抑制物流对环境造成危害的同时，形成一种适应时代进步、促进经济与消费健康持续发展的国际物流系统，即向所谓的绿色物流、低碳物流转变，以顺应时代对国际物流发展的要求。

（5）跨国公司是当今推动国际物流发展的主要力量。在经济全球化的今天，任何一种经济潮流都离不开跨国公司的推动。跨国公司在规模和地域上的强大优势使其成为国际物流服务最重要的需求者和供应者，例如，美国沃尔玛、日本丰田、美国通用、德国大众等诸多大型跨国集团都是国际物流服务的需求大户；同时，一大批物流跨国巨头又是国际物流最重要的供应者，如 UPS、FedEx、马士基、TNT 等。

◇【知识链接】

国际绿色物流

绿色物流（Environmental Logistics）是指在物流过程中，通过先进物流设施设备、环保材料、技术与管理创新的综合运用，使物流资源得到充分利用，抑制物流对环境造成的负面影响。它包括物流作业环节和物流管理全过程的绿色化。国际绿色物流与绿色物流的内涵基本一致。国际绿色物流的内涵包括以下几个方面：

（1）环保。国际绿色物流强调在物流过程中减少对环境的影响，采用环保材料、技术和方法，减少废弃物和能源消耗，降低碳排放，实现物流活动和环境保护的协调发展。

（2）节约。国际绿色物流通过优化物流网络，提高物流效率、降低运输成本、减少资源浪费，实现经济效益和环境效益双重目标。

（3）循环。国际绿色物流强调资源的循环利用，通过回收、再利用、再制造等手段，实现资源的循环利用，减少物流活动对资源的消耗。

（4）创新。国际绿色物流鼓励技术创新，采用先进的物流技术和管理方法，提高物流效率和环保水平，实现物流产业的升级和转型。

（5）协同。国际绿色物流强调企业、政府、行业协会等各方协同合作，共同推动绿色物流的发展，实现经济效益、社会效益和环境效益的协调发展。

国际绿色物流的兴起可以追溯到 20 世纪 90 年代，由于人们对环境问题的关注日益增加，物流活动对环境的影响也逐渐被人们认识。在此背景下，许多国家开始推动绿色物流的发展，以减少物流活动对环境造成的负面影响。随着经济全球化的推进和电子商务的迅速发展，物流活动的重要性日益凸显。然而，传统的物流方式往往会对环境造成负面影响，如空气污染、能源消耗、道路磨损等。因此，许多国际组织和国家已经采取了行动，以促进绿色物流的发展。例如，欧洲联盟已经颁布了多项法规，以促进绿色物流的发展；大量跨国企业和组织也开始寻求更环保、更可持续的物流方式，以减少传统物流方式对环境的负面影响。发展绿色物流不仅是在竞争中抢占先机的重要机遇，也是应对全球化挑战的重要战略。

中国国际绿色物流产业的发展还处在初级阶段，政府出台了包括推动绿色物流认证、ESG 体系认证、促进绿色物流技术创新、鼓励企业采用绿色物流方式、加强绿色物流宣传推广、推动绿色物流国际合作等一系列政策措施，以促进国际绿色物流的发展。国际物流企业在政府的倡导下积极调整发展战略，多方面推动绿色物流发展。例如，中远海运集团开发了一种智能集装箱，通过智能化管理，提高集装箱的使用效率和物流效率，降低能源消耗和碳排放；采用可持续包装材料和绿色技术，进行包装优化，减少废弃物的产生，减轻对环境的影响；积极推动绿色港口建设，通过优化港口运营管理，降低能源消耗和碳排放。

未来，随着技术的进步和人们对环境问题的关注日益增加，国际绿色物流将会得到更广泛的发展和应用。例如，物联网技术、人工智能等将会被广泛应用于物流领域，以提高物流效率和减少能源消耗。同时，消费者对环保和可持续性的关注也将推动国际物流企业采取更环保的物流方式。

◇【企业链接】

林安物流集团的物流信息系统建设

本案例对林安物流集团的物流信息交易系统建设进行介绍。林安物流集团的信息化建设全面深入，卓有成效。

一、开发建设

2008年，林安物流集团以全新的“互联网+物流+金融+产业”的运营模式，构建物流信息交易平台、物流金融平台和第四方服务平台，打造中小物流企业集群和创新发展基地，构建物流供应链上中下游一站式的O2O物流新生态圈。林安物流集团通过建设“线下+线上”的物流信息交易中心和网上信息化交易平台，解决了物流行业信息平台不能落地的问题。

林安物流集团开发了现代物流信息化交易平台，把厂家、第三方、专线、信息户、司机、设备制造商、保险、油卡等资源整合在一起，打造了一个网上的物流生态圈，它们互为上下游关系。该平台通过验证整合了约250万名诚信司机作为运力，提供给不同的物流公司、厂家使用，大大降低了物流成本，满足了各阶层货主对物流的需求；同时，也为司机提供了货源。上游的客户为物流公司提供了运力，使它们不必自己买车辆、请司机，大大降低了物流成本。

同时，平台为司机提供了设备制造商，一汽解放、东方、陕汽直接在平台销售车辆，引入了平安银行、浦发银行、农商行等金融机构帮助司机购买车辆，并在日常业务活动中提供融资服务，解决了资金短缺的问题。林安物流集团（以下简称林安）的信息化建设主要分为以下几个方向：

1. 线下物流信息化平台——林安物流信息交易中心

近年来，林安物流集团旗下的线下股票式的物流信息交易中心正在逐步向新的智慧物流园区铺网建设，林安旗下已有20多个物流园区，极大地促进了社会闲散车辆的有效整合，成为信息化建设的强有力保证。林安总部园区已有成熟的信息化建设经验，目前总部信息交易中心有1500个席位，每天有3万~5万名司机在现场进行交易。这种线下的交易平台实现了货源信息和车源信息的无缝对接，激发了物流行业内供给、需求两端的活力，搭建了厂家、商家、物流企业、司机“面对面”的交易平台。该平台可以实现降低物流成本、推进行业内供给侧改革、提高服务效率、打造诚信体系的目的。

2. 线上物流信息化平台——“我要56”App、林安物流网

2013年，林安在行业率先打造“互联网+干支衔接”垂直运力解决平台——“我要56”App。2017年，“我要56”App用四年的时间实现了质的飞越，线上司机货主极为活跃，线上下单交易快速增加，信息化推进成效显著。“我要56”App上线了多个功能服务，包括“我要投标”“油卡充值”“掌上门卡”等，极大地方便了司机和货主。目前，“我要56”App、林安物联网以及线下物流交易中心平台拥有全国约250万名司机会员，通过整合社会车辆，在网上创建了有形的新的物流生态圈。

3. 林安支付

2014年7月，林安物流集团获得中国人民银行颁发的“支付牌照”，它正致力于开展物流金融服务。林安支付是物流行业的第三方支付平台，是物流人的“支付宝”，其主要提供

的服务包括第三方担保交易、物业缴费交易、代扣代付交易、扫码支付、充值、转账、提现交易等。林安支付有效解决了物流行业回单结算、代收货款等社会难题，提高了服务效率，降低了结算成本。

4. 中国公路物流运价指数

林安物流集团联合中国物流与采购联合会共同打造旨在反映当前货运价格的中国公路运价指数。该指数每周更新一次，每月在央视财经频道定时播报。该指数主要基于林安物流信息化平台交易数据及中国物流与采购联合会在各地监测点的数据，通过云计算的方法，宏观反映当前公路运输的价格，为行业在物流交易中提供可以参考的价格，使物流从“无价”变成“有价”。每年服务行业的司机有2000万名左右，浏览点击率达上亿次，通过物流的供需关系，运价指数直接反映当前中国宏观经济的走向，是物流运输经济的“晴雨表”、运输价格的“风向标”。

5. 林安征信

林安征信是物流行业首个征信平台，拥有独立的身份标识、可靠的信用凭证，可提高物流信息透明度，营造诚信物流交易环境，让物流看得见、摸得着、抓得住。目前入驻林安征信平台的用户数量已达250万之多，其中司机约有220万名，企业约有30万家。

二、成效显著

林安物流园全面结合“线上+线下”信息化平台，每天发布上千万条货运交易信息，货车空载率降低10%~30%。园区发展智慧物流，将互联网、金融等现代化工具和手段更好地运用到物流运作中，贯穿企业生产经营的各个环节，并影响社会经济的各个环节和领域，降低物流成本20%以上，提高了企业和全社会的物流效率。

林安物流集团的信息化建设对物流链上的每个环节所需要的数据进行分类、整理和挖掘，将物流链上的地理位置信息、数据图示化和可视化呈现与感应传输相结合，提供实时数据信息，如实时追踪服务、实时风险管理、实时库存服务等。此外，在林安物流集团连锁园区网络成型后，可以发挥网络组合效应，利用大数据技术，可设计出园区之间的最佳班线网络与班次，帮助货主选择最佳的物流路线，客户可以得到更加灵活、迅速和高效的个性化解决方案和配送服务。

目前，通过林安物流平台实现的年货运量达6000万t，年货运价值达9000亿元。针对传统物流高污染、高能耗、高交通压力的特点，林安物流集团打造“绿色货运”，从供给侧结构性改革角度出发，不断提高供给质量，根据物流行业发展的新要求，通过信息化平台建设降低物流发展的社会成本。2013年，世界银行把林安物流集团的信息化平台列为“绿色货运试点”项目。林安物流集团的信息化平台通过化解信息不对称，解决了车辆的迂回、闲置、空载、交通拥堵、资源浪费、不诚信等诸多问题。例如，按照原有的模式，货车在空载状态下行驶，增加了碳排放，还造成交通拥堵等民生问题。

林安物流集团信息化平台高效的交易，可以帮助制造业实现“零库存”——厂家和商家不需要再建仓库，它们可以将生产的产品直接拉到物流园区，实现货物和车辆的对接，再由物流园区直接配送到全国各地，从而实现“零库存”。这样就实现了土地的集约利用。

林安支付为林安旗下的物流园区提供第三方担保、物业缴费、代扣代付、扫码支付、充值、转账、提现等服务，让司机和货主在林安的智慧物流园区内享受到一站式的服务，让他们省时、省力、省钱、省心。通过林安支付有效解决了物流行业回单结算、代收货款以及因双方不见面而互不信任造成的物流业务难以开展的诚信难题，也解决了远程调车、货物交收的资金保证等社会难题，提高了服务效率，降低了结算成本。

林安物流集团通过信息发布、交易的透明化，实现了全国最大范围的资源整合，从而为客户提供最佳服务，有效解决了信息不对称和诚信缺失的问题，促进了社会和谐，增加了当地政府税收，在行业内发挥着示范和带动作用。林安物流集团目前已经在广东、北京、湖北、河南、安徽、江西、吉林等省市建立了自己的物流节点和物流网络，并继续在全国拓展，逐步实现全国范围内的物流骨干布局。

三、拓展空间

用户普遍关注物流信息化平台上所提供的信息的准确性和及时性，以及在线结算的便利性。目前，以下几个方面还有拓展空间：

（1）帮助司机货主养成线上交易结算的习惯，提高他们对在线结算安全性的认可度。一方面，需要通过激励方式培养用户的使用习惯；另一方面，需要对在线结算的流程进一步优化。

（2）相比于货主，货车司机更加关注在线交易的流畅性和操作的复杂程度。由于货车司机的受教育程度普遍较低，烦琐的操作过程将大大降低货车司机使用在线信息化平台和移动端手机 App 的客户满意度。

（3）加强大数据服务预测需求和供应的变化。大数据服务技术可以帮助林安物流集团预测物流链上的每个环节的物流需求量和供应量，帮助货主调整服务价格，帮助司机调整报价和服务质量。利用数据挖掘技术从大量交易信息中筛选出关键指标因素，从而精确分析出该货主的信用水平、交易习惯和未来行为倾向；甚至可以根据系统收集的大数据分析出货车更换配件、轮胎、维修等信息，及时提醒司机并为司机推荐配件、轮胎供应商以及维修站，在方便司机的同时，为公司找出新的利润点。而且，在预测的基础上可以为货车司机和货主提供预测性推荐，增加用户使用 App 的频率。

资料来源：由林安物流集团提供。

问题：

林安物流集团信息化建设有什么特点？它给我们的启示是什么？

四、我国国际物流的发展

1. 我国国际物流的发展概貌

我国国民经济在“八五”“九五”“十五”“十一五”“十二五”“十三五”“十四五”时期的高速发展，要求我国的物流体系迅速与之相适应。为此，国家为高速发展物流业采取了一系列重要措施。“八五”时期，明确把发展第三产业，特别是物流业作为重点。“九五”时期，开展物流研究、提高物流水平的迫切性和重要性成为共识，物流系统建设向标准化和国际化方向发展。“十五”时期，确定的物流发展总目标是逐步提高社会化、专业化物流配送在生产、流通领域中的比重。“十一五”时期，提出现代物流发展的目标是，到 2010 年基本建立快捷、高效、安全、方便并具有国际竞争力的现代物流服务体系，大幅度提高物流的社会化、专业化和现代化水平；“十大产业振兴规划”将“物流业调整振兴规划”纳入其中，凸显了现代物流业在我国国民经济发展中的特殊地位。“十二五”时期，2014 年，我国有近 40%的对外依存度，超过 4.3 万亿美元的进出口总额，连续两年成为世界第一大进出口国。“十三五”时期，我国积极应对贸易保护主义、逆全球化及其他不确定性因素的挑战，不断优化贸易合作机制，提升国际分工价值链，逐渐形成以中国企业为主导的区域性的乃至全球性的生产网络和全球价值链体系。2020 年，我国货物贸易进出口总额为 32.16 万亿元，同比增长 1.94%；货物进出口差额为 3.71 万亿元，同比增长 27.26%。

“十四五”时期，我国国际物流发展环境持续优化，市场体系逐步完善，发展空间巨大。“十四五”规划提出，立足国内大循环，协同推进强大国内市场和贸易强国建设，形成全球资源要素强大引力场，促进内需和外需、进口和出口、引进外资和对外投资协调发展，加快培育参与国际合作和竞争新优势。优化国际市场布局，引导企业深耕传统出口市场、拓展新兴市场，扩大与周边国家贸易规模，稳定国际市场份额。推动加工贸易转型升级，深化外贸转型升级基地、海关特殊监管区域、贸易促进平台、国际营销服务网络建设，加快发展跨境电商、市场采购贸易等新模式，鼓励建设海外仓，保障外贸产业链供应链畅通运转。2023 年，我国进出口总值 41.76 万亿元，规模再创历史新高。其中，出口 23.77 万亿元，进口 17.99 万亿元。

2. 我国国际物流发展的特点

从需求方的角度来看，我国国际物流发展的特点是：国际物流需求量较大，但地区发展不均衡。我国的国际物流需求大都集中在沿海地区和周边城市，中西部内陆地区及其众多城市的潜在需求还没有被发掘，大批内陆地区的国际物流需求还有待挖掘，现有的分布状况还很不均衡。

从供给方的角度来看，我国国际物流发展的特点是：①国外物流巨头大批进入，如 UPS、DHL、FedEx、TNT 等，成为我国物流企业的有力竞争者，也带来了优秀的现代物流管理模式和方法；②我国国内的物流巨头迅速扩展，如中远集团、中外运集团、中海集运等。我国已经有一大批优秀的国际物流服务性大型国际物流集团，但它们的国际物流服务和管理的水平及规模与世界物流巨头相比还有较大的提升空间；③我国国内大型制造企业自营物流业态齐头并进，并取得迅速发展。

3. 我国国际物流的发展要求和目标

在国家的《物流业调整和振兴规划》中，进一步明确了我国国际物流发展的要求和目标，特别强调了加快国际物流和保税物流发展。要求加强主要港口、国际海运陆运集装箱中转站、多功能国际货运站、国际机场等物流节点的多式联运物流设施建设，加快发展铁海联运，提高国际货物的中转能力，加快发展适应国际中转、国际采购、国际配送、国际转口贸易业务要求的国际物流，逐步建成一批适应国际贸易发展需要的大型国际物流港，并不断增强其配套功能。在有效监管的前提下，各有关部门要简化审批手续，优化口岸通关作业流程，实行申办手续电子化和“一站式”服务，提高通关效率。充分发挥口岸联络协调机制的作用，加快“电子口岸”建设，积极推进大通关信息资源整合。统筹规划、合理布局，积极推进海关特殊监管区域整合发展和保税监管场所建设，建立既适应跨国公司全球化运作又适应加工制造业多元化发展需求的新型保税物流监管体系。积极促进口岸物流向内地物流节点城市顺畅延伸，促进内地现代物流业的发展。

按照国家《物流业调整和振兴规划》的要求和目标，我国国际物流的发展进入了新一轮大发展的阶段。①从国际物流的区域发展来看，我国正在形成以长三角、珠三角、京津冀为核心的国际物流东部枢纽，以武汉、长沙、郑州、包头为核心的国际物流中部枢纽，以昆明、成都、西安、兰州、乌鲁木齐为核心的国际物流西部枢纽，以大连、沈阳、长春、哈尔滨为核心的国际物流东北（亚）枢纽；以新亚欧大陆桥贯通形成的江苏、河南、陕西、甘肃、青海、新疆东西部区域国际物流大走廊，以及由此派生的东（西）亚、广西（云南）、湖南（贵州）、湖北（重庆）、河南（四川）、陕西、甘肃、青海、新疆南北区域国际物流大走廊。②从国际物流中心的发展来看，我国的国际物流中心已经有计划地快速建立，如大连保税国际物流港、上海国际航运中心、天津港保税国际物流中心、广州南方国际现代物流中心、深圳国际物流中心等。其中，大连保税国际物流港位于以大连新经济区为依托的大孤山半岛与大窑湾，港区总规划面积 81.5km^2，建成后将形成年综合通过能力超过 2.5 亿 t 的港口群，并最终成为集国际采购、国际配送、国际转口等功能于一体的东北亚国际物流中心。大连保税国际物流港包括北良港、矿石码头、油品码头、集装箱码头、汽车码头、保税区、出口加工区及保税物流园等紧邻港口的物流运作区。上海国际航运中心将形成以上海 100 多 km 的黄金岸线为标志的洋山港、外高桥港、浦东机场空港以及洋山保税港区、外高桥保税区、浦东机场综合保税区等“三港三区”的基本构架，使上海成为世界第一大国际货运中心和集装箱中心。广州南方国际现代物流中心的总体目标为，建成整合珠江三角洲、服务华南、辐射大西南和东南亚、面向全国和全球、国际国内双向物流整合和海陆空物流相结合的中国南方国际现代物流中心，包括建成功能健全的物流信息平台和物流运输平台两大平台，建成三大国际性枢纽型物流园区，包括南沙物流园区、黄埔物流园区、国际空港物流园区；建成五大区域性综合型物流园区，包括芳村（综合）物流园区、白云（综合）物流园区、增城（综合）物流园区、番禺（综合）物流园区、花都（综合）物流园区等。

第三节　国际物流的研究对象与时代背景

一、国际物流的研究对象

国际物流是现代物流的重要组成部分，是国际货物跨越国与国、地区与地区之间的一种物流运作方式。国际物流的研究对象，就是国际经济贸易社会活动中“物”的流动规律，特别是国际贸易物流活动的规律，是通过对经济科学、管理科学、计算机科学、信息科学、工程技术科学等多门学科的交叉运用，综合现代科学技术手段和管理组织方法，精简国际物流的流程，降低国际物流成本，提高国际物流的效率和效益，有效管理、控制国际物流的全过程。

二、国际物流的时代背景

当今国际物流的发展，离不开世界经济发展的大背景，离不开席卷世界的经济全球化。经济全球化是当今世界发展最重要的趋势，其他趋势都会受到这一趋势的深刻影响和制约。

在经济全球化的推动下，资源配置已从一个工厂、一个地区、一个国家扩展到整个世界。国际物流通过现代运输手段和信息技术、网络技术，降低了物流成本，提高了物流效率，在国际贸易和全球资源配置中发挥着越来越大的作用。作为新兴崛起的产业业态，国际物流正越来越受到人们的关注和重视。

在经济全球化的条件下，当前国际物流的发展正面临着前所未有的机遇，国际贸易的急剧扩大为国际物流的发展和研究提供了广阔的空间。进入21世纪以来，国际贸易高速增长，规模急剧扩大。2021年，世界商品出口额强劲增长26.5%，达到22.3万亿美元。中国是全球最大的贸易国，2021年的中国进出口额居全球首位，其中出口额约33640亿美元，占全球份额的15.07%，年增长率达到29.9%；进口额约26890亿美元，占全球份额的11.9%，年增长率达30.1%。同时，国际贸易货运总量的2/3以上、中国进出口货运总量的90%左右都是通过海上运输的，海运需求巨大。2021年，全球海运量增长3.4%，总量达到120亿t，其中石油（包含石油及石油产品）为2.84亿t，气体（包含LNG及LPG）为5.08亿t，油气占全球比重约28%；干散货海运量占全球海运量的44.8%，其中谷物（包含大豆）超5亿t，铁矿石超15亿t，煤炭超12.3亿t；集装箱海运量超19.5亿t，占全球海运量的16.28%。2022年的《财富》世界500强企业，我国共有8家港口、航运、供应链金融、货代企业上榜，国外港航船舶领域共有5家企业上榜。联合国贸易和发展会议公布的相关数据显示，全球前三大造船国家为韩国、中国和日本，其所建造船舶占全球建造总吨位的91.8%，中国列第二位。

三、国际分工对国际物流的作用

国际产业的重新分工布局，为国际物流的发展提供了更广泛的服务。从国际分工来看，相互依存、优势互补的国际分工进一步深化，制造业重心继续东移。2011年—2021年，全球制成品出口贸易规模上升3.68万亿美元。2021年，全球制成品出口规模排名前五的国家依次为中国、德国、美国、日本和韩国。以东盟+中日韩、欧盟、北美自贸区和其他国家与地区共四个区域划分全球制成品贸易流，2021年，东盟+中日韩的出口份额高达37.1%，而进口份额为22.9%，是制成品的主要净出口区域；北美自贸区的出口份额为11%，而进口份额为19.6%，是制成品的主要净进口区域。简而言之，全球区域之间的制成品贸易主要是东盟+中日韩向北美自贸区出口制成品。东盟+中日韩取代欧盟成为制成品的第一大出口区域，尤其是中国和东盟的市场份额上升最快，这反映出制造业的生产环节日益向中国和东南亚区域聚集。这种新的国际分工和布局，不仅决定了国际物流的走向和布局，而且决定了国际物流将拥有更广泛的服务对象和服务内容。

第四节 国际物流学概述

一、国际物流学的学科基础

国际物流活动本身的特殊性和规律性，以及它跨越国家界限，涉及多种运输方式运作的复杂性，都需要人们对国际物流进行专门的系统研究。国际物流的兴起和迅猛发展直接促成了理论和实践对国际物流学的关注。国际物流学就是在这样的大背景下兴起的。国际物流学客观上是一种理论与实际相结合的交叉科学。它涉及软科学的范畴，包括经济学、管理学、数学、系统学、运筹学等理论工具的应用以及国际贸易、运输经济学、企业管理、宏观经济学、区域经济学、产业经济学等诸多应用经济管理科学，又涉及硬科学的范畴，包括运输、仓储、装载技术、商品检验和计算机、互联网信息技术等诸多技术手段。

二、国际物流学的研究内容

国际物流学的主要研究内容包括以下三个方面：

（1）国际物流的经济学研究。例如：国际物流与宏观经济、区域经济的关系；国际物流中心建设；国际物流宏观绩效评价；国际物流对区域经济的影响；国际物流企业运作的经济性分析；第三方物流的经济性分析；国际物流项目的宏观绩效评价；企业物流系统的绩效评价等。

（2）国际物流的管理学研究。例如：国际采购、运输仓储、搬运、包装、配送、信息系统等的管理学研究；国际物流的采购物流体系、生产物流体系和分销物流系统分析和设计等；跨国公司的国际物流系统的组织管理；多式联运，多种运输方式的选择和组合；供应链管理研究；国际物流的标准化，包括运输装卸工具、单据、信息化标准的设立、完善与普及等。

（3）国际物流技术与工程研究。例如：运输技术、仓储技术、包装技术、搬运技术、流通加工技术、环境科学技术等；国际物流商品特性，商品保管、养护、组合装卸与识别技术；国际物流设施的数量、布局、优化、规划、设计与运作技术；国际物流信息化平台研究；国际物流的软件开发研究等。

本章小结

本章介绍了国际物流的概念、国际物流的特点和国际物流的分类，阐述了国际物流的发展趋势，介绍了国际物流的研究对象和国际物流学的学科基础。

案例讨论

国际物流企业——美国联合包裹运送服务（UPS）公司

UPS 公司是一家大型的国际快递公司，也是全球最大的航空快递公司之一。UPS 公司还在全世界建立了 10 多个航空运输的中转中心，在 200 多个国家和地区建立了数万个快递中心，年营业额可达到几百亿美元，在世界快递行业中享有较高的声誉，是国际物流巨头之一。

UPS 公司在世界各地发展迅速，效益显著上升。UPS 公司之所以能够取得如此显著的成绩，是因为它能够真正做到将遍布在世界各地的快递物品迅速、安全地送达目的地。

“迅速”是快递公司的主要特点。UPS 公司能够实现国际快件 3 日内达到、国内快件 1h 取件和 24h 下个航班到达的承诺，满足了较高的服务质量要求。

“安全”也是快递公司的主要特点。UPS 公司能够实现每天 1 万多人次在网上对快递的跟踪查询，以及每天 2 万人次通过电话对快递的跟踪查询。

UPS 公司之所以能够达到以上服务标准，关键在于：一是公司对内具有严格的管理制度和规范的业务处理流程；二是公司充分地运用了高科技手段，在网上建立了快递文件跟踪系统，同时又建立了快递文件数据汇总的数据中心，实现了快递档案的高效管理；三是建立了基于电子数据交换（EDI）系统等的国际物流系统。

UPS 公司为客户开展了国际物流的综合服务。除信函、文件和包裹的物流快递业务外，它还为客户提供代理报关服务，为客户减轻了报关负担并缩短了报关时间；也为客户代理特殊物品的包装服务，解决了客户在物品包装上的困扰并节省了包装材料费用。

"数字化"也是UPS公司不断提高服务水平、保持强大市场动能的关键要素。在20世纪80年代，UPS公司就聘请数百位IT工作者开始数字化转型，逐步把自己从物流公司改造为送包裹的技术公司。在近20年里，UPS公司在全球范围内每年投入10亿美元进行创新，继续完善自己的全球运输和包裹追踪系统，覆盖机器人、无人机、射频识别、清洁能源、AR等技术。其中，UPS公司研发十年的成果——ORION（道路综合优化与导航方案），能通过大数据分析路况，结合车辆性能、司机安全、取件地点等因素计算出最优配送路线，帮助司机缩短9~13km的距离，大大降低了燃油成本和碳排放。此外，UPS公司不断推陈出新，开发了多种数字化工具，只为帮助客户节省时间，节约成本。例如，UPS公司发布出一款针对中小企业的免费在线工具My Choice，用户通过一个界面即可实现对所有进出口货物的实时追踪，还可以根据需求更快地获取货物信息，提前做好规划。在中国，UPS公司微信寄件工具让用户把烦琐的电脑端国际寄件流程在手机端完成，随时随地进行寄件、查询。

2019年，UPS公司成立了UPS Flight Forward无人机快递公司，是首家被美国联邦航空管理局认证的无人机快递公司。该公司以小批量、中短途无人机运输完善了智慧物流网络，走在行业前列。

问题：

1. 为什么说UPS公司是一家国际物流企业？
2. 如何提高国际快递物流企业的物流服务水平？

课后思考与练习

思考题

1. 什么是国际物流？
2. 国际物流的特点有哪些？
3. 简述国际物流的分类。
4. 简述国际物流的研究对象。
5. 简述国际物流的发展趋势。

练习题

一、多项选择题

1. 下列关于国际物流的概念描述正确的有（　　）。

A. 国际物流是指货物经停的地点不在同一个独立关税区内的物流

B. 国际物流是指发生在三个或三个以上国家网络间的货物流通活动

C. 国际物流是指组织货物的国际合理流动

D. 国际物流是发生在不同国家和地区之间的物流

2. 下列关于国际物流的表述正确的有（　　）。

A. 国际物流的总目标是为国际贸易和跨国经营服务的

B. 国际物流发生在不同的国家之间

C. 国际物流必须遵从国际贸易的惯例

D. 国际物流可以促进区域经济的发展和世界范围内资源的优化配置

3. 下列属于国际物流作用的有（　　）。

A. 使国际物资或商品的流动路线最佳
B. 使国际物资或商品的流通成本最低
C. 使国际物资或商品的服务最优
D. 使国际物资或商品的效益最高
4. 国际物流的特点包括（　　）。
A. 物流环境的差异性　　B. 物流系统范围的广泛性
C. 要求物流标准化且具有统一性　　D. 要求物流信息化且具有先进性
5. 下列属于国际物流内容的有（　　）。
A. 各国之间的邮政物流　　B. 各国之间的展品物流
C. 各国之间的军火物流　　D. 国际咨询及结算业务
6. 国际物流与国际贸易的关系可以概括为（　　）。
A. 国际物流是国际贸易的产物
B. 国际物流的发展可以促进国际贸易的发展
C. 国际物流受国际贸易发展的制约
D. 国际物流与国际贸易是完全一体的

二、判断题

1. 国际物流是国内物流的跨国延伸和扩展。（　　）
2. 我国加入了世界贸易组织与我国的物流业发展没有必然的联系，二者是独立的事件。（　　）
3. 国际物流需要合理选择运输路线和运输方式，尽量缩短运输距离和货物在途时间，加速货物的周转并降低物流成本。（　　）
4. 广义而言，国际物流包括国际人道主义捐赠物资、援助物资等的物流。（　　）

第二章

国际贸易与国际物流

学习目标

了解国际贸易是国际物流的基础，掌握国际物流的需求与供给，掌握国际贸易术语、基本交易规则及过程，掌握国际贸易的货款结算过程中的不同支付工具和支付手段。

学习要点

国际贸易　对外贸易　出口贸易　进口贸易　转口贸易　海运物流　铁路物流　航空物流　公路物流　管道物流　贸易术语　FOB CIF　汇付　托收　信用证　包销　代理　拍卖　招标　期货交易　对销贸易

场景导入

张明明从物流管理专业毕业后，顺利进入乙国际货运代理公司工作。进入公司的第一个月被安排在公司客服部门轮岗培训。2019 年 1 月 15 日，张明明接到客户李某的投诉电话，称委托乙国际货运代理公司代理海运出口的一批茶叶到达目的港后，收货人拆箱提货时发现集装箱内异味浓重，经查明该集装箱前一航次所载货物为精萘，致使茶叶受精萘污染。故该客户打电话要求乙国际货运代理公司给个说法并尽快赔偿他的损失。

问：

如果你是张明明，应该怎么处理？

国际物流是随着国际贸易的发展而产生和发展起来的。国际物流与国际贸易之间有着紧密的联系：一方面，国际贸易是国际物流存在和发展的前提，另一方面，国际物流的合理化又是促进国际贸易发展的有力保障。在国际再生产过程中，国际企业之间形成的国际贸易合同成为国际物流的起点，国际物流的实践过程则成为国际贸易合同履行的结果，国际贸易必须通过国际物流才能最终实现。因此，保证国际物流与国际贸易的协同，对于促进国际物流和国际贸易的发展都是至关重要的。

根据海关总署的数据，2024 年我国货物贸易进出口总值达到了 43.85 万亿元，同比增长 5%，具体数据来看，2024 年，中国累计出口 25.5 万亿元，同比增长 7.1%；同期，中国累计进口 18.35 万亿元，同比增长 2.3%；最终，2024 年，中国外贸总额 43.85 万亿元，贸易顺差 7.15 万亿元。

第一节　国际贸易概述

一、国际贸易的概念

国际贸易（International Trade）是指世界各国（地区）之间商品、服务和技术的交换活动，包括出口和进口两个方面。从一个国家的角度来看，这种交换活动称为该国的对外贸易（Foreign Trade）。从全球范围来看，世界各国对外贸易的总和构成了国际贸易，也称世界贸易（World Trade）。

对外贸易与国际贸易都是指越过关境所进行的商品交换活动。但是它们也有明显的区别，前者是着眼于某个国家，即一个国家（或地区）同其他国家（或地区）之间的商品交换，后者是着眼于国际范围，即世界上所有国家（地区）。

传统的国际贸易强调的是获得货物的使用价值，即取得货物的使用效用；而现代国际贸易强调的是获得商品或服务的价值增值，即通过国际贸易来取得价值或经济利益。

随着生产力的发展、科学技术的进步和国际经济联系的增强，国际贸易这一概念所包含的内容进一步扩大了。过去，国际贸易实际上只包括实物商品的交换，而现在，国际贸易还包括服务和技术等非实物商品的交换。所谓实物商品的交换，是指原材料、半制成品及工业制成品的买卖；服务交换是指在运输、邮电、保险、金融、旅游等方面为外国人提供服务，或本国工人、技术人员在国外劳动、服务，从而获得外国货币报酬的活动；技术交换包括专利、商标使用权、专有技术使用权的转让以及技术咨询和信息等的提供和接受。

二、国际贸易的种类

国际贸易的分类方法有很多。国际物流中最常用的是按国际贸易商品的流向区分，它可以分为进口贸易、出口贸易、过境贸易、转口贸易、复出口和复进口。

1. 进口贸易

进口贸易（Import Trade）是指外国生产或加工的产品因购入而输入国内，又称输入贸易。如果不是因购买而输入国内的商品，则不被称为进口贸易，也不列入进口贸易统计，如外国使领馆运进供自用的货物，以及由旅客携带进入国内的个人使用物品等。

2. 出口贸易

出口贸易（Export Trade）是指本国生产或加工的产品因外销而输往国外，又称输出贸易。如果不是因外销而输往国外的商品，则不计入出口贸易的统计之中。

3. 过境贸易

过境贸易（Transit Trade）是指甲国向乙国运送商品，由于地理位置的原因，必须通过第三国，对第三国来说，虽然没有直接参与此项交易，但商品要进出该国的国境或关境，并要经过海关统计，从而构成了该国进出口贸易的一部分。它包括直接过境贸易和间接过境贸易。例如，内陆国与不相邻的国家之间的商品交易，就必须通过第三国国境，第三国海关就会把这类贸易归入过境贸易。但如果这类贸易是通过航空运输飞越第三国领空的，则第三国海关不会把它列入过境贸易。直接过境贸易是指外国货物到达本国口岸后，在海关直接监管下，通过国内运输线从其他口岸离境的活动。间接过境贸易是指外国货物到达本国口岸后先存入海关保税仓库，未经加工改制，又从海关保税仓库提出，并运出国境的活动。

4. 转口贸易

转口贸易（Enterport Trade）是指货物消费国和货物生产国通过第三国（或地区）进行的贸易活动，是对第三国而言的。商品的生产国把货物卖给第三国（或地区）的商人，然后第三国（或地区）的商人再把商品卖给真正的货物消费国。这种贸易对货物生产国和消费国来说是间接贸易（Indirect Trade），对第三国（或地区）来说则是转口贸易。

5. 复出口

复出口（Re-export）是指本国进口的外国商品未经加工又输出到国外，如进口货物的退货、转口贸易等。

6. 复进口

复进口（Re-import）是指本国出口的商品输出国外后未经加工又输入国内，如出口退货、在国外未售出的寄售商品运回国内等。

第二节 国际物流的需求与供给

国际贸易的产生与发展是形成国际物流的基础。国际贸易的产生形成了国际物流的需求与供给。国际物流业态是在国际贸易产生和发展的基础上逐渐形成和发展起来的。国际商品的流动体现了国际贸易商流和国际物流的统一。

一、国际物流的需求

国际物流的需求，主要来源于以下几个方面：一是国际货物贸易的物流需求；二是国际直接投资的物流需求；三是国际技术贸易的物流需求；四是国际人道救援捐助的物流需求；五是国际旅行或商务活动与移民的物流需求；六是国际军火贸易的物流需求。

1. 国际货物贸易的物流需求

这部分的物流需求是国际货物买卖双方，即进出口双方签订货物买卖合同导致的国际货物流动与转移的需求。例如，一国进口商从他国出口商那里购买的进入国内市场的矿石、石油、钢材、大米、轿车、电视机等生产或生活物资的流动和转移。

2. 国际直接投资的物流需求

这部分的物流需求是国际直接投资双方签订国际投资合同导致的与国际直接投资活动相联系的货物流动与转移的需求。例如，一国的国际直接投资者在他国投资项目所需要的进口钢材、木材、机器设备等货物的流动和转移。

3. 国际技术贸易的物流需求

这部分的物流需求是国际技术贸易双方，即国际技术转移输出输入双方签订技术买卖合同导致的与技术买卖相联系的货物流动与转移的需求。例如，与国际技术买卖相伴随的软件光盘、技术装备、仪器仪表等货物的流动与转移。国际技术贸易是指不同国家的企业、经济组织或个人之间，按照一般商业条件，向对方出售或从对方那里购买软件技术使用权的一种国际贸易行为。它由技术出口和技术引进这两方面组成。简而言之，国际技术贸易是一种国与国之间的以纯技术的使用权为主要交易标的物的商业行为。国际技术贸易的主要内容有：各种工业产权，如专利、商标；各种专有技术或技术诀窍；提供工程设计，工厂的设备安装、操作和使用；与技术转让有关的机器、设备和原料的交易等。总之，技术贸易既包括技术知识的买卖、也包括与技术转让密切相关的机器设备等货物的买卖。

4. 国际人道救援捐助的物流需求

这部分的物流需求是国际人道救援捐助活动导致的与国际救援或捐助相联系的货物流动与转移的需求。例如，国际救灾或国际捐助的粮食、食品、帐篷、棉被、矿泉水、木材等生活或救灾物资从援助国、捐助国向受灾国、受捐国的流动和转移。

◇【知识链接】

海啸

海啸是一种具有强大破坏力的海浪。这种波浪运动引发的狂涛骇浪，汹涌澎湃，它卷起的海涛，波高可达数十米。这种“水墙”内含极大的能量，冲上陆地后所向披靡，往往对生命和财产造成严重摧残。世界第一大海啸——智利大海啸形成的波涛，移动了上万公里仍不减势头，足见它的巨大威力。

5. 国际旅行或商务活动与移民的物流需求

这部分的物流需求是国际旅行或商务活动、移民活动导致的与国际旅行、商务活动、移民活动相联系的货物流动与转移。例如，国际旅行者的行李、包裹和商务活动物品、展会物品，以及国际移民的迁居、搬家等生活物品产生的货物流动和转移。

6. 国际军火贸易的物流需求

这部分的物流需求是国际军火贸易活动导致的与国际军火买卖相联系的货物流动与转移的需求。例如，一国国际军火进口商从他国购买的坦克、飞机、大炮、军用卡车、枪支弹药等军用物资的流动和转移。世界范围内每年的军火贸易数量非常巨大。

二、国际物流的供给

国际物流的供给，主要包括以下几个方面：一是国际海运物流供给；二是国际铁路物流供给；三是国际航空物流供给；四是国际管道物流供给；五是国际公路物流供给。

1. 国际海运物流供给

国际海运物流（International Ocean Shipping Logistics）供给，从狭义的角度来看，它是指以船舶为海运物流工具，以海洋为海运物流通道，从事有关跨越海洋的物流经营活动；或者说它是以船舶为工具，从事本国港口与外国港口之间或者完全从事外国港口之间的物流活动，即国与国之间的海运物流供给。它包括国际班轮物流方式和租船物流方式两种。

从广义的角度来看，国际海运物流供给所包括的范围要广泛得多。它还包括那些为完成国际海运物流供给所从事的各种供给辅助业务或服务工作，如为海运物流供给中的货物进行装卸、理货、代理等业务。

2. 国际铁路物流供给

国际铁路物流（International Rail Logistics）供给是指运用铁路物流通道和节点，启运地点、目的地点或约定的经停地点位于不同的国家或地区的铁路物流供给。“上海、吴淞等处商民，均谓此路至便，甚为有用之路”，清朝修建吴淞铁路，开启了中国铁路运输之先河。在我国，只要铁路货物流供给的启运地点、目的地点或约定的经停地点有一个不在我国境内便构成国际铁路物流供给。我国的国际铁路物流供给主要有如下三类：

（1）通过国际铁路联运方式承运各国的进出口货物。目前，我国与朝鲜、蒙古国、俄罗斯等国的进出口货物，绝大多数仍然是通过国际铁路物流供给来完成的。近年来，随着俄罗斯和东欧市场的进一步开拓以及新亚欧大陆桥运输线路的建成，通过国际铁路物流供给完成的进出口货物数量逐年有所增加。

（2）完成内地与港澳地区之间和通过香港转运的进出口货物。对港澳地区的铁路物流运输，既不同于国际联运，也不同于境内运输，而是比照国际货物运输采取特殊的方式进行的。

（3）内陆地区与口岸间的铁路物流的集疏运。铁路承担着我国出口货物由内地向港口集中、进口货物从港口向内地疏运，以及省与省之间、省内各地区之间的进出口货物的分拨调运。

国际铁路物流供给是仅次于国际海运物流供给的国际物流供给的主要方式。它的优点是物流货运量大、速度快、耗能低、输送能力及作业连续性强，物流风险明显小于国际海运物流。其物流成本比公路物流和航空物流要低。

全世界铁路运输总里程达 130 多万 km。目前，世界各国在铁路的建设或改造方面，对电气化、内燃化、机械化和自动化都非常重视，高速铁路、重载列车、海陆联营和多式联运等新运输方式方法的不断涌现，使国际铁路物流供给能力达到了一个新的高度。

3. 国际航空物流供给

国际航空物流（International Airline Logistics）供给是指通过航空通道和节点，采用商业飞机完成航空货物物流活动的商业活动，它是国际物流供给的主要方式之一，也是目前国际上最安全迅速的国际物流供给方式。国际航空物流供给的主要方式包括班机、包机、集中托运和航空快递四种，其中，集中托运是国际航空物流供给最主要的营运方式。

国际航空物流供给的特点主要有以下几点：

（1）具有较高的速度效率性。与其他方式相比，国际航空物流供给具有较高的输送速度，可提高商品在世界市场上的竞争力。当今国际市场商品的竞争异常激烈，市场行情瞬息万变。为了抢行就市、卖得好价以获得较好的经济效益，必须争取时间把货物输送到目标市场，而这只有依赖航空物流，才可能形成商品在国际市场上的竞争力。

（2）具有较强的快捷适时性。航空物流最适合鲜活易腐商品和季节性强的商品输送。这些商品由于性质特殊，对时间要求极为敏感，例如，输送时间过长致使腐烂变质，商品就会失去使用价值或错过季节无法销售，滞存在仓库就要负担仓储费用，积压资金。采用国际航空物流，为这类商品的运输和销售争取了时间，并有利于开辟距离较远的市场，这是其他国际物流方式所无法比拟的。

（3）具有较高的安全准确性。由于航空运输管理制度比较完善，运输时间短而准，货物破损率低，被偷窃机会少，所以国际航空物流供给是比较安全的国际物流供给方式。

（4）具有较好的相对节约性。可节省物流包装、保险、利息等费用。航空运费要高于其他运输费用，但由于运输速度快，商品在途时间短，库存期可相应缩短，因而可节省仓储费用，资金周转速度加快；同时由于其对包装要求相对较低，可节省包装成本，而且航空运输是风险相对最低的运输方式，风险成本有所降低，这样综合成本相比较而言有所节省。

4. 国际管道物流供给

国际管道物流（International Pipeline Logistics）供给是随着石油的生产而产生、发展起来的。它是一种特殊的国际物流供给方式，它与普通货物物流形态完全不同，具有独特的特点。普通货物的物流供给是物流货物随着物流供给的输送工具的移动到达目的地的，而管道物流的输送工具就是管道，是固定不动的，货物在管道内移动。它是物流通道和物流输送工具合二为一的一种专门的物流输送方式。

国际管道物流供给是借助管道高压气泵的压力将管道内的货物输往目的地的一种输送方式，其原理类似于通过自来水管道将水输送到各家各户。

国际管道物流供给就其供给的对象进行区分，可以分为原油管道物流供给、成品油管道物流供给和天然气管道物流供给等。

5. 国际公路物流供给

国际公路物流（International Road Logistics）供给是指启运地点、目的地点或约定的经停地点位于不同的国家或地区的公路物流供给。在我国，只要公路货物输送的启运地点、目的地点或约定的经停地点之一不在我国境内即构成国际公路物流供给。目前，世界各国的国际公路物流供给一般以汽车及其站点作为物流输送工具及物流节点。公路物流具有机动灵活、速度快、简捷方便和可延伸至内陆各角落的优点，是我国和周边国家的国际物流供给的主要方式，其借助与周边国家相通的公路进行物流供给，不仅缩短了运输距离、节省了物流费用，还促进了边境贸易的发展。特别是在集装箱日益普及的今天，“门到门”物流服务的实现更使国际公路物流供给体现出不可替代性，并可广泛参与国际多式联运。

◇【企业链接】

物流企业的发展现在遇到的最大问题是供给侧能力不足

我国物流业界知名人士广州华新商贸副总裁蔡先生认为，物流企业的发展现在遇到的最大问题主要在于供给侧能力不足，需要加大力度推进物流业供给侧改革。举个最简单的例子，人们常用中性笔、签字笔，虽然笔是国产的，但笔尖走珠是日本制造的。国内的工业制造和实体经济缺乏核心技术和竞争力，供给侧能力不足。因此，当务之急是加大政策对实体经济的扶持。

物流行业的发展急需国家政策的引导。当前在物流行业中，企业入市门槛低，恶性竞争情况严重。发达国家基本都有明确标准，企业必须有超过三项以上的物流增值服务，才能注册成为物流公司，而国内目前还没有限制。低门槛的入市条件造成物流行业鱼龙混杂，各种恶意竞争比比皆是，严重破坏了物流业市场经济秩序的健康发展。

在行业发展初期，很多企业的盈利水平和自我积累发展能力不高，大部分没有自建的物流中心。政策对行业缺乏一体化通盘规划，发展方式简单粗放。近年来，随着电子商务的快速发展，物流业发展迅速，但仍然停留在“总量不小、质量欠佳”的发展阶段。

第三节 国际贸易术语

在国际贸易中，买卖双方采用不同的贸易术语，对国际物流的运作和流程会产生较大影响。因此，我们必须先了解国际贸易术语。

一、国际贸易术语概述

在国际贸易中，买卖双方交接货物地点的确定，货物运输中风险范围的划分，货物运输手续、保险手续、进出口手续及申领有关批准文件的手续由谁办理，在办理各种手续中所支出的费用由谁负担等问题，都需要买卖双方在签订合同时加以明确。为了简化手续和交易过程，在长期的贸易实践中，逐渐形成了一些简短的概念或外文缩写字母，用于说明买卖双方有关风险、责任和费用的划分，确定双方应尽的义务。这种简短的概念或外文缩写字母被称作贸易术语（Trade Term）或价格术语（Price Term）。

早在19世纪初，人们在国际贸易中已开始使用贸易术语。但是，最初对各种贸易术语并没有统一的解释。在各国的进出口贸易中，贸易商们对某种贸易术语的理解或解释往往发生争议和纠纷，这使贸易术语的推广、使用产生了困难。于是，某些商业团体、国际组织为了解决这一问题，试图对贸易术语做统一的解释，一些有关贸易术语的解释规则陆续出现，这些规则被越来越多的国家和地区接受和使用。其中，国际商会于1936年制定的《1936年国际贸易术语解释通则》被广泛应用。国际商会后来进行过多次修订。1980年后每10年修订一次，最新的修订版是《2020年国际贸易术语解释通则》。

国际商会在《1990年国际贸易术语解释通则》的基础上，1999年9月公布了修订本《2000年国际贸易术语解释通则》（《Incoterms 2000》），于2000年1月1日生效。这是进入21世纪国际商会修订的第一个贸易术语解释通则，也是它的第7个版本。我国2001年12月11日正式加入世界贸易组织，标志着我国正式与世界贸易体系接轨。这自然使得《2000年国际贸易术语解释通则》成为在我国影响最大的国际贸易术语解释通则。随后，为适应国际贸易领域的新发展、新变化，国际商会先后在2010年、2020年对《国际贸易术语解释通则》又进行了修订。《2010年国际贸易术语解释通则》（以下简称《Incoterms 2010》）于2011年1月1日正式生效，与《Incoterms 2000》并用。相较于《Incoterms 2000》，《Incoterms 2010》的主要变化是采用了适合各种运输方式的两个贸易术语DAT（运输终端交货）和DAP（目的地交货）代替了《Incoterms 2000》中的DAF（边境交货）、DES（目的港船上交货）、DEQ（目的港码头交货）和DDU（未完税交货）四个贸易术语。其中，DAT代替了《Incoterms 2000》中的DAF、DES和DDU三个贸易术语，DAP代替了《Incoterms 2000》中的DEQ。而相较于《Incoterms 2010》，《Incoterms 2020》的主要变化是将贸易术语DAT（运输终端交货）变更为DPU（卸货地交货），并将术语FCA（货交承运人）、CIF（成本加保险费加运费）、CIP（运费、保险费付至）、DAP（目的地交货）、DDP（完税后交货）等在贸易实践中的一些问题作了规定。

二、国际贸易术语分类

《2000年国际贸易术语解释通则》将所解释的13种贸易术语，按一定内容进行了分类，划分为E、F、C、D四个组别。便于学习和应用。同时，从上述《Incoterms 2000》到《Incoterms 2010》，再到《Incoterms 2020》修订内容的变化可知，《Incoterms 2000》是几个版本的基础。它是承先启后最重要的版本。按照历史与逻辑的一致性，为学习掌握好最新的《Incoterms 2020》，在做好铺垫学习掌握好《Incoterms 2000》的基础上，循序渐进掌握好后续《Incoterms 2010》，夯实好基础再到《Incoterms 2020》所做修订内容的变化，可以更系统、更完整地掌握好国际商会的贸易术语。

我们先从《2000年国际贸易术语解释通则》E、F、C、D四个组分类的13个贸易术语学习开始。

（一）《Incoterms 2000》按E、F、C、D四组分类

1. E组

E组为启运（Department）组术语，按这组贸易术语成交，卖方应在自己的处所将货物提供给买方指定的承运人。这一组中只有EXW一个术语，意为工厂交货。

EXW（Ex Works）工厂交货。

2. F组

F组为主运费未付（Main Carriage Unpaid）组术语，按这组贸易术语成交，卖方必须将货物交至买方所指定的承运人。这一组中有三个术语。

（1）FCA（Free Carrier），货交承运人。

（2）FAS（Free Alongside Ship），船边交货。

（3）FOB（Free On Board），装运港船上交货。

3. C组

C组为主运费已付（Main Carriage Paid）组术语。按这组贸易术语成交，卖方必须订立将货物运往指定目的港或目的地的运输契约，并把货物装上运输工具或交给承运人。但货物中途灭失或损坏的风险和发运后产生的额外费用，卖方不承担责任。这一组有四个贸易术语。

（1）CFR（Cost and Freight），成本加运费。

（2）CIF（Cost，Insurance and Freight），成本加保险费加运费。

（3）CPT（Carriage Paid To），运费付至（指定目的地）。

（4）CIP（Carriage and Insurance Paid To），运费、保险费付至（指定目的地）

4. D组

D组为到达组术语，按这组贸易术语成交，卖方必须承担货物交至目的地国家指定地点所需的一切费用和风险。这一组有五个贸易术语。

（1）DAF（Delivered At Frontier），边境交货。

（2）DES（Delivered Ex Ship），目的港船上交货。

（3）DEQ（Delivered Ex Quay），目的港码头交货。

（4）DDU（Delivered Duty Unpaid），未完税交货。

（5）DDP（Delivered Duty Paid），完税后交货。

（二）《2010年国际贸易术语解释通则》的按适合水上运输和各种运输方式的分类

1. 适合水上运输方式的贸易术语

（1）FAS（Free Alongside Ship），船边交货。

（2）FOB（Free On Board），装运港船上交货。

（3）CFR（Cost and Freight），成本加运费。

（4）CIF（Cost，Insurance and Freight），成本加保险费，加运费。

2. 适合各种运输方式的贸易术语

（1）EXW（Ex Works）工厂交货（……指定交货地）。

（2）FCA（Free Carrier）货交承运人（……指定交货地）。
（3）CPT（Carriage Paid to）运费付至（……指定目的地）。
（4）CIP（Carriage and Insurance Paid to）运费、保险费付至（……指定目的地）。
（5）DAT（Delivered At Terminal）运输终端交货（……指定目的地）。
（6）DAP（Delivered At Place）目的地交货（……指定目的地）。
（7）DDP（Delivered Duty Paid）目的地完税交货（……指定目的地）。

（三）《2020 年国际贸易术语解释通则》的分类方式及变更

《Incoterms 2020》与《Incoterms 2010》一样，也是按适合水上运输和各种运输方式两类进行分类的。

其他贸易术语多与《Incoterms 2010》一样，但《Incoterms 2010》中的 DAT（Delivered At Terminal）运输终端交货（……指定目的地）变更为 DPU（Delivered at Place Unloaded）卸货地交货（……指定卸货地卸后交货）。

DPU 比 DAT 应用更宽广些，强调了不一定是在运输终端，可以是买方指定的卸货地点。

三、常用国际贸易术语解释

下面我们来介绍《2020 年国际贸易术语解释通则》六个常用的贸易术语。常用的国际贸易术语主要是指 FOB、CIF 和 CFR 三个适用于海上货物运输的贸易术语，同时包括与之相对应可用于包括多式联运在内的各种运输方式的 FCA、CPT、CIP 三个贸易术语。这六个贸易术语在《Incoterms 2000》《Incoterms 2010》《Incoterms 2020》三个版本中都有解释，主要不同的是《Incoterms 2000》中 FOB、CFR、CIF 的风险转移界线是船舷，而《Incoterms 2010》《Incoterms 2020》中 FOB、CFR、CIF 的风险转移界线是船上，我们在下面的介绍中则以括号内、外相区分，以示版本《Incoterms 2000》与《Incoterms 2010》《Incoterms 2020》在此方面的区别。这些贸易术语下的合同一般多采用信用证方式支付。

1. FOB（Free On Board），装运港船上交货

这一术语后要接装运港名称。该术语通常被译为装运港船上交货。采用 FOB 术语成交时，卖方承担的基本义务是在合同规定的装运港和规定的期限内，将货物装上买方指定的船只，并及时通知买方。货物在装船时装到船上（越过船舷），风险即由卖方转至买方。卖方要自负风险和费用领取出口许可证或其他官方证件，并负责办理出口手续。卖方还要自费提供他已按规定完成交货义务的证件。在买方要求下，并由买方承担风险和费用的情况下，卖方给予一切协助，以取得提单或其他运输单据。买方要负责租船定舱、支付运费，并将船期船名及时通知卖方。货物在装运港装船时装到船上（越过船舷）后的其他责任、费用也都由买方负责，包括获取进口许可证或其他官方证件，以及办理货物入境的手续和费用。如果买方指定了船只，而未能及时将船名、装货泊位及装船日期通知卖方，或买方指定的船只未按时到达，或未能承载货物，或在规定期限终了前截止装货，买方要承担由此产生的一切风险和损失，但前提是货物已被清楚地分存或被指定为供应本合同之用。

“装到船上（越过船舷）”只说明风险划分的界限，而不能作为划分买卖双方责任和费用的界限。因为装船作业是一个连续的过程，包括从岸上起吊、越过船舷、装入船舱。如果卖方负责装船，就必须完成上述作业，而不能在船舷办理交接。因此，我们可以对费用划分的界限做出明确规定。

在装运港的装船费用主要是指与装船有关的一些支出，如平舱费（Trimming Charges）、理舱费（Stowage Charges）、捆扎费（Lashing Charges）、加固费（Securing Charges）等。在以 FOB 条件进行买卖时，如果使用班轮运输，由于班轮一般管装卸，一切费用都包括在运费之内，因此，装卸费用由支付运费的一方负担。如果使用程租船的方式运输，则需要明确双方有关费用的负担，尤其在装船费用以船舷为界不明确时容易产生争议，必须在合同中做出具体规定。因此，可通过 FOB 的变形来解决这一问题。

（1）FOB 班轮条件（FOB Liner Terms），是指装船费用按班轮条件来办理，即由支付运费的一方（即买方）负担。

（2）FOB 并理舱（FOB Stowed），是指卖方负责将货物装入船舱并负担包括理舱费在内的装船费用。

（3）FOB 并平舱（FOB Trimmed），是指卖方负责将货物装入船舱并负担包括平舱费在内的装船费用。

（4）FOB 吊钩下交货（FOB Under Tackle），指卖方将货物运到船舶吊钩所及之处，从货物起吊开始的装船费用由买方负担。由于吊钩下可能在码头，也可能是驳船，而且大件货物涉及岸吊和浮吊的租用，易引起争议，因此，一般不用此变形。

2. CIF（Cost，Insurance and Freight），*成本加保险费加运费*

在该术语后要指明目的港的名称。在采用这一术语时，卖方的基本义务是负责按通常的条件租船定舱，支付到目的港的运费，并在规定的装运港和装运期内将货物装上船，装船后及时通知买方。同时应负责办理从装运港到目的港的海运货物保险，支付保险费。货物装到船上（越过船舷）后的风险，一概由买方承担。在货物装上船之后，自装运港到目的港的通常运费和保险费以外的费用，也要由买方负担。买方还要自负风险和费用取得进口许可证或其他官方证件，办理进口手续并按合同规定支付货款。在交单义务方面，卖方需要提交商业发票或与之相等的电子单证。卖方在必要时提供证明所交货物与合同规定相符的证件，提供通常的运输单据，使买方得以在目的地受领货物，或通过转让单据出售在途货物。

在程租船运输条件下，有关卸货费用的负担，可通过 CIF 的变形来解决。

（1）CIF 班轮条件（CIF Liner Terms），是指卸货费用按班轮条件办理，即由支付运费的一方负担。

（2）CIF 吊钩交货（CIF Ex-tackle），是指卖方负担货物从舱底吊到船边卸离吊钩为止的费用。

（3）CIF 卸到岸上（CIF Landed），是指货物到达目的港后，包括驳船费和码头费在内的卸货费由卖方承担。

（4）CIF 舱底交货（CIF Ex-ship's Hold），是指买方负担将货物从目的港船舱舱底起吊、卸到码头的费用。

3. CFR（Cost and Freight），*成本加运费*

该术语后要指明目的港的名称。与 FOB 不同的是，在 CFR 条件下，与船方订立运输契约的责任由卖方承担。卖方要负责租船定舱，支付到指定目的港的运费，包括在订立运输合同时规定的由定期班轮可能收取的货物装到船上和在卸货港卸货的费用。但从装运港至目的地的货运保险仍由买方负责，保险费由买方负担。

以 CFR 术语成交，必须特别注意的是，卖方在货物装船后一定要及时向买方发出装船通知，以便买方办理投保手续。

以 CFR 条件成交的交易，如果采用程租船的方式运输，对于卸货费用问题，买卖双方在商订合同时可以通过 CFR 的变形来明确卸货费用由谁承担。

（1）CFR 班轮条件（CFR Liner Terms），是指卸货费用按班轮条件办理。

（2）CFR 吊钩交货（CFR Ex-tackle），是指卖方负担货物从舱底吊到船边卸离吊钩为止的费用。

（3）CFR 卸到岸上（CFR Landed），是指卖方承担将货物卸到码头的各项有关费用，包括驳船费和码头费。

（4）CFR 舱底交货（CFR Ex-ship's Hold），是指买方负担货物到达目的港后，自船舱起吊至卸到码头的费用。

4. FCA（Free Carrier），货交承运人

该术语后要指明交货地名称。在该术语条件下，卖方必须在合同规定的交货期内在指定地点将经出口清关的货物交给买方指定的承运人监管，并负担货物被交由承运人监管为止的一切费用和货物灭失或损坏的风险。而买方要自费订立从指定地点启运的运输契约，并及时通知卖方。这里所说的承运人，既包括实际履行运输义务的承运人，也包括代为签订运输合同的运输代理人。FCA 术语适用于包括多式联运在内的各种运输方式。

交货地点的选择对于在该地点装货和卸货的义务会产生影响；若卖方在其所在地交货，则卖方应负责装货，若卖方在任何其他地点交货，则卖方不负责卸货，即当货物在卖方的运输工具上，尚未卸货，而将货物交给买方指定的承运人或其他人处置时，交货即算完成。

5. CPT（Carriage Paid To），运费付至（指定目的地）

该术语后要指明目的地的名称。采用该术语成交时，卖方要自付费用订立将货物运往目的地指定地点的运输契约，且负责按合同规定的时间将货物交给承运人，即完成交货义务。卖方在交货后要及时通知买方。买方自货物交付承运人处置时承担货物灭失或损坏的一切风险。CPT 适用一切运输方式。

为保证买方及时办理保险，卖方将货物交给承运人后，应及时向买方发出货已交付的通知，以便买方能及时办理保险及在目的地受领货物。

6. CIP（Carriage and Insurance Paid to），运费、保险费付至（指定目的地）

该术语后要指明目的地的名称。采用该术语成交时，卖方支付货物运至目的地的运费，并对货物在运输途中灭失或损坏的风险进行保险，支付保险费；在货物交由承运人保管时，货物灭失或损坏的风险，及由于在货物交给承运人后发生的事件引起的额外费用，从卖方转移至买方。

CIP 与 CPT 的不同之处在于，在 CIP 条件下交货，卖方增加了保险的责任和费用。

四、其他贸易术语

《2020 年国际贸易术语解释通则》（或《2010 年国际贸易术语解释通则》）中的其他贸易术语，包括 EXW、FAS、DAP、DPU（而《2010 国际贸易术语解释通则》中则是 DAT）、DDP 以及《2010 年国际贸易术语解释通则》中的 EXW、FAS、DAP、DAT、DDP 以及《2000 年国际贸易术语解释通则》中的 EXW、FAS、DAF、DES、DEQ、DDU、DDP 一般使

用较少。EXW 的出口方如同是国内贸易的卖方，只不过买方是境外的进口商；DAP（或 DAF）一般可用于边境贸易；DAP 和 DPU（DAT）是目的地和卸货地（终点站）（前者是不卸货的，后者是卸货的）交货的贸易术语，一般用于先交货后付款的进出口贸易，多采用托收方式付款；DDP（包括 DDU）是目的地交货的贸易术语，一般多用于内陆目的地先交货后付款的进出口贸易，也多采用托收或汇付方式付款。

◇【知识链接】

国际贸易的货款结算

国际贸易的货款结算主要包括汇付、托收和信用证三种基本方式。

汇付是付款人通过银行，使用各种结算工具将货款汇交收款人的一种结算方式。它属于商业信用，采用顺汇法。汇付业务涉及的当事人有四个：付款人（汇款人）、收款人、汇出行和汇入行。其中付款人（通常为进口人）与汇出行（委托汇出汇款的银行）之间订有合约关系，汇出行与汇入行（汇出行的代理行）之间订有代理合约关系。在办理汇付业务时，需要由汇款人向汇出行填交汇款申请书，汇出行有义务根据汇款申请书的指示向汇入行发出付款书；汇入行收到会计委托书后，有义务向收款人（通常为出口人）解付货款。

托收是出口人在货物装运后，开具以进口方为付款人的汇款人的汇票（随附或不随付货运单据），委托出口地银行通过它在进口地的分行或代理行代进口人收取货款的一种结算方式。它属于商业信用，采用的是逆汇法。托收方式的当事人有委托人、托收行、代收行和付款人。委托人（Principal），即开出汇票委托银行向国外付款人代收货款的人，也称为出票人（Drawer），通常为出口人；托收行（Remitting Bank），即接受出口人的委托代为收款的出口地银行；代收行（Collecting Bank），即接受托收行的委托代付款人收取货款的进口地银行；付款人（Payer/Drawee），即托收的付款人，通常为进口人。上述当事人中，委托人与托收行之间、托收行与代收行之间都是委托代理关系，付款人与代收行之间则不存在任何法律关系，付款人是根据买卖合同付款的。因此，委托人能否收到货款，完全取决于进口人的信誉好坏，代收行与托收行均不承担责任。在办理托收业务时，委托人要向托收行递交一份托收委托书，在该委托书中有各种指示，托收行和代收行均按照委托书的指示向付款人代收货款。

信用证（Letter of Credit，L/C）方式是银行信用介入国际货物买卖价款结算的产物。它的出现不仅在一定程度上解决了买卖双方之间互不信任的矛盾，而且还能使双方在使用信用证结算货款的过程中获得银行资金融通的便利，从而促进了国际贸易的发展。因此，它被广泛应用于国际贸易之中，以致成为当今国际贸易中的一种主要的结算方式。信用证是银行做出的有条件的付款承诺，即银行根据开证申请人的请求和指示，向受益人开具的有一定金额并在一定期限内凭规定的单据承诺付款的书面文件；或者是银行在规定金额、日期和单据的条件下，代开证申请人承购受益人汇票的保证书。它属于银行信用，采用的是逆汇法。

在国际贸易业务中，一笔交易的货款结算，可以只使用一种结算方式（通常如此），也可根据需要，例如，不同的交易商品、不同的交易对象、不同的交易做法，将两种以上的结算方式结合使用，例如，信用证与汇付结合、信用证与托收结合等。两种以上的结算方式结合使用有利于促成交易、安全及时收汇及妥善处理付汇。

第四节 国际贸易方式

国际贸易方式是指为形成特定的贸易关系而在国际贸易中采用的各种方法。国际贸易方式的不同所形成的双方不同的贸易关系，使贸易双方在国际物流服务面前所面临的过程及风险不同。随着国际贸易的发展，国际贸易方式也日趋多样化。除采用逐笔售定的方式外，还包括包销、代理、寄售、招标与投标、拍卖、期货交易、对销贸易等。

一、包销

包销（Exclusive Sales）是国际贸易中习惯采用的方式之一，是指出口人（委托人）通过协议把某一种商品或某一类商品在某一个地区和一定期限内的经营权给予国外某个客户或公司的贸易做法。尽管包销也是售定，但包销与通常的单边逐笔出口不同。它不仅要求当事人双方签有买卖合同，还要求事先签有包销协议。

采用包销方式时，买卖双方的权利与义务是由包销协议确定的。两者签订的买卖合同也必须符合包销协议的规定。

二、代理

代理（Agency）是指代理人按照委托人的授权，代委托人同第三者订立合同或行使其他法律行为的贸易做法。由此而产生的权利与义务直接对委托人发生效力。

委托人与代理人之间不是买卖关系，而是委托和被委托的关系。代理人在代理业务中，只是代表委托人行事，如招揽客户、招揽订单、代表委托人签订买卖合同、处理委托人的货物、收受货款等，他本身并不作为合同的一方参与交易。代理人和出口企业之间没有货物所有权的转移。代理人不承担经营风险，也不负担盈亏，只收取协议规定的佣金。代理通常有以下几种：

（1）总代理（General Agency）：在指定地区委托人的全权代理。在代理商指定地区和期限内，总代理不仅享有独家代销指定商品的权利，还享有代表出口企业从事商务活动和处理其他事务的权利。

（2）独家代理（The Exclusive Agency or Sole Agency）：委托人（出口商）给予代理商在特定地区和一定期限内享有代销指定商品的专营权。独家代理获得所代理商品在限定区域内所有销售的代理利益。出口企业在签订独家代理协议后，就不可以在指定地区和期限内另找其他代理，而独家代理商也不可以同时成为其他国外出口企业的代理。

（3）一般代理（Commission Agency）：也称为佣金代理，是指在同一代理地区、时间及期限内，同时有几个代理人代表委托人行为的代理。

三、寄售

寄售（Consignment）是一种委托代售的贸易方式，也是国际贸易中习惯采用的做法之一。在我国的进出口业务中，寄售方式的运用并不普遍，但在某些商品的交易中，为促进成交、扩大出口，也可灵活适当地运用寄售方式。

寄售是一种有别于代理销售的贸易方式。它是指寄售人（出口商）和代销人（国外中间商）签订寄售协议后，寄售人先将货物运至寄售地，委托代销人在当地市场上代为销售，商品售出后，代销人把所得货款扣除其应得佣金及其他费用后，交付给寄售人。在寄售方式中，出口企业和国外中间商之间不是买卖关系，而是委托代销关系。在寄售货物售出前，货物运输途中和到达寄售地后的一切风险和费用，均由出口企业负担。

四、招标与投标

招标（Invitation to Tender）是指招标人（买方或发包方）通过招标机构发出招标公告，提出准备购买商品的品种、数量和有关买卖条件，或提出发包工程的具体要求，邀请投标人（卖方或承包商）报出愿意成交的交易条件的行为。

投标（Submission of Tender）是指投标人应招标人的邀请，根据招标公告的规定条件，在规定的时间内向招标人递盘的行为。

招标、投标是一种贸易方式的两个方面。

五、拍卖

拍卖（Auction）是拍卖行接受货主的委托，在一定的地点和时间，按照一定的章程和规则，以公开叫价竞购的方法，把货物卖给出价最高的买主的一种交易方式。

拍卖一般由从事拍卖业务的专门组织，在一定的拍卖中心市场、在一定的时间内按照当地法律和规章程序进行。

拍卖程序不同于一般的出口交易，其交易过程大致要经过准备、看货、出价竞买成交和付款交货等四个阶段。

六、期货交易

期货交易（Futures Transaction）是指在商品交易所内按照一定的交易规则，买卖双方经过讨价还价购买标准期货合同的一种贸易方式。

期货交易不同于商品中的现货交易。众所周知，在现货交易的情况下，买卖双方可以以任何方式，在任何地点和时间达成实物交易，并且卖方必须交付实际货物，买方必须支付货款。而期货交易则是在一定时间，在特定期货市场，即在商品交易所内，按照交易所制定的标准期货合同进行的期货买卖。期货交易有两种做法。一种叫投机，即成交后买卖双方一般并不移交商品的所有权进行实物交割，而是自己进行对冲平仓，以期获得低买高卖的风险收益，或者不得不对高买低出进行斩仓承担风险损失，这些期货交易者一般被称为投机者。期货交易中的另外一种人是为避免现货市场交易中的价格风险，在期货市场进行所谓的套期保值的人。他们在现货交易中进行买（或卖）的同时，即在期货市场进行数量相同、交割时间相同、方向相反的卖（或买）操作，并在交割到期日前，再在期货市场进行方向相反、数量相同的买（或卖）操作以对充平仓，以期望期货交易的获利可以基本抵销现货市场可能的亏损，转移现货市场的价格风险。这种利用期货交易来规避现货交易价格风险的做法，人们习惯上把它称为套期保值，俗称海琴，即套期货之利保现货之值。

七、对销贸易

对销贸易（Counter Trade）在我国又译为“反向贸易”“互抵贸易”“对等贸易”，也有人把它笼统地称为“易货”。其基本形式有易货贸易、互购贸易和补偿贸易三种。

（1）易货贸易（Barter Trade），是指贸易双方进行等值货物的直接交换。它是一种最古老，也是最简单的交易方式，主要有一般易货和综合易货两种做法。

（2）互购贸易（Counter Purchase Trade），是指贸易双方互相购买对方商品的贸易方式。对一方来说，互购涉及两笔交易：一笔是出口，另一笔是进口。这两笔交易既是分别独立的，又是相互联系的，即既要签订一个出口合同，又要签订一个进口合同，而且这两个合同是有密切关系的，一方与另一方签订了出口合同的同时，必须承担与该方签订进口合同的义务；反之，一方与另一方签订了进口合同的同时，就有与该方签订出口合同的权利。

（3）补偿贸易（Compensation Trade），是指买方在卖方提供信贷的基础上向卖方进口机器、设备、技术等，然后用商品或劳务返销所得价款，分期支付进口价款的贸易方式。

补偿贸易按照用来补偿的标的的不同，可分为直接补偿贸易和间接补偿贸易。直接补偿贸易是指以进口的机器、设备、技术等直接生产出来的产品支付进口价款的补偿贸易。这种补偿贸易方式被称为产品回购，是补偿贸易中最基本的一种方式。但是，这种方式的运用具有一定的局限性，它要求生产出来的直接产品必须严格符合先出口方的要求。间接补偿贸易是指以与进口的机器、设备、技术等生产无关的产品支付进口价款的补偿贸易。这种补偿方式被称为产品互购。有的人把这种方式视为互购贸易，但它与一般的互购贸易的不同在于它是建立在信贷基础上的。

本章小结

本章介绍了国际贸易的概念和分类，阐述了国际物流与国际贸易的关系及国际物流的需求与供给。国际贸易方式主要包括包销、代理、寄售、招标与投标、拍卖、期货交易、对销贸易等。国际贸易的产生形成了国际物流的需求与供给。国际物流是在国际贸易产生和发展的基础上发展起来的。国际商品的流动体现了商流和物流的统一。要做好国际物流必须熟悉国际贸易的流程。不同的国际贸易合同，使用不同的贸易术语，就有不同的国际贸易流程，从而有不同的国际物流流程。我们只有掌握好不同贸易术语的运用，熟悉国际贸易的流程，才能够使国际物流顺利地运作，有效地实现其服务功能。

本章还介绍了国际贸易的货款结算等内容。国际贸易货款的结算主要涉及支付工具及支付方式等，包括汇付、托收、信用证等方式的运用。

案例讨论

CIF术语条件下的运输责任

欧洲某出口商以CIF条件出口一批货物，运费已付，且取得装船提运单，而船只在起运前遭到扣押，进口方急需货物，要求出口商将货物另行洽船运交，出口方以运费已付清为由向进口方索要再次发生的运费。

问题：

1. 进口方的要求是否合理？

2. 进口方因急需货物而不得已支付了再次发生的运费，进口方由此产生的损失应该如何解决？

课后思考与练习

思考题

1. 国际物流对国际贸易的发展有何重要作用？
2. CIF 与 FOB 贸易术语有什么特点？使用它们应该注意什么问题？
3. 信用证有何特点？使用信用证进行货款收付与使用托收进行货款收付有什么不同？

练习题

一、选择题

1. 下列不属于国际贸易货款的结算方式的是（　　）。

A. 汇票　　B. 托收　　C. 信用证　　D. 银行保函

2. 下列属于按照代理的行业性质划分的代理种类的是（　　）。

A. 独家代理　　B. 货运代理　　C. 购货代理　　D. 保险代理

3. 在下面的招标方式中，不公开发布招标通知的有（　　）。

A. 公开招标　　B. 议标　　C. 邀请招标　　D. 两段招标

E. 无限竞争性招标

4. 习惯上采用拍卖方式交易的商品有（　　）。

A. 裘皮　　B. 烟草　　C. 飞机　　D. 茶叶

E. 蔬菜

5. 托收项下的托收行和代收行（　　）。

A. 负有审查单据的义务

B. 只按委托人的指示办事

C. 应保证收回相应的款项

D. 一旦买方拒绝付款赎单，应代卖方提货报关

6. 下列关于托收方式的说法，正确的是（　　）。

A. 使用商业汇票，属商业信用　　B. 使用银行汇票，属商业信用

C. 使用商业汇票，属银行信用　　D. 使用银行汇票，属银行信用

二、判断题

1. 信用证和汇票一样可以无限次地转让下去。（　　）
2. 包销的期限一般没有具体的规定，在我国出口业务中，通常规定包销期限越长越好。（　　）
3. 寄售的当事人双方之间与包销一样都是一种买卖关系。（　　）
4. 套期保值又称“海琴”，分为卖期保值和买期保值两种。（　　）
5. 对销贸易主要包括易货贸易、互购贸易、产品回购和买期保值四种形式。（　　）
6. 谈判招标属于非竞争性招标，因此投标者在投标中不存在风险。（　　）
7. 信用证支付方式属于银行信用，所用的汇票是银行汇票。（　　）
8. 投标者投标后，可任意修改投标文件。（　　）
9. 谈判招标须采用公开开标的形式。（　　）
10. 拍卖属于公开竞买的方式。（　　）
11. 拍卖的卖方不得隐瞒参加出价的行为；买方也不得私下串通，压低价格。（　　）

12. 支票实际是以银行为付款人的即期汇票。 ( )

13. 采用托收方式结算货款属于逆汇方式。 ( )

14. 在汇票情况下，买方购买银行汇票径寄卖方，因采用的是银行汇票，故这种付款方式属于银行信用。 ( )

15. 汇付是商业信用，因而票汇使用的汇票都是商业汇票；信用证是银行信用，因而使用的汇票都是银行汇票。 ( )

三、问答题

1. 何谓包销？何谓代理？它们有何特点和区别？

2. 何谓招标与投标？何谓拍卖？它们有什么特点？

第三章

国际物流系统与网络

学习目标

了解国际物流系统的构成及其各个构成部分的功能与作用，理解国际物流系统的运作模式，了解国际物流的节点与连线，掌握国际物流网络的概念与结构。

学习要点

国际物流系统　国际物流节点　国际货物运输　口岸　港口　自由港　自由贸易区　国际物流连线　国际物流网络　物流信息系统

场景导入

张明明是某国际货运代理有限公司的一名业务员。2019 年 3 月，他接到某进出口贸易有限公司的咨询电话，该客户称自己下个月有两批女装共 16640 件，需要分别运往荷兰和新加坡，问可不可以安排同一艘船运出。

问：

假如你是张明明，你会如何回答？

第一节　国际物流系统及其构成

国际物流是由许多要素构成的复杂而庞大的系统。这一系统的有效运作需要人们了解系统内要素与要素、要素与系统、系统与环境等方面的关系。

一、系统概述

1. 系统的概念

系统是由若干相互联系的基本要素构成的，具有确定的特性和功能的有机整体。

按照系统论原理，物流本身是一个系统，国际物流本身也是一个系统，它们都具有系统的一般特征和原则。

2. 系统的特征

（1）整体性。系统的整体性即非加和性。系统不是各部分的简单组合，它有统一性，各组成部分或各层次的充分协调和连接是提高系统有序性和整体运行效果的前提，可达到“1+1>2”的效果。

（2）相关性。系统中相互关联的部分或部件形成一个“集”，这个“集”中各部分的特性和行为相互制约、相互影响，同时决定了系统的性质和形态。

（3）层次结构性。所有系统都可以分解为一系列子系统，并存在一定的层次性。

（4）适应性。一个系统与该系统所处环境之间通常都有物质、能量和信息的交换，外界环境的变化会引起系统特性的改变，并相应地引起系统内各部分相互关系和功能的变化。为了保持和恢复系统原有的特性，系统必须具有对环境的适应能力。

3. 系统的原则

（1）整体性原则。系统论的核心思想是系统的整体观念。

（2）结构功能原则。虽然结构、要素都不同，但可以有相同的功能，如人脑系统和计算机系统在部分功能上相似。利用这一原则，可以设计各种仿真系统。

（3）目的性原则。确定或把握系统目标并采取相应的手段去实现。

（4）最优化原则。为最好地实现目标而改变要素和结构，使系统功能最佳。例如，田忌赛马、战争布阵、材料的人工设计等。

二、国际物流系统的构成

国际物流系统是由国际货物运输子系统，国际商品储存子系统，国际物流装卸搬运子系统，国际商品检验检疫、通关子系统，国际货物配送子系统，国际物流信息子系统等构成的。其中，国际货物运输子系统和国际商品储存子系统是物流的两大重要支柱。国际物流通过商品的运输和储存实现自身的时间和空间效益，满足国际贸易的基本需要。

1. 国际货物运输子系统

运输的作用是将商品的使用价值进行空间移动，物流系统依靠运输克服商品生产地和需要地之间的空间距离，创造商品的空间效益。国际货物运输是国际物流系统的核心，国际货物运输作业使商品在交易前提下由卖方转移给买方。与国内物流相比，运输在整个国际物流过程中所占的时间更多，费用更高，同时具有路线长、环节多、涉及面广、手续繁杂、风险性大、时间性强、外贸运输的两段性和联合运输等特点。

所谓外贸运输的两段性，是指国内运输段（包括出口货物和进口货物）和国际运输段。

（1）国内运输段。出口货物的国内运输，是指出口货物由货源地运送到出运港（站、机场）的运输，是国际物流中不可缺少的重要一环。如果没有国内运输，出口货物就无法从产地或供货地集运到港口、车站或机场，也就不会有国际运输。出口货物的国内运输工作涉及面广、环节多，要求各方协同努力组织好运输工作，对从摸清货源、产品包装、加工到短途集运、船期安排、运输配车等各个环节的情况做到心中有数，力求做好车、船、货、港的有机衔接，确保出口货物运输任务的顺利完成，避免压港、压站等现象发生。国内运输段的主要工作分为发运前的准备工作、发运、装车（船、飞机）和装车（船、飞机）后的工作。

进口货物的国内运输，是指进口货物由进口港（站、机场）到进口国目的地的运输。其主要工作有接运前的准备、接运、验收和拨交货物等。

（2）国际运输段。国际运输段是国内运输的延伸和扩展，同时又是衔接出口国货物运输和进口国货物运输的纽带。国际运输段，主要是指被集运到港（站、场）后的出口货物直接装上船（车、飞机）发运，或暂进港（站、场）仓库储存一段时间，等待有船（车、飞机）后再出仓外运。国际段运输可以采用由出口国装运直接到进口国目的地卸货的方式，也可以采用中转，即经过国际转运点再运达目的地的方式。

2. 国际商品储存子系统

国际商品的储存、保管使商品在其流通过程中处于一种或长或短的相对停滞状态，这种停滞是完全有必要的。外贸商品流通是一个由分散到集中，再由集中到分散的源源不断的流通过程。例如，外贸商品从生产厂或供应部门被集中运送到装运港口，有时需要临时存放一段时间，再从装运港装运出口，这是一个集和散的过程。为了保持不间断的商品往来，满足销售需要，也必须有一定量的周转储存；有时，由于某些出口商品在产销时间上的背离，如季节性生产、常年消费和常年生产、季节性消费的商品，还必须留有一定的季节储备。当然，有时也会出现一些临时到货，货主一时难以将货物运走，更严重的是进口商品到了港口（车站、机场等）但通知不到货主或无人认领，商品只能在港口进行临时储存。这种特殊的临时存放保管即所谓的压港、压站现象。在这种情况下，国际物流堵塞了。物流不畅，给贸易双方或港方、船方等都带来了损失。在国际物流中，应注意做好各方面的协调工作，尽量避免类似现象的发生。

3. 国际物流装卸搬运子系统

国际物流装卸搬运子系统主要起到对国际货物运输、保管、包装、流通加工等物流活动进行衔接的作用，以及在保管等活动中为进行检验、维护、保养所进行的装卸活动。在国际物流中，装卸搬运频繁发生，容易导致产品损坏。在对装卸搬运活动的管理中，要确定最恰当的装卸搬运方法，力求使装卸次数最少，同时合理配置和使用装卸机具，做到成本最低、损失最少。

4. 国际商品检验检疫、通关子系统

通过商品检验，人们可确定交货的质量、数量和包装条件等是否符合合同规定。如发现问题，可分清责任，向有关方面索赔。因此，在国际商品买卖合同中，一般都有商品检验条款，其中规定了检验时间与检验地点、检验机构与检验证明、检验标准与检验方法等内容。同时，商品的出入境还需要办理通关手续。

5. 国际货物配送子系统

国际货物配送就是在国际合理的经济区域范围内，根据用户的要求，对到达的国际货物进行拣选、加工、包装、分割、组配等作业，并在确定的范围内按时送达指定地点的物流活动。

6. 国际物流信息子系统

国际物流信息子系统的主要功能是收集、处理及传递国际物流和商流的信息。国际物流情况复杂，若没有功能完善的信息系统的支持，将举步维艰。国际物流信息主要包括：进出口单证、支付方式信息，与国际物流有关的运输、储存等各方面的信息，客户资料信息，供求信息等。

上述各子系统并不是孤立存在的，在国际物流这个大系统中，它们相互影响、相互制约。因此，应将上述子系统有机地联系起来，统筹考虑、全面规划，使商品能在各国间顺畅、经济、快速地流动。

第二节　国际物流系统运作模式

系统的一般模式包括：系统的输入部分、系统的输出部分及将系统的输入转换成输出的转换部分。而作为一个具有自我调节功能的系统，则应有反馈环节，即在系统运行过程中或在一个系统循环周期结束时，有外界信息反馈回来，为原系统的完善提供改进信息，使下一次的系统运行有所改进，如此循环往复，使系统逐渐达到有序的良性循环。

国际物流系统遵循一般系统模式的原理，构成自己独特的运作模式。下面以出口物流为例，介绍国际物流系统运作模式，如图 3-1 所示。

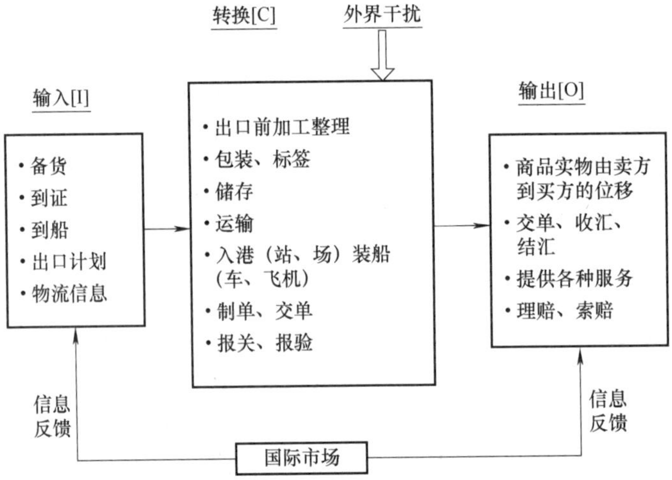

图 3-1　国际物流系统运作模式

国际物流会受到许多外界不可控因素的干扰，它们使系统运行偏离原计划内容。这些不可控因素可能是国际的、国内的，可能是政治的、经济的、技术上的，也可能是政策法令、风俗习惯等的制约，这是很难预测和控制的。这要求物流系统具有强应变能力，受到这些因素干扰时，要马上提出改进意见，变换策略。例如，1956 年—1967 年，苏伊士运河封闭，直接影响国际货物的运输。这是事先不可能预见的，是受到外界政治因素的严重干扰的结果。当时日本的对外贸易商品运输受到严重威胁，如果将货物绕道好望角或巴拿马运河运往欧洲，则航线增长、时间过长，经济效益太差。为此，日本试图利用北美横贯大陆的铁路线运输，取得良好的效果，于是大陆桥运输应运而生。这说明当时日本的国际物流系统在面对外部环境的干扰时采取了积极措施，使系统具有了新的生命力。

国际物流是以实现国际贸易为目标的，国际贸易合同签订后的履行过程就是国际物流系统的实施过程，其一般运作流程如图 3-2 所示。

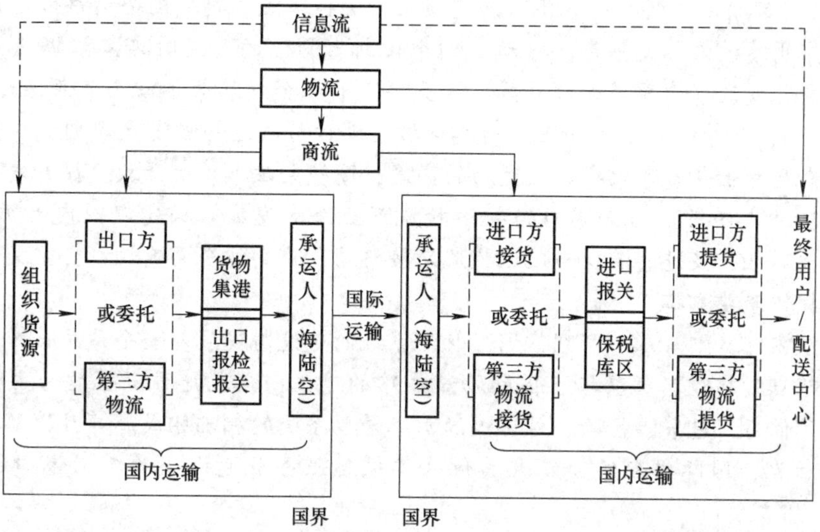

图 3-2 国际物流一般运作流程

◇【思政小课堂】

从《广州市南沙区港口与航运物流发展“十四五”规划》看国际物流系统的建设与发展

万吨货轮停靠在码头边，巨大的桥吊呼啸往返，将各色集装箱精准快速抓取，放置在一辆辆导引车上……这是广州港南沙港区南沙二期码头的作业区安静却繁忙的工作日常。

《广州市南沙区港口与航运物流发展“十四五”规划》的内容显示：截至 2020 年底，南沙港区各类泊位共 218 个，其中 10 万 t 级集装箱专用泊位 16 个，邮轮码头泊位 2 个，滚装码头泊位 5 个，比 2015 年总泊位增加 108 个。货物、集装箱、商品车、旅客设计年通过能力分别为 2.2 亿 t、1820 万 TEU（标准箱）、180 万辆、345 万人次，分别比 2015 年新增 0.5 亿 t、900 万 TEU、117 万辆、75 万人次，年均增长速度分别为 29.4%、97.8%、186%、27.8%，新增旅客设计年通过能力 75 万人次，形成以南沙港区作业区为主，沙仔岛作业区为辅，小虎、芦湾作业区互为功能补充，拥有中国南部最具规模的集装箱、汽车、邮轮和通用码头群，是珠江三角洲地区规模化综合性港区。建成保税物流仓储面积 100 万 m^2，为 2015 年的 2.8 倍，冷链柜吞吐量由 5 万 TEU 增加到 18.7 万 TEU，年均增长 7%。扎实推进码头、航道等基础设施建设，完善港口集疏运体系，港口结构及功能布局不断优化，港口公共基础设施适用能力显著提升。航运网络纵深推进，截至 2020 年共开辟集装箱班轮航线 143 条，其中国际集装箱班轮航线 122 条，分别比 2015 年增长 62.5%、96.8%，“十三五”期间美东航线和韩国航线实现“零突破”，重点开辟东南亚、中东、非洲以及澳新航线，与世界 100 多个国家和地区的 400 多个港口有海运贸易往来，先后与全球 52 个港口建立友好合作关系，开辟中国香港、日本、越南、菲律宾等地邮轮航线 9 条，目的地 12 个，开辟“中亚—广州—东南亚”海铁联运货运通道，设立 6 个海外办事处，开通辐射泛珠三角主要地区的 11 条海铁联运班列，世界前 21 大集装箱班轮公司全部进驻南沙港区。建设大湾区机场海陆空联运项目，对外开放门户枢纽功能实现跨越式提升。

“十四五”时期是“两个一百年”历史交汇的关键节点，是我国全面建成小康社会的重要时期，是广州建设国际大都市、推动“四个出新出彩”的关键时期，依据《广州市南沙区、广州南沙开发区（自贸区南沙片区）国民经济和社会发展第十四个五年规划和2035年远景目标纲要》，科学编制“十四五”时期南沙区港口与航运物流发展规划，从中华民族伟大复兴战略全局和世界百年未有之大变局的高度，围绕大改革、大开放，提升发展质量的规划方向，推动“十四五”时期港口与航运物流产业全面发展，构建以国内大循环为主体、国内国际双循环相互促进的港口与航运物流发展格局，为南沙全面建设社会主义现代化开好局、起好步提供重要支撑。

通过规划内容我们可以了解到，国际物流系统的建设与发展是一个系统化工程，既包括了国际物流节点的建设，也包括了国际物流线路的建设；既包括了以航运为主的运输子系统，也包括了储存、包装、检验、外贸流通加工等子系统的相辅相成。并且，随着国际物流市场竞争的加剧，国际供应链金融及其他高端航运服务业逐渐成为各大港口的重要竞争优势。

资料来源：《关于印发广州市南沙区港口与航运物流发展“十四五”规划的通知》。

第三节　国际物流节点及其分类

一、国际物流节点的概念与功能

1. 国际物流节点的概念

整个国际物流过程是由跨国境商品的多次“运动—停顿—运动”过程所组成的，与这种运动相对应的就是由执行运动使命的线路和执行停顿使命的节点。不同线路和节点的组合形成了不同水平的错综复杂的国际物流网络。节点在物流中不仅发挥着物流的一般功能，而且越来越多地发挥着指挥调度、信息中心等神经中枢的功能，因此对国际物流起着重要的作用。

物流节点是物流网络中连接物流线路的关键之处。物流中的许多活动，如包装、装卸、保管、分拣等作业都是在节点完成的，同时，它还起着衔接线路上不同活动的作用。因此，节点在物流中居于非常重要的地位。

国际物流节点是指那些从事与国际物流相关的活动的点，如制造厂仓库、口岸仓库、保税区仓库、物流中心等。

2. 国际物流节点的功能

（1）衔接功能。国际物流节点将各个线路连接成一个系统，使整个国际物流过程变得更为连贯、顺畅。例如，水运的大量运输和汽车的小量运输在运输形态、运输工具上都有很大的不同，人们只有依托物流节点提供的各种技术、装备、管理等方面的帮助，才能使两者有效地衔接，将中断转为通畅。

国际物流节点一般通过以下手段来衔接物流：

1）转运——实现不同运输方式的衔接。

2）加工——衔接干线物流和支线物流及配送。

3）储存——实现不同时间段的物流需求。

（2）信息功能。国际物流节点是整个物流系统中信息传递、收集、处理和发送的集结地，在国际物流系统中起着非常重要的作用，是使复杂的国际物流成为有机整体的重要保证。

在国际物流系统中，每个节点都是物流信息的一个点，若干个这样的点和国际物流系统中的信息中心结合起来，便形成了指挥、管理、调度整个系统的信息网络，这是国际物流系统建立的前提条件。

（3）管理功能。国际物流系统的管理设备和指挥机构大都设置于物流节点。因此，绝大多数物流节点都是集管理、指挥、调度、信息、衔接及货物处理为一体的物流综合设施。整个物流系统能否有序、正常运转以及物流系统效率的高低都取决于物流节点管理水平的高低。

二、口岸

1. 口岸的定义

口岸原指由国家指定的对外通商的沿海港口，但随着陆、空运输的发展，对外贸易的货物、进出境人员及其行李物品、邮件包裹等，可以通过铁路、公路和航空直达一国腹地。因此，在开展国际联运、国际航空运输、国际邮包运输及其他有外贸、边贸活动的地方，国家也设置了口岸。除对外开放的沿海港口外，口岸还包括：国际航线上的飞机场；山脉国境线上对外开放的山口；国际铁路、国际公路上对外开放的火车站、汽车站；国界河流和内河上对外开放的水运港口。

2. 口岸的分类

口岸可以从不同的角度进行分类，常用的有以下几种：

（1）按批准开放的权限，可将口岸分为一类口岸和二类口岸。一类口岸是指由国务院批准开放的口岸（包括中央管理的口岸和由省、自治区、直辖市管理的部分口岸）；二类口岸是指省级人民政府批准开放并管理的口岸。

两类口岸的具体划分如下。

一类口岸：

1）对外国籍船舶、飞机、车辆等交通工具开放的海、陆、空客货口岸。

2）只允许我国籍船舶、飞机、车辆出入国境的海、陆、空客货口岸。

3）允许外国籍船舶进出我国领海内的海面交货点。

二类口岸：

1）依靠其他口岸派人前往办理出入境检查检验手续的国轮外贸运输装卸点、启运点、交货点。

2）同毗邻国家地方政府之间进行边境小额贸易和人员往来的口岸。

3）只限边境居民通行的出入境口岸。

（2）按出入国境的交通运输方式，可将口岸分为港口口岸、陆地口岸和航空口岸三种。

1）港口口岸是指国家在江河湖海沿岸开设的供人员和货物出入国境及船舶往来停靠的通道。它包括港内水域及紧接水域的陆地。

2）陆地口岸包括国（边）境及国家批准内地可以直接办理对外进出口经济贸易业务往来和人员出入境的铁路口岸和公路口岸。

3）航空口岸是指国家在开辟有国际航线的机场上开设的供人员和货物出入国境及航空器起降的通道。

此外，在实际工作中，人们还经常使用边境口岸、沿海口岸、特区口岸等提法。这种分类虽然尚未规范化，但它们在制定口岸发展规划及各项口岸管理政策方面，还是有一定积极作用的。

3. 我国主要的边境口岸

（1）满洲里口岸。1992 年，国务院批准满洲里市为沿边开放城市。满洲里是我国最大的陆路口岸，也是我国最早开放的沿边口岸之一。它北与俄罗斯后贝加尔斯克口岸对接，是我国环渤海港口通往俄罗斯等国家和欧洲的最便捷、最经济、最重要的陆海联运大通道，在我国全方位对外开放格局中占有举足轻重的地位。

（2）阿拉山口口岸。阿拉山口位于新疆博尔塔拉蒙古自治州境内，是举世瞩目的新亚欧大陆桥中国段西部的“桥头堡”，是铁路、公路并举的国家一类口岸。

1990 年 9 月 12 日，兰新铁路西段与苏联的土西铁路在阿拉山口站和德鲁日巴站（今天位于哈萨克斯坦境内）接轨。从此，这条连接亚洲与欧洲的钢铁大道架起了一条横跨亚洲、欧洲新的经济陆桥。

（3）绥芬河铁路、公路口岸。绥芬河铁路、公路口岸已成为满洲里口岸、阿拉山口口岸之后的中国第三大对外贸易陆路口岸。

（4）二连浩特口岸。二连浩特口岸位于中国正北方，与蒙古国扎门乌德口岸隔界相望，过货能力 350 万 t，是中蒙两国唯一的铁路口岸，也是亚欧大陆桥中的重要战略枢纽。

（5）凭祥铁路、公路口岸。凭祥铁路、公路口岸，位于广西南部中越边境线上，越南一方的对应口岸为同登，距河内市 200km。凭祥铁路口岸于 1955 年开通并开始办理中越铁路联运。莫斯科—北京—凭祥—河内的国际联运铁路从凭祥市区穿过，使其成为连接东欧独联体与东南亚地区的交通要道。

三、港口

港口是水陆空交通的集结点和枢纽，是工农业产品和外贸进出口商品的集散地，也是船舶停泊、货物装卸、旅客上下的场所，是联系内陆腹地和海运的一个天然界面。因此，人们把港口看作国际物流的一个特殊节点。

港口按其基本功能，可分为商港、渔港、军港和避风港四大类。这里所说的港口，仅指与国际物流有关的商港。现代商港不仅是水陆空运输的枢纽，还是一个巨大的生产单位，其规模的大小常用吞吐量来表示。

按照综合物流的观点，港口在现代国际生产、贸易、物流系统中处于十分重要的战略地位，发挥着日益重要的作用。港口不仅是货物水陆空运输的中转地，还提供了发展转口贸易、自由港、自由贸易区的机会。当前，港口商业化的趋势不断加强。今后，它在国际贸易与国际物流上的作用将进一步增强。

1. 港口在国际物流中的地位和作用

（1）港口是大量货物的集结点。经济全球化使国际贸易快速发展，作为国际海洋运输的起点和终点，港口承担着世界贸易 90%以上的运输量。因此，港口在整个国际物流中是最大量货物的集结点。

（2）港口是生产要素的最佳结合点。例如，世界上很多国家依赖进口原油的炼油厂、依赖进口原料的钢铁厂，大都建在港口地区；同时，世界上一些主要港口所在的城市又基本上是这些国家重要的工业基地。

（3）现代港口是重要的信息中心。在工业社会，港口作为交通运输的枢纽，是“配送中心”（运输+转运+储存+装拆箱+仓储管理+加工）。在新经济时代，港口作为国际物流链中的技术节点，是海运、陆运及通信、经济、技术的汇集点，在港口地区有货主企业、货运代理、船东、船舶代理、批发零售企业、包装公司、陆上运输公司、海关、商检等各种机构，港口已成为“综合物流中心”（运输+转运+储存+装拆箱+仓储管理+加工+信息处理）。现代港口已成为不同运输方式汇集的最大、最关键的节点，成为商品流、资金流、物流、信息流的汇集中心。

（4）现代港口是物流服务中心。随着综合物流时代的到来，现代港口从交通枢纽转变为内涵更广、层次更高的物流网络节点，已成为供应链的重要组成部分。世界港口正逐渐从第一代、第二代向第三代发展，从只具备简单的货物装卸和储存功能拓展为以技术、管理、信息为基础，以装卸转运为依托，具有仓储、包装、配送、加工、信息服务等多种功能的全程物流服务中心和国际商贸后勤基地，以及高度现代化、商业化、信息化的国际贸易大港。

2. *港口的发展*

（1）建设深水化。当今世界港口面临的不仅有数量的挑战，还有质量的挑战。现代港口不再以一般的货物吞吐量为主要标志，而是以集装箱吞吐量为主要标志。目前，4000~6000TEU 的集装箱船已成主流，8000TEU 甚至 10000TEU 的船舶已经投入运营，这必然对集装箱主干线上的枢纽港航道、泊位水深提出更高的要求。因此，优先发展集装箱深水码头是现代港口发展的必然趋势。

（2）布局网络化。由于船舶正在朝着大型化方向发展，预计在 10~20 年内，港口布局将逐步脱离欧—美、欧—亚、亚—美三大干线，继而出现以赤道环球航线中心港为核心的全球性港口网络，主要包括赤道环球中心港、区域性枢纽港、区域性喂给港三部分。赤道环球中心港的主要功能是纯中转，其营运船舶一般需要停留 5~8 个中心大港，占运输贸易量的 50%强；区域性枢纽港、区域性喂给港的主要功能是为赤道环球中心港提供支持：一是集散本地区的贸易货物，二是向本区域的国际枢纽港输运国际贸易货物。在港口网络化发展进程中，那些有能力吸引大型海、陆、空全球联营体和独立承运人的港口有望成为枢纽港，而那些地理位置较差且竞争力不足的港口则只能起到喂给港的作用。

（3）业务物流化。大多数重要港口位于海、陆、空三位一体运输方式的交汇点上，是国际物流供应链的主要环节，能够提供快速、可靠、灵活的综合物流经营服务。现代物流逐步成为现代港口的重要发展方向。

（4）港城一体化。集装箱运输的迅猛发展，使得世界各地的港口越来越处于同一个国际化的网络。港口功能的实现需要以强大的港口城市功能及港口腹地经济的发展为支持和依托，港口和城市正在向港城经济一体化方向发展。

（5）管理信息化。新一代港口已经不再属于劳动密集型和资本密集型产业，货物的快速流动，集装箱多式联运和“门到门”运输、物流体系的发展，对港口信息网络的建设提出了越来越高的要求，因此，技术与信息已经成为现代化港口生存和发展的决定性因素。

（6）经营民营化。港口经营民营化是将码头设施出租经营或完全出售，交由个人、私营企业或半公共组织进行经营管理。港口建设必须投入大量资金，才能实现快速发展，这就在客观上迫使港口必须采取承包、租赁、参股、合资、独资、产权转让等方式，吸引民间人士来港投资经营。目前，各国政府在推进民营化方面的做法，一种是在部分民营化的港口组织中，政府以一定的深度参与；另一种是出租、出让或完全出售港口资产和港口服务。

3. 世界级主要海港

（1）中国上海港。上海港位于长江入海的咽喉处，黄浦江横贯其中，成为天然商港。该港航道包括长江口南航道和黄浦江航道及正在建设中的大小洋山深水港航道。

海港港区面积 $3620.2km^2$。其中，长江口水域 $3580km^2$；黄浦江水域 $33km^2$，港区陆域 $7.2km^2$。2002 年 6 月，洋山深水港区开工建设，上海港开始从河口港向海港跨越。

统计显示，上海港 2009 年货物吞吐量达到 5.9 亿 t，集装箱吞吐量为 2500 万 TEU，分别位居全球第一、第二。2010 年，上海港集装箱吞吐量达到 2906.9 万 TEU，同比增长 16%，首次超越新加坡港，跃居世界第一，该年货物吞吐量和集装箱吞吐量全球排名“双第一”，实现了历史性的跨越。在作为枢纽港主要标志的集装箱中转比例上，上海港 2010 年完成的比例为 37.7%；在货物吞吐量方面，上海港完成 6.5 亿 t，同比增长 10.4%，连续四年蝉联世界第一。自此，上海港集装箱吞吐量开始连续问鼎世界第一。2011 年，集装箱吞吐量首次突破 3000 万 TEU。2016 年，集装箱吞吐量为 3713.3 万 TEU，继续位居世界第一。2017 年下半年，上海港日均昼夜集装箱吞吐量达到 11.3 万 TEU，作业效率同比提高了 8.1%，并创下昼夜集装箱吞吐量 130414TEU 的作业纪录。2017 年 12 月，经过 3 年时间建设的全球最大集装箱自动化码头——洋山四期正式开港试运营。自动化码头共建设 7 个集装箱泊位，集装箱码头岸线总长 2350m，设计年通过能力初期为 400 万 TEU，远期为 630 万 TEU。2017 年，上海港集装箱吞吐量达到 4000 万 TEU，成为全球首个集装箱年吞吐量突破 4000 万 TEU 的港口。2017 年 12 月，上海洋山四期自动化码头正式开港，昼夜吞吐量达 20823.25TEU；生产作业实现本质安全和直接排放为零，且人均劳动生产率为传统码头的 213%。

2022 年，上港集团以“数字港口”建设为抓手，在洋山四期自动化码头率先推出数字孪生系统。多维度、全流程的超大型自动化集装箱码头数字孪生平台，实现了地理信息和码头设备精细三维建模，实现了道路、堆场、集装箱、岸桥、场桥、AGV（自动导引车）等设施设备的高精度建模。同时，还原岸桥、场桥、AGV 三大设备的超精度行为和规则建模，实现了设备运行的高精度拟真。洋山四期自动化码头在超远程智慧指挥控制中心、数字孪生系统、基于 VR 技术的智能化港口设备培训系统及自动化码头智慧海关监管等技术加持下，集装箱吞吐量保持同比增长；“电子防疫通行证”的上线，在特殊时期为稳定全球物流供应链做出了积极贡献。与此同时，具备 300 万 TEU 年吞吐能力的上海港东北亚空箱调运中心也正式启用，并成立太仓分中心，与马士基、达飞、地中海、长荣、新海丰等全球知名航运企业深化合作，集聚全球空箱，为长三角区域城市及长江沿岸其他地区企业持续输送空箱资源，提升港口航运综合服务水平，同时降低进出口企业的综合物流成本。

截至 2022 年年底，上海港集装箱吞吐量突破 4730 万 TEU 大关，连续 13 年蝉联全球第一。《上海国际航运中心建设“十四五”规划》中提出，2025 年，上海港集装箱年吞吐量达到 4700 万 TEU 以上。

（2）新加坡港。新加坡港地处新加坡岛南端。该岛东西长 42km，南北宽 22.5km，既是新加坡的首都所在地，也是天然良港。优越的地理位置是新加坡港迅速发展的重要条件。随着世界航运业的繁荣和马六甲海峡航运的繁忙，新加坡的作用和地位越来越重要。新加坡港内有 3.4km 的码头群，能同时容纳 30 多艘巨轮停靠。从新加坡港起航，有 250 多条航线通往世界各主要港口。2022 年，新加坡港完成集装箱吞吐量 3730 万 TEU，同比微降 0.7%，稳坐全球第二大集装箱港口宝座。

新加坡港的管理非常现代化，采用的是最新的电子技术和机械设备。新加坡港还拥有 40 万吨级的巨型旱船坞和两个 30 万吨级的旱船坞，可以修理世界上最大的超级油轮，能够同时修理总吨位达 210 万 t 的船只，是亚洲最大的修船基地。从船队规模来看，新加坡依靠船级社和 MPA（新加坡海事与港务局）的激励措施，吸引来自世界各地的船东和船舶经纪公司；从燃料加注角度来看，新加坡港处于东西方贸易通道战略位置，给予只加注燃料不进行装卸业务的集装箱船舶 20%的港口费优惠，为在停靠期间使用减排技术、清洁燃料或 LNG（液化天然气）的船舶提供 25%的绿色港口优惠；从海事和法律方面来看，新加坡依托靠近众多亚洲客户的地理优势，成为仅次于伦敦和纽约的第三仲裁地。

（3）中国香港港。中国香港港是全球最繁忙和效率最高的国际货柜港，也是全球供应链上的主要枢纽港。港口是香港特别行政区的经济命脉之一，其 80%的货运量经由港口处理。

2022 年，香港港完成集装箱吞吐量 1657 万 TEU。凭借其国际金融中心与商业中心的地位，香港吸引了接近 900 家开展航运相关业务的公司落户，其业务涵盖保险、法律、仲裁、船舶经纪、船舶管理与租赁、航运金融等方方面面，叠加香港的关税优惠政策，使得香港国际航运中心具备很强的国际竞争力。

（4）韩国釜山港。釜山位于韩国的东南沿海，东南濒临朝鲜海峡，西临洛东江，是韩国最大的港口。釜山不但是天然良港，而且是韩国第二大城市，在近现代由于与日本、俄罗斯及太平洋国家的经济、文化关系日益增强，发展特别迅速。

釜山不仅是韩国海陆空交通的枢纽，还是韩国的金融和商业中心，在韩国的对外贸易中发挥着重要作用，其工业仅次于首尔，其中机械工业尤为发达，而造船、轮胎生产居韩国首位，水产品在出口贸易中占有重要位置。

由于激烈的国内外竞争，集装箱吞吐量接近饱和的釜山港正面临着巨大的挑战。为了保持釜山港国际大港口尤其是它在亚洲的优势地位，韩国及当地政府制订了釜山港的中长期发展计划，以打造东北亚国际物流中心基地为目标，以釜山港和光阳港为中心港，加快推进港口扩建工程。

为了提高国际港口功能，釜山新港的开发定位为 21 世纪东北亚国际物流中心港湾，以确保国际集装箱主航路上的中心港（HUB 港）的地位。釜山新港的开发规模将从原先的 25 个泊位扩大到 30 个泊位，30 艘大型集装箱船能同时接岸，同时改善物流体系，建成东北亚物流据点（HUB 港湾），提高国际竞争力，使釜山地区发展成为国际物流产业的枢纽；构建基于电子商务的釜山港港湾物流系统。通过此物流系统，客户可以访问该地区所有的物流活动，并且该系统可将釜山港港口信息和东北亚的物流网络链接在一起。

（5）荷兰鹿特丹港（Port of Rotterdam）。该港位于莱茵河和马斯河入海的三角洲，濒临世界海运最繁忙的多佛尔海峡，是西欧水陆交通的要冲，是荷兰和欧盟的货物集散中心，有“欧洲门户”之称。鹿特丹的铁路、公路、水路和空中交通均高度联结，是整个欧洲连接性最好的城市之一，当地有超过5000家运输和物流行业的公司。

在荷兰，鹿特丹港几乎就是港口的代名词，对荷兰经济综合贡献度高达40.5%。港口年吞吐量超过5亿t。鹿特丹港当之无愧地长期占据着欧洲第一大港的地位，因此它被誉为“欧洲桥头堡”。

鹿特丹港优良的地理条件也让世界上的其他港口羡慕不已。鹿特丹港港区面积超过$80km^2$，海轮码头岸线长56km，江轮码头岸线长33.6km，总泊位656个，航道最大水深22m。

作为欧洲的最大港口，鹿特丹港也是欧洲最智能的港口。鹿特丹港拥有欧洲高效和完整的智能供应链，是世界上可持续性最强的港口之一。在数字创新领域，它是全球的标杆——港口的数字化加速了现有运输和物流行业的转型。此外，鹿特丹港的人造扩建项目MaasvlakteⅡ不仅是荷兰最大的基建工程项目之一，还为可持续商业和清洁能源树立了全球标杆。

鹿特丹港ECT Delta码头作为世界上第一个自动化码头而闻名于世。目前最大的船舶可以停靠在此而不受潮汐或者船闸的限制。另外，鹿特丹港Euromax码头专为快速、安全、高效地处理最大的集装箱船而设计，并于2010年投产；2015年开始运行的APMT MVⅡ码头、RWG码头也是全球极具创新性的全自动化集装箱码头之一。2022年，鹿特丹港务局使用荷兰无人机制造商Avy的新型Aera 3自主飞机进行船舶污染排放监测试验，以期推动可持续航运发展。

2022年9月，鹿特丹港务局和IBM宣布达成合作，将共同开展一项基于云的物联网（IoT）技术的多年期数字计划项目。该项目将从开发统一仪表板应用程序开始，该应用程序将收集和处理通过IBM IoT平台分析的实时水文、天气传感器数据和通信数据。这些数据将通过IBM基于云的物联网技术进行分析，并转化为鹿特丹港可用于决策的信息，以减少船舶等待时间，确定船舶停靠、装卸的最佳时间，以及增加可用性泊位。例如，鹿特丹港将能够根据水位预测船舶到达和离开鹿特丹港的最佳时间，从而确保船上可以装卸最大数量的货物。通过这项新举措，鹿特丹港的运营商能够同时查看各方的运营情况，从而提高运营流程的效率，还可以大大提升为港口所有用户提供的服务，为未来的智能、互联和自动化航运做好充分准备。

（6）德国汉堡港（Hamburger Harbour）。汉堡港是德国第一大港，地处易北河以南地区，是一个兼有河港和海港的港口。汉堡是德国第二大城市，地处欧洲东西、南北交通要道，具有地理优势，多年来凭借港口、航运、外贸、金融、保险及造船等的发展，成为德国的一个重要的经济和贸易中心。

汉堡港地处西欧发达地区的最东侧，在欧洲中起着“国际转盘”的作用，对奥地利、瑞士、捷克、匈牙利、波兰以及西欧和东欧的其他国家来说是很好的转口港。

汉堡港是一个有着较好的自然、技术、设备条件的现代化港口。该港口面积$100km^2$，其中，水上面积$41\ km^2$；码头总长度为65km，分为60个停泊区，共有泊位340个；具有各种能适应所有转运系统及各种规格的装卸、仓库储存等设备。汉堡港2010年货物吞吐量为1.21亿t，同比上升10%，集装箱吞吐量为790万TEU，同比上升12.7%。2022年，汉堡港完成集装箱吞吐量830万TEU，汉堡港目前吞吐量的1/3都来自中欧贸易往来。

汉堡港内有15km被单独划为“自由港”。该“自由港”有320个泊位，是世界最大的

“自由港”之一，主要经营转口贸易。

（7）美国纽约港（New York）。美国纽约港也叫新泽西港，是世界上最大的天然深水港之一，位于纽约州赫德森河口，濒临大西洋。该港区面积为 3800km^2，有水深 9～14.6m 的深水泊位 400 多个，集装箱码头 37 个，是世界上港区面积最大的港口。整个港区有 140 多条货、客运输线通往世界各地，外贸进出口年货运量达 6000 万 t。

纽约港港口宽深，天然掩护条件好，潮差小，冬季不冻，自然条件非常优越。纽约港初建于 1524 年，最先是意大利人来到赫德森河口，1626 年荷兰人从印第安人手中买下曼哈顿岛辟为贸易站，称之为“新阿姆斯特丹”，这也是当地开发的开始。1664 年，这一地区又被英国人占领，改称纽约。1825 年，伊利河通航，大大促进了纽约港区的建设。

美国的世界级大港还有位于美国密西西比河畔的新奥尔良港（Port of New Orleans）和位于墨西哥湾的休斯敦港（Port of Houston）。新奥尔良港是仅次于纽约港的美国第二大港，休斯敦港是美国进出口贸易第一大港，是美国对外贸易的重要门户，曾经是世界第七大港。

（8）日本横滨港（Port of Yokohama）。横滨港位于东京湾西北部，港内风平浪静，航道水深 10m 以上，是一个天然良港。

横滨港原是一个不出名的渔村，没有什么港口建设，最初只修建了两座码头，仅供停靠小船，稍大的船只能离岸锚泊，货物只能用驳船搬运。随着日本外贸和渔业的迅速发展，来往横滨的船只越来越多。1889 年年初，日本政府投入大量资金，对横滨港的设施进行改建和扩建，致使通过该港的外贸额大量增加，并成为日本通向世界的最大国际贸易港。进入 20 世纪，横滨港的建设有了更大的发展，通过填海造陆等工程，港区和市区不断扩大。然而，1923 年，日本关东大地震使横滨损失惨重，全部港口设施受到严重损坏。地震之后，横滨的重建工程发展很快，其间虽然由于太平洋战争等原因一度被迫停建，但第二次世界大战后恢复得相当迅速。1962 年以后，横滨港开始按照现代化的要求建造码头设施。

横滨港是日本海港中距离美国最近的一个港口，美日海上贸易多以它为装卸港。近年来，横滨港的吞吐量大大增加，每天可以有 70 多艘大型船只同时进入。集装箱码头的发展也很快。日本政府一向重视横滨港的建设和发展，努力使之成为一个现代化的海港。

（9）比利时安特卫普港（Port of Antwerp）。安特卫普位于比利时北部，斯海尔德河下游，距北海 89n mile。

安特卫普是比利时第二大工业中心，是北欧北部的贸易中心，也是欧洲第二大港。

由于斯海尔德河和海口航道的改善，安特卫普港可容纳 10 万吨级的船舶泊靠装卸货物，吃水 47 英尺（1 英尺=0.3048 米）的船可自由进出。码头起重机的起卸能力为 800t。整个港区面积为 178km^2，其中，各类型的码头面积共 13.5km^2，码头全长 99km，集装箱码头泊位 18 个，储油仓 1200 万 m^3，冷藏仓库 339 英亩（约 1.37km^2）。安特卫普港在最近几年巩固了其欧洲第二大港的地位，并进行了很大的投资来保证其“欧洲第一大杂货港”的地位。2022 年，安特卫普港的集装箱吞吐量下降了 5.2%。对中国来说，安特卫普港是一个进入欧洲的理想门户。

（10）法国马赛港（Port of Marseille）。马赛位于法国南部的地中海岸边，是法国的第二大城市，也是法国最大的工业中心和港口城市。马赛港是法国最大的港口，其吞吐能力居欧洲第二位，曾位列世界第五。

马赛港迄今大约有 2600 年的历史。目前的马赛港区共有 7 个港池和 2 个外港，码头总长 19km。马赛港有 93 个码头泊位是专供远洋轮船使用的，所占码头长度达 13.5km，码头水深 6~14.5m，还有 4 个等候泊位和 28 个修船泊位。马赛港区的码头主要用于处理杂货以及客货运输和修船业务。与城市经济有关的货运则通过专用转运码头处理，这一港区最多可处理 600 万 t 货运量。马赛港还拥有 10 个旱船坞，其中一个可容纳载重量为 54 万 t 的货船。

马赛港的拉维拉—卡隆特—布克港区是 1952 年专为运输原油、石油产品、液化天然气和各种化学制品而建设的。该港水深达 12.5m，有 9 个泊位，可容纳 8 万吨级的轮船。这些泊位有管道与法国炼油公司和英国石油公司的储油罐连接并与南欧管道衔接。此外，该港区还有 7 个泊位（专门用于散装货物运输）和 2 个修船湿坞。

马赛港还有一些有专门用途的港区与码头泊位。马赛港不仅为法国，还为欧洲经济发展服务，其航运路网不断扩展。马赛港作为石油和天然气转运基地的作用日趋重要，许多管线从港区向外呈扇形伸展。马赛港把法国与欧洲其他国家紧密地联系起来了。

（11）英国伦敦港（Port of London）。伦敦港是英国最大的海港。伦敦始建于公元前 43 年，在历史上就是一个海运昌盛的地方，19 世纪以来成为世界上重要的国际贸易和金融中心。1908 年，英国伦敦市的一些私营码头和公司联合成立了伦敦港务局，统一管理泰晤士河和航道。首先从河床挖出了 5 亿 t 泥沙，使这条河成为当时世界上最深的河运水道。之后，伦敦港的发展经历了曲折的历程。如今的伦敦港区主要在市中心以东 40km 的提尔伯里和沿河下游。这里的港区水域面积 0.63km^2，码头岸线长 8.2km，有 4 个主要港池，水深 11~12m，可以停泊 3 万吨级的货船。港池内有 4 个集装箱泊位、3 个滚装泊位和其他杂货泊位。其中，集装箱泊位是欧洲最现代化的集装箱码头。

4. 我国的主要港口

我国的主要港口除了前面提到的世界级的上海港和香港港外，还有深圳港、大连港、天津港、秦皇岛港、青岛港、广州港、宁波舟山港、福州港、连云港港、湛江港等。截至 2010 年，我国已经有 22 个亿吨世界级大港，其中，深圳港、大连港、天津港、秦皇岛港、青岛港、广州港、宁波港等港口年吞吐量超过了 2 亿 t。

2022 年，全国港口集装箱吞吐量排名靠前的主要有：上海港、宁波舟山港、深圳港、青岛港、广州港、天津港、厦门港、苏州港、北部湾港、日照港。其中，宁波舟山港、上海港、青岛港、广州港等多座港口得益于无人驾驶技术的落地应用，智慧化再升级，实现吞吐量再提升。宁波舟山港完成年货物吞吐量超 12.5 亿 t，连续 14 年位居全球第一。2022 年，中宅二期 30 万吨级矿石码头全面投产运营，实现铁矿石接卸量逆势增长；持续提升原油接卸效率；拓展内外贸汽车滚装业务；煤炭、液化油品、粮食业务均保持稳定增长。继 2021 年宁波舟山港集装箱吞吐量突破 3000 万 TEU 后，2022 年，深圳港也踏入了 3000 万 TEU“俱乐部”。

（1）深圳港。深圳港位于广东省珠江三角洲南部，珠江入海口伶仃洋东岸，毗邻香港。深圳市 260km 的海岸线被九龙半岛分割为东西两大部分。西部港区位于珠江入海口伶仃洋东岸，水深港阔，天然屏障良好。经珠江水系可与珠江三角洲水网地区各市、县相连，经香港暗士顿水道可达国内沿海及世界各地港口。东部港区位于大鹏湾内，湾内水深 12~14m，海面开阔、风平浪静，是华南地区优良的天然港湾。2022 年，深圳港集团集装箱累计吞吐量达到 3004 万 TEU，同比增长 4.4%，成为全球第四个年吞吐量突破 3000 万 TEU 的港口。

（2）大连港。大连港地处辽东半岛的南端，是我国的黄海之滨，是渤海湾内最大的港口，港口外面有大小两个山岛对峙，扼住了湾口的咽喉，形成天然屏障。湾内风平浪静，平均气温10℃，是四季通航的天然良港。大连港与朝鲜、韩国和日本之间的海上运输十分便捷，与北美、南美和东南亚及世界各地的联络也十分频繁。大连港不仅是辽宁省的外贸中心，也是我国东北地区对外贸易的重要港口。大连港是我国东北地区通往我国其他地区的海上大门。大连港有“北方明珠”之称。

大连港港区辽阔，陆域面积8km^2，水域面积346km^2，平均水深10m，最深处33m；码头泊位65个，码头岸线总长13km。海湾沿岸无大河流入，附近也无海域泥沙流影响，港内无淤积现象。大连港气候温和，冬季港区不结冰。

（3）天津港。天津港位于渤海湾西岸，位于海河下游及其入海口处，是环渤海港口中与华北、西北等内陆地区距离最近的港口，是北京的海上门户，由天津、塘沽、新港三部分组成，也是新亚欧大陆桥最短的东端起点。天津港是我国华北、西北和京津地区的重要水路交通枢纽，对外交通十分发达，已形成了颇具规模的立体交通集疏运体系。

天津港现拥有各类泊位140余个，其中公共泊位76个；拥有万t级以上泊位55个，其中，20万t级泊位1个，10万t级泊位2个，7万t级和5万t级泊位共11个；公共泊位岸线总长14.5km。2001年，天津港全年货物吞吐量突破1亿t。

2021年10月，全球首个“智慧零碳”码头——天津港C段智能化集装箱码头正式启动运营，码头拥有3个20万吨级集装箱泊位，码头岸线总长1100m，设计年吞吐量250万TEU，码头实现了多个全球首创，包括：自主研发的基于AI的智能水平运输管理系统，车路协同超L4级无人驾驶在港口规模化商用落地，“5G+北斗”融合创新的全天候、全工况、全场景泛在智能，以及绿电自发自用、自给自足，码头运营全过程零碳排放等，这些创新成果已经对港口行业产生巨大影响。天津港全球首个“智慧零碳”码头常态化、规模化商用稳定运营以来，单桥作业效率提升40%以上，外场使用集装箱卡车平均滞场时间压缩至8.6min，设备平均综合单耗下降30%以上，居于全球行业领先水平。天津港全球首个“智慧零碳”码头的稳定商用，用事实说明，更加高效、智能的港口在全球供应链产业链中将发挥越来越重要的作用。2022年，天津港完成货物吞吐量4.71亿t，同比增长2.7%；集装箱吞吐量2101万TEU，同比增长3.7%，港口排全国第六位。

（4）秦皇岛港。秦皇岛港地处河北省，靠近渤海湾西岸，处于大沽口与葫芦岛之间，气候比较温和，是我国北方著名的终年不冻港，是我国最大的能源输出港和世界上最大的煤港，也是我国北方的一座天然良港。其主要货物种类有煤炭、石油、粮食、化肥、矿石等。秦皇岛港以能源输出闻名于世，主要将来自我国内陆山西、陕西、内蒙古、宁夏、河北等地的煤炭输往华东、华南等地及欧洲、亚洲等地区，年输出煤炭占全国煤炭输出总量的50%以上，是我国“北煤南运”的主要通道。截至2019年，秦皇岛港拥有12.2km长的码头岸线，陆域面积11.3km^2，水域面积226.9km^2，分为东、西两大港区，所辖港区获批设立保税仓库和出口监管仓库，为从事进出口货物装卸、储存、交付、发运等活动的客户提供便捷服务；港口运营50个泊位，包括44个万吨级以上泊位。其中有23个煤炭泊位、7个油品及液体化工泊位、17个杂货泊位、3个集装箱泊位。港口的储油罐区容量为35万m^3，其中原油重油罐容量为16万m^3。在距港口10km处还有中国石油集团的70万m^3原油储罐区。油罐区有三座铁路装卸栈桥及自备铁路线，可同时满足190节罐车装卸作业。油港进出的东航道为双向航道，水深13.5m，宽120m，可进出5万~7万吨级船舶，目前已竣工的10万吨级航道水深16.5m，宽200m，15万t级以下船舶可自由出入、同时，秦皇岛港拥有堆存能力1027万t的专业化煤炭堆场、堆存能力219万t的杂货堆场，以及15个总仓储能力为28.6万m^3的油罐及堆存2.3万TEU的集装箱堆场。

2021年，秦皇岛港完成集控改造后，将毫米波雷达、料位雷达等传感器，以及高精度北斗定位等新型基础设施与生产业务深度融合，达到简化生产操作流程、减少现场操作人员、提高工作效率的目的。2022年，秦皇岛港吞吐量1.87亿t，同比减少3.36%。

（5）青岛港。青岛港位于山东省东南海岸胶州湾内。该港是我国外贸主要港口之一，其进出口的主要货物有煤炭、石油、钢铁、矿建材料、化肥等，占全港吞吐量的45%，每年进出的外贸船舶达1300多艘次。青岛港由青岛老港区、黄岛油港区、前湾新港区三大港区组成。

2017年5月，青岛港全自动化集装箱码头正式投入运营。几年来，这座智能自动化码头屡次刷新作业效率。山东港口作为全国首个“智慧港口建设”试点单位，2020年就与阿里云达成战略合作，共同推动港口数字化转型。青岛港作为山东主要港口，加速迈上数字化道路。

2020年6月，青岛港云港通智慧查验平台上线，实现了对口岸监管资源和码头生产资源的信息化整合，打造了海关和港口共同的客户服务窗口，通过数字治理，利用高效的码头协同，充分调动口岸服务资源，为腹地企业提供个性化、定制化的港口服务，从而形成正向、积极、绿色的生态圈。

2021年6月29日，全球首个智能空中轨道集疏运系统在山东港口青岛港建成投用。智能空中轨道集疏运系统做到了集装箱的空中运输，实现了港口交通由单一平面向立体交通互联的突破升级。与传统集装箱运输相比，每自然箱可降低能耗50%以上。

截至2022年年底，青岛港累计建成92套5G基站，应用于港口大型设备远程控制、智能理货等十大场景；率先在全国沿海港口实现“电子海图、港区测绘图、路网图、遥感影像图”四图合一，实现港区生产要素数字化；“云港通”口岸生态服务平台成为连接港口、航运、物流、客户的绿色纽带，实现口岸单证电子化、通关物流服务线上化。

2022年，青岛港完成货物吞吐量6.58亿t，同比增长4.3%；完成集装箱吞吐量2567万TEU，同比增长8.3%。与2021年相比，青岛港2022年货物吞吐量和集装箱吞吐量双双超越广州港，均位居全国第四位。与此同时，青岛港发挥沿黄流域最主要的经济出海口作用，新增5条海铁联运班列线路，新增5个内陆港，海铁联运箱量完成190万TEU，连续8年保持全国第一。在交通运输部水运科学研究院与中国经济信息社联合发布的《世界一流港口综合评价报告（2022）》中，青岛港位于世界一流港口前列；在2022年十大海运集装箱口岸营商环境测评中，青岛以总分第一名的成绩荣获最优次；在马士基、长荣和海洋网联船公司全球服务排名中继续位居榜首，港口的综合实力不断跃升。

（6）广州港。广州港地处我国外向型经济最活跃的珠江三角洲地区的中心位置。港区分布在广州、东莞、中山、珠海等城市的珠江沿岸或水域，从珠江口进港，依次为虎门港区、南沙港区、黄埔港区和广州内港港区。

广州港国际海运通达80多个国家和地区的300多个港口，并与国内100多个港口通航，主要从事石油、煤炭、粮食、化肥、钢材、矿石、集装箱等货物装卸（包括码头、锚地过驳）和仓储、货物保税业务以及国内外货物代理和船舶代理；代办中转、代理客运；从事国内外船舶进出港引航、水路货物和旅客运输、物流服务。其兼营业务有：对外贸易和转口贸易；自营和代理除国家组织统一联合经营的出口商品和国家实行核定公司经营进出口商品以外的其他商品和技术的进出口业务；船舶加水、船舶供应；港口劳务服务、通信服务；港口机械制造、加工、修理；船舶、汽车修理等。

作为“海上丝绸之路”的始发港之一，广州港是我国唯一历经2000年长盛不衰的世界大港。2022年，广州港货物吞吐量6.56亿t、集装箱量2486万TEU，稳居世界前列。

（7）宁波舟山港。宁波舟山港位于我国大陆海岸线中部，南北和长江“T”形结构的交汇点上，地理位置适中，是我国著名的深水良港。宁波舟山港由北仑港区、镇海港区、宁波舟山港区、大榭港区、穿山港区组成，是一个集内河港、河口港和海港于一体的多功能、综合性的现代化亿吨级深水大港。宁波舟山港的自然条件得天独厚，内外辐射便捷：向外直接面向东亚及整个环太平洋地区，由海上至香港、高雄、釜山、大阪、神户均在1852km之内；向内不仅可连接沿海各港口，而且通过江海联运，可沟通长江、京杭大运河，直接覆盖整个华东地区及经济发达的长江流域，也是我国沿海向美洲、大洋洲和南美洲等港口远洋运输辐射的理想集散地。

截至2022年，宁波舟山港持续加大与全球航运巨头合作，大力开发“一带一路”沿线国家和地区的航线航班，集装箱航线增至300条，辐射全球200多个国家和地区的600多个港口；陆向方面，已开通100条集装箱海铁联运线路，海铁联运业务范围涵盖16个省区市、63个地级市。2022年，宁波舟山港完成年货物吞吐量12.6亿t，连续14年位居全球第一；完成集装箱吞吐量3335万TEU，位居全球第三。

（8）福州港。福州港位于我国东南部，分为河口港和海港。河口港在闽江下游河口段，全长67.2km；海港分布在闽江入海口南北翼的福清湾、罗源湾等深水港湾。

福州港交通便利。港内马尾港区、魁歧作业区铁路专用线与福马铁路衔接，通往全国各干线。其公路经福州与104国道、324国道、316国道及全省公路网连接，并与上海、广州、深圳等地通直达客班车。在航空方面，福州至北京、上海、广州、南京、西安、长沙、沈阳、哈尔滨、大连、济南、成都、武汉、兰州、杭州、郑州、合肥、乌鲁木齐、海口、厦门等均有客运航班。水路可达我国沿海各港和世界各地及长江主要港口，北距上海433n mile，东距台湾基隆149n mile，南距香港420n mile。

2022年，福州港货物吞吐量达3.02亿t，排第19位，较2021年上升3位，首次跻身全球前20位。

（9）连云港港。连云港港位于太平洋西海岸，与韩国、日本等国家的主要港口相距在926km的近洋扇面内，现为江苏最大的海港、苏北和中西部最经济便捷出海口、新亚欧大陆桥的“东方桥头堡”，是我国沿海主枢纽港和能源外运的重要口岸之一，是以腹地内集装箱运输为主并承担亚欧大陆间国际集装箱水陆联运的重要中转港口，是集商贸、仓储、保税、信息等服务于一体的综合性大型沿海商港，成为我国沿海主枢纽港、国家综合运输体系重要枢纽和沿海主要港口。

连云港有泊位30个，其中万吨级以上泊位25个，包括煤炭、集装箱、木材、粮食、危险品等货物的专业码头，泊位岸线6273m，年设计吞吐能力2265万t；目前已形成老港区、庙岭港区、墟沟港区三大港区，已经成为一个初具规模，大中小泊位配套，散杂货、集装箱并举，运输功能齐全，以外贸运输为主、内外贸兼顾的综合性国际贸易运输枢纽港。到目前为止，连云港港开通了至日本、韩国、美国、地中海、欧洲以及沿海支线、内贸航线等的多条集装箱航线，内贸航班直达黄埔、泉州等南方港口。连云港港集装箱航班密度每月已达150 班，确立了华东地区内贸中转港和外贸基本港的地位。

连云港港吞吐量中的 60%左右的货物来自中西部省区，外贸运输量比重始终在 60%以上，成为全国进口氧化铝、出口小麦和胶合板第一大港，出口焦炭第二大港。2022 年，连云港港完成货物吞吐量 30019. 03 万 t，同比增长 8. 34%。其中，完成集装箱吞吐量 557 万TEU，位列全球前 100 大港口中的第 33 位。

（10）湛江港。湛江港东临南海，南望海南岛，西靠北部湾，北倚大西南，是我国大西南和华南西部地区货物进出口的主要通道，也是我国通往东南亚、非洲、欧洲等国家和地区航程最短的港口，现已与世界 100 多个国家和地区通航。

湛江港素来以天然深水良港著称。其深水岸线长达 97km，具备建造 20 万~30 万吨级航道和码头的良好条件。港湾外有四岛拱卫，形成天然屏障。港内水域宽阔，水深浪静。

湛江港现有生产性泊位 32 个，其中万吨级以上泊位 25 个。最大泊位 30 万吨级，还有 1 个 20 万吨级铁矿石码头。其拥有华南地区最深的航道和全国最大的陆岸原油码头。湛江港拥有 101 万 m^2 的库场，其中仓库面积 21 万 m^2，堆场面积 80 万 m^2，储油罐容积 29. 2 万 m^3，可承担集装箱、件杂货、散货、重大件、危险品、石油、液体化工品等百余种货物的装卸、储存、转运业务以及旅客和汽车滚装运输，同时还开展货物代理、船舶代理、船舶航修、船舶运输、保税仓储、出口监管仓储等业务。湛江港已发展成为功能齐全、设备先进的综合性现代化大港。

2022 年，湛江港加快信息化建设，推动科技创新发展，对冷藏箱区进行自动化监控改造，完成进出闸人面识别系统项目，以及推行码头现场作业无接触交接。同年，成功为符合条件的船舶（“泛亚广州”轮）靠泊接驳岸电，以及首辆新能源集装箱货车投入试运行，助力绿色低碳港口建设。截至 2022 年年底，湛江港完成货物吞吐量 25555 万 t，集装箱码头年度吞吐量突破 130 万 TEU，同比增长 6. 4%，打破集装箱码头自运营以来的历史最高纪录。

我国其他的海运主要港口还有：烟台港、营口港、南通港、温州港、厦门港、海口港、珠海港、日照港、镇江港、汕头港、苏州港、南通港、南京港、北海港、防城港等。

四、自由经济区

1. 自由经济区的概念

早在几百年前，一些国家就开始在交通发达的地区和港口划出特定的区域作为海关监督下的非关税区，实施与本国其他地区不同的特殊政策，吸引外国船只和厂商自由进出，并提供商品免税输出优惠，借以达到发展贸易、增加财政收入、创造就业机会、引进技术与管理经验、促进经济繁荣发展的目的。这些特定区域被国际投资者称为“投资乐园”和“免税天堂”，经过长期的历史演变和发展，形成了今天的自由港、自由贸易区、出口加工区和科学工业园区等。虽然它们的名称不同，但其性质和功能存在着相似之处和内在联系。国内外理论界对这些特定区域大体有三种叫法：一是统称为经济特区，二是统称为自由港区，三是统称为自由经济区。在我国，经济特区的叫法不甚妥当，因为它很容易让人把我国的珠海、深圳、厦门、海南等经济特区与之相提并论。从严格意义上讲，我国的“经济特区”和国际上通行的这种特定经济区域在性质、功能和运作上存在很大差异，二者不能相混淆。“自由港区”的叫法也有不妥之处，因为现在世界上有些国家的这类区域并不设在港口码头。因此，本书把这类特定区域统称为“自由经济区”。

《京都公约》中自由经济区的定义为：“自由经济区一国的部分领土，在这部分领土内运入的任何货物，就进口税及其他各种税而言，被认为在关境之外，并免于实施惯常的海关监管制度。”1975 年联合国贸易和发展大会对自由经济区的定义是：“自由经济区指在本国海关关境中，一般设在口岸或国际机场附近的一片地域，进入该地域的外国生产资料、原材料可以不办理任何海关手续，进口产品可以在该地区内进行加工后复出口，海关对此不加以任何干预。”

2. 自由经济区的类型

世界上自由经济区的名目繁多，其经营内容、职能、性质和规模各异。按不同的标准，自由经济区有多种不同的分类方法，其中比较合理的并对实际分析较为有用的方法主要有两种。

（1）地理位置分类法。

1）港口型自由经济区。港口型自由经济区是指在港口区内划出一个封闭式的隔离区作为自由经济区。它或直接与专用码头连为一体，或通过专用通道与码头相连。这种类型的自由经济区数量最多，国际上许多成功的自由经济区都紧靠国际运输港。德国的汉堡自由港和不来梅港自由贸易区、美国的纽约布鲁克林对外贸易区、韩国的马山出口加工区等，都属于这种类型的自由经济区。

2）机场型自由经济区。国际上有一些自由经济区是以邻近的国际机场为依托的，如爱尔兰香农自由贸易区、美国肯尼迪国际机场对外贸易区等。

3）内陆边境口岸型自由经济区。这类自由经济区利用其地处两国（或多国）边境的特殊地理位置发展边境贸易、转口贸易和出口加工。

（2）功能分类法。

1）自由港。这是世界上最早出现的自由经济区，是自由资本主义发展的结果。自由竞争是这一历史时期的普遍现象，资产阶级要求自由贸易，反对封建割据和闭关自守，要求开辟广阔的国内市场和世界市场，主张国家不干预经济生活、商品自由进入、减免关税。于是，自由港便应运而生。

自由港是指划在本国关境以外的，不属于任何一国海关管辖的港口或海港地区。在这里，外国货物可免税进口，外国商品可以在此装卸、储存、加工、包装、再出口，也能供自由港内居民消费。这种自由港凭借自身所具有的良好的码头港口条件、有利的地理位置、先进的运输装卸设施，以及豁免进出口货物关税、免受海关监督等优惠条件，发挥着国际商品集散地和转运中心的作用，达到促进本国和本地区经济发展的目的。依开放地区的范围，可以将港口及其所在城市完全划为自由港，也可以将自由港限定在港口或毗邻港口的一小块区域。依海关管制范围和贸易管制程度，其又有完全自由港和有限自由港之分。完全自由港不属于海关管制范围，一切外国商品可免税进出口，在自由港内进行储存、整理、加工、分级、包装或其他作业均不受海关监督，外国商品只在从自由港进入所在国海关管制区时才需要纳税。现在世界上的完全自由港很少。有限自由港仅对少数指定进出口商品征收关税或实施不同程度的贸易管制，其他商品则可享受免税待遇，如中国的香港、马来西亚的槟榔屿等均属于有限自由港。

2）自由贸易区。它又称免税贸易区、自由关税区、保税区。这种类型的自由经济区已有近300年的历史，其数量多、分布广。它以国际贸易为主要职能。外国商品可以免税进入，在该区内自由储存、分类、包装和简单再加工，然后免税出口，但如果自由贸易区商品运入所在国海关管制区，则必须缴纳关税。目前，自由贸易区也准许经营出口加工、开设工厂企业乃至经营房地产、金融、商务、信息咨询等各项业务。从发展过程来看，有些自由贸易区是由自由港扩展形成的，但有的自由贸易区与自由港并无直接联系。自由贸易区可以不设在港口或港口地区，但必须距离国际航空线、航海线、铁路干线不远，并且与区外现代化的交通、通信设施相连。自由贸易区除实行特殊的关税政策，提供各种优惠条件外，还必须拥有先进的、完善的基础设施，以提供优质、高效的服务，吸引本国或国外投资者前来区内投资、开展贸易等。

与自由港一样，自由贸易区的设立目的也是发展贸易，以便通过发展贸易、增加商业收入来繁荣经济。

3）出口加工区。它又称工业型自由贸易区。它是指一个国家或地区划出某一区域，准许外国厂商在区内投资办企业，享受关税优惠待遇，外资企业可以免税进口原材料、机械设备及其他零部件，制成品出口也享受免税待遇。它以开拓远洋市场为目标，利用外资和外国技术进行产品加工出口，以促进本国（或地区）工业和经济的发展。出口加工区是第二次世界大战以后出现的自由经济区形式。1958年，爱尔兰在香农创办了世界上第一个出口加工区。20世纪60年代—70年代，亚洲、非洲、拉丁美洲发展较快的部分国家和地区为了改变其出口贸易中不合理的结构，扩大出口，提高生产技术水平和经营管理水平，也相继建立了这种形式的自由经济区。出口加工区的实质是利用经济上的优惠政策和廉价劳动力及一定的基础设施来吸引外资、引进技术，以发展本国的出口加工工业和对外贸易。因此，出口加工区实际上是一种自由贸易区与工业区的结合体，同时也是世界自由经济区升级换代的新形式。近年来，为了适应世界经济一体化和多元化发展的需要，自由贸易区和出口加工区开始相互渗透，呈现出向工贸结合的多功能综合型经济自由区发展的趋势。

4）科学工业园区。随着资本主义生产国际化和新科技革命的发展，各国经济结构和产业结构不断调整与升级，一些发达国家与发展中国家为促进各自高新技术产品研制、生产与贸易，其所拥有的自由经济区开始逐步向多元化、高层次方向发展。一种将科研、教育、生产与贸易相结合的新型自由经济区——科学工业园区脱颖而出。科学工业园区是指在科研机构和名牌科技大学比较集中、居住环境和教育环境比较优越的大城市或城市近郊辟出一块地方，提供比出口加工区更大的租税优惠，吸引外国资金和高技术人才，研究和发展尖端技术产品，促进科技和经济发展。因此，科学工业园区是将智力、资金高度聚积的特定区域，是从事高科技研究，并对其成果进行测试、生产的新兴开发区。这种科学工业园区采用了一般自由经济区的开发与管理手段，对原料、零部件及仪器设备的进口和高技术产品的出口给予关税优惠，并通过其他优惠措施吸引外资、高技术和专门人才，进行高技术产品的研究、开发和生产。它是自由经济区的一种特殊形式。

3. 中国的自由经济区——保税区的发展现状

1990年经国务院批准，我国借鉴国际通行做法，按照自由贸易区模式建立了中国第一个自由经济区——上海外高桥保税区，随后，在短短的几年里又先后建立了深圳沙头角、深圳福田、烟台、青岛、天津港、大连大窑湾、张家港、宁波、厦门、福州、广州和海口等保税区。

我国保税区从性质、功能以及运作方式上看，基本上类同于国外的自由贸易区这一自由经济区形式，是借鉴国际通行惯例、利用特殊关税政策促进外贸发展的自由经济区形式之一。建设和发展保税区的根本目标是：改革我国的投资和建设环境，特别是利用海关保税的独特条件，最大限度地利用外资和技术，发展外向型经济，带动区域经济的发展。保税区有三项基本功能：出口加工、国际转口贸易和仓储、商品展示等。

4. 世界自由经济区的分布

自由经济区发展至今已有400多年的历史，从20世纪70年代开始更是进入了蓬勃发展的时期，在数量上以惊人的速度增长，质量上不断升级换代，向高质化迈进。据统计，全世界目前大约有各种形式、各种名称的自由经济区700多个，遍及五大洲100多个国家和地区。其中1/3是由发达国家设立的，其余2/3是由发展中国家和地区设立的。

世界自由经济区的分布具有如下特点：

（1）自由港、自由贸易区多分布在西欧、北美等经济发达的资本主义国家，如美国有对外贸易区200多个，瑞士有20多个，德国、爱尔兰、瑞典等国都设有自由港，而且历史悠久。

（2）出口加工区多分布在亚洲和非洲的发展中国家，如马来西亚、菲律宾、泰国、毛里求斯、突尼斯，多数是经济水平和工业化程度较低但又有一定工业基础的发展中国家和地区。出口加工区在这些国家的广泛设立，是与其工业化政策的转变，即从进口替代转向出口导向相联系的。

（3）发展中国家或地区出口加工区的升级转型产物——科学工业园区，在科技革命的推动下正蔓延至越来越多的发展中国家或地区，从而在分布上彻底打破发达国家的垄断，形成发达国家与发展中国家相竞争的局面。

第四节　国际物流连线及其分类

国际物流连线是指连接国内外众多收发货节点间的运输线，包括各种海运航线、铁路线、飞机航线，以及海陆空联合运输线等。每一对节点间都有许多连线，表示不同的运输路线。

一、世界主要海运航线

1. 海运航线的概念及分类

世界各地水域，在港湾、潮流、风向、水深及地球球面距离等自然条件的限制下，可供船舶航行的一定路径，被称为航路。海上运输承运人在许多不同的航路中，根据主客观条件，为达到最大的经济效益所选定的营运航路被统称为航线。

海运航线从不同的角度有不同的划分方法。

（1）按船舶营运方式，可分为定期航线和不定期航线。

定期航线，又称班轮航线，是指使用固定的船舶，按固定的船期，航行固定的航线，靠泊固定的港口，并以相对固定的运价经营客货运输业务的航线。定期航线的经营，以航线上各港口能有持续和比较稳定的往返货源为先决条件。

不定期航线，是指根据货运的需要而临时选择的航线。其船舶、船期、航线、挂靠港口均不固定，是以经营大宗、低价货物运输业务为主的航线。

（2）按航程远近，可分为远洋航线、近洋航线和沿海航线。

远洋航线，是指航程距离较远，船舶航行跨越大洋的运输航线，如远东地区至欧洲和美洲的航线。我国习惯上以亚丁港为界，把去往亚丁港以西，包括红海两岸和欧洲以及南北美洲广大地区的航线划为远洋航线。

近洋航线，是指本国各港口至邻近国家港口间的海上运输航线。我国习惯上把航线在亚丁港以东地区的亚洲和大洋洲的航线称为近洋航线。

沿海航线，是指本国沿海各港之间的海上运输航线，如上海—广州，青岛—大连等。

（3）按航行的范围，可分为大西洋航线、太平洋航线、印度洋航线、环球航线。

2. 国际海运航线中的主要海峡、运河

（1）英吉利海峡。它位于欧洲大陆和大不列颠岛之间，西南通大西洋，东北连多佛尔海峡，两海峡共同构成长约600km的水道，沟通着大西洋与北海间的航运。

英吉利海峡和多佛尔海峡都是西欧沿岸各国以及世界经济贸易和文化交流的重要通道。每天通过英吉利海峡的船只达300多艘，居世界海峡之冠，成为世界最繁忙的海峡，人称“银色航道”。

（2）马六甲海峡。它位于马来半岛和苏门答腊岛之间，因马来半岛南岸古代名城马六甲而得名。该海峡西连安达曼海，东通南海，呈西北—东南走向，长约1080km，连同出口处的新加坡海峡为1185km；西北宽370km，东南宽37km；海底比较平坦，多泥沙质；水深由北向南、由东向西递减，一般为25~115m，可通航吃水20m的巨轮。

马六甲海峡这条“世界经济的生命线”，全球贸易中1/4货物的运输和差不多一半的石油运输都要经过这里。

（3）霍尔木兹海峡。该海峡是国际石油运输通道，也是波斯湾通往印度洋的唯一出口。它位于阿拉伯半岛和伊朗南部之间，其形似“人”字形。

霍尔木兹海峡自古就是东西方国家间文化、经济、贸易的枢纽。特别在海湾地区成为世界石油宝库之后，每天有400万t石油通过该海峡运往世界各地，约占世界石油出口量的1/3，是波斯湾石油通往西欧、美国、日本和世界各地的唯一海上通道。它被称为世界重要的“咽喉”，具有十分重要的战略地位。

（4）苏伊士运河。它位于埃及东北部，纵穿狭窄的苏伊士地峡，南北连通地中海与红海，是大西洋与印度洋间的最短航线，是世界海上航道最重要的“十字路口”之一，具有极重要的经济、政治、军事战略价值。

（5）巴拿马运河。它是通过巴拿马地峡沟通大西洋和太平洋的国际通航运河，位于巴拿马中部，长68km，加上两端海湾中的深水航道，全长81.8km，宽152~304m，水深13.5~26.5m。它使太平洋和大西洋之间的航程大大缩短，使美国东西海岸间的航程比绕道南美洲合恩角短1.48万km，使从欧洲到亚洲东部或澳大利亚航程缩短3200km。

3. 世界主要远洋航线概述

除北冰洋季节性航线外，世界主要远洋航线均集中于太平洋、印度洋和大西洋三大海域。此外，还有从大西洋通过地中海、苏伊士运河、印度洋到太平洋，以及通过巴拿马运河横贯几个大洋的航线。大洋航线是世界经济联系和国际贸易的主要通道。

（1）太平洋诸航线。它连接亚洲、美洲和大洋洲，西部通过马六甲海峡与印度洋各国相连，东部则经巴拿马运河或麦哲伦海峡与大西洋连通。该线货物吞吐量约占世界的1/4，货物周转量约占世界的3/10，居世界第二位。

该航线可细分为：

1）远东—北美西海岸航线。该航线包括从中国、朝鲜、日本、俄罗斯等国的远东海港到加拿大、美国、墨西哥等北美国家的西海岸各港的贸易运输线。从我国沿海各港出发，偏南的经大隅海峡出东海，偏北的经对马海峡穿日本海后，或经津轻海峡进入太平洋，或经宗谷海峡穿过鄂霍茨克海进入北太平洋。

2）远东—加勒比、北美东海岸航线。该航线经夏威夷群岛南北至巴拿马运河后到达。从我国北方沿海港口出发的船只多半经大隅海峡或经琉球奄美大岛出东海。

3）远东—南美西海岸航线。从我国北方沿海各港出发的船只多经琉球奄美大岛、硫磺列岛、威克岛、夏威夷群岛之南的莱恩群岛穿越赤道进入南太平洋，到达南美西海岸各港。

4）远东—东南亚航线。该航线是中国、朝鲜、日本货船去东南亚各港，以及经马六甲海峡去印度大西洋沿岸各港的主要航线。东海、台湾海峡、巴士海峡、南海是该航线船只的必经之路，航线繁忙。

5）远东—澳大利亚、新西兰航线。远东至澳大利亚东南海岸分两条航线。中国北方沿海港口、朝鲜、日本到澳大利亚东海岸和新西兰港口的船只，需要走琉球久米岛、加罗林群岛的雅浦岛进入所罗门海、珊瑚湖；中国内地和澳大利亚之间的集装箱船需要在香港加载或转船后经南海、苏拉威西海、班达海、阿拉弗拉海，后经托雷斯海峡进入珊瑚海。中国、日本去澳大利亚西海岸航线由菲律宾的民都洛海峡、望加锡海峡以及龙目海峡进入印度洋。

（2）印度洋诸航线。印度洋连接着亚洲、非洲、大洋洲，连通了大西洋和太平洋，在世界航运上起着“海上走廊”的作用。其航线主要有：

1）由澳大利亚、东南亚、南亚、红海过苏伊士运河至欧洲和北美洲。

2）波斯湾的对外航线，可东去东南亚、日本，西经苏伊士运河、地中海或绕好望角到达欧美各国。

3）东南亚各国的对外航线包括东南亚—东非，东南亚—好望角—西非、南美等。

（3）大西洋诸航线。大西洋东西两岸分布着世界上主要的发达国家，素有“海上航线枢纽”之称。它是最繁忙的国际航线之一，其贸易额占世界总贸易额的60%，货物吞吐量占世界的2/5，货物周转量占世界的2/3。大西洋上的航线主要有：

1）欧洲同北美洲各国间的北大西洋航线。

2）西北欧、地中海至南美洲东海岸的航线。

3）北美洲通往加勒比海和南美洲各国的航线。

4. 我国主要海运航线

（1）近洋航线。

1）中国—朝鲜航线。

2）中国—日本航线。

3）中国—越南航线。

4）中国内地—中国香港航线。

5）中国—菲律宾航线。

6）中国—新马航线。

7）中国—北加里曼丹航线。

8）中国—泰国湾航线。
9）中国—印度尼西亚航线。
10）中国—孟加拉湾航线。
11）中国—斯里兰卡航线。
12）中国—波斯湾航线。
13）中国—澳大利亚、新西兰航线。
（2）远洋航线。
1）中国—红海航线。
2）中国—东非航线。
3）中国—西非航线。
4）中国—地中海航线。
5）中国—西欧航线。
6）中国—北欧、波罗的海航线。
7）中国—北美航线。
8）中国—中南美航线。

二、国际主要铁路干线与大陆桥

1. 国际主要铁路干线

（1）西伯利亚铁路。该铁路东起符拉迪沃斯托克，途经哈巴罗夫斯克、赤塔、伊尔库茨克、新西伯利亚等地，止于莫斯科，全长9300多公里。

（2）加拿大连接东西两大洋的铁路。该铁路包括鲁珀特港—魁北克、温哥华—圣约翰—哈利法克斯。

（3）美国连接东西两大洋的铁路。该铁路包括西雅图—底特律、洛杉矶—巴尔的摩/新奥尔良、旧金山—纽约。

2. 主要大陆桥

（1）西伯利亚大陆桥。从西欧到远东，经大陆桥为13000km，比海上经好望角航线缩短约1/2路程，比经苏伊士运河航线缩短约1/3路程，运费低20%~25%，时间节省35天左右。

（2）新亚欧大陆桥。新亚欧大陆桥东起我国连云港，以我国陇海铁路、兰新铁路为骨架，西经中亚、欧洲有关国家至荷兰鹿特丹港、比利时安特卫普港等港口，总长约10900km。横贯亚、欧两大洲中部地带。

从新疆阿拉山口站换装出境进入中亚，与哈萨克斯坦德鲁日巴站接轨，西行至阿克斗卡站分北、中、南三线接上欧洲铁路网通往欧洲。

北线：北上与西伯利亚大铁路接轨，经俄罗斯、白俄罗斯、波兰通往西欧及北欧诸国。

中线：由哈萨克斯坦经俄罗斯、乌克兰、斯洛伐克、匈牙利、奥地利、瑞士、德国、法国至英吉利海峡港口转海运。

南线：南入伊朗，经土耳其，过博斯普鲁斯海峡，经保加利亚通往中欧、西欧及南欧诸国。

新亚欧大陆桥使亚欧之间的货运距离比西伯利亚大陆桥缩短得更为显著，从日本、韩国至欧洲，通过新亚欧大陆桥，水陆全程仅为12000km，比经苏伊士运河少8000多km，比经巴拿马运河少11000多km，比绕道好望角少15000多km。

3. 我国通往邻国及地区的铁路线

（1）滨洲线——自哈尔滨起，向西北至满洲里，全长935km。

（2）滨绥线——自哈尔滨起，向东经绥芬河与远东地区铁路相连接，全长548km。

（3）集二线——自集宁站起，向西北到二连浩特，全长364km。

（4）沈丹线——从沈阳到丹东，越过鸭绿江与朝鲜的铁路相连，全长274km。

（5）长图线——西起吉林长春，东至图们，横过图们江与朝鲜的铁路相连接，全长527km。

（6）梅集线——自吉林梅河口至集安，越过鸭绿江直通朝鲜的满浦车站，全长245km。

（7）湘桂线——从湖南衡阳起，经广西柳州、南宁到达凭祥站，全长1013km。

（8）昆河线——从云南昆明经碧色寨到云南河口山腰站，全长177km。

（9）北疆线——从新疆乌鲁木齐向西到达终点站阿拉山口站。

第五节 国际物流网络及其结构

一、国际物流网络的概念及其构成

国际物流网络是由多个收发货的节点和它们之间的连线所构成的物流抽象网络，以及与之相伴随的信息流动网络的集合。

节点和连线是构成国际物流网络不可或缺的因素。国际贸易货物需要通过节点的收进和发出，并在中间存放保管，以实现国际物流系统的时间效益，克服生产时间和消费时间上的背离，促进国际贸易系统和国际交往的顺利进行。节点内商品的收与发是依靠运输连线和物流信息来完成的。而国际物流连线代表库存货物的移动。每一对节点间有许多连线，表示不同的路线、不同的运输服务。信息流动网络上的连线通常包括国内外邮件或某些电子媒介（如电话、电传、电报，以及Internet、E-mail和EDI报文等），其信息网络的节点则是各种物流信息汇集及处理之点，如员工处理国际订货单据、编制大量出口单证、准备提单或通过计算机对最新库存量进行记录。物流网络与信息网并非独立，它们是密切关联的。国际物流网络如图3-3所示。

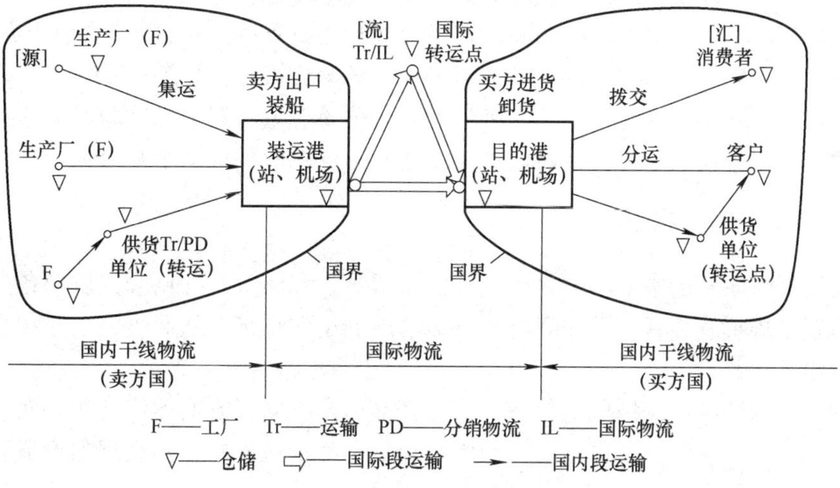

图3-3 国际物流网络图

物流网与信息网从结构上看，都是由节点和连线组成的。两者最主要的差别是商品/物资的流向与商品的分配，以及进出口路线不同，物流网上的商品朝国外最终消费者方向移动，而信息网的方向大多与商品进出口分配通路方向相反，朝商品货源地方向移动，即实现其反馈功能。信息网在整个国际物流网络中的作用不容忽视，它是沟通、主导物流活动的，所以从流向来讲，信息流具有双向反馈的特点，信息流活动是一个非常复杂的过程，包括出口单证的编制、交寄、反馈等。

◇【企业链接】

面对“互联网+”形势的到来，物流业如何把握机遇并迎接挑战

我国物流界的知名人士蔡军认为，“互联网+”这个概念更应该表现为“实体经济+互联网”。为什么呢？不管是生产性服务业还是高端制造业，人们通过互联网可以把产品和服务卖到全世界，但是离开强大的实体经济和强大的制造研发的支撑，都不过是“空中楼阁、镜花水月”。“互联网+”预示着未来（新）零售业格局的变化。国内的零售业可能会向两个方向发展：大型化、全面化；小型化、多样化。例如，现在日本的零售业。大型的卖场在日本仍很发达，如城市综合体，吃喝玩乐都有；小型的，如“7-ELEVEn”在日本有27000家店，在东京超过6000家店，按照日本人的理论，超过1万人就可以有一个“7-ELEVEn”之类的社区店，并且这个店一定可以盈利，因为这样的社区终端服务科目太多了，能帮顾客做很多事。因此，小型的连锁零售业得到快速发展。

作为这个行业的一员，我们对未来线上线下联动提供快速消费品供给解决方案的供给侧变化毫无感觉，但也没必要风声鹤唳，对未来线下快消品分销市场的未来丧失信心。线下分销市场传统分销商的供给能力和服务水平欠佳是使消费者，尤其是年轻消费者购买力转向线上采购的主要原因，墨守成规者将被淘汰，勇于创新、默默变化者仍将傲立市场。日本线下零售业包括门店仍然红红火火就是力证。不是日本消费者落伍了，而是日本线下企业的供给能力和服务水平相当完善。同样，线上分销的市场的争夺必将更加白热化，毕竟互联网企业的创新能力、供给能力和服务水平已经今非昔比。但线上服务不可能解决全部，京东、阿里巴巴等知名电商拿着整筐的“胡萝卜”大力收购线下传统分销企业就是力证。紧跟市场变化，供给能力包括但不限于分销服务和配送服务等。每天改善一点点，企业就会走在同行前列，内涵式发展会使物流行业繁荣发展。正所谓“腹有诗书气自华”，市场是公正的，它不会辜负和舍弃勤奋耕耘、服务完善的“老黄牛”。我们要对不断改革砥砺前行的物流业发展前景充满信心。

说到挑战，第一是思维如何适应国际化，第二是国内市场如何能够和国际市场对接，第三是产品质量如何提高及保障，第四是服务业包括物流业的供给水平如何提升。

二、国际物流网络优化

国际物流网络研究的中心问题是确定进出口货源点和消费者的位置，以及各层级仓库及中间商的位置、规模、数量，并建立与节点相适应的运输系统，从而决定国际物流系统的合理布局及网络结构。

在合理布局国际物流网络的前提下，国际商品由卖方向买方实体流动的方向、规模、数量就确定下来了。完善和优化国际物流网络，降低国际物流成本，提高国际物流质量，有利于扩大国际贸易，提高企业的竞争力。

建立和完善国际物流网络应注意如下问题：

（1）在规划网络内节点的数量、规模、地点时，应紧密围绕着商品交易计划，乃至一个国家宏观国际贸易总体规划。

（2）明确各节点的供应范围、分层关系及供应或收购数量，注意各节点的有机衔接，如生产厂仓库与各中间商仓库、港（站、场）区仓库及出口装运能力的配合与协调，以保证国内外物流的顺畅与均衡。

（3）国际物流网点规划要考虑现代物流技术和国际贸易的发展，留有余地，以满足将来发展的需要。

我国的国际物流网络已具有一定的规模，为了使我国国际物流网络更加合理，可从以下几个方面采取措施：

（1）合理选择和布局国内外物流节点，以达到费用省、服务好、效益高的物流总体目标。

（2）采用先进的运输方式、运输工具和运输设施，加速进出口货物的流转。

（3）降低进出口货物的在途积压，加速商品和资金的周转。

（4）不断改进运输路线，开展合理运输。

（5）改进包装，增大技术装载量，减少损耗。

（6）综合考虑国内物流。在出口时，有条件的要尽量采用就地就近收购、就地加工、就地包装、就地检验、直接出口的“四就一直”物流策略。

本章小结

本章主要介绍国际物流系统的概念、国际物流系统的特征，并介绍了国际物流的各主要节点和主要连线。

国际物流系统是由国家或地区之间的国际货物运输、国际商品储存、国际物流装卸搬运、国际商品、检验检疫、通关、国际货物配送、国际物流信息等子系统组成的。其中，国际货物运输子系统和国际商品储存子系统是国际物流系统的主要组成部分。国际物流通过商品的运输和储存，实现其自身的时间和空间效益，满足国际贸易活动和跨国公司生产经营的需要。

国际物流节点是指那些从事与国际物流相关的活动的点，如制造厂仓库、口岸仓库、保税区仓库、物流中心等。物流节点是物流网络中连接物流线路的结合部，所以它又称为物流结点。全部物流活动都是在物流线路和物流节点上进行的。其中，在物流线路上进行的活动主要是运输，包括集货运输、干线运输、配送运输等。物流功能要素中的其他所有功能要素，如包装、装卸、保管、分货、配货、流通加工等，都是在物流节点上完成的。国际物流节点主要具有以下三项功能：衔接功能、信息功能和管理功能。

国际物流连线是指连接国内外众多收发货物节点间的运输线，实质上也是国际物流流动的路径。它主要包括国际海运航线、国际铁路干线与大陆桥等。

国际物流网络是由多个收发货的节点和它们之间的连线所构成的物流抽象网络，以及与之相伴随的信息流动网络的集合。

国际物流网络研究的中心问题是确定进出口货源点和消费者的位置，以及各层级仓库及中间商的位置、规模、数量，并建立与节点相适应的运输系统，从而决定国际物流系统的合理布局及网络结构。

案例讨论

【案例讨论1】

“区港联动”是上海港口发展的要求

“区港联动”是实现保税区经济和港口经济共同发展的客观要求，是一种联系紧密的区域经济安排。从系统科学角度分析，“区港联动”属于协同的概念，是保税区与港口两个子系统整体协同的组织过程。就其内涵而言，可以用“政策叠加、优势互补、资源整合、功能集成”十六字概括，体现了保税区与港区在区域、资产、信息、业务等方面的联动发展。2004年4月，经国务院批准，毗邻外高桥港区面积为1.03km^2的外高桥保税物流园区正式启动，跨出了我国保税区与港区联动发展战略实施的第一步，保税物流园区将充分发挥保税区的政策优势和港口的区位优势，激发我国现代物流产业的发展潜能，提升我国的国际竞争力。

自21世纪以来，上海港口经济蓬勃发展，港口建设投资力度加大。目前，上海港共有集装箱专用泊位24个，码头岸线总长6787m，拥有集装箱堆场241.8万m^2。每月集装箱班轮航班超过1500班，航线覆盖全球各主要航区和港口，已与世界上200多个国家和地区的500多个港口和600多家航运公司建立了贸易往来，占我国航线覆盖面的75%以上，是我国大陆唯一在全球12个航区都有航班的港口。

依托港口经济的发展，上海外高桥保税区经过10多年的开发建设，初步形成了集出口加工、国际贸易、现代物流、港口运作等产业于一体的自由贸易区雏形。外高桥保税区已累计批准企业7447家，吸引各类投资90多亿美元，世界500强的跨国公司中已有99家入驻区内，区内从业人员近11万人，与世界上129个国家和地区建立了贸易往来。凭借紧靠海港的优越地理位置和便捷的交通条件，依托在市场准入、税收、外汇等方面的一系列特殊政策以及快速的通关渠道、便捷的分拨机制，外高桥保税区为现代物流业的发展提供了良好的环境、政策和功能条件。迄今为止，它已吸引英国空运、日本大通、荷兰TNT、德国邮政、美国APL和香港嘉里物流等一大批知名物流企业在区内投资落户。

世界各国发展自由贸易区的经验告诉人们，只有依托腹地经济才能扩大经济总量度，只有依托港口才能走向世界。因此，外高桥保税区新一轮的发展只有突破现有的地域范围和现有的运营观念，谋划与港口联动发展的战略，才能赢得自身持续、快速发展，才能加快国际通行的自由贸易区的发展步伐。与此同时，世界港口经济的发展规律也告诉人们，国际级港口只有在保障国际货物自由流动、便利运作的政策前提下，才能真正担负起大进大出带动口岸经济发展的功能。当前，上海港正在向现代第三代港口迈进。与过去传统的港口模式不同，现代第三代港口需要拓展临港工业、商业、物流等产业，而这些产业既要有空间的地域支撑，也要有完善的基础设施、开放的区域经济环境和优惠的政策环境。由此可见，港口只有与保税区实现“联动”，才能真正提升各自的国际竞争力，达到“共赢”、发展的目的。

外高桥的区港联动是从2000年开通保税区与机场的空运直通式起步的。通过空运的零部件直接从机场以海关监管直通方式进入保税区，在6h甚至更短的时间内完成货物运抵保税区的全过程。外高桥保税物流园区是继空运直通式联动后的一个新的阶段，也是为今后外高桥发展成为真正意义上的自由港跨出的基础性一步。

问题：

1. 港口在国际物流发展中起着什么作用？
2. 什么是“区港联动”？它对促进国际物流的发展有何作用？

【案例讨论 2】

阿里巴巴的菜鸟网络

2015 年 5 月 28 日，阿里巴巴举行首届“菜鸟江湖大会”。在这个每年“双 11”都安排直播的大厅里，500 个位子坐得满满当当，一些人还坐在了地上，这些人是民营快递公司、仓配服务商、落地配送企业等菜鸟网络的合作伙伴。

菜鸟网络于 2013 年 5 月 28 日含着“金汤勺”出生，股东除了阿里巴巴、银泰、复星，还包括富春投资、顺丰和“三通一达”（申通、圆通、中通、韵达）等。第一期投资额达 1000 亿元，第二期达 2000 亿元。阿里巴巴董事局主席马云担任菜鸟网络董事长。马云当时给菜鸟网络定了两个要求：一是国内快递 24h 之内送货可达，“可达”意味着不仅能送到，还可以按照用户约定的时间送到；二是菜鸟员工数不能超过 5000 人。

两年间，菜鸟网络（以下简称菜鸟）更替过一次操盘者。2014 年 3 月，来自银泰董事局主席的沈国军卸任菜鸟 CEO（首席执行官）一职，由时任阿里首席运营官张勇兼任。在张勇于 2015 年 5 月 10 日成为阿里巴巴集团 CEO 前的一个月，菜鸟增设总裁职位，由原菜鸟首席运营官童文红担任。童文红堪称“阿里版杜拉拉”。她于 2000 年进入阿里时是前台接待，后来成为一名合伙人。由“张勇+童文红”领衔的菜鸟团队在 2015 年 5 月 28 日“菜鸟江湖大会”首次集体亮相，这也是张勇履新阿里 CEO 后的首次公开亮相。

外界对菜鸟产生最大误解的地方在于其仓配部分。既然不做快递，为何要拿地建仓？租借给快递公司好像有发展地产的势头。2014 年 7 月，某官员公开批评马云和菜鸟“走歪了”，“马云准备做菜鸟平台，我觉得对我们的国家做出了重大贡献，但是我发现他走歪了，他到处建物流基地、建仓储，由于地方政府太重视电子商务了，给了他非常便宜的地，他经不住诱惑，因为地会升值赚大钱，所以他走歪了”。童文红在大会上重申，“菜鸟不是一家地产公司，如果我对地产有兴趣，我就应该在阿里置业部。马总也没有兴趣！这两年多来，我们很少跟外面讲菜鸟是什么，外面出现了各种各样的声音。借菜鸟成立两周年之际，跟大家分享一下，我们菜鸟人是怎么想的”。童文红首次对外解读菜鸟战略，称菜鸟定位于“社会化物流协同、以数据为驱动力的平台”，并且明确五大战略：快递、仓配、跨境、农村和驿站。

菜鸟首先是一个数据驱动的平台，已经有了几个大数据产品，如菜鸟联合高德地图和大数据处理产生的 4 级地址库，可以匹配消费者的配送地址到具体的乡镇；菜鸟的电子面单，把传统手写的面单数据化，2016 年全部电子化，纸质面单消失；物流预警系统，把所有的快递路由数据化。菜鸟也是一项系统化的工程，仓配网络、快递网络、末端服务网络要一起做，在配合集团战略（农村战略、全球化战略）目标方面，要抓住农村和跨境两大蓝海市场的机遇，下沉渠道和加速全球化。

1）仓配网络。通过社会化协同的方式形成一张覆盖全国的仓配智能骨干网，也就是所谓的“地网”。菜鸟目前已在北京、上海、广州、成都、武汉五地自建一级仓储中心，分别覆盖华北、华东、华南、西南和华中地区，总面积达 100 万 m^2。最近菜鸟刚刚收购了亚马逊位于上海的号称亚洲最先进的仓储中心（面积 2 万 m^2），该仓储中心会根据阿里平台上的品类对仓储做调整改进。

2）快递网络。菜鸟网络接下来的重点在三个方面，推动快递业务的数据化、产品分层、服务分层。比如，做出承诺，对揽收后未在约定时间内送达的快递件做出赔付。另外，关注几个点：第一，快递公司的发展理念；第二，建立良好的市场秩序，打击炒信（与各大快递公司签署首个反炒信协议、下线不合格快递公司）行为；第三，脱离价格战，寻求网点健康发展。

3）末端服务网络。菜鸟主要在城市的学校、连锁店、物业及社区小店与合作伙伴共建菜鸟城市驿站。具体来说，在高校通过创业学生，在小区通过绿城、万科等物业，连锁店有喜士多、7-ELEVEn 等，社区店有圆通妈妈店、汇通社区店等。未来，菜鸟将构建遍布全国的“最后一公里”物流快递网络，提供末端的综合物流生活服务，更多 O2O 服务也将基于此实现。

4）配合农村战略。在这方面，关键是农村订单的聚集问题。菜鸟采用农村代购员的模式，同时与上海万象等数十家落地配公司、中国邮政等进行社会化协同，提升全国的县到村二段物流等服务能力。2014 年下半年，阿里启动了“千县万村”计划（目标是覆盖 1000 个县 10 万个村）。目前，菜鸟网络在宁夏、贵州、吉林、江西等近 10 个省份实现了村淘商品送货入村，而搭载海尔日日顺体系（2013 年 12 月，阿里巴巴以 28.22 亿港元重点投资海尔旗下的日日顺物流）已能覆盖 2800 个县。

5）配合全球化战略。菜鸟要通过全球网络（目前货通 217 个国家）的搭建，降低跨境电商物流的门槛。在出口方面，实现各国邮政信息直连，与国外合作伙伴共同设立海外仓（目前有七个国家十几个城市），还将推出“卖家无忧”计划；在进口方面，菜鸟网络主要有“保税进、行邮出”“集货进口”“直邮线路”三种方式。目前，菜鸟通过与圆通、DHL 和俄罗斯邮政等合作伙伴合作，开通了中美、中澳和中韩等进口专线；在杭州、广州、宁波等多个跨境电商试点开展保税备货模式；与海外数十个物流合作伙伴进行数据对接和业务合作，在直邮线路上合作。

菜鸟不管是对“最后一公里”的布局，还是对物流产品及服务做分层，菜鸟都需要离消费者更近，所以 2015 年 6 月，菜鸟推出了新的物流 App“裹裹”，主打物流可追踪，让小件员跟消费者更紧密地联系在一起。也就是说，菜鸟要在移动端抢占一个物流的统一入口，基于这个 App，不仅可以实现基础的查询功能、更高层次的物流服务，预约等服务也将可以实现。

阿里巴巴前 CEO 张勇表示：“物流公司其实是一个高科技公司，关键在于怎么样利用好互联网技术，能够形成一种崭新的服务标准和工作流程，能够让整个服务形成过程更有效率。在过去的 IT 时代，整个管理是一个树状结构，从顶层开始分叉，但是如今有了移动互联网，进入了智能时代，人与人的连接、人与工作单元的连接，可以变成一个立体网状结构，在这个过程中，可以重新构架整个管理模式，能够给整个行业带来转型升级的机会。”

资料来源：根据阿里巴巴网站及有关资料整理。

问题：

1. 从菜鸟网络的发展历程来看，应如何理解信息化与企业核心竞争力的构建？
2. 菜鸟网络的信息化技术和平台建设，对你有何启示？

课后思考与练习

思考题

1. 什么是国际物流连线？

2. 什么是国际物流节点？

3. 什么是国际物流系统？应如何做好系统内各环节之间的衔接？

4. 如何防范各种不可控因素对国际物流系统的影响？

5. 什么是国际物流网络？研究国际物流网络对国际物流有何作用？通过国际物流巨头的范例，建立国际物流网络时应注意些什么？

练习题

一、单项选择题

1. 下列哪个子系统是国际物流系统的核心？（ ）

A. 进出口商品储存子系统　B. 进出口商品包装子系统

C. 国际货物运输子系统　D. 国际配送子系统

2. 国际贸易口岸按批准开放的权限分类说法正确的是（ ）。

A. 一类口岸、二类口岸　B. 港口口岸、陆地口岸、航空口岸

C. 省会口岸、非省会口岸　D. 特别口岸、一般口岸

3. 下列国际贸易口岸的分类不是按照交通运输方式来分的是（ ）。

A. 港口口岸　B. 陆地口岸　C. 航空口岸　D. 二类口岸

4. 保税仓库所存货物的储存期限为（ ）。

A. 1 年　B. 2 年　C. 3 年　D. 5 年

5. 素有“欧洲门户”之称的口岸是（ ）。

A. 安特卫普港　B. 汉堡港　C. 鹿特丹港　D. 马赛港

6. 世界上最大的自由港是（ ）。

A. 鹿特丹港　B. 安特卫普港　C. 汉堡港　D. 纽约港

二、多项选择题

1. 物流系统的要素分为哪三类？（ ）

A. 功能要素　B. 支撑要素　C. 动态要素　D. 一般要素

2. 下列对国际贸易口岸的地位和作用说法正确的有（ ）。

A. 口岸是国家主权的象征　B. 口岸是对外开放的门户

C. 口岸是国际货运的枢纽　D. 口岸是对外经济文化交流的中心城市

3. 国际物流节点的类型有（ ）。

A. 转运型节点　B. 储存型节点　C. 流通型节点　D. 综合型节点

三、判断题

1. 国际物流系统由商品的包装、储存、运输、检验、外贸加工等部分组成并不包括其前后的整理、再包装及国际配送等子系统。（ ）

2. 凡保税货物可以全部免纳关税。（ ）

3. 国际货物运输子系统具有系统路径长、环节多、涉及面广、手续繁杂、风险大、时间性强、内运外运两段性等特点。（ ）

4. 国际物流信息系统的特点是：信息量大，交换频繁；传递量大，时间性强；环节多，点多，线长。（ ）

5. 流通加工与商品检验都是属于国际物流系统的子系统。（ ）

第四章

国际物流业务

学习目标

了解国际物流业务的基本内容，了解国际物流货物业务组织的基本过程，包括国际采购、国际货物包装、国际货物储存保管、国际货物理货、国际货物装卸作业、国际货物配送。

学习要点

采购　在线采购　卖方系统　准时采购　协同　包装　运输标志　唛头　指示标志　危险品标志　储存　保管　分拨　仓库　保税仓库　保税货物　理货　分票　理数　理残　配载　积载　积载图　理货单　装卸搬运　配送　托盘　物流标准化

场景导入

张明明作为达飞国际货运代理公司一名货代业务员，曾于2019年5月20日接到广州甲机电设备制造有限公司委托乙国际货运代理公司负责一批机电设备全程运输的业务订单，据了解，该批机电设备是甲公司按照FOB术语条件从欧洲进口的，装运港为德国汉堡港。该批货物最终需要送达该公司设在广东东莞的分销仓。

问：

如果你是张明明，你会怎么做？

第一节　国际采购

采购是指企业在了解生产经营物资需求的基础上，寻找和选择合理的供应商，并就价格和服务等相关条款进行谈判和实施，以确保需求被满足的活动过程。采购是供应链物流中的重要一环。国际采购是指利用全球的资源，在世界范围内寻找质量好、价格合理的产品。随着经济全球化进程的加快，国际采购已经成为各国企业充分利用全球资源、降低生产成本、增强核心竞争力、获取最大利润的重要手段。

一、国际采购的策略

全球经济一体化的加速发展，对各国的经济生活都产生了重要影响，特别是对传统的资源配置方式、产业的组织形式和竞争的模式及发展中国家的发展模式都产生了重要和深刻的影响，使全球经济一体化背景下的国际采购策略和选择发生了显著的变化，其突出表现在以下几个方面：

（1）经济发展从过去单纯依赖本国的能力、知识、人力资源、基础设施、国内商品市场和消费者偏好，转向了各国资源的比较优势，各国经济发展模式开始转为采取开放型竞争战略和比较优势战略。这使得资源配置方式超越了一个国家的地理边界，在全球范围内重新配置资源，以追求最佳的配置效果。

（2）产业组织从过去单一的在一个国家内部的组织安排转向了全球的组织安排，国际采购面临的是全球化的市场。以往的产业组织以国内企业为主进行分工合作，而在全球经济一体化的趋势下，跨国公司和国际企业利用它们的全球发展战略在全球范围内实现了投资、开发、生产、采购和销售的最优化，并且形成了以这些企业为核心和先导的全球化供应链。这种产业组织方式就形成了以这些企业为核心的，把上下游企业联系在一起的，分工合理、运作有序、管理严密的企业网络。

（3）竞争方式也出现了很大的变化。在经济全球化和供应链网络形成的背景下，竞争从单体竞争转向了企业之间的网络竞争和供应链竞争。竞争的范围从国内市场转向了区域市场乃至全球市场。

正是基于全球经济一体化加速发展的背景，以及跨国公司寻求全球扩张和最大限度利用全球优势资源的内在要求，全球采购策略成为跨国公司和国际化企业获得竞争优势的一个重要途径。采购活动是企业经营活动中最大的成本领域，采购质量与效率的高低在很大程度上决定着企业最终产品的价值和竞争力。因此，全球采购就成为许多国际企业和国际化供应链非常重要的战略选择和策略手段。

二、国际采购的主要运作模式

在全球经济一体化的背景下，国际采购的主要运作模式有三种。

第一，以生产者驱动的全球采购活动及其策略。这种模式主要出现在资本和技术密集型的行业中，如汽车、飞机、信息产品、重型设备等行业。在这些行业里，制造能力突出的大型跨国公司成为全球采购网络的核心，它们在全世界范围内进行最为有利的采购活动或最佳的采购活动，从而使得供应链成为最佳的竞争优势。

第二，以购买者驱动的跨国采购活动或全球采购活动。这种模式是指以批发商、零售商和贸易公司为核心而进行的全球采购活动和由此形成的全球采购供应网络。这种模式的一个非常突出的特点，就是以这些零售商、批发商和贸易公司所掌握的市场需求的信息来提出对商品的样式、规格、质量、标准等方面的要求，然后在全球范围内寻找最好的生产者或者供应商，最后将商品销售到全球市场中。这种模式在那些劳动密集型的行业和消费品行业中有着非常重要的表现。

第三，专业化的国际采购组织和国际经纪人所从事的全球采购和跨国采购。无论是在中国还是在全世界，众多中小企业也存在着合理利用全球资源的要求和愿景。而这些企业如果自己进行全球化采购，既成本过高，又缺乏充足的信息和专业的人才。因此，面对这样的需求，在国际贸易领域中，一些专业采购组织和采购经纪人就应运而生了，并成为面向中小企业的采购供应商。这些国际采购组织和采购经纪人往往经常出现在各个国家的展会上或者以组团的方式去世界各国（特别是发展中国家），以寻求合理的商品资源。

三、主要采购模式

在经济全球化的大背景下，随着信息技术的发展，采购的理念发生了一系列变化，新的采购模式不断出现。在线采购、JIT 采购、协同采购等都是目前主要的采购模式。

1. 在线采购

在线采购是利用网络和信息技术为采购人员提供的一个工具，借助这个工具，采购人员能够通过因特网在全球范围内即时同供应商进行通信和交易。在线采购为企业快速降低采购成本带来了机会。目前主要有三种在线采购模式，分别是卖方系统、买方系统和第三方系统/门户。

（1）卖方系统（Sell-side System）。它是供应商为增加市场份额，以计算机网络作为销售渠道而实施的电子商务系统。它包括一个或多个供应商的产品或服务。登录卖方系统通常是免费的，供应商保证采购商的安全。使用这一系统的优点是访问容易、能接触更多的供应商，另外买方企业不需要做任何投资。使用这一系统的缺点是难以跟踪和控制采购开支。这一系统是企业采购人员开展电子商务却不承担风险的理想工具。

（2）买方系统（Buy-side System）。它是企业自己控制的电子商务系统，通常连接到企业的内部网络或企业与其贸易伙伴形成的企业外部网。这一系统通常由一个或多个企业联合建立，目的是把市场的权力和价值转向买方。一些特别强大的企业已经为自己开发了电子商务市场，如 GE 塑料全球供应商网络、美国三大汽车公司联合开发的全球汽车零配件供应商网络。这一系统的优点是能进行大量购买、实现快速的客户响应、节省采购时间和容许对采购开支进行控制和跟踪；其缺点是需要大量的资金投入。

（3）第三方系统/门户（Third-party System/Portal）。门户（Portal）是描述在因特网上形成的各种市场的术语，建立买/卖门户的目的是提高市场中买卖交易的效率。在因特网上有两类基本门户：垂直门户（Vertical Portal）和水平门户（Horizontal Portal）。垂直门户是经营专门产品的市场，如钢材市场、化工市场、能源市场等。一般来说，这些门户主要吸引专门工业中的买主，例如，MetalSite 是专门买卖金属（特别是钢材）的垂直门户，CheMatch 是专门经营石油化工和塑料制品的垂直门户。水平门户集中了种类繁多的产品以供不同行业的买主采购，其主要经营领域包括维修和生产用的零配件、办公用品等。例如，Ariba、CommerceOne 和 FreeMarkets 等 B2B 在线采购市场。

根据美国科尔尼公司对西方已实行在线采购的企业所做的调查显示，在线采购平均能有效削减采购成本 10%以上，降低采购交易成本约 90%，缩短订货周期约 75%。在以上几种模式中，第三方系统/门户的优点是显而易见的，它为买方和卖方提供了一个快速寻找机会、快速匹配业务、快速交易的电子商务平台；供需双方可以迅速建立联系，使企业订购和销售能快速完成。

由于在线采购具有透明度高、成本低廉、操作简便等优点，因此它已成为全球性的发展趋势。

2. 准时采购

（1）准时采购的概念。准时采购也叫 JIT（Just-In-Time）采购，是一种先进的采购模式。它的基本思想是：在恰当的时间、恰当的地点，以恰当的数量、恰当的质量提供恰当的物品。其目标是实现生产过程的几个“零”化管理：零缺陷、零库存、零交货期、零故障、零（无）纸文书、零废料、零事故、零人力资源浪费。它是从准时生产发展而来的，是为了消除库存和不必要的浪费而进行的持续性改进。要进行准时化生产必须要有准时的供应，因此准时采购是准时化生产管理模式的必然要求。

准时采购包括供应商的支持与合作，以及制造过程、货物运输系统等一系列的内容。准时采购不但可以减少库存，还可以加快库存周转、缩短提前期、提高购物的质量、获得满意交货等。

（2）准时采购的特点及实施要点。准时采购和传统采购在质量控制、供需关系、供应商的数目、交货期的管理等方面有许多不同，其中供应商的选择（数量与关系）、质量控制是其核心内容。表 4-1 所示为准时采购与传统采购的比较。

表 4-1　准时采购与传统采购的比较

项目	准时采购	传统采购
采购批量	小批量，送货频率高	大批量，送货频率低
供应商选择	采用较少供应商，关系稳定，质量较稳定	采用较多供应商，需要协调关系，质量不易稳定
供应商评价	合同履行能力、生产设计能力、产品研发能力等能力强	合同履行能力强
检查工作	逐渐减少，最后消除	收货、点货、质量验收
信息交流	快速、可靠	一般要求

从表 4-1 可以看出，准时采购和传统采购有着显著的差别。企业要实施准时采购，以下三点是十分重要的：①选择最佳供应商，并对供应商进行有效管理是准时采购成功的基石；②供应商与用户的紧密合作是准时采购成功的钥匙；③采购过程卓有成效的质量控制是准时采购成功的保证。

准时采购采用订单驱动的方式。订单驱动使供应与需求双方都围绕订单运作，实现了准时化、同步化运作。要实现同步化运作，采购模式就必须是并行的，当采购部门产生一个订单时，供应商即开始着手物品的准备工作；与此同时，采购部门制订详细的采购计划，制造部门也进行生产的准备过程。当采购部门把详细的采购计划提供给供应商时，供应商就能很快地将物资在较短的时间内交给用户。

同时，准时采购对企业的采购管理提出了新的挑战，企业需要改变传统的“为库存采购”的管理模式，提高生产柔性和市场响应能力，增加与供应商的信息联系和相互之间的合作，建立新的合作模式。

3. 协同采购

采购是企业管理中非常重要的一个环节。一般来说，生产型企业至少要用销售额的50%来进行原材料、零部件的采购。采购的速度、效率、订单的执行情况会直接影响本企业能否快速灵活地满足下游客户的需求；采购成本的高低会直接影响企业最终产品的定价情况和整个供应链的最终获利情况。

传统采购往往把重点放在如何与供应商进行商业交易的活动上，比较重视交易过程中供应商的价格比较，通过供应商的多头竞争，从中选择价格最低者作为合作者。这种采购模式常常由于采供双方相互的不信任、信息不能有效地共享等原因导致采购过程中存在许多不确定因素，造成质量和交货期不能得到有效控制、企业缺乏应变能力等问题。而协同采购则可以较好地解决这些问题。“协同”包括企业内部协同、企业外部协同、外部资源管理三个方面的内容。

（1）企业内部协同。采购归根到底是为企业各部门服务的，因此企业进行高效采购需要企业内各部门的协同合作。采购的内容包括正确的物料、合适的数量、正确的交付（时间和地点）、合适的货源和合适的价格。正确的物料、合适的数量和正确的交付等内容的获得需要来自销售与市场部门、设计部门、生产部门、采购部门的协同。

此外，随着外包趋势的发展、新产品的急剧增加，需要采购的零部件的数量也大大增加。为达到物料数据的一致性协同，各部门需要及时维护相关数据，如BOM（Bill of Material，物料单）数据、供应商数据、采购价格数据等。该项基础工作将保证企业能否长期动态地保持业务流程的稳定性。

（2）企业外部协同。企业外部协同是指企业和供应商在共享库存、需求等方面信息的基础上，根据供应链的供应情况实时在线地调整自己的计划和执行交付的过程。同时，供应商根据企业实时的库存、计划等信息实时调整自己的计划，可以在不牺牲服务水平的基础上降低库存。

在整个供应链的供应网络中，有很多不能够确定的因素，如采购提前期、供应商的生产能力等。如果企业不能够及时了解这些信息，就会影响整个供应链的供/需关系，导致其不能够按时满足客户的需求。实时协同使得双方实时沟通，从而快速地发现问题和解决问题。

在互联网出现以前，人们也认识到协同合作的重要性，但是没有有效的工具帮助企业实时进行信息共享和协同。而如今，企业可以充分利用互联网进行采购的协同。

企业外部协同还包括下列内容：

1）预测协同。企业把对最终产品的中长期预测和期望的客户服务水平传达给相关供应商，供应商根据自己的能力将自己所能做的承诺反馈给企业，使企业采购组织能够对自己供应链上的企业有一个非常清晰的了解。

2）库存信息协同。企业将自己部分物料的库存情况与供应商共享，使供应商对其上游企业有很好的了解，以降低库存水平，提高交货的准确度和速度。

3）采购计划协同。企业将自己近期的采购计划定期下达给供应链上的上游供应商，供应商可以根据该采购计划进行生产计划安排和备货，从而提高交货的准确度和速度。

4）采购订单的执行协同。企业通过互联网下达采购订单给供应商，供应商将采购订单的执行情况及时传达，使企业对采购订单的执行情况有明确的了解，以及时做出调整。

5）产品的设计协同。客户或企业内部研发部门设计个性化产品的同时，将新产品的零部件及时与供应链上的供应商共享，供应商也可以争取在第一时间进行产品开发。供应商可以参与企业的产品研发。

（3）外部资源管理。协同采购对企业的采购管理提出了新的挑战和要求，要求企业改变传统的与供应商之间单纯的买卖关系，增加与供应商的信息交流和相互之间的合作，建立新的合作模式。

要实现有效的外部资源管理，采购商可从以下几个方面进行改进和提高：

1）与供应商建立一种长期的、互惠互利的合作关系。

2）通过提供信息反馈和帮助，促进供应商质量改善和质量保证。

3）参与供应商的产品设计和产品质量控制。

4）协调供应商的计划。一个供应商有可能同时参与多条供应链的业务活动，在资源有限的情况下必然会造成多方争夺供应商资源的局面。在这种情况下，下游企业的采购部门应主动参与供应商的协调计划。

5）建立一种新的、有不同层次的供应商网络，并通过逐步减少供应商的数量，与供应商建立长期良好的合作伙伴关系。

外部资源管理并不仅仅是采购方单方面努力就能获得成功的，它同时也需要供应商的大力支持和配合。为此，供应商也应该从以下几个方面提供协作：

1）协助拓展下游企业的多种策略。

2）保证高质量的售后服务。

3）对下游企业出现的问题做出快速及时的反应。

4）及时报告所发现的可能会影响用户服务的内部问题。

5）基于用户的需求，不断改进产品和服务质量。

第二节 国际货物包装

在国际货物买卖中，包装是说明货物的重要组成部分，包装条件是买卖合同中的一项主要条件。按照某些国家的法律规定，如卖方交付的货物未按约定的条件包装，或货物的包装与行业习惯不符，买方有权拒收货物。如果货物虽按约定的方式包装，但却与其他货物混杂在一起，买方可以拒收违反规定包装的那部分货物，甚至可以拒收整批货物。可见，包装在国际物流中有着重要意义。

一、包装概述

1. 包装的含义

包装是在物流过程中为保护产品、方便储运、促进销售，按一定技术方法采用容器、材料及辅助物等物品包封并予以适当的装封标志的工作总称。简而言之，包装是包装物及包装操作的总称。

2. 包装与物流其他功能要素的关系

（1）包装与运输。运输工具的类型、输送距离的长短、线路情况等对包装都有影响。国际运输形式多样，远洋运输、国际铁路运输、国际航空运输、国际多式联运等不同的运输方式对包装都有着不同的要求和影响。

（2）包装与装卸搬运。对包装产生影响的第一因素是装卸。不同的装卸方法决定着不同的包装。如果采用手工装卸，则包装的外形和尺寸就要适合人工操作。此外，装卸人员素质低、作业不规范等也会直接引发商品损失。例如，广州某快运公司曾发生这样一件事：从香港报关进口的一件大木箱，内装精密设备，要求运输途中不得倾斜。当木箱运至客户手中时，货主肯定地认为货物已被倾斜，因为木箱外包装上有一个标识变成了红色。原来，当该货物倾斜45°时，外包装上的标识就会变色。改进装卸技术、提高装卸人员素质、规范装卸作业标准等都会相应地促进包装、物流的合理化。

（3）包装与储存保管。在确定包装时，应根据不同的保管条件和保管方式采用与之相适合的包装强度。

3. 包装在国际物流中的作用

（1）保护商品。保护物品不受损伤是包装的主要目的。特别是在国际物流中，由于运输环节多、路线长、各国装卸条件不一，加上地区间气候差异较大，出口商品容易受外力作用（冲击、振动等）的破坏、环境变化（温度、湿度等）的影响、生物（霉菌、昆虫等）侵入的破坏、化学物质（海水、盐酸等）的腐蚀、人为的破坏（装卸、盗窃等）。因此，国际物流对包装的要求会更加严格。合理的包装应能满足以下要求：

1）防止货物的破损变形。

2）防止货物发生化学变化。

3）防止有害生物对货物的影响。

4）防止异物混入。

（2）方便作业。货物的包装应便于对货物进行储存、装卸、运输等作业。

（3）保障国际运输安全。包装应适应不同运输方式的特点，保障运输中货物的安全性。特别是危险货物，由于其具有易燃、易爆、有毒、放射性等特点，如果包装不当，容易使货物、人员和环境受到危害。

（4）有利于商品进入国际市场。不少国家对进口商品的包装有各自不同的规定，凡不符合要求的均不准进口，或进口后不准投入市场销售。例如，美国、新西兰、加拿大等国家禁止使用稻草等作为包装材料，以防止某些植物病虫害传播，对本国的生态环境造成破坏；伊朗、沙特阿拉伯等国家规定进口货物必须使用集合运输包装，否则不准进口卸货；美国、加拿大、澳大利亚、新西兰、巴西等国家从1998年起相继颁布法令，要求来自中国的木质包装在进口时必须带有中国出入境检验检疫机关出具的证书，证明木质包装已经过熏蒸处理或防腐处理，或者出口商出具无木质包装的证明方可入境；若有违反规定的货物将禁止入境，或在认可的条件下，拆除木质包装并将其销毁。

因此，合理的包装有利于保证出口产品顺利进入国际市场。

（5）促进销售。相关调查表明，63%的消费者是根据产品的包装来选购商品的，这就是著名的“杜邦定律”。因此，除应注意商品内在的质量外，还必须注重商品的外包装。

当然，如果包装设计不当或考虑不周，不了解或不注重研究国外的风俗人情及特殊规定，则包装不但起不到推销产品的作用，还可能会起反作用，甚至连市场都不能进入。例如，我国习惯以红色表示大吉大利，而欧洲人则视红色为凶兆；我国视孔雀开屏为美丽的象征，而法国和英国对孔雀则没有好感，认为它代表傲慢。因此，在进行包装时必须充分考虑各地的风土人情。

二、运输包装的合理化

国际货物运输包装合理化的要点主要有以下几个。

1. 满足国际贸易对运输包装的要求

国际贸易对商品运输包装的要求比国内贸易更高，它应当体现下列要求：

（1）必须适应商品的特性。

（2）必须适应各种不同运输方式的要求。

（3）必须考虑有关国家的法律规定和客户的要求。

在国际贸易中，由于各国的国情不同以及存在文化差异，因此对商品的包装材料、结构、图案及文字标识等要求也不同。

2. 从国际物流总体角度出发，用科学方法确定最优包装

产品从出厂到最终销售目的地所经过的流通环境条件，如装卸条件、运输条件、储存条件、气候条件、设备条件、化学和生物条件等都对包装提出了要求。从现代物流观点来看，包装合理化不单是指包装本身的合理化，而是指在整个物流合理化的前提下的包装合理化。

3. 包装科学化

包装科学化主要应注意以下几个方面：

（1）防止包装不足和包装过剩。由于包装强度不足、包装材料不足等因素造成商品在流通过程中发生的损耗不可低估。而包装物强度设计过高、保护材料选择不当则会造成包装过剩。

（2）采用单元货载尺寸和运输包装系列尺寸。物流系统高效率化的关键在于使单元货载系统化。所谓单元货载系统化，是指把货物归整成一定数量的单件进行运输。其核心是自始至终采用托盘运输，即从发货至到货后的装卸全部使用托盘运输方式。为此，在物流过程中所有的设施、装置、机具均应引进物流标准。

（3）包装大型化。随着交易单位的大型化和物流过程中搬运的机械化，单个包装也趋于大型化。包装单位大型化可以节省劳力，降低包装成本。近年来，在有些国家的批发商店里，直接将工业包装的货物摆在柜台上，可见对这种大型化包装应给予足够的重视，由此也可以看出包装发展变化的趋势。

（4）包装机械化。包装过去主要是依靠人力作业进行的，在进入大量生产、大量消费的时代后，包装的机械化也就应运而生了。包装机械化从逐个包装机械化开始，到装箱、封口、捆扎等外包装作业完成。此外，还有使用托盘堆码机进行的自动单元化包装。

4. 绿色包装

绿色包装是指不会造成环境污染或使环境恶化的商品包装。当前世界各国的环保意识均日渐增强，特别是一些经济发达国家出于对环保的重视，对包装材料要求更为严格，将容易造成环境污染的包装列入限制进口之列，从而使其成为非关税壁垒之一。例如，对于下列材料，一些国家规定其禁止入境或需要进行严格的检疫、卫生除害处理之后方可入境：

（1）稻草。美国海关禁止进口商品用稻草包扎、包装或作为包装的辅助填充材料；英国对采用稻草作为进口商品包装捆扎或衬垫的，要求事先必须对稻草进行杀菌、灭虫等预防处理。

（2）竹片/木材。日本拒绝接受用竹片作为包装材料或夹衬材料进口；德国禁止以木板箱作为进口商品的包装；美国、加拿大、英国、巴西等都对来自中国的木质包装材料有严格的要求。

（3）不易降解的包装材料。一些国家对其采取禁止（或限制）生产、进口、销售、使用的措施，如德国、意大利均禁止使用PVC（聚氯乙烯）作为包装材料的商品进口。

三、货物运输包装标志

包装标志是为了便于交接货物、防止错发错运、便于识别，便于运输、仓储和海关等有关部门进行检验工作，也便于收货人提取货物，在货物的外包装上标明记号。包装标志主要有运输标志、指示标志和危险货物标志（即警告标志）等几种。

1. 运输标志

运输标志也叫唛头，它是贸易合同、发货单据中有关标志事项的基本部分。它一般由一个简单的集合图形及字母、数字等组成。唛头的内容主要包括：

（1）目的地名称或代号。

（2）收货人或者发货人的代用简称或代号。

（3）件号（每件标明该批货物的总件数）。

（4）体积（长×宽×高）。

（5）重量（毛重、净重、皮重）。

对于进口货物，商务部还规定了统一向国外订货的代号，这些代号被称为收货人唛头，这种标志主要有三方面的作用：

（1）加强保密性，有利于保证物流中商品的安全。

（2）减少了签订合同和运输过程中的翻译工作。

（3）在运输中起到导向作用，可减少错发、错运事故。

举例说明。

96EKH—47 001CF SHANGHAI CHINA

所示内容为：

1）订货年度代号，1996年签订的进口合同，就用“96”作为年度代号。

2）承办订货进出口公司代号，“E”代表中国五金矿产进出口总公司。

3）收货人代号，“KH”代表水电部。

4）间隔号，如外贸单位用“—”表示，工贸单位用“/”表示。

5）商品类别代号，“47”表示计算机的代号。

6）合同编号，即采用进口合同所编写的序号码，“001”为第1号文件。

7）贸易国别号，“CF”代表法国。

8）到达国家和港口（或车站），“SHANGHAI CHINA”表示中国上海港。

2. 指示标志

包装储运的指示标志，简称指示标志。按国内或国际的规定，以特定的图案或简短的说明文字表示。其作用是反映货件特点，提醒人们在装卸、保管等过程中应注意的事项，以确保货物的安全，故又被称注意标志。

指示标志应按有关规定（如包装要求）使用，防止乱用，因为乱用指示标志会带来极其恶劣的影响。同样，对于有指示标志的货物，装卸人员应予以充分的重视，认真按所贴标志进行操作。

我国已颁布和施行了GB/T 191—2008《包装储运图示标志》。在外贸进出口货物中，这些图示标志早已普遍通用。

3. 危险货物标志（即警告标志）

对于危险物品，如易燃品、有毒品或者易爆炸物品等，在外包装上必须醒目标明危险货物标志，以示警告。

（1）危险货物标志的名称和图形。危险货物标志的图形分别标示了 9 类危险货物的主要特性，见表 4-2。

表 4-2　危险货物标志

序号	标志名称	标志图形	对应的危险货物类项号
1	爆炸性物质或物品	 （符号：黑色，底色：橙红色）	1.1 1.2 1.3
		 （符号：黑色，底色：橙红色）	1.4
		 （符号：黑色，底色：橙红色）	1.5
		 （符号：黑色，底色：橙红色）	1.6
		** 项号的位置——如果爆炸性是次要危险性，留空白。 * 配装组字母的位置——如果爆炸性是次要危险性，留空白。	

（续）

序号	标志名称	标志图形	对应的危险货物类项号
2	易燃气体	 （符号：黑色，底色：正红色）  （符号：白色，底色：正红色）	2. 1
	非易燃无毒气体	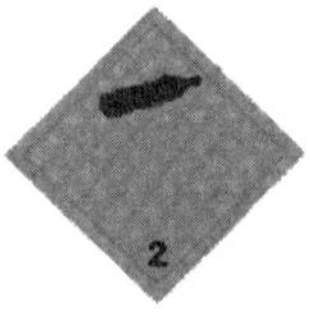 （符号：黑色，底色：绿色）  （符号：白色，底色：绿色）	2. 2
	毒性气体	 （符号：黑色，底色：白色）	2. 3
3	易燃液体	 （符号：黑色，底色：正红色）  （符号：白色，底色：正红色）	3

（续）

序号	标志名称	标志图形	对应的危险货物类项号
4	易燃固体	 （符号：黑色，底色：白色红条）	4.1
	易于自燃的物质	 （符号：黑色，底色：上白下红）	4.2
	遇水放出易燃气体的物质	 （符号：黑色，底色：蓝色）  （符号：白色，底色：蓝色）	4.3
5	氧化性物质	 （符号：黑色，底色：柠檬黄色）	5.1
	有机过氧化物	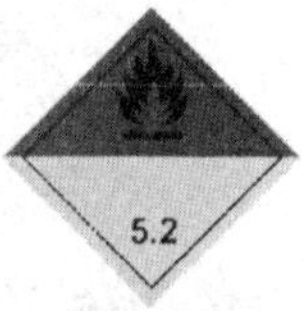 （符号：黑色，底色：红色和柠檬黄色）  （符号：白色，底色：红色和柠檬黄色）	5.2

（续）

序号	标志名称	标志图形	对应的危险货物类项号
6	毒性物质	 （符号：黑色，底色：白色）	6.1
	感染性物质	 （符号：黑色，底色：白色）	6.2
7	一级放射性物质	 （符号：黑色，底色：白色，附一条红竖条） 黑色文字，在标签下半部分写上： “放射性” “内装物________” “放射性强度________” 在“放射性”字样之后应有一条红竖条	7A
	二级放射性物质	 （符号：黑色，底色：上黄下白，附两条红竖条） 黑色文字，在标签下半部分写上： “放射性” “内装物________” “放射性强度________” 在一个黑边框格内写上：“运输指数” 在“放射性”字样之后应有两条红竖条	7B

（续）

序号	标志名称	标志图形	对应的危险货物类项号
7	三级放射性物质	 （符号：黑色，底色：上黄下白，附三条红竖条） 黑色文字，在标签下半部分写上： “放射性” “内装物________” “放射性强度________” 在一个黑边框格内写上：“运输指数” 在“放射性”字样之后应有三条红竖条	7C
	裂变性物质	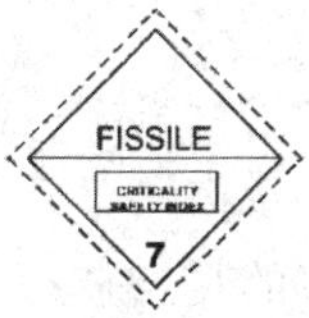 （符号：黑色，底色：白色） 黑色文字 在标签上半部分写上：“易裂变” 在标签下半部分的一个黑边 框格内写上：“临界安全指数”	7E
8	腐蚀性物质	 （符号：黑色，底色：上白下黑）	8
9	杂项危险物质和物品	 （符号：黑色，底色：白色）	9

注：表中对应的危险货物类项号及各标志角号引用自 GB 190—2009《危险货物包装标志》。

（2）危险货物标志的尺寸。危险货物标志的尺寸一般分为四种（见表 4-3）。

表 4-3　危险货物标志的尺寸

（单位：mm）

尺寸号别	长	宽
1	50	50
2	100	100

（续）

尺寸号别	长	宽
3	150	150
4	250	250

注：如遇特大或特小的运输包装件，标志的尺寸可按规定适当扩大或缩小。

第二节　国际货物储存保管

货物的储存是国际物流系统中不可缺少的一个环节，是商品在离开生产领域后、进入消费领域之前的必要储备，是缓解生产集中性与消费分散性、生产季节性与消费常年性等矛盾的重要手段。

一、对外贸易仓库

在物流中，仓库一般是指对货物进行收进、整理、储存、保管和分拨等作业的场所。对外贸易仓库是在国际物流系统中主要承担储存、保管功能的场所，是国际物流网络中以储存为主要功能的节点。从现代国际物流的观点来看，大型的、多功能的对外贸易仓库往往是国际货物分拨的基地，是国际物流运作的中心。由于功能不同，储存对象不同，经营主体、经营方式不同，对外贸易仓库有不同的特征和类型。

1. 按使用功能分类

按使用功能可将对外贸易仓库分为储存型仓库、流通型仓库、加工型仓库和物流中心型仓库。

（1）储存型仓库是以储存为主要功能的仓库。其主要职能是用于储存待销的出口商品、援外的储备物资、进口待分拨和出口业务需要的物资等。

（2）流通型仓库是以发货、配送、流通加工为主要功能的仓库。其业务范围包括拣选、配货、检验、分类等作业，并具有多品种、小批量、多批次等收货配送功能，以及贴标签、包装等流通加工功能。由于这类仓库能实现货物的迅速发送，因而日益受到人们的重视。

（3）加工型仓库是以流通加工为主要目的的仓库。一般的加工型仓库具有加工厂和仓库双重职能，将商品的加工业务和储存业务结合起来。

（4）物流中心型仓库是兼有上述仓库所具有存储、保管、发货、分拨、配送、流通加工等功能的仓库，是现代国际物流仓库的最高级形式。这类仓库也叫国际物流中心，多是由政府部门和物流企业共同筹建的具有现代化仓库、先进的分拨管理系统和计算机信息处理系统的外向型物流集散地。

2. 按储存物作业性质分类

按储存物作业性质可将对外贸易仓库分为口岸仓库、中转仓库、运输转换仓库。

（1）口岸仓库主要储存口岸和内地对外贸易出口待运商品与进口待分拨商品，其特点是商品储存期短、周转快、仓库规模大，因此又被称为周转仓库。口岸仓库大多设在商品集中发运出口的沿海港口城市。

（2）中转仓库的主要职能是按照商品的合理流向，收储、转运经过口岸出口的商品。

其大都被设在生产集中的地区和出运港口之间，如铁路车站，公路车站，商品生产集中的大、中城市和商品集中分运的交通枢纽地带。大型中转仓库一般都设有铁路专用线，将商品的储存、转运业务紧密结合起来。

（3）运输转换仓库是为了保证不同运输方式的高效衔接，减少运输工具的装卸停留时间而设置的仓库，具有大进大出的特点。

3. 按管理体制分类

按管理体制可将对外贸易仓库分为自用仓库、公用仓库、专业经营仓库和保税仓库。

（1）自用仓库是为了本企业物流业务需要而建立的仓库。

（2）公用仓库是由国家或一个主管部门或公共团体为公共利益而修建的为社会物流业务服务的仓库。我国的铁路车站、公共汽车站场的货栈仓库、港口码头仓库等大都属于这一类。

（3）专业经营仓库是专门为经营仓储业务而修建的仓库，面向社会提供仓储服务。

（4）保税仓库是指经海关批准设立的专门存放保税货物及其他未办结海关手续货物的仓库。

二、保税仓库

1. 保税仓库的含义

保税仓库是保税制度中应用最广泛的一种形式，是经海关批准设立的专门存放保税货物及其他未办结海关手续货物的仓库。

“保税”是指海关保留对货物征税的权利。根据我国《海关法》的规定，保税货物，是指经海关批准未办理纳税手续进境，在境内储存、加工、装配后复运出境的货物。其包括：来料加工进口的料件和设备，进料加工进口的料件，补偿贸易进口的设备，寄售维修零配件，供应国际航行船舶的燃料、零配件，外商寄存、暂存的货物，贸易商的转口贸易货物，免税品商店进口的商品，保税区内进口的货物，以及其他一些经海关批准进口时暂未办理纳税手续的货物。

随着国际贸易的不断发展，贸易方式也日益多样化，出现了如进口原材料、配件加工装配后复出口、补偿贸易、转口贸易、期货贸易等灵活的贸易方式。如果进口时征收关税，复出口时再申请退税，则手续烦琐，加大货物成本，不利于发展对外贸易。建立保税仓库（Bonded Warehouse）后，可大大降低进口货物的风险，有利于鼓励进口，鼓励外国企业在本国投资。

根据国际通行的保税制度，进境存入保税仓库的货物可暂时免纳进口税款，免领进口许可证或其他进口批件，在海关规定的存储期内复运出境或办理正式进口手续。但国家实行加工贸易项下进口需事先申领配额许可证的货物，在存入保税仓库时，应事先申领进口许可证。

保税仓库的设立需要专门批准，外国货物的保税期一般最长为两年。在这个时期，经营者可将货物存放在保税仓库，同时寻找最适当的销售时机，销售完成再办理通关手续。如果两年内不能销售完毕，可再运往其他国家，保税仓库所在国则不收取关税。

2. 保税仓库的类型

保税仓库按照使用对象的不同分为公用型保税仓库和自用型保税仓库。

（1）公用型保税仓库由主营仓储业务的中国境内独立企业法人经营，专门向社会提供保税仓储服务。

（2）自用型保税仓库由特定的中国境内独立企业法人经营，仅存储供本企业自用的保税货物。

3. 保税仓库允许存放的货物类型

在我国的海关监管制度中，保税仓库制度是主要的组成部分。保税仓库也是由海关批准设立并由海关监管的。下列货物，经海关批准可以存入保税仓库：

（1）加工贸易进口货物。

（2）转口货物。

（3）供应国际航行船舶和航空器的油料、物料和维修用零部件。

（4）供维修外国产品所进口寄售的零配件。

（5）外商暂存货物。

（6）未办结海关手续的一般贸易货物。

（7）经海关批准的其他未办结海关手续的货物。

保税仓库应当按照海关批准的存放货物的范围和商品种类开展保税仓储业务。

◇【企业链接】

和记黄埔港口集团旗下的深圳和记内陆集装箱仓储有限公司，在深圳观澜设立了大型物流仓储基地“观澜内陆集装箱仓储中心”，以配合华南地区的进出口贸易发展。目前已建成两座面积为2万m^2的大型出口监管仓、4万m^2的货柜堆场，以及与之相配套的报关楼、验货中心及办公场所。

观澜内陆集装箱仓储中心实现高科技智能化出口监管仓及堆场操作，包括：采用WIS（仓储管理系统）和TOMS（堆场管理系统）管理仓储运作及堆场操作；海关、船公司、租箱公司及客户可查询库存等资料，了解货物进出仓情况；IC卡闸口自动识别验放；CTV全方位监控；电子系统报关，为客户提供方便快捷的报关服务。

同时，与盐田国际集装箱码头有限公司联手，采用GPS（全球定位系统）在盐田与观澜间进行途中监控，并在盐田港入闸处，为货柜车开辟专门的“绿色通道”，以达到信息共享、统一协调、分工合作的目的，充分发挥港口与仓储运作的优势，将盐田码头的服务功能延伸至更靠近各生产厂家的内地。

观澜内陆集装箱仓储中心目前为国外销售商、集运公司、货运代理、生产厂家、船公司及租箱公司，提供优质监管仓拼柜集运、国内配送、货柜堆存等服务，对推动华南地区的物流发展做出了贡献。

4. 海关对保税仓库货物的监管

（1）保税货物入库。保税仓储货物入库时，收发货人或其代理人凭有关单证向海关办理货物报关入库手续，海关对报关入库货物的品种、数量、金额进行审核，并对入库货物进行核注登记。

入库货物在保税仓库所在地海关入境时，货主或其代理人填写进口货物报关单，一式三份，加盖“保税仓库货物”印章并注明此货物存入某保税仓库，向海关申报。经海关查验放行后，一份由海关留存，另两份随货带交保税仓库。保税仓库经理人应于货物入库后即与报关单进行核对，并在报关单上签收，其中一份留存，以作为入库凭证，另一份交回海关存查。

入库货物在保税仓库所在地以外的其他口岸入境时，经海关批准，按照海关转关运输货物的规定或在口岸海关办理相关手续。货物所有人或其代理人应先向保税仓库所在地主管海关提出将进口货物运至保税仓库的申请，主管海关在核实后，签发进口货物转关运输联系单，并注明货物转运存入某保税仓库。货主或其代理人凭此联系单到入境地海关办理转关运输手续，入境地海关核准后，货主或其代理人应按上述入库货物在保税仓库所在地海关入境的程序向主管海关办理进口申报及入库手续。

（2）保税货物储存。保税仓储货物存储期限为 1 年。确有正当理由的，经海关同意可予以延期；除特殊情况外，延期不得超过 1 年。保税仓储货物在保税仓库内存储期满，未及时向海关申请延期或者延长期限届满后既不复运出境也不转为进口的，海关应当按照《中华人民共和国海关关于超期未报关进口货物、误卸或者溢卸的进境货物和放弃进口货物的处理方法》第五条的规定处理。

海关对保税仓库实施计算机联网管理，并可随时派员进入保税仓库检查货物的收、付、存情况及有关账册。海关认为必要时，可以会同保税仓库经营企业双方共同对保税仓库加锁或直接派员驻库监管，保税仓库经营企业应当为海关提供办公场所和必要的办公条件。

保税仓储货物可以进行包装、分级分类、加刷唛码、分拆、拼装等简单加工，不得进行实质性加工。

保税仓储货物，未经海关批准，不得擅自出售、转让、抵押、质押、留置、移作他用或进行其他处置。

保税仓储货物在存储期间发生损毁或者灭失的，除不可抗力外，保税仓库应当依法向海关缴纳损毁、灭失货物的税款，并承担相应的法律责任。

（3）保税货物出库。保税货物经海关核准转为进入国内市场销售时，货主或其代理人应向海关办理货物进口的海关手续，填写进口货物报关单，其贸易性质由“保税仓库货物”转为“一般贸易进口”。货物属于国家进口配额、进口许可证、机电产品进口管理及特定登记进口商品和其他进口管理商品的，需向海关提交有关进口许可证或其他有关证件，并缴纳进口关税、消费税和进口环节增值税。办理进口手续后，海关在进口货物报关单上加盖放行章，其中，一份用以向保税仓库提取货物，另一份由保税仓库留存，以作为保税仓库货物的核销依据。

保税货物转口销售或退运出境时，货主或其代理人应向保税仓库所在地主管海关申报，填写出口货物报关单一式三份，并提交货物进口时经海关签章确认的进口货物报关单，经主管海关核实后予以验放出境。办理出境手续后，海关在一份出口报关单上加盖放行章后将其退还货主或其代理人，作为保税仓库货物核销依据。

保税货物用于加工贸易时，经营加工贸易的单位应在向海关办理备案登记手续后，凭海关核发的“登记手册”向保税仓库所在地主管海关办理保税仓库提货手续。在提取货物时，需补填进料加工或来料加工专用的进口货物报关单和保税仓库领料核准单。经海关核实后，在保税仓库领料核准单上加盖放行章，其中，一份由经营加工贸易单位凭以向保税仓库提取货物，另一份由保税仓库留存，以作为保税仓库货物的核销依据。

保税货物转库储存时，仓库经营人应按转关运输的规定将保税货物作为进口转关运输货物办理海关手续后方能转库。

（4）保税货物核销。保税仓库经营企业应当如实填写有关单证、仓库账册，真实记录并全面反映其业务活动和财务状况，编制仓库月度收、付、存情况表和年度财务会计报告，并定期以计算机电子数据和书面形式报送主管海关。

主管海关对保税仓库入库、出库报表与实际进口、出口报关单及领料单进行审核，必要时派员到仓库实地核查有关记录和货物结存情况，核实无误后予以核销，并在一份保税仓库报表上加盖印章认可，将其退还保税仓库经营单位留存。

三、国际仓储活动

产品在送达最终消费者之前必须存储在某个地方。根据每个国外市场的实际条件，产品可能被存储在国际配送渠道的各个不同的地点。

如果一个公司涉及出口业务，它可以在国内存储物品，在收到订单后再运送物品。因此，没必要在国外存储物品。

如果使用了分销商或其他中间商，存货就必须存储在渠道内的其他地方。制造商或供应商使存货沿配送渠道流动的能力随着市场的不同而不同，这取决于渠道中间商的规模、客户库存政策、最终消费者对产品的需求、存储成本及必需的客户服务水平。

当一个国际公司在国外需要仓储设施时，它可能发现一些国家的现代仓库非常先进。举例来说，在日本，许多公司使用完全自动化的立体仓储。在许多发展中国家，可能根本没有存储设施，即使有，也比较落后，在这种情况下，产品包装或装运必须服务于仓储。

像所有的物流活动一样，国际仓储和存储活动应根据国外市场的不同区别对待。物流经理要认识到国际存储活动的不同，并根据公司战略进行相应的调整。

第四节　国际货物理货

国际货物理货是指船方或货主根据运输合同在国际货物的装运港和卸货港收受和交付货物时，委托港口的理货机构代理完成的在港口对货物进行计数、检查货物残损、指导装舱积载、制作有关单证等工作。

一、理货的内容

根据国家对理货工作规定的范围和内容，理货机构对外贸货物的公证性鉴定一般包括以下项目：

（1）重量鉴定。

（2）数量鉴定。

（3）残损鉴定。

（4）货载衡量鉴定。

货载衡量简称衡量，是对进出口货物的体积、重量进行丈量和衡重，得出货物的体积吨位（以1立方米为1体积吨）和重量吨位（以毛重1000千克为1重量吨）。体积吨位一般以货物的满尺丈量而得出，重量吨位则为含货物的衬垫、包装、捆扎物的毛重。

二、理货单证

理货单证是反映船舶载运货物在港口交接时的数量和状态的实际情况的原始记录，因此它具有凭证和证据的性质。理货机构一般是公正性或证明性的机构，理货人员编制的理货单证，其凭据或证据就具有法律效力。大副收据上对货物记载的基本依据就是理货单，所以理货单是货物装卸的最原始凭证。

1. 理货单证的种类

理货委托书（Application for Tally）：委托人自愿申请理货机构办理理货业务的书面申请凭证。

计数单（Tally Sheet）：理货员理货计数的原始记录。

现场记录（On-the-spot Record）：理货员记载货物异常状态和现场情况的原始凭证。

日报单（Daily Report）：理货长向船方报告各舱货物装卸进度的单证。

待时记录（Stand-by Time Record）：记载由船方造成理货人员停工待时的证明。

货物溢短单（Overlanded /Shortlanded Cargo List）：记载进口货物件数溢出或短少的证明。

货物残损单（Damaged Cargo List）：记载进口货物原残损情况的证明。

货物积载图（Stowage Plan）：出口货物实际装舱部位的示意图。它由理货长根据装船过程中的变化，随时修改货物配载图而成。

分港卸货单：记载两港分卸的同一票货物及在第一卸货港卸货件数的证明。

货物分舱单：分港分舱记载每票货物装舱部位的清单。一个卸货港编制一份，由理货长根据装货单编制。

复查单：理货机构对原理货物复查后出具的凭证。

更正单：理货机构更改原理货物结果的凭证。

分标志单：在卸船后分清混装货物标志的凭证。

查询单：向对方调查货物情况的单证。

2. 理货单证的作用

（1）承运人与托运人或提单持有人之间办理货物数量和外表状态交接的证明。

（2）承运人、托运人、提单持有人以及港方、保险人之间处理货物索赔案件的凭证。

（3）船舶发生海事时，处理海事案件的主要资料。这里主要是指货物积载图的作用。

（4）港口安排作业和收货人安排提货的主要依据。这里主要是指货物实际积载图和分舱单的作用。

（5）船舶在航行途中，保管照料货物的主要依据。

（6）买卖双方履行合同情况的主要凭证。

（7）理货机构处理日常业务往来的主要依据。

三、分票和理数

1. 分票

分票是理货员的一项基本工作。分票就是依据出口装货单或进口舱单分清货物的主标志或归属，分清混票和隔票不清货物的归属。分票是理货工作的起点，理货员在理货前，首先要按出口装货单或进口舱单分清货物的主标志，明确货物的归属，然后才能根据理货数字确定货物是否有溢短、残损，从而进行处理。分票也是提高货物运输质量的重要保障。

在卸船时，如果理货人员发现舱内货物混票或隔票不清，则应及时通知船方人员验看，并编制现场记录、取得船方签认，然后指导装卸工组按票分批装卸。

2. 理数

理数是理货员的一项最基本的工作，是理货工作的核心内容，也是鉴定理货质量的主要尺度。理数就是在船舶装卸货物的过程中，记录起吊货物的钩数，点清钩内货物细数，计算装卸货物的数目。

理数的方法有：

（1）发筹理数。对每钩货物发一支筹码，凭筹码计算货物数目，即为发筹理数。这是一种最原始的方法，目前已极少使用。发筹理数的前提条件是每钩货物件数必须相等，每支筹码代表每钩同等数目的货物，这种方法适用于定量包装和定钩码的大宗货物。

（2）划钩理数。逐钩点清货物数目，即为划钩理数。这种方法适用于各种货物。

（3）挂牌理数。对每钩货物挂一只小牌，凭牌计算货物数目，即为挂牌理数。这是一种发筹理数的演变形式。小牌是用金属或塑料等材料制成的，上面有顺序编号。采用挂牌理数的条件与发筹理数相同。这种方法适用于定量包装和定钩码的大宗货物。

（4）点垛理数。按垛点清货物数目，即为点垛理数。垛是指在码头库场按一定要求堆码成型的货物。这种方法一般不适用于外贸运输货物，但对于舱内、船边不易按钩点清数目，而从货垛外表能点清数目的货物，倒可作为一种辅助的理数方法。

（5）抄号理数。记录每件货物的号码，据以计算货物的数目，即为抄号理数。一般货物的包装上都印有件号，一个号码代表一件货物，尤其是成套设备，因此，这种方法更适用于成套设备和有特殊要求的货物。

（6）自动理数。它是一种用科学仪器作为工具的理数方法。目前世界上最普遍使用的方法就是在运输带上安装一个自动计数器。这样做将给理货工作带来方便，使理货工作朝着科学化、现代化方向迈进。

3. 溢短货物

溢短货物包括溢货和短货。船舶承运的货物，当理货数目比装货单或进口舱单数目多时，称为溢货；当其短少时，称为短货。在船舶装卸货物时，装货单和进口舱单是理货的唯一凭证和依据，也是船舶承运货物的凭证和依据。理货结果就是通过把装货单与进口舱单进行对照来确定货物是否溢出或短少。在货物装卸船后，由理货长根据计数单核对装货单或进口舱单，确定实际装卸货物是否有溢短。

四、理残

凡货物包装或外表出现破损、污损、水湿、锈蚀、异常变化等现象，可能危及货物的质量或数量的情况，称为残损（Damaged）。理残是理货人员的一项主要工作。其工作内容主要是在对船舶承运货物装卸时，检查货物包装或外表是否有异常状况。理货人员为了确保出口货物完整无损、进口货物分清原残和工残，在船舶装卸过程中，剔除残损货物，记载原残货物的积载部位、残损情况和数目的工作叫作理残，也称分残。但木材干裂、货物自然减量等情况除外。

原残是指发生残损的进口商品在付运前已经存在问题。原残应由发货人承担责任。

船残是指进口货物在从装船至卸货前的过程中船上发生的残损。船残应由承运人承担责任。

工残是指进口货物由于装卸工作引起的残损。工残应由港务或铁路等装卸部门承担责任。

意外事故残损是指在装卸船过程中，由于各种潜在因素造成意外事故而导致货物的残损。这类残损责任比较难界定，容易发生争执，对此，理货人员不要轻易界定责任方。

自然灾害事故残损是指在装卸船过程中，由于不可抗拒因素造成自然灾害给货物带来的残损，如突降暴雨、水湿货物等，对此，理货人员要慎重界定责任方。

五、绘制实际货物积载图

船舶配载是根据货物托运人提出的货物托运计划，依据货物的品种、数量、体积、重量以及到达多个港口先后等因素，将货物正确合理地分配到船舶各个部位，并编制装货清单。它是船舶积载的依据。

配载图是以图的形式表明拟装货物受载于船舱位置的书面计划，也称货物配载图。配载图需经船长或大副签字后方能生效。

装船前，理货机构从船方或其代理人取得配载图，理货人员根据配载图来指导和监督工人装舱积载。但是由于各种原因，在装船过程中经常会发生货物情况调整和变更配载，理货长必须参与配载图的调整和变更事宜。在装船结束时，理货长还要绘制实际装船位置的示意图，即实际货物积载图。

积载图是货物装船结束时，根据货物实际的装船位置绘制的示意图。在装船过程中，难免要对配载计划进行必要的变更和调整，因此，货物装完后就需要重新绘制货物实际积载图，要在图上标明卸货港、装货单号、货名、件数、包装和重量等内容。

六、签证和批注

理货机构为船方办理货物交接手续，一般要取得船方签证。同时，承运人也有义务对托运人和收货人履行货物收受和交付的签证责任。当然，如果理货机构是个公证结构，那么它的理货结果就可不经船方签证而生效，我国目前这种方式无效。

船方为办理货物交付和收受手续，在理货单证（主要有货物残损单、货物溢短单、大副收据和理货证明书）上签字，被称为签证。

签证是船方对理货结果的确认，是承运人对托运人履行的义务，是划分承、托运双方责任的依据，是一项政策性和实践性较强的业务。它关系到船公司、托运人和收货人的经济责任和经济利益，也关系到理货机构的声誉和影响。不仅船方要在理货单证上签字，而且在理货结果准确无误的前提下，要提请船方签字。签证工作一般在船舶装卸货物结束后、开船前完成。我国港口规定在不超过船舶装卸货物结束后两小时内完成。

在理货或货运单证上书写对货物数字或状态的意见，被称为批注。按加批注的对象不同，批注可分为船方批注和理货批注两类。

船方批注是船方加的批注，一般加在理货单证和大副收据上。

理货批注一般可分两种情况。一种是在装货时，如果理货人员发现货物外表状况有问题，发货人又不能进行处理而又要坚持装船，则理货人员就得如实批注在大副收据上；如果发现货物数字不符，而发货人坚持要按装货单上记载的数目装船，则理货人员也应在装货单上按理货数目批注；有时还要如实批注货物装船日期等内容。另一种是在卸货时，如果理货长对船方加在理货单证上的批注内容有不同意见，经过摆事实、讲道理后，船方仍坚持不改变批注内容，则可在理货单证上加注不同意船方批注内容的反批注意见。

批注的目的和作用有：说明货物的数目和状态；说明货物的责任关系。

七、复查和查询

1. 复查

理货机构采取各种方式对所理货物数目进行校查，以证实其准确性，即为复查。复查还包括理货机构主动进行的复查，即当理货数目与舱单记载的货物数目差异较大时，为确保理货数目的准确性，在提请船方签证前，往往要对所理货物进行复查。复查的方式有重理、复查、查单、查账、调查、询问。

2. 查询

查询包括以下情况：当船舶卸货发生溢出或短少时，理货机构为查清货物溢短情况，向装港理货机构发出查询文件或电报，请求进行调查且予以答复；在船舶装货后，发现理货、装舱、制单有误或有疑问，理货机构向卸港理货机构发出查询文件或电报，请求卸货时予以注意、澄清且予以答复；船公司向理货机构发出查询文件或电报，请求予以澄清货物有关情况且予以答复。

第五节 国际货物装卸作业

在国际物流中，货物须经过长途运输，途中可能有多次中转和换装，装卸搬运活动由此会不断出现和反复进行，其频率高于其他物流活动。并且，装卸搬运作业复杂，花费的时间长，其费用在物流成本中所占比例较高。同时，装卸搬运过程极易造成货物破损、损耗、混合等损失，对货物影响较大。因此，装卸搬运活动是影响物流效率、物流成本和物流质量的重要因素，在物流中有着重要作用。

一、装卸搬运的分类

（1）装卸搬运按主要运动形式，可分为垂直装卸和水平装卸两种。

（2）装卸搬运按设备的作业方式，可分为“吊上吊下”方式、“叉上叉下”方式、“滚上滚下”方式、“移上移下”方式和“散装散卸”方式等。

“吊上吊下”方式采用起重机械从货物上部起吊，依靠起吊装置的垂直移动实现装卸作业，并在起重机械运行的范围内或回转的范围内实现搬运或依靠搬运车辆实现搬运活动。由于吊起及放下属于垂直运动，所以这种装卸方式大部分属于垂直装卸。

“叉上叉下”方式是采用搬运车辆，如叉车，从货物底部托起货物，并依靠搬运车辆的运动实现货物的位移，搬运靠搬运车辆本身，货物中途不用落地，而直接放置到目的地。

“滚上滚下”方式属于水平装卸方式，主要用于港口装卸。其典型的流程是利用叉车或拖挂车、汽车承载货物，连同车辆一起开上船，到达目的地后把货物从车上卸下，车辆再从船上开下。利用叉车的“滚上滚下”方式在船上卸货后，叉车必须离船；而在利用拖挂车或汽车时，牵引车将半挂车拖至船上或原车开上船后，牵引车离船，而半挂车或车辆连同货物一起运到目的地，再由牵引车上船拖拉半挂车开下或原车开下。“滚上滚下”方式需要有专门的船舶，这种船舶被称为“滚装船”，这种装卸方式对码头也有一定的要求。

“移上移下”方式一般是在两车之间进行靠接，然后利用其他各种方式，如靠水平移动将货物从一辆车移到另一辆车上。这种方式可实现汽车之间、火车之间及汽车与火车之间的装卸搬运。“移上移下”方式一般需要两种车辆水平靠接，因此，需要对站台进行改变，并配合移动工具实现这种作业。

“散装散卸”方式是针对散装货物的装卸，一般从装点将货物直接输送到卸点，中间不再需要其他的作业方式。这种方式主要是利用机械、气流的动能等原理对煤、粮食、化肥等货物进行作业。这种装卸作业常采用一些特殊的装卸搬运设备，如带式输送机、气力输送机、斗式提升机等。

（3）装卸搬运按作业对象的包装形态，可分为散装货物装卸、单件货物装卸和集装货物装卸等。

二、装卸搬运合理化

在国际物流业务流程中，从进货入库开始到储存保管、分拣、流通加工、出库、装载，直到运送到国外客户手中，装卸搬运作业所占比重非常高。因此，国际物流合理化必须先从装卸搬运合理化开始，实现托盘的标准化，采用合理化的措施和标准化的装卸设备。

1. 防止和消除无效作业

无效作业是指在装卸作业中超出必要的装卸搬运量的作业。防止和消除无效作业对提高装卸搬运的经济效益有重要作用。为了防止和消除无效作业，应注意以下几个方面：

（1）尽量减少装卸搬运次数。要使装卸搬运次数降到最少，尤其要避免没有物流效果的装卸作业。

（2）提高被装卸物料的纯度。物料的纯度是指物料中含有水分、杂质等与物料本身特性无关的物质的多少。物料的纯度越高，则装卸作业的有效程度越高；反之，则无效作业就会增加。

（3）包装要适度。包装的轻型化、简单化、实用化会不同程度地减少作用于包装上的无效作业。

（4）缩短搬运的距离。选择最短路线完成这一活动，可避免超越这一最短路线的无效作业。

2. 提高装卸搬运货物的活性指数

活性是指对货物进行装卸作业的难易程度。货物所处的状态不同，其装卸搬运的难易程度也就不同，可将其分为不同的级别，即活性指数。活性指数越大，越易于装卸搬运。例如，装于容器内或置于托盘中的物品较散放于地面的物品更易于装卸搬运。物品放置时要有利于下次装卸；在装货物时要考虑便于卸下；在入库时，货物的存放状态要考虑便于出库，要创造易于装卸的环境和易于装卸的包装，提高装卸搬运的活性指数。

3. 合理利用重力的作用

利用重力由高处向低处移动，有利于节约能源，例如，物品在倾斜的辊子输送机上利用重力的作用向下移动，这样能减少人的上下运动，避免反复从地面搬起货物，尤其能避免人力抬运或搬运笨重的物品，有利于创造良好的工作环境。

4. 采用标准化设备进行机械化作业

采用标准化设备进行机械化作业不仅能装卸搬运量大、人力难以操作的超重物品，而且可以提高生产率、安全性和作业的适应性，把作业人员从繁重的体力劳动中解放出来，提高劳动生产率。

5. 保持物流的均衡顺畅

装卸搬运设备的能力不能储存，物流量的波动大会使装卸搬运作业变得困难，但装卸搬运作业受运输等其他物流环节的制约，其节奏不能完全自主决定，因此必须综合各方面因素妥善安排，使物流量尽量均衡，避免出现忙闲不等的现象。

6. 集装单元化原则

将散放的物品或单件物品归整为统一规格的集装单元，可大大提高装卸搬运的效率，实现标准化作业，同时可降低物品破损，更好地保护被装卸搬运的物品。

7. 装卸搬运系统化

物流由运输、储存、包装、装卸搬运等活动组成，应把这些活动视为一个系统处理，使其合理化，并着眼于物流过程中的运输、储存、包装、装卸搬运各环节的改善，考虑整个活动的系统化，而不能仅从单方面考虑。

◇【知识链接】

新加坡托盘标准化运用

托盘标准化对于提高装卸搬运效率、实现其有效合理具有重要的意义。使用标准托盘是行业标准化重点工作之一，是提高行业供应链效率的重要方法。新加坡等发达国家和地区都有其标准的托盘，而中国托盘有多个不同规格。

GLS 是新加坡一家物流配送公司，负责为某连锁平价商场配送货物。GLS 希望通过建立良好的库存结构，理顺订单管理流程，增加商品的配送速度来提高公司的运作效率。

GLS 通过生产率提高的结果来说服更多的供应商采用标准托盘送货到 GLS，当所有的或大部分的供应商采用标准托盘时，GLS 可以提高内部的生产率和运作效率。

通过托盘标准化工作，GLS 不需要把产品重新堆放在标准的托盘上，因此，人力成本和时间可以节省下来。在项目实施一年后，GLS 节省了 20% 的人力成本。托盘数的减少（从 20800 个减少到 16240 个）直接带来了租赁成本的下降，租赁成本节省了 67540 美元。

标准化简化了流程，增加了生意机会、提高了效率。生产率的提高带来了更优质的消费者服务。标准化对整个物流行业很重要。

第六节 国际货物配送

国际货物配送就是在国际经济合理区域范围内，根据用户的要求，对国际物品进行拣选、加工、包装、分割、组配等作业，并在全球范围内按时送达指定地点的物流活动。分析研究跨国公司的国际货物全球配送体系具有重要的意义。

一、配送的定义

配送，从字面意思来理解有分配和送达的意思。各种文献中对这一定义的理解也不尽相同，有的强调送货，有的强调运送范围。而我国 GB/T 18354—2021《物流术语》对配送（Distribution）的定义是："根据客户要求，对物品进行分类、拣选、集货、包装、组配等作业，并按时送达指定地点的物流活动。"

◇【知识链接】

运输与配送的区别见表 4-4。

表 4-4　运输与配送的区别

内容	运输	配送
运输性质	干线运输	支线运输、区域内运输、末端运输
货物性质	少品种、大批量	多品种、小批量
运输工具	大型货车或火车、船舶	小型货车
管理重点	效率优先	服务优先
附属功能	装卸、捆包	装卸、保管、包装、分拣、流通加工、订单处理等

二、配送的性质

通过对配送定义的理解，可以看出配送具有以下性质：

（1）规模性。配送利用有效的分拣、配货、理货工作，使各种货物都达到一定的存量，从而使送货量到一定的规模，有利于整车运输，减少拆箱拼箱的次数。

（2）经济性。配送活动的目的就是通过整合和协调各种资源，利用规模优势取得较低的送货成本，从而促进物流资源的合理配置，降低物流成本，取得最大的经济效益。

（3）组织性。配送的实质是送货，是一种有确定组织、渠道，有一套装备，有一定的管理力量、技术力量，有一套制度的形式，是"配"和"送"有机结合的组织形式。

（4）时效性。从其定义可以看出，配送强调"按时送达"。只有根据客户的需求，把需要的货物按时送达地点，才能为客户的生产或销售活动提供支持。

（5）分销性。配送有着很好的分销功能，实现了从整点运输到散点运输的转换。配送将货物集中进行再分配，使各种资源都得到合理的利用。

三、配送的特点

基于配送不同于普通送货的特殊性，可以总结出配送的以下几个特点：

（1）配送是从物流据点到客户的一种送货形式。这正体现了配送和送货在概念上的区别：配送不是一般概念的送货，也不是生产企业推销产品时直接从事的销售性送货，而是从物流据点到客户的一种特殊送货形式。在配送中从事送货的是专职流通企业，而不是生产企业。配送是"中转"性送货。一般送货是生产什么送什么，配送则是需要什么送什么。所以说，配送是一项个性化的物流活动。

（2）配送不是单纯的运输或者输送，而是运输和其他活动共同构成的组合体。配送中所包含的那一部分运输活动在整个输送过程中是处于"二次输送""支线输送""末端输送”的位置。而对物品进行的拣选、加工、包装、分割、组配工作也是配送过程的重要组成部分。配送是物流的一个缩影，是小范围内物流活动的综合体现。所以说，配送具有综合性和复杂性。

（3）配送不是广义上的组织物资订货、签约及对物资处理分配的供货，而是供货者送货到客户的服务性供应。从配送的定义可以看出，配送强调“根据客户要求”，这就说明配送是从客户的利益出发、按客户要求进行的一种活动。因此，在观念上必须明确“用户第一”“质量第一”，力求提高客户的满意度。

（4）配送是一种强调准确的物流活动。按照客户需求，准时准确地将货物送达是配送的要求。这就需要有一个完整的物流信息系统、现代化的技术设备和先进的管理理念，使配送活动可以为客户降低运作成本，在让客户满意的基础上使配送中心获利。

（5）配送的存在完善了供应链。供应链的上下游之间如果只是使用传统的运输模式，将产生很大的消耗和浪费。而配送所提供的点对点的精益运输，使得供应链更加精益化；在一个系统的规划下，节约了供应链中的资源消耗。可以说，在供应链的上下游之间若有完整的配送体系，将大大提高供应链的整体竞争力。

◇【企业链接】

华新商贸的物流配送与标准化建设

以商贸分销模式下的全供应链体系标准化建设项目为基础，以标准化托盘循环共用体系建设及开展为核心，与快速消费品厂商间开展全供应链体系标准化试点，全面推进从生产端到城市配送标准化末端车型的带板运输，实施供应链全过程的托盘一体化作业，大大降低运营成本和人力成本，即广州华新商贸有限公司的全供应链体系标准化建设项目的主要内容。

广州华新商贸有限公司（以下简称华新商贸）始建于1990年，注册资金为6666万元人民币，经过近30年的不懈努力，华新商贸现已发展成为一家多元化的供应链管理、物流配送企业。目前华新商贸与300家国内外知名品牌长期合作，商品SKU（最小存货单位）数量超过35000个，服务客户超过20万家，服务网络覆盖珠三角地区营业面积50m^2以上的各类零售网点，其中自有城市配送车辆1162台，仓储面积超过96万m^2，同时为众多社会分销企业提供公共仓储及第三方物流配送服务，目前在全广东省建设有51个交通便利、布局合理的区域物流基地。

近年来，广州华新商贸有限公司在物流分销行业丰富的行业经验、雄厚的发展实力、创新的发展模式使其在业内斩获多项殊荣，连续被授予国家级物流标准化试点企业，2014—2015年被商务部列为首批物流标准化试点企业，被国家发展和改革委员会授予共同配送试点企业，被国家交通部列入城市配送试点企业，被商务部评为第一批重点推进企业等。

华新商贸分销配送渠道包括现代渠道（如广百、友谊、新大新等）、大型超市（如国美电器、苏宁电器、沃尔玛、家乐福、百佳等）、餐饮客户、电商渠道、批发流通商户等，代理包括饮料、食品、日用品、酒类等全系列快速消费品，主要服务于珠江三角洲地区知名的制造业企业，如珠江啤酒、百事可乐、怡宝、红牛、娃哈哈、联合利华、冰泉、箭牌、格力高、汉高、强生等，同时也为超过30000家的餐饮企业服务。在服务过程中，华新商贸通过成功开发物流信息系统，不断优化物流供应链管理流程，持续深化与制造业企业的联动合作，为需求方提供了及时、准确、高效的物流配送全程信息化管理服务。2015年，其货运总量突破 760 万 t，华南地区订单实现 24 小时 100%的妥投率。

四、配送的几种模式

按配送组织者、配送商品种类及数量、配送时间及数量的不同分类，配送有多种模式。

1. 按配送组织者的不同分类

（1）配送中心配送。配送中心是从事配送业务的物流场所或组织。它主要为特定的客户服务，其规模较大，配送功能健全，储存量也较大。配送中心专业性强，有自己完善的信息网络，但其辐射范围受限于它的经济合理区域。配送中心的配送能力大，配送距离远、品种多、数量大。配送中心配送是配送的重要形式。

（2）商店配送。这种配送的组织者是商业或物资的门市网点。在日常零售业务之外，商店可以根据客户的需求将经营的商品和代客户订购的一部分平时不经营的商品一起配齐送给客户。商店网点数量较多，配送半径较短，因此更为灵活机动。它们对配送系统的完善起着较重要的作用。这种配送模式是配送中心配送的辅助及补充。

2. 按配送商品种类及数量的不同分类

（1）少品种大批量配送。少品种大批量配送是指一个或少数品种就可达到较大输送量，可实行整车运输，也可由专业性很强的配送中心实行这种配送。由于配送量大，可使车辆满载并使用大吨位车辆，组织、计划等工作也较简单，因而配送成本较低。

（2）多品种少批量配送。多品种少批量配送是指按用户要求，将所需的各种物品配备齐全，凑整装车后由配送据点送达用户。这种配送对配货作业的水平要求较高，配送中心设备较复杂，配送计划执行较困难，要有高水平的组织工作保证和配合。配送的综合性成效在多品种少批量的配送模式中特别能体现，这种方式也符合现代“消费多样化”“需求多样化”的新观念，所以是许多国家特别推崇的方式。

3. 按配送时间及数量的不同分类

（1）定时配送（准时配送）。这种配送是指按规定的时间间隔进行配送，如几天一次、几小时一次等。对于每次配送的品种及数量可以事前拟订长期计划。

（2）定量配送。这种配送是指按规定的批量进行配送，但不严格确定时间，只是规定在一个指定的时间范围内配送。这种模式的配送效率较高且可以较好地利用运力。

（3）定时定量配送。这种配送是指按规定的准确配送时间和固定配送数量进行配送。在客户较为固定且有长期稳定的计划时，采用这种模式有较大优势。

（4）定时、定路线配送。这种配送是指在确定的运行路线上按时间表进行配送。客户可在规定路线站点及规定时间接货，也可按规定路线及时间表提出配送要求，进行合理选择。但这种模式应用领域有限，不是一种可普遍采用的模式。

（5）即时配送。这种配送是完全按客户要求的时间、数量进行配送的模式。它以完成某天的任务为目标，在充分掌握了这一天的需要地、需要量及种类的前提下，即时安排最优的配送路线和相应的配送车辆，实施配送。

4. 其他配送模式

（1）共同配送。它是指几个配送中心联合起来，共同制订计划，共同对某地区的客户进行配送，具体执行时共同使用配送车辆的配送。

（2）加工配送。它是指在配送中心进行必要的加工，这种加工就可使配送工作更主动、更完善。加工配送将流通加工与配送一体化，使加工更有针对性，配送服务更趋完善。

本章小结

1. 国际采购的主要运作模式主要有三种：以生产者驱动的全球采购活动及其策略，以购买者驱动的跨国采购活动或全球采购活动，专业化的国际采购组织和国际经纪人所从事的全球采购和跨国采购。

2. 随着信息技术的发展和物流理念的不断深入，新的采购模式不断出现。在线采购、JIT 采购、协同采购等都是目前主要的采购模式。

3. 在国际货物买卖中，包装是说明货物的重要组成部分，包装条件是买卖合同中的一项主要条件。按照某些国家的法律规定，如卖方交付的货物未按约定的条件包装，或货物的包装与行业习惯不符，买方有权拒收货物。可见，包装在国际物流中有着重要意义。

4. 在国际物流中，由于各国的国情不同，以及文化差异的存在，对商品的包装材料、结构、图案及文字标识等要求也不同。

5. 保税仓库是保税制度中应用最广泛的一种形式，是经海关批准设立的专门存放保税货物及其他未办结海关手续货物的仓库。

6. 国际货物理货是指船方或货主根据运输合同在国际货物的装运港和卸货港收受和交付货物时，委托港口的理货机构代理完成的在港口对货物进行计数、检查货物残损、指导装舱积载、制作有关单证等工作。

7. 装卸搬运作业复杂，花费的时间长，其费用在物流成本中所占比例较高。同时，装卸搬运过程极易造成货物破损、损耗、混合等，对货物影响较大。因此，装卸搬运活动是影响物流效率、物流成本和物流质量的重要因素，在物流中有着重要作用。

8. 国际货物配送就是在国际经济合理区域范围内，根据用户要求，对国际物品进行拣选、加工、包装、分割、组配等作业，并在全球范围内按时送达指定地点的物流活动。

案例讨论

【案例讨论 1】

广州华新商贸物流组织业务与物流标准化

一、项目介绍

广州华新商贸有限公司（以下简称华新商贸）全供应链体系标准化建设项目从 2014 年 6 月开展以来，以 1200mm×1000mm 的标准化托盘循环共用体系建设及开展为核心，全面推进从生产到销售终端的全供应链体系标准化建设。该项目体现了以下几个特点：

（1）以单元化托盘作业为手段，以机械化物流装备为支撑，实施物流设施设备标准化。从生产环节的包装（如瓶形设计、生产线调整、自动立体库堆码、机械手自动堆码、参数设定），到标准化仓库以及货架的仓储改造，再到城市配送标准化车型带板运输到销售渠道终端，实施供应链全过程的托盘一体化作业。

（2）联动上下游企业开展供应链体系标准化试点。与华润怡宝（自建）、珠江啤酒（合作）、红牛饮料、娃哈哈系列等快速消费品厂商展开供应链体系标准化试点。

（3）建设托盘循环共用信息系统平台。华新商贸托盘循环共用系统以旗下 51 个物流基地为依托，基于射频识别、二维码、物联网等技术，满足华新商贸的上下游关联企业，并面向珠三角及华南地区，向社会快速消费品流通企业推广标准化托盘的循环共用。

二、项目推进情况

该项目自2014年7月开展以来，实现了以下几个方面的目标。

（1）完成标准托盘的采购，并将所有标准化托盘进行编码，并植入射频识别无源标签。

（2）推进标准化托盘与仓库、叉车、配送车辆、货架等物流设备设施的衔接与匹配，并推进物流设备设施的标准化投资与改造。

（3）搭建华新商贸托盘共用系统信息平台，在上下游合作企业中宣传推广托盘的标准化应用。

1）以华新商贸旗下45家分公司、51个物流基地、1个中心仓为基础服务网点，为华新商贸的上下游联动企业提供资源共享，实现托盘流转服务智能化操作。

2）在华润怡宝、珠江啤酒等标准化托盘应用业务较稳定的企业内部专门设立网点，方便托盘资源共享。

3）在广州市主要港口、码头、机场、公铁路货运站、大型的零售批发中心设置网点，方便客户共用托盘和退还托盘。

三、项目成效

通过物流标准化的推行，在企业原有运营规模的基础上，运营能力预计提高10%左右，上下游供应链带板运输联动效应逐步凸显，进而实现公司营业额持续增长。

通过与怡宝、珠啤、红牛等快消品生产厂家开展全方位合作，从生产到城市配送再到销售渠道终端标准化、单元化运输，初步实现供应链全过程的托盘一体化作业。同时结合华新商贸托盘共用系统信息平台，逐步实现托盘循环共用的可视化智能化管理。

（1）提升物流作业效率。该项目实施后，华新商贸带板运输量大幅提高至60%以上，标准托盘使用量超过10万个，装卸效率提升35%，周转效率提升25%，极大提高了运营效率。

（2）降低运营成本。

1）周转费用减少。从生产环节的包装到仓储、配送、装卸等整个供应链流程实施标准化之后，每万吨货物的运输周转费用减少近万元，按华新商贸年货物吞吐量600万t测算，每年可节约成本600万元。

以“华润怡宝项目”（自建）为例。从生产环节的包装及瓶形改进、自动堆码机械手技术参数调整，到干线运输的标准化单元运输，再到分销环节仓储设备改造以适应1.2m×1m的标准化托盘堆码，再到城市配送专用车型的试制以加快“最后一公里”的作业效率，整个项目推进两年后，效果良好，作业效率提升50%以上，运营成本下降超过20%。

2）人力成本下降。实施标准化之后，华新商贸可以减少人工装卸车、人工堆码等一线搬运人员50%以上，可每年节省人力成本超过120万元。

以“珠江啤酒项目”（合作）为例，从2014年开始，珠江啤酒和华新商贸展开物流标准作业试点，从生产到厂区自动立体库自动堆码，再到干线运输的到仓运输，目前已实现标准化带板运输全方位覆盖。整个项目经测算，作业效率提升50%以上，运营成本下降超过32%，一线搬运人员减少超过50%。在珠三角地区多年来“用工荒”的困境下，华新商贸摸索出了一条“从生产到餐桌”的全产业链标准化物流标准和模式，较好地改善了物流企业运营成本居高不下的不良局面，提高了良好的经济效益和社会效益。

四、经验做法

（1）通过机械化自动化物流设施设备的更新，对物流园区进行升级改造，构建布局合理、运营高效的智慧物流园区。按市场需求科学规划、有序建设的原则，加快智慧物流园区的规划建设，通过信息平台的更新建设，实现数据监控和物流流程监控，形成园区内部各个功能区之间的互联互通，实现园区智能化、可视化、透明化、数据化管理；同时，积极引进业内先进的物流设施设备，加快机械化自动化物流装备的投入应用，提高园区物流服务整体水平。通过信息化手段，统一园区内部管理和对外合作，建设服务于园区内外的电子商务平台和信息管理系统，实现公共管理和服务智能化。

（2）以信息技术为核心，建立智能化仓储系统、智慧化物流配送系统。一方面，加强人员、货源、车源和物流服务信息的有效匹配，优化配送路线，利用大数据技术采集路况信息，建立交通状况模型，与智能交通系统对接，依据实时路况动态调整配送路线，实现自动调配；运用北斗等导航定位技术，实时记录配送车辆位置及状态信息，利用云计算技术，做好供应商、配送车辆、门店、用户等各环节的精准对接；加强流程控制，运用信息技术，加强对物流配送车辆、人员、环境及安全、温控等要素的实时监控和反馈。

另一方面，支持通过物流信息服务平台，集聚整合物流供需资源，为用户提供采购、交易、运作、跟踪、管理和结算等全流程服务，加强平台间互联互通，实现联网调度，线下线上同步整合。通过物流信息服务平台，对物流业务分布热点、货源结构、流向分布以及车源结构等大数据进行挖掘分析，为客户提供个性化服务，提升用户管理、运作、决策和竞争能力，提高与物流业发展配套的金融、法律、咨询等服务的信息化水平。通过物流信息服务平台，提高企业的及时响应能力，促进精益生产和服务，推动与上下游企业信息互通、联动发展，带动产业链上下游协同联动。

（3）提高物流配送标准化、单元化水平。加快推广物流信息技术、编码、安全、管理和服务等方面标准的应用，推动物流信息化标准体系建设，深入开展物流标准化专项行动，支持行业协会、高等院校、科研机构参与物流信息标准的制定和宣贯工作。同时，以物流标准化为支撑，不断探索供应链物流标准化的运营模式，一方面进一步深入参与物流标准化试点，协助政府部门推广试点成效；另一方面加快华新商贸物流节点的标准化改造建设步伐，加快与上下游企业的互联互通，与上下游企业联动，推进全供应链物流标准化建设，真正实现物流配送的“智慧化”。

五、创新特色

（1）智能分销与智慧物流协同发展。智能分销系统与智慧物流系统一体化发展是突破物流、信息流的瓶颈，以及推动分销物流业实现由劳动密集型、资源密集型向技术密集型、资本密集型转变的必由之路。华新商贸积极引领行业发展趋势，开展“电商物流配送服务标准体系”建设，以智能分销与智慧物流为核心，以物流标准化建设为支撑，通过信息平台引导、带动企业发展，并实现分销、物流信息的协调发展，并注重设施设备智能化，包括货物自动分拣系统，无线射频识别设备、城市配送监管调度系统，能用条码扫描PDA（掌上电脑），GPS位置跟踪设备和通信设备，实行配送车辆的专业化、统一化管理，实时记录配送车辆位置及状态信息，对运输车辆进行科学排序、合理调度使用，减少空载率，降低物流成本，实现物流配送的“智慧化”。

（2）物流“智慧化”与物流“标准化”一体化推进。配送只是物流的一个环节，是整个物流可视化的最末端，要实现智慧物流配送，必须使整个物流环节都实现‘智慧化’，作为国家物流标准化试点企业，广州华新商贸有限公司率先在行业内实行智慧物流标准化，以物流标准化为支撑，以智能仓储系统和智慧化物流配送信息平台为核心，对仓储中心、分拣中心、配送中心等各物流服务环节固化成标准，使仓储、物流设施设备、跨境物流、园区管理方面也都实现了“智慧化”，通过智能化管理理念与智能化服务体系的创新，为客户提供更加智能化、专业化、多元化的运作。

问题：

1. 广州华新商贸有限公司的物流标准化项目建设有什么经验，你有什么启发？
2. 你认为我国如何从根本上解决物流标准化的难题？其发展趋势如何？

【案例讨论 2】

美国著名品牌耐克（Nike）运动鞋企业物流案例

1972 年，耐克公司（以下简称耐克）正式成立，其前身是由菲尔·奈特以及比尔·鲍尔曼投资的蓝带体育公司。1978 年，耐克国际公司正式成立，耐克鞋开始进入加拿大、澳大利亚、欧洲和南美等海外市场。耐克公司将全球市场划分为两大块六大区域，第一块是发达地区市场，即北美市场、西欧市场和日本市场；第二块则是新兴市场，包括大中国区、东欧与中欧市场、其他新兴市场。1980 年，耐克进入中国，在北京设立了第一个耐克生产联络代表处。之后，耐克秉承“Local for Local”（在哪里，为哪里）的观念，不仅将先进技术引入中国，而且全心致力于本地人才、生产技术、销售观念的培养，即“取之本地，用之本地”。1996 年，耐克正式在中国成立了全资子公司——耐克（苏州）体育用品有限公司，总部设于上海，并在北京、广州设立分公司。耐克以其著名品牌显示了其强大的生命力，在中国取得了飞速发展。2009—2010 财年前三个季度，耐克大中国区实现营业收入 12.77 亿美元。

耐克的迅速发展与它完备的物流系统和组织是分不开的。截至 2008 年，耐克在全球有七家物流中心，最大的两个物流中心分别位于欧洲比利时的拉克达尔和美国孟菲斯的北岭。其他则位于美国孟菲斯谢尔比、美国加利福尼亚州、加拿大斯卡伯勒市、日本富里市和韩国仁川市。2009 年，耐克全球第八家物流中心落户中国长三角地区，投资近 7 亿元。2009 年 2 月 17 日，一个世界级的物流旗舰——耐克中国物流中心（NCLC）在江苏扬帆起航，落户江苏太仓，当日举行了物流中心奠基仪式。这个项目也进一步证明了耐克长期坚定地致力于中国发展的决心。耐克公司称，这座先进的物流中心将萃取耐克全球物流经验的精华，为遍布中国的数千家零售店提供更快速的物流服务。据悉，该物流中心投资超过 9900 万美元，总面积达 12 万 m^2，是耐克在亚洲最大的物流中心。

该物流中心初期工程将分拣配送鞋类、服装和装备产品。考虑到耐克在中国业务的进一步发展，物流中心的设计还预留了扩展空间，以应对耐克在中国业务的进一步发展，包括子品牌产品的可能进驻。作为耐克在亚洲最大的物流中心，耐克中国物流中心既是全球最新、最先进的环保型物流中心之一（耐克中国物流中心计划通过多项举措取得美国绿色建筑协会的 LEED 银级认证），也是中国最大、自动化程度最高的物流中心之一。

巨大的投资源于该中心的高标准和庞大工程。该物流中心总面积达 12 万 m^2，是中国最大的物流中心之一，同时也是耐克在亚洲最大的物流中心。在这个中心里，通过高科技分拣机和传动带传送，实现对每箱货品的追踪。曾任耐克全球供应链副总裁的 Nick Athanasakos

表示，无线射频（RF）技术、仓库管理系统（WMS）、绿色通道、高反射屋顶和现场废弃物处理设施等多项技术在该中心都将得到充分应用。这些技术在行业内都是绝对领先的。

中国市场向好。相关资料显示，目前中国有144家合同工厂为耐克代工，耐克全球185个重点工厂中有57个设在中国。这家全球最大的运动鞋和服饰制造商，正在内部进行旨在更快速将产品投放市场同时削减支出的评审。耐克公司的海外市场，尤其亚太区市场是其业绩拉动的重要增长点，加快进入中国市场是其战略延伸的方向之一。

耐克中国物流中心的建立标志着耐克供应链管理的进一步升级，更体现了耐克业务在中国的迅速发展。在这个物流中心的设计和建设中，把全球最先进的物流管理经验带入中国，通过遍布全国的数千家零售店向消费者提供更快捷的服务。曾任耐克全球副总裁兼中国总经理魏翰霆透露，在耐克，产品开发以创新为衡量标准。在供应链管理方面，耐克也秉持相同的精神引领行业实践。全自动化的耐克中国物流中心将应用最尖端的高科技设备，进出仓总量高达24000万件次，缩短交货时间最高可达15%。这不仅能让产品更迅速地到达消费者手中，同时也帮助耐克更有效地支持零售商伙伴的业务发展。

问题：

1. 分析耐克公司物流系统与组织的特点。
2. 你认为中国市场的耐克供应链物流系统是否有进一步改善的空间？

【案例讨论3】

阿迪达斯的外包物流案例

阿迪达斯的物流运作与耐克的物流运作模式有很大的不同，它采取的是以外包物流保障物流系统运转的物流战略。

阿迪达斯于1980年开始关注中国体育用品市场，在数十年的市场推进中，其市场占有率始终不尽如人意。作为与耐克在同一时期进入中国市场的体育用品品牌，不仅市场占有率远远不如耐克，而且其过于沉稳与冷静的“贵族”风格，更让消费者感觉“高高在上”“可望而不可即”，缺少一种必要的消费亲和力。阿迪达斯品牌在全球市场定位于高端市场，其每双运动鞋一般定价均在近千元甚至千元以上，对于中国普通消费者而言太昂贵。品牌策略的不成功，成为阿迪达斯体育用品失去中国市场的主要因素。

回顾阿迪达斯的发展历程，以下是阿迪达斯历史上最惨痛的一幕。从1988年到1992年，阿迪达斯的年销售额从20亿美元降到17亿美元，同期耐克的年销售额从17亿美元增长至34亿美元。20世纪70年代，阿迪达斯还是美国市场的“领袖”，而1992年，其市场占有率只有3%。从1991到1992年，在德国（阿迪达斯最主要的欧洲市场），其市场份额从40%降到34%，而耐克从14%增长至18%。同时，耐克在欧洲的销量上升了38%，阿迪达斯则下降了约20%。耐克开始成为行业的主导者，市场占有率从33%上升至50%。与耐克相反，阿迪达斯的市场占有率急速下降。

随着新标识的推出以及公司在巴黎、法兰克福的上市，阿迪达斯基本确立了运动商品的王国雏形。阿迪达斯的产品众多，最主要的一项是足球鞋，每年生产500多个品种28万余双鞋，在150多个国家的体育用品销售中占据首位。

1998年，在ADIDAS-SALOMON集团范围内对物流运作进行了全面重组。1998年，阿迪达斯的战略重点首先是完成与SALOMON的合并。在集团重组中，阿迪达斯美国高尔夫球公司与TaylorMaDe的高尔夫球机构合并，并迁到TaylorMaDe的所在地——加利福尼亚州的

Carlsbad。在英国成立了专门进行高尔夫球产品销售和配送的机构，以建立一个基地，更好地为该地区的销售渠道服务。

在战略重点中，居于其次的就是在日本建立一个全资子公司来接管该地区服装和鞋类产品的配送业务。阿迪达斯原来委托DESCENTE公司承担日本市场服装和鞋类产品的销售及配送，由于与该公司的委托协议于1998年年底到期，阿迪达斯于是大力兴建其配送子公司，以保护日本这一亚洲重要市场。1998年4月19日，配送子公司正式成立，阿迪达斯力图使该公司成为其渗透亚洲市场的基地。该公司在1999年第一季度接管DESCENTE公司原来为阿迪达斯承担的销售及配送业务。

为了保障其战略的有效实施，阿迪达斯公司对原有的仓库进行改造，在德国建立了一个现代化的大型配送中心，为企业在全欧洲和中东的销售提供配送服务，提高物流配送的效率。1999年还通过加大对IT技术的投入，以节省物流费用。

1999年，阿迪达斯在欧洲的销售额增长了13%，主要是得益于TaylorMaDe把其销售方式从通过独立的分销商销售，转变成由TaylorMaDe完全控制的机构来进行。总体来看，阿迪达斯在1999年调整了市场战略后，全球收入有大幅度增长。

1996年，阿迪达斯持有位于美国密歇根州首府兰辛的美国阿迪达斯配送中心有限公司43%的股份。1997年，股份持有比例为46%，1998年则上升至63%，1999年为61%。

2000年，阿迪达斯公司为迎接并适应因特网时代，在电子交易方面实施新的战略。为了保障这一战略的有效实施，阿迪达斯公司对原有的仓库进行改造，在德国建立一个现代化的大型配送中心，为在全欧洲和中东的销售提供配送服务，提高物流配送的效率。

2003年，阿迪达斯在原有市场的基础上，正式成立新公司来统一管理整个华语地区市场工作。当时，阿迪达斯成立了大中华区推广机构，并将其看成阿迪达斯全球发展的战略方式之一，也是阿迪达斯开始实现强攻战略的重要信号。

阿迪达斯的总体思路是：充分利用亚太地区的发展机遇，促进华语地区市场的优势互补，加速这一全球性品牌在亚太地区的发展。将中国区纳入全球战略的重要核心，改变以往过于保守的做法，从战略防守转向战略主动，且在北京2008年奥运会所带来的体育产业经济环境中，提高市场占有率及品牌渗透率，彻底改变上线品牌耐克的正面攻击及下线品牌的侧面影响，从而以华语地区为未来发展核心区域带动亚太地区甚至全球发展。

2005年8月3日，一条新闻震惊了运动商品行业：欧洲最大的运动品制造商——德国阿迪达斯·所罗门公司宣布，它计划斥资31亿欧元收购美国锐步公司，旨在进一步挑战世界运动品制造业霸主美国耐克公司。锐步是仅次于耐克的美国第二大运动品制造商，全球排名第三。按照协议，锐步将继续保留自己的品牌，总部仍在美国马萨诸塞州的坎顿。收购锐步后，阿迪达斯增强了自己与耐克争夺至关重要的美国市场的实力。早前，阿迪达斯击败李宁成为2008年北京奥运会唯一的运动商品类合作伙伴，一个与耐克规模相当的新“运动商品王国”浮出水面。

如果说耐克的成功是品牌、营销、物流结合的体现，那么阿迪达斯在品牌策略并不十分出色的情况下赢得成功则是由于对成本的节约，这一点在其供应链物流方面体现得淋漓尽致。阿迪达斯的物流战略与耐克不太一样。耐克经过长期发展，建立了良好的物流基础设施，耐克使用自己的物流系统。而阿迪达斯经过成本核算，选择把物流作业外包，这对其尚不完善的物流系统而言，无疑减少了运作成本。

“外包”曾被《哈佛商业评论》认为是过去近一个世纪里最为重要的管理学概念之一。业务外包是指将企业内部无法胜任的或非优势的业务包给专业的、高效的企业，即如果企业供应链上的某个环节不是世界上最好的，而且又不能为企业带来竞争优势，那么就应将其外包给该行业最好的专业公司去做，从而为自己集中于本公司的核心业务释放资源、分散风险，同时也让供应链上的其他企业取得赢利空间。业务外包已被企业界公认为有助于提升企业供应链中非核心业务的竞争力。

早在1996年，阿迪达斯便决定将其服装在美国的配送业务外包给UPS全球物流公司承担。一年后，又与Caliber物流公司合作，将其在美国Spartanburg工厂生产的运动鞋配送外包。阿迪达斯始终坚持与国际物流公司合作，既大大节省了成本，又提高了物流服务质量，使其产品能迅速送达顾客。

尽管配送环节外包给了物流公司，但生产环节上的物流管理同样不可忽视。进入21世纪后，运动商品企业对成本的敏感性越来越高。由于供货量非常大，单位成本微小的变动都会引起总成本极大的变化。尤其随着运动品牌市场竞争的加激，款式更新换代很快，运动服装和鞋的销售生命周期已经缩短到3个月左右。面对这一局势，生产供应链就显得尤为重要。阿迪达斯又与代工企业保持了研发互动，使代工企业直接了解到研发进程，节约了研发和生产之间的时间距离。在物流外包和代工研发互动的基础上，阿迪达斯坚持其制胜的供应链战略。

外包物流对于拓展市场而言，尤其对于一个市场覆盖率需求很大的行业来说非常重要。在全球运动品牌迅猛发展的近20年里，阿迪达斯也加快了其供应链外包物流的资源整合步伐。在收购美国锐步公司后，这种基于全球供应链的外包物流成为阿迪达斯整合全球市场的利器。人们可以看到，阿迪达斯物流外包策略对其市场拓展起到了关键作用。

问题：

1. 这个案例告诉你什么？你对阿迪达斯的外包物流是怎么认识的，它给你什么启示？你对国际物流外包服务的发展方向是怎么看的？

2. 试对阿迪达斯的物流运作与耐克的物流运作进行比较分析，研究它们存在的问题及其可能的发展空间，回答他们的物流运作模式的不同。

课后思考与练习

思考题

1. 全球采购与国内采购有何不同？
2. 我国企业如何融入国际采购的大环境？
3. 在物流作业的装卸过程中应该注意什么问题？
4. 对于国际货物的包装应注意哪些环节？
5. 在国际物流货物的理货环节应该做好哪些工作？

练习题

一、单项选择题

1. 下列不属于储运指示标记的是（　　）。

A. 请勿斜放　　B. 勿近锅炉　　C. 请勿倒置　　D. 易燃易爆

2. 下列不属于危险标记的是（　　）。

A. 有毒标记　　B. 自然物品标记　　C. 重心点标记　　D. 氧化剂标记

3. 下列不属于识别标记的是（　　）。

A. 批件与件数号码标记　　B. 体积标记

C. 附加标记　　D. 小心轻放标记

4. 联合国欧洲经济委员会简化国际贸易程序工作组制定的标准运输标志不包括（　　）。

A. 目的地　　B. 发票号　　C. 许可证号　　D. 运单号

5. 唛头是运输标志中的（　　）。

A. 主要标志　　B. 目的地标志　　C. 原产地包装　　D. 件号包装

6. 配送按组织者进行分类，可分为（　　）。

A. 配送中心配送和商店配送　　B. 定时配送和准时制物流配送

C. 定量配送和定路线配送　　D. 共同配送和加工配送

7. 以下选项中，（　　）不是运输包装的同义词。

A. 大包装　　B. 集合包装　　C. 外包装　　D. 工业包装

8. 长期仓储时，自有仓储的成本（　　）公共仓储的成本。

A. 高于　　B. 低于　　C. 差不多等于　　D. 以上都不对

二、多项选择题

1. 传统标记与识别标准化是将包装标记分为几类，下列属于其分类范围的有（　　）。

A. 识别标记　　B. 储运指示标记

C. 危险货物标记　　D. 放射性物品标记

2. 下列属于自有仓库的优点的有（　　）。

A. 可以更大程度地控制仓储

B. 自有仓储的管理更具灵活性

C. 长期仓储时，自有仓储的成本低于公共仓储

D. 可以为企业树立良好形象

3. 包装合理化的要点有（　　）。

A. 防止包装不足　　B. 吸引顾客的装潢设计

C. 防止包装过剩　　D. 确定最优包装

4. 国际理货业务的内容和种类包括（　　）。

A. 国际理货公司为客户提供的出单服务

B. 理货公司代表船方办理的理货业务

C. 收发货人委托理货公司办理的理货业务

D. 集装箱装拆箱理货业务

5. 在一般情况下，对仓储货物的盘点方法主要有（　　）。

A. 定期盘点　　B. 临时盘点　　C. 动态盘点　　D. 循环盘点

E. 重点盘点

6. 在配货中一般要执行（　　）的发货原则。

A. 先进先出　　B. 易坏先出　　C. 不利保管先出　　D. 后进先出

E. 容易先出

三、判断题

1. 进出口商品的装卸搬运作业实现的是物流的空间效益。（　　）

2. 仓储还具有调节商品价格的作用。（　　）

3. 包装费用一般包括在货价之中，不单独计收。（　　）

4. 自有仓库的建设投资低。（　　）

四、问答题

1. 在国际物流中，应如何做好各作业环节之间的协调?

2. 包装标志的分类有哪些?运输标志和储运指示标志的区别在哪里?

3. 在前期实际调研的基础上，尝试就某跨国公司的国际货物全球配送体系进行分析。

第五章

国际物流报检报关

学习目标

了解国际物流报检报关的基本概念及范围，了解我国报检报关所依据的《中华人民共和国进出口商品检验法》和《中华人民共和国海关法》，了解我国商检机构依法检验的范围和海关对进出口货物监管的范围，掌握国际货物报检的业务基本程序，掌握国际货物报关的业务基本程序。

学习要点

商检　报检　报验　抽样　查验　商检证书　商检机构　报关　口岸查验　海关申报　完税价格　关税申报　海关查验　出口退税　海关监管货物　应纳关税

场景导入

2019 年 5 月，广州某果蔬公司是一家从事保鲜果蔬生产加工的出口企业，其委托报关行以一般贸易的方式出口一批保鲜包菜、保鲜西兰花。报关单项下第 01 项商品“保鲜包菜”申报重量 13660kg，第 02 项商品“保鲜西兰花”申报重量 3000kg。公司业务员张明明经称重确认重量一致，并清点箱数确定总箱数一致，就将货物送去了南沙港口海关监管区，并提交了报关报检申请。结果业务员李晓随同海关人员在现场开箱查验时发现，这批货物实际为“保鲜包菜”5160kg、“保鲜西兰花”3000kg，还有未申报的“白萝卜”8500kg。

问：

假设你是业务员李晓你会怎么办？从这个案例中得到的教训是什么？

第一节　国际物流报检报关概述

国际物流报检报关，不仅包括对进出口商品的报检报关，而且还包括对出入境物流运载工具和设备状况的报检报关。对进出口商品的报检报关，只是国际物流报检报关的重要组成部分，但并不是全部。国际物流报检报关，除进出口商品的报检报关外，还有对船舶、集装箱、托盘和包装材料、包装状况、配载等有关物流要素的报检报关。

一、国际物流检验

国际物流检验，通常也称进出口商品检验，但它不仅包括对进出口商品的检验，还包括对出入境商品物流运载工具和设备状况的检验。进出口商品检验（Import & Export Commodity Inspection），又简称商检，是由国家设置的检验管理机构，或由经政府注册批准的第三方民间公证鉴定机构，对进出口商品的品质、数量、重量、包装、安全、卫生、检疫以及装运条件等进行的检验、鉴定和管理工作。商检工作属于现代国际贸易的一个重要环节。所谓对装运条件的检验，就是指对出入境物流运载工具和设备状况的检验。

在国际物流中，对一个进出口单位来说，商品检验检疫最重要的是取得检验检疫机构出具的各种证书、证明。其主要作用具体表现如下：

（1）作为报关验放的有效证件。许多国家的政府为了维护本国的政治经济利益，对某些进出口商品的品质、数量、包装、卫生、安全、检疫制定了严格的法律法规，在有关货物进出口时，必须由当事人提交由检验检疫机构出具的符合规定的检验证书和有关证明手续，海关当局才准予进出口。

（2）买卖双方结算货款的依据。检验检疫机构出具的品质证书、重量或数量证书是买卖双方最终结算货款的重要依据，凭检验证书中确定的货物等级、规格、重量、数量计算货款，是买卖双方都接受的合理公正的结算方式。

（3）计算运输、仓储等费用的依据。检验中货载衡量工作所确定的货物重量或体积（尺码吨），是托运人和承运人之间计算运费的有效证件，也是港口仓储运输部门计算栈租、装卸、理货等费用的有效文件。

（4）办理索赔的依据。检验检疫机构在检验中发现货物品质不良，或数量、重量不符，违反合同有关规定，或者货物发生残损、海事等意外情况时，检验后签发的有关品质、数量、重量、残损的证书，是收货人向各有关责任人提出索赔的重要依据。

（5）计算关税的依据。检验检疫机构出具的重量、数量证书具有公正、准确的特点，是海关核查征收进出口货物关税时的重要依据之一。这反映了货物残损证书可以作为向海关申请退税的有效凭证。

（6）作为证明情况、明确责任的证件。检验检疫机构应申请人申请委托，经检验鉴定后出具的货物积载状况证明、监装证明、监卸证明、集装箱的验箱和拆箱证明，对船舱检验提供的验舱证明、封舱证明、舱口检视证明，对散装液体货物提供的冷藏箱或舱的冷藏温度证明、取样证明和封样证明等，都是为证明货物在装运和流通过程中的状态和某些环节而提供的，以便证明事实状态，明确有关方面的责任，它们也是船方和有关方面免责的证明文件。

（7）作为仲裁、诉讼举证的有效文件。在国际贸易中发生争议和纠纷，买卖双方或有关方面协商解决时，商检证书是有效的证明文件。当自行协商不能解决，而提交仲裁或进行司法诉讼时，商检证书是向仲裁庭或法院举证的有效文件。

二、国际物流报检

1. 报检的概念

报检是指申请人按照法律、法规或规章的规定向检验检疫机构报请检验检疫工作的手续，也称为报验。凡属检验检疫范围内的进出口商品，都必须报检。检验检疫机构接受申请人报验，是检验检疫工作的开始。

2. 出入境检验检疫的报检范围

出入境检验检疫的报检范围主要包括四个方面：出入境法定检验检疫；出入境鉴定业务；对外贸易合同规定检验检疫的货物；其他检验检疫业务。具体的检验内容包括：

（1）进出口商品检验。凡列入《出入境检验检疫机构实施检验检疫的进出境商品目录》的进出口商品和其他法律、法规规定须经检验的进出口商品，必须经过出入境检验检疫部门或其指定的检验检疫机构检验。进出口商品检验包括商品质量、数量和重量的检验。

（2）进口商品安全质量许可检验。国家对涉及安全、卫生和环保要求的重要进口商品实施进口商品安全质量许可制度并公布《实施安全质量许可制度的进口商品目录》。列入该目录的商品须获得海关总署的批准后，方能进入中国。

（3）出口商品质量许可检验。国家对重要出口商品实行质量许可制度。出入境检验检疫部门单独负责或会同有关主管部门共同负责发放出口商品质量许可证的工作，未获得质量许可证书的商品不准出口。

（4）包装检验。根据合同、标准和其他有关规定，对进出口商品的外包装和内包装及包装标志进行检验。对于进口商品，主要检验其外包装是否完好，包装材料、包装方式、衬垫物等是否符合合同规定的要求；对出口商品的包装检验，可分为危险货物包装检验和一般货物包装检验，除包装材料和包装方法必须符合合同、标准规定外，还应检验商品的内外包装是否牢固、完整、干燥、清洁，是否适于运输和符合商品质量、数量要求。

（5）出口商品装运技术检验。例如，船舱检验，以确认其对所装货物的适载性；集装箱鉴定，即对装运易腐烂变质食品的集装箱实施强制性检验，以保证出口食品的卫生质量；对其他进出口集装箱，凭对外贸易关系人的申请办理鉴定业务；积载鉴定，即对出口商品装载情况进行鉴定；监视装载，即对装运出口货物的船舱、集装箱进行检验，以确认其适货性，同时审核承运人的配载计划是否符合货运安全的需要，监督承运人按商品的装载技术要求进行装载，并出具监视装载证书。

（6）出入境动植物检疫。依照《中华人民共和国进出境动植物检疫法》，对进出境、过境的动植物、动植物产品和其他检疫物，装载动植物、动植物产品和其他检疫物的装载容器、包装物及来自动植物疫区的运输工具，依法实施检疫。

（7）出入境卫生检疫。依照《中华人民共和国国境卫生检疫法》，出入境的人员、交通工具、集装箱、运输设备、尸体、骸骨及可能传播检疫传染病的行李、货物、邮包等必须接受卫生检疫，经卫生检疫机关许可，方准入境或出境。

（8）进出口商品鉴定。进出口商品鉴定业务须凭申请办理，不属于强制性检验范围。检验机构根据对外贸易关系人的委托，办理进出口商品鉴定业务，签发各种鉴定证书，供申请单位作为办理商品交接、结算、计费、通关、索赔等的有效凭证。如进出口商品质量鉴定（品质、数量、重量等）、装运技术条件鉴定（船舱检验、监视装载、积载鉴定等）、集装箱鉴定（装箱鉴定、拆箱鉴定、承租鉴定、测温鉴定等）。

3. 出入境检验检疫机构

出入境检验检疫机构，是主管出入境卫生检疫、动植物检疫、商品检验、鉴定、认证和监督管理的行政执法机构。

除海关总署外，我国还有为进出口贸易提供检验服务的中介组织，如中国进出口商品检验总公司，该公司经国务院批准成立，是国家指定的实施进出口商品检验和鉴定业务的检验实体，它属于民间商品检验检疫机构，其在全国各省、市、自治区设有分支机构。

依规定或合同需要经检验检疫机构检验检疫的货物，必须经检验检疫机构依法施检并签发检验检疫证书，以供申请人办理交接、结算、处理争议、办理索赔等事项。

三、报关

1. 海关的概念

海关是国家设在进出境口岸的监督机关，在国家对外经济贸易活动和国际交往中，海关代表国家行使监督管理的权利。海关具有监督管理职能，保证国家进出口政策、法律、法令的有效实施，维护国家的权利。

中华人民共和国海关总署为国务院的直属机构，统一管理全国海关，负责拟定海关方针、政策、法令、规章。国家在对外开放口岸和海关监管业务集中的地点设立海关。海关的隶属关系，不受行政区划的限制，各地海关依法行使职权，只接受海关总署的领导，向海关总署负责；同时受所在省、市、自治区人民政府的监督和指导。

《中华人民共和国海关法》（以下简称《海关法》）是我国海关的基本法规，也是海关工作的基本准则。海关依照《海关法》维护我国国家主权和利益，促进对外经济贸易和科技文化的交流与发展。

海关依法对进出口货物进行监管的依据是：进出口货物的收、发货人（或其代理人）填写的进出口货物报关单以及经贸管理部门签发的进出口货物许可证，或有关主管部门的批准文件及正常的货物材料。

2. 海关监管货物的内容与范围

凡应受海关监管的进出境货物和物品，统称海关监管货物。

海关监管货物主要包括：进出口贸易货物；进口保税货物；寄售代销、展销、维修、租赁的进口货物；来料加工、来件装配、来样加工、补偿贸易和合作、合资经营进口的料件、设备及出口的产成品；过境货物、转运货物、通运货物；进出口展览品、礼品、样品、广告品和进口捐赠物资等。

海关监管货物的范围是：进口货物自进境起，到海关放行止；出口货物自向海关申报起，到出境止；加工装配、补偿贸易进口的料件、设备，生产的产成品，以及寄售代销、租赁、保税货物自进境起，到海关办妥核销手续止；过境货物、转运货物、通运货物自进境起，到出境止。

3. 报关的概念

报关是履行海关进出境手续的必要环节之一，是进出境运输工具的负责人、货物和物品的收发货人或其代理人，在通过海关监管口岸时，依法进行申报并办理有关手续的过程。国际贸易和国际交流、交易活动往往都是通过运输工具、货物、物品的出入境来实现的。我国《海关法》规定："进出境运输工具、货物、物品，必须通过设立海关的地点进境或出境。"因此，由设关地进出境并办理规定的海关手续是运输工具、货物、物品进出境的基本规则，也是进出境运输工具负责人、进出口货物收发人、进出境物品所有人应履行的一项基本义务。

4. 报关的范围

按照《海关法》的规定，所有进出境运输工具、货物、物品都需要办理报关手续。报关的具体范围如下：

（1）进出境运输工具。

（2）进出境货物。

（3）进出境物品。

第二节　国际货物报检业务

国际货物报检业务，必须严格遵循进出口货物报检的规定和业务程序。目前，我国进出口货物报检业务基本程序主要包括报检、抽样、检验和领取证书四个环节，如图 5-1 所示。

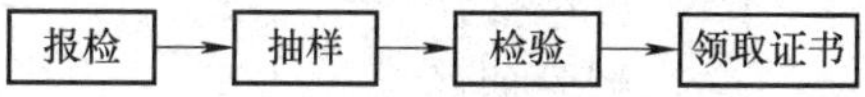

图 5-1　报检业务基本程序

一、报检

进出口报检是指对外贸易关系人向检验检疫机构申请检验。凡属检验检疫范围内的进出口商品，都必须报检。

1. 报检的时限和地点

根据国家出入境检验检疫的有关规定，各地出入境检验检疫机构的检务部门是受理报检、签证放行和计费工作的主管部门，统一管理出入境检验或申报、计费、签证、放行、证单、签证印章等工作。

出境货物最迟应于报关或装运前一周报检，对于个别检测周期较长的货物，应留有相应的实验室工作时间，对于报检 30 天仍未联系检验检疫事宜的，按自动撤销报检处理。

2. 报检的范围

（1）国家法律法规规定必须由检验检疫机构检验检疫的。

（2）输入国家或地区规定必须凭检验检疫机构出具的证书方准入境的。

（3）有关国际条约规定须经检验检疫的。

（4）申请签发普惠制原产地证或一般原产地证的。

（5）对外贸易关系人申请的鉴定业务和委托检验。

（6）对外贸易合同、信用证规定由检验检疫机构或官方机构出具证书的。

（7）未列入《出入境检验检疫机构实施检验检疫的进出境商品目录》的入境货物经收、用货单位验收发现质量不合格或残损、短缺，须国家检验检疫机构出证索赔的。

（8）涉及出入境检验检疫内容的司法和行政机关委托的鉴定业务。

（9）报检单位对国家检验检疫机构出具的检验检疫结果有异议的，可申请复验。

报检人在报检时应填写规定格式的报检单，加盖报检单位印章，提供与出入境检验检疫有关的单证资料，并按规定缴纳检验检疫费。

二、抽样

检验检疫机构接受报检后，须及时派人到存货堆存地点进行现场检验鉴定。其检验内容包括货物的数量、重量、包装、外观等项目。现场检验一般采取国际贸易中普遍使用的抽样法（个别特殊商品除外）。抽样时须按规定的抽样方法和一定的比例随机抽样，以便样品能代表整批商品的质量。

为了切实保证抽样工作的质量，同时便利对外贸易，工作人员必须针对不同商品的不同情况，灵活地采用不同的抽样方式。常用的抽样方式有：

（1）生产过程中抽样。

（2）包装前抽样。

（3）出厂、进仓时抽样。

（4）登轮抽样。

（5）甩包抽样。

（6）翻垛抽样。

（7）装货时抽样。

（8）开沟抽样。

（9）流动间隔抽样。

三、检验

根据我国相关法规的规定，内陆省份的出口商品需要由内陆省份商检机构进行检验，内陆省份商检机构检验合格后，签发出口商品检验换证凭单。在商品的装运条件确定后，外贸经营单位持内陆省份商检机构签发的出口商品检验换证凭单向口岸商检机构申请查验放行。

口岸查验是指对于经产地商检机构检验合格，在被运往口岸后待运出口并申请出口换证的商品，由口岸商检机构派人进行的查验工作。

口岸查验中发现有漏检项目或需要重新检验的，口岸商检机构要进行补验或按照标准的规定重新检验；口岸查验中发现货物包装有问题或不合格的，应及时通知有关单位加工整理，在货物经重新整理或换包装后，再进行查验；口岸查验中发现出口商品检验换证凭单有误的，应与发货地的检验机构联系更正。

根据我国《进出口商品免验办法》规定，凡列入《商检机构实施检验的进出口商品种类表》和其他法律、行政法规规定须经商检机构检验的进出口商品，经收货人、发货人（以下简称“申请人”）申请，国家商检部门审查批准，可以免予检验。具体来说，凡具备下列情况之一，申请人可以申请免验：

（1）在国际上获质量奖（未超过三年时间）的商品。

（2）经国家商检部门认可的国际有关组织实施质量认证，并经商检机构检验质量长期稳定的商品。

（3）连续三年出厂合格率及商检机构检验合格率达到100%，并且没有质量异议的出口商品。

（4）连续三年商检机构检验合格率及用户验收合格率达到100%，并且获得用户良好评价的出口商品。

（5）对于进出口一定数量限额内的非贸易性物品和对进出口展品、礼品及样品，申请人凭有关主管部门的批件、证明及有关材料，也可申请免验和办理放行手续。

那么，办理申请进出口商品免验、放行的基本程序如下：

（1）提出申请。凡要求免验且符合上述前四项条件的进出口商品，由申请人向国家商检部门提出书面申请。申请时，须提交下列材料：

1）申请书。

2）经填写的免验申请表（表式由国家商检部门提供）。

3）有关证件，包括获奖证书、认证证书、合格率证明、用户反映、生产工艺、内控质量标准、检测方法及对产品最终质量有影响的有关文件资料。

4）所在地及产地商检机构的初审意见（限免验的出口商品）。

（2）专家审查。国家商检部门受理申请后，组织专家审查组对申请免验的商品以及制造工厂的生产条件和有关资料进行审查，并对产品进行抽样测试。

（3）批准发证。专家审查组在审查及对产品检验的基础上，提出书面审查报告，经国家商检部门批准后，发给申请人免验证书，并予公布。

（4）办理放行。获准免验进出口商品的申请人，凭有效的免验证书、合同、信用证及该批产品的厂检合格单和原始检验记录等，到当地商检机构办理放行手续，并缴纳放行手续费。对需要出具商检证书的免检商品，商检机构可凭申请人的检验结果，核发商检证书。

对于进出口一定数量限额内的非贸易性物品（无偿援助物品；国际合作、对外交流和对外承包工程所需的自用物品；外交人员自用物品；主要以出境旅客为销售对象的免税店商品；进出口展品、礼品和样品），申请人可凭省、自治区、直辖市人民政府有关主管部门或者国务院有关主管部门的批件、证明及有关材料，直接向国家商检部门申请核发免验批件，并按上述规定到商检机构办理放行手续。其中，对于进出口展品、礼品和样品，可由当地商检机构凭申请人提供的有关证明批准免验，并办理放行手续。

四、领取证书

对于出口商品，经检验部门检验合格后，报检员可以领取出境货物通关单并凭其进行通关。如合同、信用证规定由检疫部门出证，或国外要求签发检验证书的，应根据规定签发所需证书。

对于进口商品，经商检机构检验后，凭签发的入境货物通关单进行通关。凡由收、用货单位自行验收的进口商品，如发现问题，应及时向检验检疫机构申请复验。如复验不合格，检验检疫机构即签发检验证书，以供对外索赔。

第三节　国际货物报关业务

国际货物的进出口报关必须严格按照国家海关监管部门的规定和业务程序进行。国际货物报关业务的基本程序是申报、海关查验、缴纳税费、提取或装运货物，如图 5-2 所示。

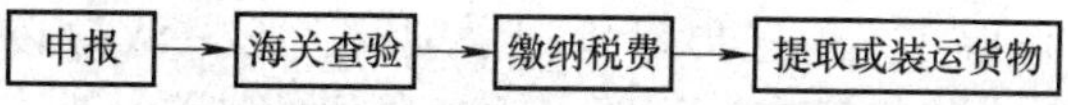

图 5-2　国际货物报关业务基本程序

一、申报

申报是指进口货物的收货人、出口货物的发货人或其代理人在进出口货物时，在海关规定的期限内，以书面或电子数据交换（EDI）的方式向海关报告其进出口货物的情况，并随附有关货运和商业单据，申请海关审查放行，并对所报告内容的真实准确性承担法律责任的行为，即通常所说的“报关”。申报是进出口货物通关的第一个环节，也是关键的环节。

根据《海关法》规定，进口货物的报关期限为自运输工具申报进境之日起 14 日内。进口货物的收货人或其代理人超过 14 日期限未向海关申报的，由海关征收滞报金。滞报金的日征收金额为进口货物到岸价格的 0.5‰。进口货物滞报金期限的算起日为运输工具申报进境之日起第 15 日。邮运的滞报金算起日为收件人接到邮局通知之日起第 15 日；转关运输滞报金算起日有两个：一是运输工具申报进境之日起第 15 日，二是货物运抵指运地之日起第 15 日。两个条件只要满足一个即征收滞报金。如果两个条件均满足则要征收两次滞报金。进口货物自运输工具申报进境之日起超过三个月还没有向海关申报的，其进口货物由海关提取并进行变卖处理。如果属于不宜长期保存的，海关可根据实际情况提前处理。变卖后所得价款在扣除运输、装卸、储存等费用和税费后尚有余款的，自货物变卖之日起一年内，经收货人申请，予以发还；逾期无人申领的，上缴国库。

根据《海关法》第二十四条第二款规定，出口货物的发货人除海关特准的外应当在货物运抵海关监管区后、装货的 24 小时以前，向海关申报。

申报步骤如图 5-3 所示。

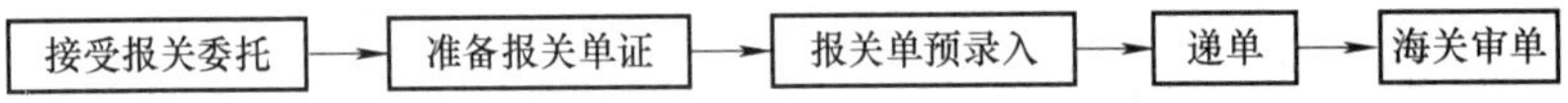

图 5-3　申报步骤图

1. 接受报关委托

如果进出口货主需要物流公司代理报关，物流公司应要求其出具报关委托书。委托书应载明委托人和被委托人双方的企业名称、海关注册登记编码、地址、法定代理人姓名以及代理事项、权限、期限、双方责任等内容，并加盖双方单位的公章。

2. 准备报关单证

在向海关办理报关手续前，应准备好报关必备的单证。报关单证可分为基本单证、特殊单证、预备单证三种。

（1）基本单证。它是指出口货物报关单及与其相关的商业和货运单证，主要包括发票、装箱单、提（装）货凭证或运单、包装单、出口收汇核销单、海关签发的出口货物减税或免税证明。

（2）特殊单证。它是指国家有关法律法规规定实行特殊管制的证明，主要包括配额许可证管理证件（如配额证明、进出口货物许可证等）和其他各类特殊管理证件（如机电产品进口证明文件、商品检验、动植物检疫、药品检验等主管部门签发的证件等）。

（3）预备单证。它是指在办理进出口货物手续时，海关认为必要时需要查阅或收取的证件，主要包括贸易合同、货物原产地证明、委托单位的工商执照证书、委托单位的账册资料及其他有关单证。

一般来说，进口货物报关需要提供的单证有：

1）由报关员自行填写或由自动化报关预录入后打印的报关单。

2）进口货物属于国家限制或控制进口的，应交验商务管理部门签发的进口货物许可证或其他批准文件。

3）进口货物的发票、装箱清单。

4）进口货物的提货单（或运单）。

5）减税、免税或免验的证明文件。

6）对于实施商品检验、文物鉴定、动植物检疫、食品卫生检验或其他受管制的进口货物，还应交验有关主管部门签发的证明。

7）海关认为必要时，需要调阅的贸易合同、原产地证明和其他有关单证、账册等。

8）其他有关文件。

出口货物报关时需要提供的单证有：

1）由报关员自行填写或由自动化报关预录入后打印的报关单一式多份，其所需份数根据各部门需要而定，出口退税时加填一份黄色出口退税专用报关单。

2）出口货物属于国家限制出口或配额出口的，应提供许可证件或其他证明文件。

3）货物的发票、装箱清单、合同等。

4）商检证明等。

5）对方要求的产地证明。

6）出口收汇核销单（指创汇企业）。

7）其他有关文件。

3. 报关单预录入

报关单预录入工作一般要满足以下条件：

（1）报关单位和报关数据录入服务单位须经海关批准方可负责电子计算机数据录入工作。

（2）数据录入单位对录入电子计算机的报关单据的完整性和准确性承担责任。

4. 递单

报关单位在完成报关单的预录入后，应将准备好的报关随附单证及按规定填制好的进出口货物报关单正式向进出口口岸海关递交申报。

5. 海关审单

海关审单是指海关工作人员通过审核报关员递交的报关单及其随附的有关单证，检查判断进出口货物是否符合《海关法》和国家的有关政策、法令的行为。

海关审单的主要工作任务是：

（1）检查判断报关企业及其报关员是否具备报关资格，有关证件是否合法有效。

（2）检查判断报关时限是否符合海关规定，确定是否征收滞报金。

（3）检查判断货物的进出口是否合法。凡符合国家有关对外贸易法律法规的即为合法进出；凡逃避海关监管，违反国家有关对外贸易法律、法规的，即为非法进出。

（4）检查判断报关单及其所附单证填制是否完整正确，单证是否相符、齐全、有效，为查验、征税、统计、放行和结关等工作环节提供必要、齐全、可靠的报关单证和数据。

（5）对通过电子计算机登记备案的加工贸易合同，要对有关加工贸易合同的每次进出口数据进行核对并在登记手册上登记。

（6）根据《中华人民共和国进出口关税条例》和国家其他有关的税收政策来确定进出口货物的征免性质。

二、海关查验

1. 海关查验的概念和方式

海关查验是指海关根据《海关法》确定进出境货物的性质、价格、数量、原产地、货物状况等与报关单上已申报的内容是否相符，对货物进行实际检查的行政执法行为。

海关通过查验，核实有无伪报、瞒报、申报不实等走私、违规行为。同时也为海关的征税、统计、后续管理提供可靠的资料。

在海关查验时，进出口货物的收发货人或其代理人应当到场。

海关查验的方式一般分为三种：

（1）彻底查验。对货物逐件开箱（包）查验，对货物品种、规格、数量、原产地、货物状况等情况逐一与货物申报数据进行详细核对。

（2）抽查。按一定比例对货物有选择地开箱（包）查验。

（3）外形核查。对货物的包装、唛头等进行验核。

此外，海关还充分利用科技手段配合查验，如地磅和 X 光机等查验设施和设备。

海关认为必要时，可以依法对已经完成查验的货物进行复验，即第二次查验。在海关复验时，进出口货物收、发货人或其代理人仍然应当到场，配合检查。

2. 海关查验的步骤

海关查验的一般步骤如图 5-4 所示。

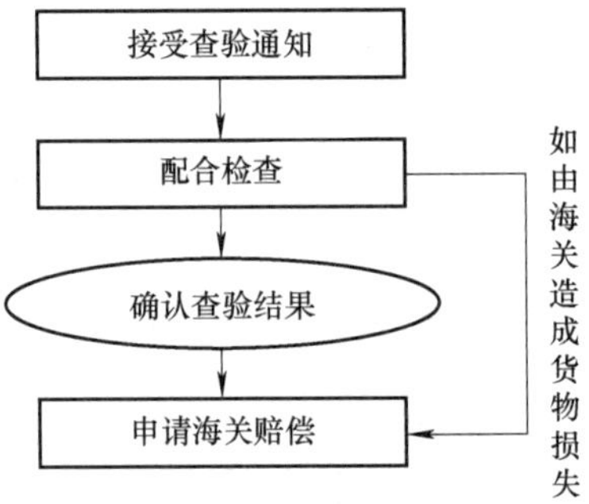

图 5-4　海关查验的一般步骤

以下情况不属于海关赔偿范围：

（1）进出口货物的收发货人或其代理人搬移、开拆、重封包装或保管不善造成的损失。

（2）易腐、易失效货物在海关正常工作程序所需时间内（含扣留或代管期间）所发生的变质或失效。

（3）海关正常查验时产生的不可避免的磨损。

（4）在海关查验之前已发生的损坏和海关查验之后发生的损坏。

（5）由于不可抗拒的原因造成货物的损坏、损失。

进出口货物的收发货人或其代理人在海关查验时对货物是否受损坏未提出异议，事后发现货物有损坏的，海关不负赔偿的责任。

进出口货物的收发货人或其代理人在申报海关赔偿时，应遵循以下流程（见图 5-5）

（1）确定货物受损程度。当证实由于海关关员的责任造成被查货物损坏时，配合查验的报关员应当要求海关出具由海关查验关员和配合查验的报关员双方签字的《海关查验货物、物品损坏报告书》。《海关查验货物、物品损坏报告书》是海关赔偿的主要依据。

海关径行查验造成货物损坏的，在场的货物存放场所的保管人员或者其他见证人应当与海关查验关员共同在海关查验货物、物品损坏报告书上签字。

（2）领取赔偿。进出口货物的收发货人或其代理人收到海关查验货物、物品损坏报告书后，可与海关共同协商确定货物受损程度。如有必要，可凭公证机构出具的鉴定证明来确定货物受损程度。

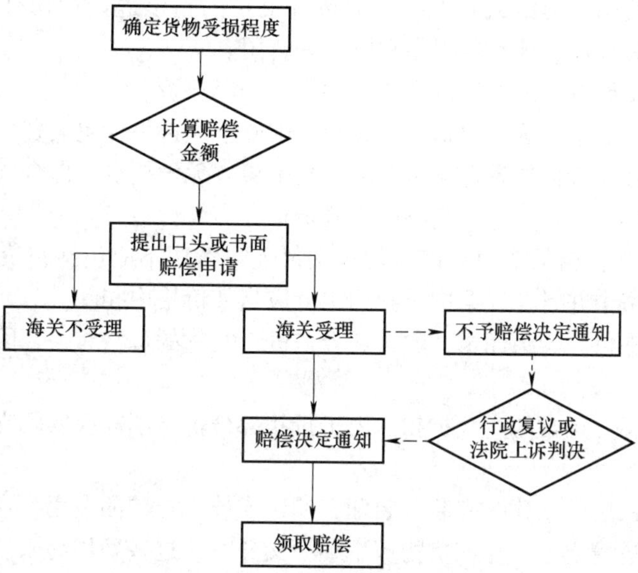

图 5-5　领取海关赔偿流程图

货物受损程度确定以后，以海关审查确定的完税价格为基数，确定实际的赔偿金额。如商定以修理费用来计算赔偿金的，则按被损货物的实际修理费用确定赔偿金额。赔偿金额一律以人民币计算。

进出口货物的收发货人或其代理人对赔偿金额有异议时，可向法院起诉，由法院裁定或判决赔偿金额。

赔偿金额确定以后，海关向进出口货物的收发货人或其代理人发出海关损坏货物、物品赔偿通知书。进出口货物的收发货人或其代理人自收到通知书之日起三个月内，凭其向海关领取赔偿。逾期要求赔偿的，海关不予受理。

三、缴纳税费

缴纳税费的一般步骤包括确定完税价格、计算关税、关税的申报、关税的缴纳、关税的退还五个环节。

1. 确定完税价格

进出口货物完税价格的确定，其实就是进出口成交价格的调整。进口货物与出口货物的价格构成要素有所不同。

（1）进口货物的完税价格。进口货物的完税价格是指以海关审定的成交价格为基础的到岸价格。它包括货价、货物运抵中华人民共和国关境内输入地点起卸前的运费、保险费和其他劳务费等。

1）货价。货价指的是货物本身的价格，包括货物的生产成本和出口销售利润，基本上相当于货物的 FOB 价格。出口国对该货物征收的出口税或手续费等均应包括在货价内。

① 应当计入货物价格的费用。进口货物如果支付下列费用，则该费用应当作为货物价格的组成部分。

第一，向境外卖方支付的、与进口货物有关的特许权使用费。特许权使用费的范围包括为了在境内制造、使用、出版或者发行而向境外支付的与该进口货物有关的专利费、商标费、著作权费、专有技术、计算机程序和资料等费用。

第二，该货物交易过程中由进口人支付的佣金和经纪费。

第三，包装费。由于货价已包括了包装费，因此不应再另计包装费。但如果在合同中规定包装费由买方在合同价格外另行支付，或包装由买方无偿提供，即合同规定的货价中不包括包装费，则该货物包装费应计入货物的完税价格。

② 不应计入货物价格的费用。进口货物支付下列费用不应包括在货物价格中，如果实际已包括在合同价格中并且在发票中单独列出，应当从价格中扣除。

第一，进口人支付的购买佣金。购买佣金与进口货物的价格无关，因此价格要素中不应包括该项费用。

第二，卖方给买方正常的商业折扣。由于折扣部分价格不需要实际支付，因此不应当包括在货物价格中。

第三，货物进口后的基建、安装、装配、调试或技术指导的费用。这些由卖方提供的劳务费用发生在货物进境之后，在该货物产生纳税义务时，这些费用尚未发生，因此，不应作为货物价格的一部分。

第四，因货物的品质、数量等造成索赔的赔偿金。因品质、数量等不符合合同要求造成的索赔，其赔偿金应视为该货物价格的降低，实际进境货物的价值已低于合同规定的价值，海关应按货物实际价值或价格征税。

第五，中国海关征收的进口关税和进口环节国内税等税费。此类费用都是货物进口以后发生的费用，不应包括在进口货物的价格中。

2）运费。进口货物的运费应当包括货物运抵中国关境内输入地点起卸前的运输费用。根据进口货物进入中国关境时的运输方式不同，确定为不同的地点。

① 海运进口货物。其输入地点应确定为该货物运抵中国关境内卸货口岸，即该货物从国际航行的船舶上卸下来的口岸。如果货物是在中国内河（江）港口卸下国际航行的船舶，则输入地点应为该内河（江）口岸。

② 陆运和空运进口货物。其输入地点应为该货物进入中国关境后经停的第一口岸，无论该货物在该口岸是否卸货或换装运输工具。空运运费较贵，有时甚至会高于货物自身的价格。中国海关规定，在运费超过货物价格的15%时，应纳税义务人的申请，海关可以批准按货物价格的15%计算运费。

③ 邮运进口货物。其以邮资为运费。邮资未能确定的，可以与该邮件相同重量级别的邮件从中国寄往出口国的邮资作为运费。

④ 携带进境货物。按照运输部门的规定，无论旅客乘坐何种交通工具，均可以免费携带一定重量的行李。如果旅客携带进境的货物确实未支付运费，价格要素中不应包括运费。但如果该货物交付托运或超重，应将实际支付的运费计入货物价格。

⑤ 留购货样、展览品和广告陈列品的运费。货样、展览品和广告陈列品运输到中国境内是为了供展示推销，其运输费用通常列入推销费用。中国境内企业留购货样、展览品和广告陈列品的价格通常只包括货物自身的价格，运费可以不计入，以留购价格作为完税价格。

3）保险费。进口货物的价格中包括境外运输中实际支付的保险费。如果实际支付的保险费无法确定，可以根据该货物实际投保险种的保险费率，按下列公式直接计算出货物的

CIF 价格。当实际投保的险种或其保险费率也无法确定时，应根据有关保险机构确定的保险费费率（额）或按 3‰保险费率，按下列公式直接计算出货物的 CIF 价格：

货物 CIF 价格=(FOB 价格+运费)/(1-保险费率)

如果旅客携带或邮寄进境的货物确实未支付保险费，则货物完税价格中同样也不应计入保险费。对于境内单位留购的进口货样、展览品和广告陈列品，基于上述运输费用同样的原因，其保险费也不必计入货物完税价格。

4）其他劳务费。凡未包括在有关货物价格中的，有关货物运抵中国关境内输入地点起卸前，为该货物进口而由买方支付的或由卖方支付后向买方收取的一切劳务费都应包括在完税价格内。

除上述费用外，任何其他费用都不应计入货物的完税价格。如果货物的价格中包括了进口后发生的费用，如装卸、运输、仓储、保险等费用，海关应当从货物的价格中扣除。

（2）出口货物的完税价格。根据《中华人民共和国关税条例》规定，出口货物应当以海关审定的货物售予境外的离岸价格扣除关税后的价格，作为完税价格。出口货物的价格构成要素与进口货物的价格构成要素完全不同，仅包括出口货物本身的价格。

1）不应计入完税价格的费用

① 销售佣金。出口货物的价格中包括向销售代理人支付销售佣金的，向国外支付的销售佣金如果与货物价格分别列出，应从出口货物的价格中扣除。扣除的佣金应是实际支付的佣金。

② 境外运输费。出口货物如果以包括货物国际运输运费的价格成交，价格中包括的实际支付的国际运输费应当予以扣除。计算扣除的运费时，应计算至出口货物装运出境的最后一个口岸。最后一个口岸是指出口货物装上国际航行的运输工具的中国口岸。

③ 保险费。出口货物的价格若包括境外运输的保险费，则实际支付的保险费应予以扣除。当实际支付的保险费不能直接得到时，应以实际投保的险种的保险费率按下列公式直接计算 FOB 价格：

FOB 价格=CIF 价格×(1-保险费率)-运费

按 CIF 价格加成投保的，应按下列公式直接计算 FOB 价格：

FOB 价格=CIF 价格×(1-投保加成×保险费率)-运费

④ 出口税额。海关对出口货物征收关税应当以货物本身的价格，即货物在中国出口交货港口交货的价格为基础。如果出口货物采用包括出口关税的价格术语成交，则应当以出口货物的成交价格扣除应征出口关税后的价格作为货物的完税价格。其计算公式为

完税价格=FOB 价格/(1+出口关税税率)

出口货物离岸价格应以该项货物运离关境前的最后一个口岸的离岸价格为实际离岸价格。若该项货物从内地起运，则从内地口岸至最后出境口岸所支付的国内段运输费用应予以扣除。

2）应当计人完税价格的费用。货物的价格应包括货物的包装费。如果在出口货物价格之外买方还另行支付货物的包装费，则应将包装费计入货物价格。

2. 计算关税

在应税货物的税则归类和进口货物原产地确定以后，即可根据应税货物的完税价格和适用税率来计算进出口货物应纳关税税额。

从价关税税额的计算公式为

从价关税税额=进出口货物完税价格×适用税率

从量关税税额的计算公式为

从量关税税额=进口货物数量×单位税额

复合关税税额的计算公式为

复合关税税额=从价关税税额×从量关税税额

3. 关税的申报

关税的申报是指海关根据纳税义务人对其进出境货品向海关进行的纳税申报，在审核、查验、确认后做出征税决定的过程，也称申报纳税制。关税的纳税义务人或他们的代理人应在规定的报关期限内向货物进（出）境地海关申报，海关对实际货物进行查验后，根据货物的税则归类和完税价格计算应纳关税和进口环节代征税费，填发税款缴纳证。

4. 关税的缴纳

进出口货物的收发货人或者他们的代理人应当自完成申报之日起 15 日内向指定银行缴纳税款；符合海关规定条件并提供担保的，可以于次月第 5 个工作日结束前汇总缴纳税款。逾期未缴的，自规定的期限届满之日起，按日加收滞纳税款万分之五的滞纳金。海关征收关税、滞纳金等，应当按人民币计征。进出口货物、进境物品的价格以及有关费用以人民币以外的货币计算的，按照纳税人完成申报之日的计征汇率折合为人民币计算。关税的缴纳方法主要分为柜台支付与电子支付两种。柜台支付通过银行柜台办理。选择电子支付的企业可登录“单一窗口”（www. chinaport. gov. cn）、“互联网+海关”（http：//online. customs. gov. cn）平台使用新一代电子支付系统缴纳海关税费。

中国关税的缴纳方式目前分为集中缴纳和分散缴纳两种。

（1）集中缴纳方式，是指应缴纳的关税由北京海关负责计征，通过中国银行营业部集中缴入中央总金库，作为中央财政收入的方式。

（2）分散缴纳方式，是指应缴纳的关税在货物进出口地由当地海关就地征收，并通过地方中国银行将税款划入中央金库的方式。

实行集中缴纳方式的货物，仅限于由商务部所属各外贸进出口总公司向国外订购并负责对外承付货款的进口货物。对于虽由外贸进出口总公司向国外订货，但并不负责对外承付货款的进口货物，不采取集中缴纳方式，而是由各进口地海关分散征税。对于出口货物，一律实行分散缴纳方式，由出口货物申报人或者代理人向出口海关办理申报和纳税手续。

当关税纳税义务人资金暂时周转困难，无力支付关税时，海关批准将全部或部分应纳关税税款的法定缴纳期限予以延长的行政措施被称为关税缓税，也称关税缓纳。

因不可抗力或者国家税收政策调整，不能按期缴纳的，经向海关申请并提供担保，可以延期缴纳，但最长不得超过 6 个月。欲缓纳关税的纳税人应当在有关货物进口之前或于申报进口之日起 7 日内，向主管海关提出书面申请，并递交关税缴纳计划和由开户银行或其上级主管机关出具的纳税担保书。海关对受理的缓税申请应当立即进行审核；对确有暂时关税给付困难的纳税人，可根据其实际情况，决定全部或部分缓税。对因国家提高关税税率造成纳税人缴纳困难的，只应批准缓纳其由于税率提高而增加的部分税款。经海关审核批准后，欲缓纳关税的纳税人可在缓税期限内纳税，并按月支付 10‰的利息。关税纳税义务人在缓税期限到期时仍有缴纳关税困难的，可于到期之前向原批准缓税海关申请延长缓税期限。批准缓税延长期不得超过六个月。

5. 关税的退还

海关将原征收的全部或部分关税交还给原纳税义务人的行政行为被称为关税退还。在各国海关制度中，可以退还关税的情况大致有复进境退税、复出境退税和溢征退税三种。

（1）复进境退税。当已经出境的货物在境外未经任何加工、制造或修配等作业，全部或部分按原状复运进境时，若该货物在出境时已完纳出口关税，则海关除不征收进口关税外，还准予退还其已纳出口关税。中国海关目前未实行复进境退税的制度。因某些原因原出境货物被退运而复进境，如果纳税义务人能证明进境货物确系迟运的原出境货物，则海关可不征进口关税，但原征收的出口关税不能退还。

（2）复出境退税。当已完纳进口关税的货物在境内经加工、制造、修理或储存后复运出境时，海关将其原已纳全部或部分进口关税退还给原纳税义务人。中国海关曾对进料加工贸易项下某些不能按规定向海关办理核销手续的企业的货物适用该制度。实行加工贸易保证金台账管理制度以后，进料加工贸易项下的货物统一实行保证金台账管理，暂时停止适用该制度。

（3）溢征退税。海关做出返还原溢征关税税额的决定的行政行为被称为溢征退税。根据《海关法》的规定，我国退还关税溢征的范围大致有以下几种：

1）海关认定事实或适用法律错误或不适当。

2）海关计征关税中出现技术性错误。

3）海关核准免验的进口货物，税后发现有短缺情况，并不再补偿进口。

4）进口货物征收关税后、海关放行前，发现国外运输或起卸过程中遭受损坏或损失、起卸后因不可抗力遭受损坏或损失、海关查验时发现非因仓库管理人员或货物所有人保管不当而导致货物破漏、损坏或腐烂的，并不再无代价抵偿进口。

5）海关放行后发现货物不符合规定标准，索赔不再无代价抵偿进口。

6）已征出口关税因故未能装运出口，申报退关。

7）依法可以享受减免关税优惠，但申报时未能缴验有关证明，征税后补交有关证明。

当纳税人发生多纳税款时，可在规定的时间内由纳税人向海关申请退还多纳的税款。纳税人可自缴纳税款之日起一年内书面申明理由，连同纳税收据向海关申请退税，逾期不予受理。

◇【知识链接】

"碳关税"——碳边境调节税（国际低碳物流）

"碳关税"也叫碳边境调节税，它的目的是在进出口过程中降低碳排放。在国际物流过程中则可以推进实现国际低碳物流的目标。

2003年，英国首次在其政府文件——英国能源白皮书《我们能源的未来：创建低碳经济》正式提出"低碳经济"，受到了世界的广泛关注。在全球气候变暖的背景下，以低能耗、低污染为基础的"低碳经济"成为全球热点，国际社会积极推进"低碳经济革命"，超过全球温室气体排放量65%、世界经济总量75%的国家都先后提出了"碳中和"目标。2020年9月，第75届联合国大会上，习近平总书记郑重宣布："中国将提高国家自主贡献力度，采取更加有力的政策和措施，二氧化碳排放力争于2030年前达到峰值，努力争取2060年前实现碳中和。”此后，加快绿色低碳转型、推动高质量发展成为我国经济建设的主旋律。

物流一直是消耗能源和产生碳排放的主要环节。低碳物流的本质就是把先进的低碳技术运用到物流运行过程的各个环节，使得实现行业发展的同时，提升行业能源使用效率，实现低碳环保的目标。据有关部门测算，物流业的油品消耗占全社会油品消耗总量的1/3，因此低碳物流是现代物流业的必然选择与长期发展方向。我国将发展低碳物流上升到国家战略高度，《“十四五”现代物流发展规划》提出了“绿色低碳物流创新工程”专项工程规划。美国也十分重视低碳物流的发展，颁布了《国家运输科技发展战略》。日本政府制定出一整套发展低碳物流的科学量化标准，颁布了《新综合物流实施大纲》。欧盟地区致力于推进碳市场改革，2022年，欧盟理事会宣布通过欧盟碳边境调节机制（Carbon Border Adjustment Mechanism，CBAM）。欧盟CBAM是指在国内实施严格的气候政策的基础上，要求进口或出口的高碳产品申报其生产加工过程的碳排放量，缴纳或退还相应的税费或碳配额。欧盟CBAM的实施对中国的短期影响范围主要包括钢铁、铝、化肥、水泥和电力行业及向欧盟出口此类商品的企业。虽然根据CBAM的豁免条款，若欧盟碳市场与中国碳市场的纳入范围相同且价格相当，则中国相关出口产品可以免受CBAM的影响。但欧盟是我国主要的贸易伙伴之一，随着CBAM的深入实施，欧盟要实现防止“碳泄漏”、保护欧洲企业的竞争力、促进全球的减排的目标，有可能将CBAM覆盖的产品范围扩大到所有产品，必将对我国低碳贸易、低碳国际物流提出更高的要求。尤其是欧盟计划在2027年开启针对道路交通和建筑部门“独立的新碳市场（EU ETS Ⅱ）”，通过“独立定价”的方式，扩大欧盟碳市场覆盖范围。因此，在当前国际低碳经济大发展的现实下，我国国际贸易与国际物流行业相关部门与企业必须积极应对。

2023年5月16日，欧盟宣布将碳边境调节机制法案文本在欧盟公报（Official Journal）上正式发布并于同年5月17日正式生效。CBAM的影响正在远远超出欧盟的范围。英国等国家正在考虑制定自己的碳关税。东南亚政界人士在支持国内碳定价时也援引该政策。中国的工业企业比以往任何时候都更渴望减少它们的生产排放。

2023年6月，中国外运取得了来自SGS的达成碳中和宣告核证声明，标志着中国外运联合汉莎航空服务中兴通讯的南京-马德里国际空运“端到端”碳中和解决方案的首个落地实例获得圆满成功，国际物流全程碳中和的开创性构想照进了现实。

2023年9月，由中国国际贸易促进委员会广东省委员会主办的“构建企业ESG标准体系及应对碳关税”研讨会在广州召开，来自中国贸促会贸易推广交流中心及省发展和改革委员会、工业和信息化厅、商务厅、国务院国有资产监督管理委员会、市场监督管理局、发展研究中心、贸促会等省直单位，省内高校，中国质量认证中心，省标准化研究院，以及莱茵（TUV）、天祥（Intertek）、必维（BV）等国际知名认证机构，大成律师事务所、中信银行、香港环境科学院等企事业单位和ESG（环境、社会和公司治理）、低碳领域的专家学者就《ESG企业合规治理体系技术规范》《企业碳关税信息披露指南》等6项团体标准展开深入研究，迈出了构建和完善广东省ESG体系及碳关税标准的坚定步伐。

四、提取或装运货物

1. 提取货物和办理直接退运手续

（1）提取货物。进口货物的收货人及其代理人在依法办理了进口货物的申报、陪同查验和缴纳税费（或办理担保）等手续，获得海关放行后，便可以向海关领取签盖海关放行章的进口货物提货单、运单或特制的放行条。进口货物的收货人及其代理人凭海关签章的上述单证之一，到货物进境地的港区、机场、车站或其他地点的海关监管仓库或监管区提取进口货物。至此，一般进口货物已经办结了海关手续，不再受海关监管；需要后续管理的货物，包括保税货物、特定减免税货物和暂准（时）进口货物，应继续接受海关监管，直到办结海关手续为止。

进口货物的收货人及其代理人在取得海关放行，办结海关手续并提取货物以后，为了证明进口货物的合法性和有关手续的完备性，可以要求海关核发进口货物证明书。

对于属于付汇的进口货物，进口货物的收货人及其代理人在取得海关放行后，可以要求海关出具一份盖有海关验讫章的计算机打印报关单，以专门用于办理进口付汇核销手续。

（2）办理直接退运手续。直接退运是指进口货物所有人及其代理人在有关货物进境后海关放行前，由于各种原因依法向海关请求不提取货物而直接将货物全部退运境外的行为。

1）准予直接退运的范围。

① 按国家规定责令直接退运的货物。

② 合同执行期间国家贸易管制政策调整，收货人无法补办有关审批手续，并能提供有关证明的。

③ 收货人因故不能支付进口税费，或收货人未按时支付货款致使货物所有权已发生转移，并能提供发货人同意退运的书面证明的。

④ 属于错发、误卸货物，并能提供承运部门书面证明的。

⑤ 发生贸易纠纷，尚未向海关申报，能提供法院判决书、贸易仲裁部门仲裁决定书或无争议的货权凭证的。

2）不准直接退运的货物范围。

① 凡属于无许可证件到货的（按国家规定责令直接退运的除外）。

② 经海关审单、查验，发现有走私违规嫌疑的。

③ 超过规定时限又没有特殊批准的。

④ 有其他原因海关认为不能直接退运的。

3）办理直接退运手续的时限。

① 属于应领许可证件的进口货物办理直接退运手续，应当在运输工具申报进境之日起十四日内提出书面申请。

② 因错发、错运，请求直接退运的，应当在向海关正式申报前或者在海关确定查验前提出书面申请，如已向海关申报或海关已决定查验，应当在海关查验并确认为错发、错运后提出书面申请。

③ 其他需要办理直接退运手续的货物，一般应在运载该批货物的运输工具申报进境之日起或自运输工具卸货之日起三个月内提出书面申请。

4）直接退运的程序。

① 进口货物的所有人及其代理人在规定的时限内向货物进境地海关书面提出直接退运申请。

② 经海关审批同意直接退运的货物，尚未向海关申报进口且退运在同一口岸办理的，进口货物的所有人及其代理人凭海关的一式两份审批单，同时向现场海关申报出口和申报进

口，贸易方式栏都填“直接退运”。

③ 经海关审批同意直接退运的货物，尚未向海关申报进口且退运不在同一口岸办理的，进口货物的所有人及其代理人凭海关的一式两份审批单，先向出境地海关申报出口，再凭出境地海关的关封到进境地海关申报进口，贸易方式栏都填“直接退运”。

④ 经海关审批同意直接退运的货物，已申报未放行的，进口货物的所有人及其代理人在办理直接退运的出口申报后，向进境地海关申请撤销进口申报的电子数据，再重新办理直接退运的进口申报。

⑤ 经海关审批同意直接退运的货物，进口货物的所有人及其代理人在办理直接退运的出口和进口申报时，不需验凭进出口许可证件，也无须缴纳税费及滞报金。

2. 装运货物和办理出口退关手续

（1）装运货物。出口货物的发货人及其代理人在依法办理申报、陪同查验、缴纳税费等手续，获得海关放行后，便可以向海关领取签盖海关放行章的出口货物装货单、运单或特制的放行条。出口货物的发货人及其代理人凭海关签章的上述单证之一，到货物出境地的港区、机场、车站或其他地点的海关监管仓库或监管区提取出口货物并将其装上运输工具出运。

出口货物的发货人及其代理人在取得海关放行，办结海关手续并装运货物后，为了证明出口货物的合法性和有关手续的完备性，可以要求海关出具出口货物证明书。

对需要出口退税的货物，出口货物的发货人及其代理人在向海关申报时，增附一份浅黄色的出口退税专用报关单。在办结海关手续或装运货物后，向海关领取这份加盖有海关验讫章和海关审核出口退税负责人印章的报关单，以向税务机关申请退税。

对于属于出口收汇的货物，出口货物的发货人及其代理人在办结海关手续或装运货物后，向海关领取一份盖有海关验讫章的计算机打印报关单，以办理出口收汇核销手续。

（2）办理出口退关手续。出口退关是指出口货物的发货人及其代理人在向海关申报出口被海关放行后，因故未能将货物装上出境运输工具，请求将货物退运出海关监管区不再出口的行为。

出口货物的发货人及其代理人应当在得知出口货物未装上运输工具并决定不再出口之日起的三日内向海关申请退关，经海关核准且撤销出口申报后方能将货物运出海关监管场所。

对于已缴纳出口税的退关货物，可以在缴纳税款之日起一年内提出书面申请，连同纳税收据和其他单证，向海关申请退税。

对于海关接受申报并予以放行的货物，因运输工具配载等原因，全部货物或部分货物未能装上运输工具，但出口货物的发货人及其代理人仍决定要出口的，应向海关递交出口货物报关单更改申请。经海关批准后，对全部未出口的，按出口退关处理，在确定运输工具后，重新办理出口报关手续；对部分货物未装运的，原申报出口的货物做全部退关处理，已装运的货物补办报关手续，尚未装运的货物，在确定运输工具后重新办理报关手续。

本章小结

本章介绍了国际物流报检报关的基本概念，以及报检的时限、地点和范围。报检是指申请人按照法律、法规或规章的规定向检验检疫机构报请检验检疫工作的行为，也称为报验。我国进出口货物的检验程序包括报检、抽样、检验和领取证书四个环节。

本章还介绍了国际货物报关业务的基本程序和内容。国际货物的进出口报关必须严格按照国家海关监管部门的规定和业务程序进行。报关业务的基本程序是申报、海关查验、缴纳税费、提取或装运货物四个环节。

案例讨论

运输工具通关

某年7月，深圳某公司从美国进口100t的牛皮卡纸。由于到货港是香港港，所以深圳某公司还得安排从香港到深圳的陆路运输，时间紧、任务重。同时，由于深圳某公司仓库库容有限，装卸能力又差，因此不可能同时把5个集装箱一次性拉进深圳，完成卸货任务。

同年7月底，第一批（3个）集装箱进入文锦渡海关，深圳某公司的报关员立刻带齐所有的单据（美国公司寄来的原始发票、装箱单、海运提单，由报关公司计算机打制的报关单、司机簿及香港运输公司重新填制的进境汽车清单），赴海关报关大楼报关。但报关第一步就受挫，因为此批货物是3个集装箱，而美国公司原始发票是整批货物5个集装箱一起开立的，海关关员不同意深圳某公司以此报关。于是，深圳某公司立即电告美国公司，让美国公司赶制两份发票及装箱单，一份为3个集装箱的，另一份为2个集装箱的。次日，深圳某公司报关员再度报关。结果，海关拒收美国公司方面开来的原始发票，因为美国公司开来的发票只有签名而没有印鉴。由于中美文化习俗上的差异，美方注重的是签名，而中国注重的是印鉴，所以又造成了麻烦，深圳某公司只得再与美国公司联系。但由于时差关系，等到外商急件传真过来时已是第三日的早晨。深圳某公司的报关员再次报关，可是此时又“节外生枝”。深圳某公司报关的是牛皮卡纸，而司机载货清单上赫然写着“白板纸”。这问题严重了，因为牛皮卡纸每吨只有280美元，而白板纸却要每吨1100美元左右，两者之间有着天壤之别。说得轻一点，这是以假乱真，偷逃国家税款；说得重一点，则要背上走私的罪名。事到如今，只得让海关关员开箱检查，纸卷外层被捅破足有五六厘米，造成了不必要的损失。最后检查下来的结果证明是牛皮卡纸，但3个集装箱在深圳耽误两天，共损失1.8万港元的租箱费，这还不包括司机过夜费、临时停车场费等。

问题：

这个案例对我们有何启发？

课后思考与练习

思考题

1. 什么是国际物流检验？商检证书有什么作用？
2. 对于我国的商检机构和商检法，你是怎么认识的？
3. 什么是报检？报检业务的基本程序是什么？
4. 什么是报关？报关业务的基本程序是什么？

练习题

一、选择题

1. “离岸重量，离岸品质”指的是（　　）的约定方法。

A. 出口国检验　　B. 进口国检验

C. 第三国检验　　D. 出口国检验，进口国复验

2. 进口货物的收货人或其代理人超过（　　）期限未向海关申报的，由海关征收滞报金。

A. 12 天　　B. 半个月　　C. 13 天　　D. 14 天

3. 报检后（　　）天内未联系检验检疫事宜的，按自动撤销报检处理。

A. 10　　B. 20　　C. 30　　D. 40

4. 入境货物需对外索赔出证的，应在索赔有效期前不少于（　　）天内向到货口岸或货物到达地的检验检疫机构报检。

A. 10　　B. 20　　C. 30　　D. 40

5. 海关的基本任务是（　　）。

A. 监管　　B. 征税　　C. 查缉走私　　D. 编制海关统计

6. 下列属于国际贸易商品检验机构的是（　　）。

A. 卖方或生产制造厂商　　B. 国家设立的商品检验机构

C. 民间独立的公证行或公证人　　D. 买方或使用单位

7. 进出境货物的通关，一般来说，可分为（　　）环节。

A. 申报　　B. 查验　　C. 征税　　D. 放行

8. 下列属于报关单证中基本单证的是（　　）。

A. 出口收汇核销单　B. 提单　　C. 装箱单　　D. 货物原产地证明书

9. 下列属于报关单证中的特殊单证的是（　　）。

A. 动植物检验检疫证书　　B. 进出口货物的许可证

C. 配额许可证　　D. 工商执照证书

10. 检验的方法包括（　　）等。

A. 仪器分析检验　B. 物理检验　　C. 感官检验　　D. 微生物检验

11. 在下列选项中，（　　）属于非强制性检验。

A. 数量和损失鉴定　　B. 残损鉴定

C. 危险货物的包装容器鉴定　　D. 危险货物运输设备鉴定

E. 包装鉴定

二、判断题

1. 通关手续通常包括申报、查验、征税和放行四个基本环节。（　　）

2. 进出口货物的申报者必须是经海关审核准予注册的专业报关企业/代理报关企业和自理报关企业及其报关员。（　　）

3. 滞报金的日征收金额为进口货物到岸价格的5‰。（　　）

4. 海关对进出口货物的查验主要采取彻底检查、抽查、外形查验等方法，以强化海关对进出口货物的实际监管。（　　）

5. 在确定商品检验时间、地点时必须考虑货物自身的特性。（　　）

6. 商检机构的鉴定业务是强制性的。（　　）

7. 集装箱装载危险货物时，危险货物外包装表面必须张贴《国际海运危险货物规则》规定的危险品标志和标记。（　　）

三、问答题

1. 出口通关需要提供哪些必要的单证？如果单证不全导致货物不能够按时装船，其责任由谁承担？是托运人、发货人，还是船方，或是海关？

2. 进口通关需要提供哪些必要的单证？如果因单证不全货物被海关暂时扣留而导致收货人不能按时提取货物，其货损责任由谁承担？是发货人、收货人、承运人、保险人，还是海关？

3. 国际物流企业报检报关人员需要做好哪些基本工作？

第六章

国际海运物流

学习目标

了解国际海运的概念和特点，了解国际海运船舶的特征和货物的分类，掌握国际海运的营运方式，包括班轮运输方式和租船运输方式，熟悉海运提单和租船合同，了解国际海运的数字化发展。

学习要点

国际海洋运输　货物运输包装　班轮运输　海洋运输提单　租船运输　程租船　期租船　光船租船　租船合同　程租船合同　租船市场　物流服务　海运数字化　数字化转型　数字化结算

场景导入

某国际贸易公司需要将一批集装箱从上海运输到纽约。它与一家班轮公司签订了一份运输合同，约定了货物的运输细节，包括启运日期、到达日期、运输路线、运费等。班轮公司提供了一艘大型的集装箱船，装载并运输了这批货物。在途中，船只遇到了海上恶劣天气，导致航行延误，这给货主和班轮公司都带来了不小的影响。

问：

1. 船只遇到的海上恶劣天气给货主和班轮公司带来了哪些影响？它们需要如何应对这些影响？

2. 班轮运输和其他形式的海洋运输有哪些区别？班轮运输的优势和劣势是什么？

国际海运物流，不能简单等同于国际海上运输。国际海运物流是指通过国际海上运输通道进行的国际物流活动，它包括国际海上运输及其相联系的运输辅助服务业务。它是国际物流活动在国际海运通道上的延伸与扩展，具有广泛的国际海上运输活动的本质特征，但又与单纯的国际海上运输相区别。国际海运物流强调的是通过国际海上运输实现国际物流在国际海上运输过程中的价值增值，减少国际海上运输过程中的国际物流费用和成本，实现国际海上运输价值的增值，为物流需求方提供高水平的国际海上运输的物流服务。

在古代中国物流成长的同时，西方各国也在不断探索和开拓国际物流通道，极大地推动了国际物流的发展。

1492 年，哥伦布开辟了欧洲通往美洲大陆的新航道。这一事件不仅改变了世界地理格局，也为后来欧洲殖民和贸易活动打下了基础。

1498 年，葡萄牙探险家达·伽马率领船队成功抵达印度，开辟了西欧直通南亚的海上航路。这条航线成为欧洲与东方贸易的主要通道，也为后来欧洲殖民东南亚和印度洋沿岸地区打下了基础。

1519 年，西班牙航海家麦哲伦率领船队开始环球航行，这次远航开启了全球海上运输通道，推动了世界范围内的贸易和交流。

1863 年—1869 年，美国完成了横贯东西的陆路通道——太平洋铁路的修建。这条铁路极大地加快了美国西部的开发和发展，也促进了美国东西部之间的贸易和运输。

1869 年，苏伊士运河通航，欧亚双向水运航道正式开启。这条运河将地中海和红海连接起来，大大缩短了欧洲和亚洲之间的贸易路程，成为世界上最重要的航道之一。

1914 年，巴拿马运河通航，美国东西部海上通道也正式开启。这条运河将北美洲和南美洲分开，极大地缩短了从大西洋到太平洋的航行距离，成为世界上最重要的海上通道之一。

这些重要的事件和发现，极大地促进了国际物流的发展和进步，也为世界贸易和经济的繁荣做出了重要的贡献。

根据联合国贸易和发展会议（UNCTAD）的数据显示，2018 年，全球海运贸易总量为 10.92 亿 TEU，同比增长 4.7%。2019 年，全球海运贸易总量为 11.27 亿 TEU，同比增长 2.9%。2020 年，全球海运贸易总量为 11.15 亿 TEU。

据 ALPHALINER 权威数据显示：2024 年全球集装箱船队增长 10.6%，船队运力增加近 300 万 TEU。截至 2025 年 1 月 15 日，全球集装箱海运市场现役船舶高达 7211 艘、总运力逾 3156 万 TEU，达到史上最高峰。2024 年前 4 个月全球集装箱运输总量为 1.87 亿 TEU，同比增长 3.4%，是 2022 年年底以来增长速度最快的 4 个月。

第一节 国际海运概述

一、国际海运的概念

运输按运输通道的不同，可分为水上运输、陆上运输、航空运输和管道运输等。其中，水上运输可分为国际海洋运输（也称为国际海上运输，简称国际海运）和内河运输。“尽道隋亡为此河，至今千里赖通波”，隋朝开凿水路，开启了中国内河航运之先河。国际运输方式虽然有多种，但国际贸易中 80%以上的货物是通过国际海洋运输完成的。而在国际海洋运输中，根据其活动范围，又有远洋运输和沿海运输之分。

国际海运（International Ocean Shipping）是水上运输的构成部分从狭义的角度来看，它是指以船舶为运输工具，以海洋为运输通道，从事有关跨越海洋运送货物和旅客的运输经营活动；或者说它是以船舶为工具，从事本国港口与外国港口之间或者完全从事外国港口之间的货物和旅客的运输，即国与国之间的海洋运输。换句话说，国际海运是船舶经营人以船舶为运输工具，以海洋为通道，从事国与国之间货物和旅客的运输并收取运费的经营行为。由于国与国之间的海洋运输有时并不一定需要跨越海洋进行长距离的海上航行，而只需要沿海航行，因此，国际海运还包括部分沿海运输。不过，跨越海洋进行长距离海上航行则是国际海运的主要部分。

从广义的角度来看，国际海运所包括的范围要广泛得多，它还包括那些为完成国际海运所从事的各种辅助业务或服务工作，如对所承运的货物进行装卸、理货、代理等业务。

国际海运物流则是指通过国际海运进行的国际物流活动，包括国际班轮物流与国际租船物流活动。它是国际物流活动在国际海运中的延伸与扩展，具有广泛的国际海洋运输活动的本质特征，但又与单纯的国际海运有区别。国际海运物流强调的是通过国际海运实现国际物流在国际海运过程中的价值增值，减少国际海运过程中的国际物流费用和成本，实现国际海运价值的增值，提供高水平的国际海运物流服务。

二、国际海运的特点

国际海运主要从事国际的运输，通常都要远涉重洋，不但活动范围广阔，航行距离长，运输风险大，而且其活动要受有关国际规范的约束，从而使国际海运有其明显的特点。

1. 政策性强

国际海运是国际性经济活动，涉及国家间的经济利益和政治利益，其活动当然要受到有关国家的法令、法规或国际公约的约束，政策性比较强，法律的约束性比较规范。

2. 运输线长、涉及面广、环节多、情况复杂

国际运输通常都要远涉重洋，航行距离长，涉及面非常广泛，涉及的环节很多，情况自然比较复杂，而且环境多变，对人的环境适应性要求比较高。

3. 海上风险较大

由于国际海运船舶经常长时间远离海岸在海洋上航行，而且海洋环境复杂，气象多变，随时都可能遇上狂风巨浪、暴雨、雪、雷电、海啸、浮冰等人力不可抗御的海洋自然灾害的袭击，因而遭遇海上危险的机会大大增加。

4. 海运主要货运单证的通用性

海洋运输的货运单证繁多，作用各异。虽然各个国家、港口或船公司所使用的货运单证并不完全一致，但因为国际海运船舶航行于不同国家的港口之间，作为划分各方责任和业务联系主要依据的货运单证，当然要能适用于不同国家和港口的各个有关方面。所以，就一些主要的货运单证而言，在名称、作用和记载的内容上常常大同小异或完全一致，可以在国际上通用。

第二节 国际海运船舶与货物

水上运输工具从远古时代的舟、筏、帆船发展到19世纪的蒸汽机船，再到20世纪的柴油机船主导航运至今，船舶运输呈现大型化、专业化、自动化、高速化的特点，船舶运力从几百载重吨升至千、万、数十万级载重吨，航速从几节升至二三十节（1节=1海里/时）。未来航运，无人驾驶船舶将纵横江海，2016年6月，英国罗尔斯·罗伊斯公司发布高级无人驾驶船舶应用开发计划（AAWA）及其白皮书。2016年7月，韩国现代重工与SK航运、英特尔、微软

韩国、蔚山创意经济创新中心、大田创意经济创新中心签署《建立智能船舶服务生态系统谅解备忘录》。据国际海事组织（IMO）的数据显示，自主船舶的应用正在逐年增长。2020年，全球有大约17艘自主船舶处于操作阶段，这些船舶主要用于科学研究和海上监测。2021年6月，挪威船舶制造商Yara宣布启动了全球第一艘自主驾驶货船Yara Birkeland的实验性质航行，该船将在挪威进行自主驾驶的测试，用于运输肥料。2021年10月，中国船舶集团公司宣布完成了首艘自主驾驶船舶的交付。这艘船长70m，可用于集装箱运输。

综合来看，无人驾驶船舶在航运业中的应用已经开始进入实际操作阶段，各国的相关企业和组织正在积极推进自主导航和自主操纵技术的研发和应用，世界船舶发展进入了全新的发展阶段。

一、国际海运船舶

1. 船舶的概念

《中华人民共和国海商法》规定："本法所称船舶，是指海船和其他海上移动式装置，但是用于军事的、政府公务的船舶和20总吨以下的小型船艇除外。"并规定"前款所称船舶，包括船舶属具"。

2. 船舶的性质

（1）船舶是一个整体。船舶是由船体及各种附件和属具所构成的，它是一种合成物。因此，船舶作为一个整体，它的抵押、转让、继承、保险委付等，都需要把船舶各部分视为船舶的有机整体来处理。

（2）船舶兼有动产和不动产的性质。船舶从本质上来说是可以移动的财产，但在实际的处理中，各国的有关法律一般都把它作为不动产对待。

（3）船舶的人格化性质。西方国家的法律对船舶实行拟人化，即把船舶视同自然人。船舶有它的"出生日"（下水日），还要上"户籍"（登记注册），有自己的"姓名"（船名），有自己的"国籍"（船籍和船旗），有自己的"年龄"（船龄）和"体重"（船的吨位）。因此，在英美法系中，可以对船舶本身进行诉讼。

（4）按照国际法规定，船舶是船籍国浮动的领土，受船籍国法律管辖和保护。因此，船舶具有领土性特征。

3. 船舶的特征和规范

（1）船籍与船旗。船籍是指船舶的国籍，船舶所有人向本国或外国有关管理船舶的行政机关办理所有权登记后，才能取得本国或登记国国籍和船籍证书，悬挂该国国旗，该旗习惯上被称为船旗。

船舶有义务遵守船籍国的法律和法令规定，并享受其法律的保护。船籍和船旗是船舶非常重要的社会属性和特征，其重要性在于它是解决船货等海事纠纷选择适用哪国法律的一项重要依据。在作战时，它是区分交战国、同盟国和中立国的标志。

按照国际法的规定，船舶是船籍国浮动的领土，在公海或其他海域上航行，均需要悬挂船籍国国旗，否则是违反国际法的，其行为可被视为与海盗船等同并予以处理。

（2）开放登记国与方便旗船。允许其他国家的船舶在本国进行登记的国家被称为开放登记国，如巴拿马、利比里亚、巴哈马、索马里、新加坡和洪都拉斯等国家和地区。

这种在外国登记，悬挂外国国旗的商船，人们把它叫作"方便旗船"。

（3）船级。船级是船舶质量的技术、性能指标，表示船舶航行安全和适于装货的程度，因而是船舶具有适航性的重要条件。

船级鉴定是由专门的船级检验机构按照船舶检验标准对船舶进行检验后所做出的鉴定结论。船舶经检验鉴定后，船级检验机构确定其一定等级，并发给船舶所有人船级证书，有效期一般为四年。期满后再重新鉴定。

船级检验机构在西方国家一般被称为船级社，它是专门核定船级的组织。比较著名的船级社有：英国的劳合氏船级社（Lloyd's Register of Shipping）、美国船级社（American Bureau of Shipping）、法国船级社（Bureau Veritas）、德意志路易船级社（Germanischer Lloyd）、挪威船级社（Norske Veritas）。

我国船级由交通部船舶检验局根据船舶入级规范进行检验以确定。

船级在国际海运中有重要意义，货方可以通过船级了解船方承运货物的安全程度和船舶的技术性能。租船人和托运人可以根据需要选择不同船级的船舶。船级也是保险人确定承接保险和确定保费的依据。船级也是国家对船舶进行技术监督的方法之一。

4. 船舶的类型

常用的国际海运船舶主要包括以下类型：

（1）杂货船（General Cargo Ship）。杂货船一般适用于装载包装的零星杂货。其吨位大小视航线、港口及货源而不同。这种船舶本身有各种不同的货舱及装卸设备，能适应装载种类繁多的货物，而且航速较快，一般为 20 节以上。

（2）散装船（Bulk Cargo Ship）。散装船适用于装运无包装的大宗货物，如粮食、煤炭、矿砂等。这种船舶一般舱容较大，舱内不设支柱，而且大都是单甲板，为防止货物在舱内移动而设有挡板，以保持船身平衡。船舶本身一般不带有装卸设备，机舱设于尾部，以便装卸操作。

（3）冷藏船（Refrigerated Ship）。冷藏船专门用于装载冷藏货物，船上有制冷装置以及适合冷藏货的冷藏舱。

（4）木材船（Timber Ship）。木材船用于装载原木，常在船舱设置 1m 左右的“舱墙”，以防木材滑出舱外，同时也可以提高装载能力。

（5）油轮（Tanker）。油轮又称油槽船，是指以散装方式运送原油和燃料的专用货船。油轮将船本身分隔成若干储油舱，并有油管贯通各油舱，设有空气压缩装备，在装卸油料时，以空气压力将油料通过管道推送至各储油舱。油轮的油舱大多采取纵向结构，并设纵向舱壁，以防未满载时舱内液体随船倾侧而造成不平衡。

（6）集装箱船（Container Ship）。它是指专用于装运集装箱货物的货船。本身一般无装卸设备，装卸作业全凭码头专门设施。集装箱船航速较快，一般在 20~26 节之间，有的高达 33 节。集装箱船可分为全集装箱船（Full Container Ship）、半集装箱船（Semi Container Ship）以及可变换集装箱船等。

（7）滚装滚卸船（Roll on/Roll off Ship，Ro/Ro）。这种船舶可直接承接码头货物，不需要吊机，船无货舱，只有纵贯全船的甲板，每层甲板间都有梯子上下装卸货物（滚装滚卸），船本身无装卸设备，船尾或船侧有大的桥板连接码头，货车可以直接进入船上甲板。这种船舶最适宜运载车辆和大型机械，也适宜装载集装箱。其优点是不依赖码头机械，可快速装卸，大大缩短装卸时间，灵活性大。缺点是亏舱较大，造成浪费。

（8）载驳船（Lighter Aboard Ship，LASH）。载驳船又称子母船，是指在母船上搭载子船，子船内装载货物的船舶。这种船舶上设有巨型门吊或船尾升降平台，船到港口后利用这些设施，把所载的驳船降入水中，驳船即可自行开抵或被拖至指定地点。载驳船不靠码头即可进行装卸，营运效率大为提高。但这种船利用率相对较低，使用范围比较狭窄。

（9）沥青船（Asphalt Tanker）。沥青船属于特种船，是专门用来装载大宗沥青货物的专用船舶。它的有关技术要求和性能都比较高，需要配备专门的沥青装载机械和技术设备。

二、国际海运货物及其分类

货物是国际海运的对象。

（1）按货物含水量划分，货物可分为干货（Dry Cargo）和湿货（Wet Cargo）。干货是指基本上不含水分或含水很少的货物。有包装的件杂货物大都属于此类。湿货是指散装液体货物（Liquid Cargo），如石油及液化制品、植物油、液体化学品等。金属桶和塑料桶装运的流质货物等都属于此类。

（2）按包装形式和有无包装划分，货物可分为包装货，如件杂货物；裸装货，如钢板、钢材等；散装货，如粮食，煤炭、矿石等。

（3）按货物是否分件划分，货物可分为件杂货物（General Cargo）和大宗货物（Bulk Cargo）。件杂货物是指有包装的、可分件的、批量货物数量比较小的货物。大宗货物是指数量比较大、规格比较一致的初级产品。

（4）按货物价值划分，货物可分为高值货（High Value Cargo）和低值货（Low Value Cargo）

高值货是指高价、贵重货物，如金、银、古董、艺术品、精密仪器等。低值货是指价值比较低的货物，大宗货物多属于此类。

（5）按货物重量和体积比率划分，货物可分为重货（Weight Cargo）和轻泡货（Measurement Cargo）。重货是指货物重量 1MT、体积小于 $1m^3$ 的货物。轻泡货，也称体积货物或尺码货物，是指货物重量 1MT、体积大于 $1m^3$ 的货物。

（6）按货物长度与重量划分，货物可分为超长货物（Length Cargo）、超重货物（Heavy Lift Cargo）、超重超长货物（Heavy Lift and Length Cargo）。货物是否为超长货物、超重货物和超重超长货物，没有严格的界限，一般超过 9m 的货物为超长货物，超过 2MT 的货物为超重货物，超重超长货物则要加收附加费。

（7）按货物的理化性质划分，货物可分为普通货物（Ordinary Cargo）和特殊货物（Special Cargo）。普通货物就是没有特殊物化性能的一般货物。特殊货物是指具有某种特殊物理或化学性能的特质货物。

（8）按集装箱划分，货物可分为整箱货（Full Container Load，FCL）和拼箱货（Less Container Load，LCL）。整箱货是指托运人的货物能够装满一个整箱，按照一个单位进行托运的集装箱。通常它要由托运人自己装满整箱后交运。拼箱货是指托运人的货物不能够装满一个整箱，但货物交由承运人后，由承运人将货物与其他货主的货物拼装于一个集装箱成为一个托运单位进行交运的集装箱。

（9）危险货（Dangerous Goods）。危险货是指具有燃烧、爆炸、腐蚀、毒害、放射性、感染性等性质，在运输过程中可能会引起人身伤害和财产损失的货物。凡运输危险货物的，必须严格按照国际统一海上危险货物运输规则办理。

三、货物包装及其标志

1. 货物包装分类

货物包装分为运输包装（也称外包装）和销售包装（也称内包装）。国际海运所涉及的包装是指货物的运输包装。货物运输包装是在运输过程中，为便于装卸、搬运、堆放、运输和理货，保护货物本身质量和数量上的完整无损所进行的包装。国际海运货物的运输包装为能够保护货物，必须具有坚固结实，具有能够承受一定的压力、碰撞和震动的能力。

2. 货物包装形式

（1）箱装，包括木箱装、纸箱装、铁箱装、柳条箱装、纸板箱装、胶合板箱装等。

（2）捆装，包括麻布包装、布包装、草包装等。

（3）袋装，包括麻袋装、布袋装和草袋装等。

（4）桶装，包括木桶装、铁桶装、琵琶桶装等。

此外，还有罐装、钢瓶装、坛装、卷装、篓装、块装和扎装等。

3. 货物包装标志

（1）运输标志（Main Mark）。它也称唛头，是货主的代号，一般以图案和文字表示。其内容包括收货人名称的缩写、目的港名称和货物合同编号件号。

（2）指示标志（Care Mark）。它是货物运输过程中的注意标志，一般以图形和文字表示，提醒人们在储运过程中的注意事项，如“小心轻放”“谨防潮湿”“切勿倒置”等。

（3）危险货物标志（Dangerous Cargo Mark）。它是表明货物危险特性的标志，一般都用统一规定的图案和文字表示。国际上对危险货物运输有统一规定的图案和文字表示，在运输危险货物时必须遵照执行。

第三节 国际海运营运方式

海上运输是随着航海贸易的发展而发展起来的。因此，海上运输船舶的经营方式必须与贸易对运输的要求相适应。为了适应不同货物和不同贸易合同对运输的不同需要，也为了合理地利用远洋运输船舶的运输能力，并获得最佳的营运经济效益，当前国际海上运输普遍采用的营运方式可分为两大类，即班轮运输和租船运输。

一、班轮运输

1. 班轮运输的概念

班轮运输（Liner Shipping）又称定期船运输，是指船舶按事先制定的船期表（时间表），在特定的航线上，以既定的挂靠港口顺序，经常性地从事航线上各港间的船舶运输的营运方式。班轮运输是在工农业生产发展、产品的品种和数量增多、运输量激增的条件下，为适应批量小，收发货人（单位）多，市场性强，要求能较快地和有规律地运送市场的工业制成品、半制成品、生鲜食品以及各种高价货物对运输的需要而发展起来的船舶营运方式。

2. 班轮运输的出现

19 世纪以前的航运业，是以木质帆船运输为主的。国与国之间的贸易规模也较小，贸易与航运合为一体，很难分开。通常船长既是船东，又是贸易商，即使身份为雇员的船长也常是船舶所运载货物的合伙经营人。在这种情况下，货主用自己的船舶将属于自己的货物从启运地运至目的地出售后，再购买当地的物产运回原地或其他地点销售。直到 18 世纪末，人口和工场的数量有所增加，农业生产技术改进，以及煤炭用于工业燃料等导致运量急速增加，才使贸易与航海相脱离，出现了专门以承运属于他人的货物为主要经营业务的公共承运人（Public Carrier）。直到 1818 年，才第一次出现班轮运输的经营方式。班轮运输的出现和发展，与经济的发展、技术的进步以及国内和国际运河的开通有着密切的关系。

3. 组织班轮运输必须具备的条件

船公司在组织班轮运输时，除要具备航线上有足够且稳定的货源外，还必须具备其他一些条件，这些条件主要有：

（1）要有技术性能较高、设备齐全的船舶。为了保证船期，经营班轮运输时，就需要有一些质量较好、船速较高的船舶。为了便于不同港口各种货物的装载与分隔，保证货物的运输质量，船舶的货舱应有多层甲板，以适应各种货物对运输的要求。

（2）需要为船舶配备技术和业务水平较高的船员。为了安全的积载、保管和照料货物，也需要为船舶配备受过专门训练、货运技术和业务水平较高的船员，特别是需要配有经验丰富的船长和大副。

（3）要有一套适宜于接受小批量货物运送的货运程序。由于班轮所承运的货物种类多、批量小，而且分属许多不同的货主。因此，船公司要建立一套相应的货运程序，以保证这些货物的有效运输。

4. 班轮运输的特点——“四固定”

（1）固定开航日期。船期表要预先公布通告。

（2）固定航线和固定港口。班轮按顺序装载和卸载，不受货种和货量的限制，必要时由船公司负责转船。班轮运输在固定航线上固定挂靠的港口称为基本港。它一般具有效率高、装备全、费用低的特点。

（3）固定的运价费率。班轮运价包括装卸费用、理舱费，属于垄断性运价，一般由班轮公会或船公司制定。这一点与不定期船有很大不同，它不能讨价还价，相对固定，不是竞争性运价，而是垄断性运价。

（4）固定的责任。船货双方以班轮提单条款为依据，明确船、货双方的权利和义务，以及处理货运的纠纷。船、货双方不再另外签订合同，班轮提单成为船、货双方运输合同的证明文件，双方的权利和义务以船方或船务代理签发的班轮提单为依据。

5. 班轮运输的优点

班轮运输的出现是比较晚的，但它发展迅速，很快便成为一种主要的营运方式。这是因为班轮运输对货主来说有如下优点：

（1）能及时、迅速地将货物发送和运达目的港。由于班轮运输是按照预先公布的船期在固定的航线上营运的，而且船舶的航速也较快，所以能够及时且迅速地将货物发送和运达至目的港。这一点对货主来说非常有用。班轮运输还能预知货物运抵目的港的时间，这样能保障市场对货物的需要，减少资金的积压，加速资金的周转。

（2）特别适应零星小批量的件杂货对运输的需要。由于班轮船舶经常在固定航线上有规则地从事运输，所以即使是零星小批货物，货主也能随时向船公司托运，而不需要集中成大批量的货物后再交付运输。这样，货主能节省货物等待集中的时间和仓储费用。

（3）能满足各种货物对运输的要求，并能较好地保证货运质量。由于用于班轮运输的船舶的技术性能较好，设备较齐全，船员的技术业务水平也较高，所以既能满足各种货物对运输的要求，又能保障货运质量。

（4）通常船公司都负责转运工作，以满足对外贸易的特殊需要。这是经营班轮运输的船公司为了争揽更多的货载，提高经营效益，为货主提供方便的运输服务所采取的重要措施。

6. 班轮运输托运程序

办理班轮的订舱、托运，一般分为五步：订舱、配载、装船、获取大副收据、换取提单。

（1）订舱（Space Booking）。订舱是指托运人根据信用证的要求和实际载货数量，以托运单（Booking Note，B/N）的形式，通过货代向船公司或船代具体洽订某一艘船舶的部分舱位或全部舱位的行为。

（2）配载（Allocation of Cargo）。配载是指外运公司根据货运需要、船舶航线、载货数量、卸货港口和开航日期等具体情况和要求，在与外运代理协商一致的基础上，将货物确定分配给具体船只承运并指定载货的舱位的行为。

（3）装船（Shipment）。货物配载后，船公司应签发一份装货单（Shipping Order，S/O）给货方。装货单在不同港口叫法不同，如广州叫“九联单”，天津叫“下货单”，上海叫“装货单”。

（4）获取大副收据（Mate's Receipt，M/R）。大副收据也称收货单。货物装船完毕后，应由船上大副代表船方签发一份大副收据给托运人，以作为换取提单的凭证。

（5）换取提单（Bill of Lading，B/L）。如果由出口方支付运费，则在支付船运费后，托运人凭运费收据和大副收据向船公司或船代或船长换取提单。

7. 班轮货运单据

（1）托运单（Booking Note，B/N）。它是货主或货代向船代或船公司提出的要约。船代或船公司签发装货单，即表示船代或船公司对货主的承诺，运输合同即告达成。要约+承诺=合同成立。提单是运输合同的证明文件，但不是合同本身。而装货单是运输合同的重要组成部分，托运单也是运输合同的重要组成部分，它们缺一不可。

（2）装运单（Shiping Order，S/O）。

1）装运单是船公司承诺运载货物的证明文件。装运单一经签发，运输合同即告成立，船、货双方都应受到约束。

2）装运单是向海关办理报关的依据。它在第二联，也称关单。

3）装运单也是船公司对船长下达接受货物装船的命令。

（3）收货单（Mate's Receipt，M/R）。收货单即是大副收据。它的作用主要包括以下几点：

1）证明承运人已经收到货物，而且货物已经装船。它是划分船、货双方责任的重要依据。

2）托运人向船代或船公司换取正本已装船提单的凭证。

此处涉及清洁提单的问题。当托运人向船代或船公司换取提单时，船代或船长会将收货单上大副对货物装载的记载（如果有的话）转记到提单上。如果货物包装表面有缺损，船公司或船代将如实转记，这样，提单将成为不清洁提单。银行对不清洁提单一般是不接受议付的。

为了取得船方的清洁提单，货主一般会向船公司出具保函。货主保函的内容主要是：收货人因货损向船公司索赔致使船公司受损的损失由发货人予以承担，即船公司不能转记收货单记载所招致的损失由货主承担。

（4）提单（Bill of Lading，B/L）。提单是指一种用以证明海上货物运输合同成立和货物已由承运人接管或装船，以及承运人保证至目的港交付货物的单证。

（5）提货单（Delivery Order，D/O）。它是指目的港的船代向持有提单的货主签发的提货单据，也称小提单。

（6）理货单（Tally Sheet）。它是指在装船时，理货员根据船公司或托运人的委托对货物进行理货点数后所出具的明细单。如果发现货物外包装表面由残损、破裂、渗漏等缺陷、瑕疵或标志不清等情形，理货员均需在理货单上详细加以批注。

◇【知识链接】

上海环世物流获颁“AEO高级认证企业证书”

2023年8月，上海环世物流获颁“AEO高级认证企业证书”。AEO（Authorized Economic Operator），即海关经认证的经营者，是中国海关最高信用等级认证，旨在通过海关对守法程度、信用状况和安全水平较高的企业进行认证，给予企业通关便利。AEO高级认证通过，意味着公司获得了一张全球贸易的“绿色通行证”，可以享受更为简化的进出口货物单证审核流程、更低的布控查验率、更优先办理进出口货物通关手续、改革创新先行先试等通关便利，还可以在国际上与中国实现AEO互认的国家和地区享受国际通关优先权，对企业畅通贸易通道、拓展国际市场、扩大外贸订单将产生明显的带动效应。

紧跟国家“一带一路”倡议的脚步，上海环世物流立足国内、面向全球，不断拓展和优化海外市场布局，先后在新加坡、泰国、印度尼西亚、越南、柬埔寨、韩国、马来西亚、印度、巴基斯坦、沙特阿拉伯、澳大利亚、新西兰、美国、加拿大、英国、波兰、土耳其、尼日尔、贝宁、坦桑尼亚、肯尼亚等国家和地区设立了近30家海外分支机构，业务范围覆盖全球。依托高科技数字化的SaaS（软件运营服务）与全球性物流履约能力的完美结合，上海环世物流能够为全球客户提供数字化、在线化、可视化、一站式的综合物流互联服务。

8. 班轮运费的构成

班轮运费包括基本运费和附加运费两部分。基本运费是船方对任何一种托运货物按照货物标准计收的运费。附加运费则是根据货物种类为补偿船方由于不同情况而额外付出的费用所加收的运费。附加运费可以按绝对金额计收，也可按基本运费的一定比例计收。

基本运费是对运输每批货物所应收取的最基本的运费。它是根据基本运价（Basic Freight Rate）和计费吨计算得出的。基本运价按航线上基本港之间的运价给出，是计算班轮基本运费的基础。

运输中经常有一些不同的特殊情况而导致货物运输成本存在差异。这些都会使船公司在运营中支付相应的费用。为了使这些增加的开支得到一定的补偿，需要在基本运费的基础上，在计算全程运费时计收一定的追加额。这一追加额就是构成班轮运费的另一组成部分——附加运费。它主要包括港口附加费、港口拥挤附加费、转船附加费、转船附加费、超重附加费、直航附加费、选港附加费、燃油附加费等。

9. 班轮运费的计费标准

班轮运费的计费标准（Freight Basis）也称计算标准，是指在计算运费时使用的计算单位。

班轮运输主要是按容积和重量计算运费。但对于贵重商品，则按货物价格的某一百分比计算运费。对于某些特定的商品，也可能按其某种包装状态的件数计算运费。还有某些商品则按实体个数或件数计算运费，如活牲畜按“每头”（Per Head）计收，车辆按“每辆”（Per Unit）计收。有的商品则按承运人与托运人双方临时议定的费率（Open Rate）计收运费。按临时议定的费率计收运费多用于低价商品的运输。

运价表中一般都会规定不同商品的运费计算标准。

（1）按“W（Weight）”计收，表示该种货物应按其毛重计算运费。

（2）按“M（Measurement）”计收，表示该种货物应按其尺码或体积计算运费。某些国家对运输木材按“板尺”（Board Foot）和“霍普斯尺”（Hoppus Foot）计算运费（12 板尺=0.785 霍普斯尺=1 立方英尺）。

（3）按“W/M”计收，表示该货物应分别按其毛重和体积计算运费，并选择其中运费较高者。

（4）按“Ad. Val.（Ad Valorem）”计收，表示该种货物应按其 FOB 价格的某一百分比计算运费。由于运价是根据货物的价格确定的，所以它又称从价运费。

（5）按“Ad. Val. or W/M”计收，表示该种货物应分别按其 FOB 价格的某一百分比和毛重、体积计算运费，并选择其中运费较高者。

（6）按“W/M plus Ad. Val.”计收，表示这种货物除应分别按其毛重和体积计算运费，并选择其中运费较高者外，还要加收按货物 FOB 价格的某一百分比计算的运费。

在运费计算中，重量单位用“公吨（Metric Ton）”，体积单位用“立方米”（Cubic Meter）。以 1 公吨或 1 立方米为一计费吨。

10. 班轮运费的计算公式

班轮运费的计算公式为：

运费总额=基本运费+附加费=[基本运费率×(1+各种附加费率)+各种单位附加费额]×总运费吨

即

$$F = F_b + \sum S$$

式中 F——运费总额；

F_b——基本运费；

S——某一项附加费。

二、租船运输

1. 租船运输的概念

租船运输（Charter Shipping）又称不定期船运输，是相对于班轮运输，即定期船运输而言的另一种远洋船舶营运方式。它与班轮运输不同，没有预先制定的船期表、航线，停靠港口也不固定。其船舶的营运是根据船舶所有人（或船舶经营人）与需要船舶运输的货主双方事先签订的租船合同（Charter Party）安排的，故被称为租船运输。

2. 租船运输的基本特点

（1）租船运输是根据租船合同组织运输的。船舶所有人（出租人）与承租人双方首先要签订租船合同才能安排船舶营运，合同中除规定船舶航线、载运的货物种类及停靠港口外，还应具体明确双方应承担的责任、义务和享有的权利。租船合同条款是解决双方在履行合同过程中发生的争议的依据。

（2）租船运输的运费或租金水平的高低直接受签订租船合同时国际租船市场行情波动的影响。世界的经济状况、船舶运力供求关系的变化、季节性气候条件的不同，以及国际政治形势等，都是影响运费或租金水平高低的主要因素。

（3）船舶营运有关费用的支出，取决于不同的租船方式，由船舶所有人（出租人）和承租人分担并在租船合同中予以明确。

（4）租船运输主要从事大宗货物的运输，如谷物、油类、矿石、煤炭、木材、砂糖、化肥、磷灰土、水泥等。它们一般都是整船装运的。

3. 租船方式

如前所述，租船运输是根据承租人对运输的要求而安排的船舶营运方式。因此，根据承租人不同的营运需要，租船方式也不同。其中，最主要的是航次租船和定期租船，随着国际经济和海上运输的发展变化，又出现了包运租船、航次期租船和光船租船等不同的租船方式。

（1）航次租船（Voyage Charter）。航次租船又称航程租船或程租船，是指船舶所有人（出租人）提供一艘特定的船舶在指定的港口之间进行一个航次或数个航次运输指定货物的租船。承租人所租用的船舶，其航次可以是单程的也可以是来回程的，由承租人根据需要而定。如果签订一份租船合同时，规定船舶被租用数个航次，则称为连续航次租船。

（2）定期租船（Time Charter）。定期租船又称期租船，是指船舶所有人（出租人）提供一艘特定的船舶给承租人使用一个时期的租船。这个租期的长短主要由承租人根据其需要使用的时间及其对租船市场船舶供求关系和租金水平的变化趋势的分析结果而定。

（3）包运租船（Contract of Affreightment，COA）。包运租船是20世纪70年代国际上新发展起来的一种租船方式。这种租船方式所签订的合同称为包运租船合同（COA合同）。包运租船是指船舶所有人（出租人）提供给承租人一定的运力（船舶载重吨），在确定的港口之间，以事先约定的时间及约定的航次周期和每航次较均等的货运量完成合同规定的总运量的租船方式。承租人支付的运费根据双方商定的运费率和完成的总运量计算。船舶所承运的货物主要是货运量大的干散货或液体散装货。由于这种合同的性质、有关费用和风险的划分基本上与航次租船方式相同，国际上一些航运界人士认为包运租船是航次租船派生出来的一种租船方式。

（4）航次期租船（Time Charter on Trip Basis，TCT）。航次期租船是目前国际上存在的以定期租船为基础的航次租船方式，即船舶按航次整船租赁，但租金按实际使用的天数计算，故又称为日租租船（Daily Charter）。

（5）光船租船（Bare Boat Charter）。光船租船也是一种定期租船，是船舶所有人（出租人）将一艘特定的船舶提供给承租人使用一个时期的租船。但是，船舶所有人所提供的这艘特定的船舶只是一艘没有配备船员的空船。承租人在接受了这艘船舶后，还要为船舶配备船员才能使用，而且船员的给养、船舶的营运管理及一切费用都由承租人负责。严格地说，光船租船不属于承揽运输方式，而是一种财产的租赁，是承租人从船舶所有人那里租用船舶这一运输工具。

4. 租船市场

（1）租船市场的概念。租船市场是指船舶所有人（船东）与租船人根据货物运输的需要和可能，相互洽商船舶租赁交易的场所。这是狭义的租船市场概念。广义的租船市场概念则是船、租双方洽商船舶租赁交易所形成的社会生产关系的总和。

（2）租船市场的特点。

1）租船市场不一定有固定的场所，其业务活动是通过电信业务来完成的。

2）在租船市场，有船东、船东代理人、租船人代理人、租船人等当事人。船舶租赁，一般是通过租船代理来进行的。

3）根据国际惯例，代表船方的船舶租赁经纪人和代表货方的租船代理人的佣金都由船公司支付，一般为运费的2.5%，各拿1.25%。

（3）国际上的主要租船市场。

1）英国伦敦租船市场。伦敦的波罗的海商业航运交易所是世界最大的散杂货租船市场，其交易主要是杂货船租赁。伦敦租船市场的行情是其他租船市场的“晴雨表”。

2）美国纽约的租船市场。纽约租船市场是世界第二大租船市场，它没有统一固定的场所，主要用电信进行业务活动。其交易主要是油轮和干散货船租赁。

3）奥斯陆、斯德哥尔摩和汉堡租船市场。其交易主要是租赁一些特殊船舶，如冷藏船、液化石油气船、滚装滚卸船。租船方式主要是期租船租赁。

4）东京和香港远东租船市场。其交易主要是短程近洋船的租赁，它也是世界最大的拆船市场。

5. 租船合同的性质与类型

（1）租船合同（Charter Party，C/P）是海上运输合同的一种。它是船舶出租人与租船人按照契约自由原则达成的租赁船舶的协议。它是船、租双方权利义务与责任豁免的依据。

（2）租船合同的种类。程租船合同主要分为标准程租船合同和非标准程租船合同。期租船合同可分为标准期租船合同和非标准期租船合同。

6. 标准租船合同

租船市场上使用的租船合同范本，是经由国际上各航运组织或各种大宗货物贸易商会，根据本行业、本航运组织的特点，结合货物种类、运输航线以及习惯做法所制定的，被称为标准租船合同。常用的标准租船合同有以下几种：

（1）标准程租船合同（Uniform General Charter Party），也称“金康合同”，记作GENCON。

（2）标准期租船合同（Uniform Time Charter Party），也称“巴尔的摩”合同，记作BALTIME。

（3）中租期租船合同（Sino Time Charter Party 1980，简称“SINO-TIME”1980）。

（4）纽约土产交易所定期租船合同（NYPE Time Charter Party）。

第四节　国际海运的数字化发展

一、国际海运数字化发展概述

在全球数字化转型的浪潮下，物流行业正经历着一场变革。国际海运作为全球贸易的主要运输方式之一，也深受数字化技术的影响。数字化技术的飞速发展为海运行业提供了全新的发展机遇和挑战。

广义的数字化技术（Digital Technology）是一项与电子计算机相伴相生的科学技术，它是指借助一定的设备将各种信息（包括图、文、声、像等）转化为电子计算机能识别的二进制数字“0”和“1”后进行运算、加工、存储、传送、传播、还原的技术。由于在运算、存储等环节中要借助计算机对信息进行编码、压缩、解码等，因此也称为数码技术、计算机数字技术等。

国际海运数字化（Global Shipping Digitalization），也称为数字化海运或数字化物流，是指在国际海洋货运过程中应用信息技术和数字化解决方案，以此来实现三大目标：①提高工作效率，增加操作精确度与可视化程度；②辅助数据收集，从而实现数据驱动决策分析；③优化企业的业务流程，甚至变革行业习惯。

在信息技术的迅猛发展和全球经济的日益全球化的背景下，数字化转型成为全球各行业的趋势。互联网、云计算、物联网、人工智能等数字化技术不断涌现，改变了人们的生活和工作方式。国际海运涉及众多环节，包括货物的装载、起运港口和目的港口的选择、船期安排、运输中的跟踪与监控、关务手续等，这些环节构成了一个庞大而复杂的供应链网络。面对如此复杂的供应链，海运企业和相关利益相关者面临着多方面的挑战。企业纷纷抓住数字化转型的机遇，将其应用于不同的领域，以提高效率、降低成本，并创造更好的用户体验。物流行业作为全球贸易的重要支撑，同样受益于数字化转型。物流的数字化转型包含多个层面，从信息采集到数据分析，从运输管理到仓储系统，都在不断引入数字化技术。物流企业开始意识到数字化转型的必要性，以提高运营效率、降低运营成本，并增强供应链的可靠性和透明度。

二、国际海运数字化应用与案例

1. 国际海运数字化应用

数字化技术的应用可以提高运输效率和降低成本，为市场需求的不断增长提供重要支持。数字化技术的应用也为国际海运公司提供了更加智能化和定制化的服务。例如，运输过程中货物信息的实时更新和共享可以使客户对货物的状态和位置有更清晰的了解，为客户提供更好的物流服务；自动化操作和无人码头可以大幅度缩短装卸货物的时间，提高物流效率和客户体验。数字化技术在国际海运业务中的应用主要包括货物跟踪与可视性、自动化与智能化操作，以及电子商务与在线平台等。

（1）货物跟踪与可视性。随着实时跟踪资产变得越来越重要，可视化解决方案在市场上发挥着更大的作用。可视化解决方案的供应商继续引入额外的数据流，以更好地估计到达时间（ETA）。因此，货物跟踪和可视性是国际海运中数字化发展的一个重要方面。实时可视性工具通常被认为是一种中间技术，可视化基于与卡车运输公司系统的集成。运营商则在卡车上或通过司机放在智能手机上的可下载应用程序追踪 ELD 设备。各种外部数据流也在为更好的可视性和改进的 ETA 方面发挥作用。各公司正与数据整合商合作，以便更好地了解货物何时到达。这包括提供港口数据，社交媒体、新闻、事件与天气数据，交通数据和其他可用来源，以向仓库、商店和最终消费者提供准确的预计到达时间。

随着实时定位技术和物联网的发展，船舶、集装箱等运输工具可以实时监测和共享位置信息。这使得货物的运输过程变得更加透明和可控。货物的实时跟踪不仅对货主和托运人有益，还向物流服务商和船舶运营商提供了更好的信息共享和风险管理手段。此外，数据共享和信息透明度也有助于提高整个供应链的协作效率，减少不必要的延误和损失。

（2）自动化与智能化操作。数字化发展为国际海运业带来了自动化和智能化操作的新机遇。自动化装卸技术在港口和集装箱码头的应用越来越广泛，减少了人力投入，提高了装卸效率和安全性。同时，人工智能的运用也改进了船舶的运营管理。例如，利用智能传感器和数据分析，船舶可以更准确地预测维护需求，优化航线和燃油消耗，从而降低运营成本并减少对环境的影响。智能化操作不仅提升了海运业务的效率，还为员工创造了更安全和舒适的工作环境。

1）自动化装卸技术。在港口和集装箱码头，自动化装卸技术的应用日益普及。传统的装卸作业往往需要大量的人力，费时费力，并且存在一定的安全风险。而自动化装卸系统通过使用机器人、无人驾驶叉车和自动导航技术，实现了货物的快速高效处理。这不仅提高了装卸作业的效率，还减少了人为错误和事故的发生，改善了工作环境。港口和码头的自动化升级也吸引了更多的投资和贸易，促进了区域经济的发展。

2）智能船舶和航运管理。随着人工智能技术的发展，智能船舶和航运管理日益成为国际海运业的热点。通过在船舶上安装智能传感器和监控设备，船舶的运营和维护可以更加精确和可预测。智能化系统可以实时监测船舶的状态，预测设备故障，提前做好维修和保养，减少船舶故障造成的停航时间和损失。同时，智能船舶的航行路径也可以通过数据分析和人工智能算法进行优化，以降低燃油消耗，减少碳排放，实现更加环保和可持续的航运。

尽管自动化和智能化操作带来了许多优势，但在实施过程中也面临一些挑战。其中，安全问题是一个重要考虑因素。自动化设备和智能系统的安全性需要得到充分保障，以防范潜在的网络攻击和系统故障。此外，为了实现智能航运的发展，需要投入大量的资金和技术支持。然而，随着数字化技术的不断发展和成熟，自动化和智能化操作将逐渐成为国际海运业的主流趋势。未来，更多的企业和机构将加大对数字化技术的研发和应用投入，推动海运业在自动化和智能化领域取得更大的进展和突破。

（3）电子商务与在线平台。数字化发展在国际海运业务中推动了电子商务和在线平台的崛起。电子提单、在线货物跟踪和数字化结算等数字化工具取代了传统的纸质文件处理方式，简化了整个物流过程，减少了纸质文档的使用，降低了错误和纠纷发生的风险。同时，出现了许多在线平台，使货主、托运人和物流服务提供商可以更便捷地连接和交易。这些平台提供了更多的选择，促进了全球供应链的整合，加速了货物的流动，为国际贸易创造了更多商机。随着数字技术的不断进步，电子商务和在线平台的应用正在改变传统海运业务的模式，为行业带来了许多积极的变革。

1）电子提单和在线货物跟踪。传统上，国际海运业务中的货物提单等相关文件都是以纸质形式进行的，处理速度较慢，容易出现错误和延误。然而，随着电子提单的出现，这一过程变得更加高效和准确。电子提单通过数字化方式管理货物的交接和记录，实现了更快捷的交易过程。同时，借助在线货物跟踪系统，货主和托运人可以实时掌握货物的位置和运输状态，提高了货物的可视性和可控性，减少了信息不对称带来的不确定性。

2）数字化结算和贸易融资。电子商务和在线平台还推动了国际海运业务的贸易融资和结算方式的数字化。通过在线支付和电子结算，货物的运输费用可以更快速地结算和核算，降低了交易的成本和风险。此外，电子商务平台还为海运业务提供了融资的便利，通过在线平台，货主和托运人可以更方便地获取融资支持，促进了贸易的顺利进行。

3）供应链的数字化整合。在线平台为国际海运业务提供了更多的连接机会，促进了供应链的数字化整合。不仅货主和托运人可以通过在线平台连接和合作，物流服务提供商、船公司、船代等也可以在平台上实现资源共享和合作。这种数字化整合促进了供应链的协同运作，加强了各方之间的信息共享和业务配合，从而提高了整个供应链的效率和灵活性。

4）创新商业模式的出现。电子商务和在线平台的发展带来了许多新的商业模式和业务机会。例如，共享经济的概念逐渐在国际海运业中得到应用，一些创新企业推出了“货运共享”平台，让多个货主共享一艘船的空间，从而实现了货物的合理搭载，减少了空运和零散运输。这种创新商业模式为行业带来了更多的灵活性和可持续性，推动了海运业务的转型升级。

总的来说，电子商务和在线平台的应用为国际海运业带来了数字化转型的机遇。通过电子提单、在线货物跟踪、数字化结算等方式，整个海运业务流程更加高效和便捷。供应链的数字化整合和创新商业模式的涌现也为行业的发展带来了新的活力。然而，数字化发展也面临一些挑战，例如，数据安全和隐私保护等问题需要得到妥善解决。随着技术的进步和行业的不断创新，电子商务和在线平台的应用将继续推动国际海运业向更加智能、高效和可持续的方向发展。

2. 国际海运数字化发展的案例

（1）全球领先的数字化航运公司介绍。

1）马士基（Maersk）。马士基作为全球领先的航运公司之一，一直致力于提供高效、可靠和安全的航运服务，为全球客户提供全方位的物流解决方案。

世界 500 强马士基集团成立于 1904 年，总部位于丹麦哥本哈根，在全球 130 多个国家或地区设有数百个办事机构，在集装箱运输、专业物流、码头运营、石油与天然气开采和生产、航运等方面为客户提供一流的服务。公司最初是一家船舶经纪公司，后来逐步发展成为一家全球化的航运公司。

集团旗下的马士基航运（Maersk Line）是全球最大的集装箱运输公司之一，目前，马士基航运已经成为国际集装箱运输公司，拥有超过 600 艘船舶和超过 30000 名员工，遍布全球 160 多个国家和地区。马士基航运由（马士基海陆 Maersk Sea-land）合并铁行渣华（Royal P&O Nedlloyd）后改组而成，目前市场占有率约占世界集装箱航运市场的 17%，拥有 340 万个集装箱。

除集装箱运输以外，马士基的集装箱运输及相关业务还有马士基物流公司（Maersk Logistics）、马士基集装箱码头公司（APM Terminal）、马士基集装箱工业公司以及 Safmarine（主要经营南北航线及非洲航线）等。马士基航运的业务范围非常广泛，包括船舶租赁、船舶经纪、港口运营、集装箱运输、陆路运输、空运和物流解决方案等。公司在全球范围内拥有强大的物流网络和供应链管理能力，能够为客户提供全方位的物流服务，包括集装箱运输、货物跟踪、货物保险、关务代理、仓储和配送等。

马士基航运在数字化发展方面一直处于领先地位。它推出了“Maersk Spot”在线平台，通过实时报价和在线预订的方式，为客户提供更加透明和高效的货物运输服务。同时，马士基航运还积极运用物联网技术，将其船舶和集装箱设备连接到云平台，实现了货物跟踪和位置信息的实时共享，提高了整个供应链的可视性和可控性。

2）法国达飞海运集团（CMA-CGM）。达飞海运集团（以下简称达飞）始建于1978年，是世界第三的集装箱全球承运公司，总部设在法国马赛。达飞集团在全球运营集装箱船舶267艘，装载力为1070032 TEU，在全球150个国家和地区设立了650家分公司和办事机构，其中在中国有63家分支机构办事处。其航迹遍及全球400多个港口，服务网络覆盖全球。

CMA-CGM是全球第四大船运公司，在数字化发展方面也取得了显著进展。它推出了“eSolutions”数字化平台，包括eBooking、eBill、ePayment等一系列在线服务，以简化和加速货物交付和结算流程。此外，CMA-CGM还与IT巨头IBM合作，利用区块链技术开发了“TradeLens”平台，旨在实现全球货物跟踪和贸易数据的共享和透明化。

达飞自1992年在上海设立第一家办事处以来，已经与中国市场建立了非常强有力的合作伙伴关系。达飞中国积极响应中国数字经济和产业数字化战略，在2022年中国国际进口博览会上重磅推出具有开创性意义的“迅达票付”一站式税务发票交付和线上支付解决方案，荣e通作为国内率先实现海运费境内外汇且跨行跨省的线上结算平台，充分运用互联网技术与区块链应用场景，加快推进结算数字化智能化进程。

以客户为中心的理念深深植根于达飞中国和荣易达的“基因”中，了解客户并预测客户需求是达飞的关键驱动力。通过与荣易达携手合作，达飞中国将在数字化之路上开辟新天地。两家公司拥有相同的愿景，希望利用现有的最佳数字化技术作为强大推动力，变革未来的货物运输。通过这一合作伙伴关系，双方将共同推动航运数字化的战略转型，赋能国际航运物流链条上的多方参与者，肩负责任构建一个更完整、更数字化的未来。

（2）某些国家或地区在数字化发展方面的先进经验。在数字化发展方面，有些国家或地区在国际海运业中取得了先进的经验，它通过积极推动数字化技术的应用和创新，为海运业带来了许多改变和机遇。

1）新加坡。作为亚洲主要的航运中心之一，新加坡一直以来都在数字化发展方面处于领先地位。新加坡政府采取了一系列措施来推动海运业的数字化转型。它致力于推动数字化单一窗口项目，整合了海关、港务、物流等多个部门的信息，实现了货物通关流程的数字化和自动化。这使得货物的清关和检验等手续更加高效和便捷，提升了整个供应链的运作效率。

2）荷兰。荷兰是欧洲主要的物流和海运中心之一，在数字化发展方面也表现出色。荷兰港口通过积极推动智能化和自动化技术在港口设施的应用，实现了高效的货物装卸和仓储管理，在货物跟踪和信息共享方面取得了很多进展，促进了供应链的数字化整合。此外，荷兰还在船舶技术的数字化方面取得了一些创新成果，优化船舶运行和维护，提高了海运业务的效率和可持续性。

3）中国。作为全球最大的货物进出口国，中国在数字化发展方面也取得了显著进展。

中国的“一带一路”倡议为国际海运业提供了巨大的机遇。中国政府积极推动数字化技术在海运业的应用，推动船舶、港口和物流企业的数字化转型。同时，中国也在海运业中积极探索人工智能、大数据分析等新兴技术的应用，在优化航线规划、货物跟踪等方面取得了一些成果。

4）美国。美国是全球最大的货物进口国之一，在数字化发展方面也展现出领先的地位。美国的一些港口通过引入智能化设备和系统，实现了更高效和安全的货物装卸。美国也在推动数字化单一窗口项目，优化海关和物流手续，提高货物通关速度。同时，美国在区块链技术的应用方面也取得了一些进展，实现了全球货物贸易数据的共享和透明化。

这些国家的先进经验表明，在国际海运业的数字化发展中，积极推动技术创新和应用是至关重要的。通过加强数字化技术的研发和应用，海运业可以实现更高效、更智能和更可持续的发展。同时，这些国家的经验也为其他国家和地区提供了宝贵的经验和启示。

（3）具有创新性的数字化项目和解决方案。

1）5G 技术在航运中的应用。一些航运公司开始尝试将 5G 技术应用于船舶和港口，以提高通信速度和数据传输的稳定性。通过 5G 技术，船舶和港口可以实时传输更多的数据，实现更精准的货物跟踪和航运管理。

2）区块链技术在航运中的实践。区块链技术为海运业带来了许多创新解决方案。例如，通过区块链技术，可以实现全球贸易数据的共享和可追溯性，减少欺诈和假冒问题。一些航运公司也尝试在船舶管理和维护方面应用区块链技术，优化船舶维修和保养流程。

3）人工智能和大数据分析在航运中的应用。通过人工智能和大数据分析技术，航运公司可以对海洋气象、船舶运行状态等数据进行实时监测和预测，从而更好地规划航线，降低燃油消耗和碳排放。同时，人工智能技术还可以在货物运输中进行优化调度，提高运输效率和资源利用率。

这些成功案例和创新性的项目展示了国际海运业在数字化发展方面的巨大潜力。通过不断探索和应用数字化技术，海运业将实现更高效、更智能和更可持续的发展。

三、国际海运数字化转型的挑战与趋势

在未来的 20 年中，海运企业面临的最大挑战将是数字经济对整个人类社会商业秩序的数字化挑战，特别是能够对传统产业产生持续的、颠覆式的影响，甚至包括来自同行业甚至跨界的挑战。未来，海运企业将依托人工智能、大数据、云计算、区块链、物联网及 5G 等先进数字技术，积极主动开展数字化转型，建立人、船、货以及环境的广泛连接，构建产业生态，聚集数据资产，打造智慧企业。

1. 海运行业发展面临的多重挑战

海运行业的发展与技术革命、世界经济格局变化息息相关，行业整体正面临来自全球经贸格局重塑、产业链重组整合、供应链服务转型、新技术应用等多重挑战和机遇。

新零售、新物流、跨境电商和产业互联网的发展颠覆了企业由内至外的传统供应链体系，正推动全球供应链服务向“以客户为中心”的数字化供应网络转型，一体化、多元化服务需求日趋凸显，对服务差异性更加敏感，端到端服务的可视化、灵活、高效、便捷和智能成为未来供应链服务竞争的关键。

以人工智能、大数据、云计算、区块链等为代表的数字技术正逐步成熟，不断推动海运

行业商业模式和业务服务标准的变革，海运行业的数字化产品、服务和新商业模式正不断出现。海运企业以数字技术为基础，以业务变革和创新为导向，更加关注降本增效、客户服务、生态体系，并围绕其进一步夯实核心竞争力。

全球信息科技的高速发展带动了港口、海运数字化变革的持续推进，海运业势必会选择新的方法建立新的商业模式，减少业务对人的依赖程度，促进人与货更彻底地分离，对流程、数据、平台的依赖将大幅上升，对数字化的需求将大幅上升。而数字化技术在解决业务的问题过程中不是通过单点技术满足业务的需求的，而是通过多种复杂的技术的组合，形成技术链条去适配各种形态的业务场景。

2. 全球海运企业数字化转型主要趋势

近年来，海运企业数字化转型的步伐不断加快，各种类型的数字化应用层出不穷。总体来看，可以分为以下四个类别：

（1）智能化运营的基础设施加快发展。

1）云基础建设加快推进。云计算具有灵活、高可靠性、超高算力、边际成本低等优势，能够快速满足业务对于IT资源的及时获取、业务敏捷发放、运维自动简单等多方面的需求。海运行业内的领先企业通过全球数据中心上云，实现资源的高性能、可伸缩，提升生产力，灵活满足业务需求；并且降低了运营成本，提升了灾后恢复及故障转移的能力；借助云计算，打造一站式服务平台，实现手机在线订舱、海陆多式联运、三角集运、线上App验箱，实现海运与集装箱货车拖运一站式服务等多种应用场景。

2）物联网应用加快部署。物联网在海运领域有着广泛的应用前景，它提升了海运企业对货物、船舶、相关设备及外部环境的实时监控能力，有助于提高企业精细化管理水平和创新海运服务产品。连通性是海运企业发展战略中的关键要素，物联网应用可以简化全球供应链并改善客户体验。从细分领域看，冷藏箱运输发展前景良好，同时客户对冷链物流实时监控的需求也推动了物联网在此领域的应用。

（2）业务更趋智能化，服务更趋集成化。海运业加快了对业务数据，包括第三方数据、软件的引进和应用，提供业务系统的预测性和分析能力，优化海运生产经营决策，同时海运服务更加集成，向便捷用户的方向发展。

1）利用知识系统分析改进生产决策。基于大数据的人工智能决策在海运行业产生了深刻的影响。例如，在海事领域，法院可利用大数据系统进行案件的审理；利用大数据结合物联网技术可实现船舶的运营管理；通过数据分析调整船舶动力控制管理，优化燃放；基于船舶自动识别系统AIS网络对船舶进行跟踪和分析，优化船舶部署和船舶加油决策；利用专业人工智能软件进行船舶航行规划等。

2）推出集成化的海运服务产品。整体海运市场对于一体化、多元化服务需求日趋凸显，海运企业逐步向“以客户为中心”的数字化、集成化供应网络转型，陆续推出数字化平台，大幅简化客户订舱操作，实现一站式供应链服务；同时提供集成的端到端的物流解决方案，为客户提供无缝服务体验，未来还将提供贸易融资、保险、海关经纪、卡车运输和仓储等服务。

3）电子提单研发应用加速。海运行业流程复杂，单证繁多，纸质单证的流转极大地影响了业务运营效率，电子提单成为解决这一痛点问题的关键抓手，有助于缩短提单周转时间，提升业务各个节点的效率。业内领先的电子提单解决方案可以将提单传送时间由几天缩短至几分钟。

（3）沿产业链延伸，拓展海运增值服务。数字化不仅是优化海运企业业务的关键技术支撑，更是连接市场、满足客户需求、更好地服务客户的重要渠道。在此背景下，海运企业正积极利用数字化网络，向海运业产业链上下游延伸，拓展增值服务。

1）海运服务向物流领域延伸。最近几年，班轮公司经过一轮兼并整合浪潮后，行业集中度不断提高。在这一背景下，第一梯队的班轮公司正在将竞争推向新的高度，旨在将竞争方向引到全程物流、门到门、一站式服务的方向上来，加强对供应链的控制。其中，数字化转型是垂直整合的必要手段，行业内领先企业正在通过成立区块链平台、收购科技报关公司、部署数字化仓储配送软件系统等手段，拉近端到端的供应链距离，实现运输过程的可视化、智能化，完善产业链服务效率。

2）海运服务向金融领域拓展。海运业是资金密集型行业，目前船舶融资、海运保险、资金结算、设备租赁等海运金融服务需求增多，但在传统交易过程中普遍存在供应商汇款账期长、信用证支付费用昂贵、保险过程复杂成本高昂等痛点。近几年，行业内领先企业开始与发票融资平台和保险公司等金融机构合作，通过为客户提供一系列定制解决方案、推出在线海运保险数字化产品等手段，将服务延伸至金融领域，满足客户个性化需求和客户体验，实现业务拓展。

（4）平台类应用重塑行业数字化生态。数字化转型的本质是在新一代信息技术的驱动下，对业务、管理和商业模式进行变更甚至重构。在数字经济下，产业组织的基本单位不再是企业，而是企业之间以用户价值为出发点建立合作关系而形成的数字化生态。平台类应用通过在企业之间建立数字化连接，实现业务数据的实时共享，优化产业链的联动协作，重塑子产业数字化生态。

基于区块链的平台可实现整个供应链上各个参与方在物流关键节点（如码头、堆场等）发生事件（如装箱、装船）的实时同步，将原有的网状信息交互模式改为通道信息交互模式，打通所有物流参与方之间的信息壁垒，实现贸易无纸化、可视化、自动化。

本章小结

本章介绍了国际海运的基本知识和基本理论，包括国际海运概述、国际海运船舶与货物、国际海运主要营运方式、班轮运输的优点和托运程序、班轮货运单据、班轮运费的计费标准、租船运输的基本特点、租船市场和租船合同的性质与类型、国际海运的数字化发展。

国际海运是船舶经营人以船舶为运输工具，以海洋为通道，从事国与国之间货物和旅客的运输并收取运费的经营行为。当前国际上普遍采用的远洋船舶的营运方式可分为两大类，即班轮运输和租船运输。

班轮运输又称定期船运输，是指船舶按事先制定的船期表（时间表），在特定的航线上，以既定的挂靠港口顺序，经常地从事航线上各港间的船舶运输的营运方式。班轮运输的订舱、托运流程一般可分为五步：订舱、配载、装船、获取大副收据、换取提单。其主要单据包括：托运单、装运单、收货单、提单、提货单和理货单。

租船运输，又称不定期船运输，是相对于班轮运输，即定期船运输而言的另一种远洋船舶营运方式。它与班轮运输不同，没有预先制定的船期表、航线，停靠港口也不固定。船舶的营运是根据船舶所有人（或船舶经营人）与需要船舶运输的货主双方事先签订的租船合同安排的，故被称为租船运输。根据承租人不同的营运需要，租船方式也不同。其中，最主要的是航次租船和定期租船。

案例讨论

【案例讨论1】

现代综合物流服务：中远航运物流业的发展战略

中国外贸运输量的90%以上是依靠航运来完成的。作为以航运为主业的中远集团，以占全国远洋运力75%的船队规模和覆盖全球的营销网络，成为中国外贸运输的主力。作为全球承运人，中远集团在进一步确立航运业在现代物流业中主干地位的同时，正努力向现代综合物流方向转变，从而实现物流、商流、信息流的一体化，使物流成为中远集团新的利润区域。这是中远集团在21世纪的一项新的战略任务。

1. 从客户需要出发，以客户满意为中心，达到与客户间的“双赢”目标

中国现阶段的物流产业，受国民经济总体发展水平、“小而全”的传统观念，以及企业自身人才资源匮乏、投资能力不强等诸多因素的制约，尚处于孕育和培养的阶段，因此，目标市场的定位至关重要。由于不同类型的客户所采用的生产经营方式有着巨大的差异，也就决定了他们对产品和原材料在流通过程中的需求千差万别。

一方面，客户对象主要集中在外资企业、高附加值产品、国家重点建设项目和国家支柱产业，其产品档次和价值相对比较高，他们也有能力支付高额的物流费用，但往往要求服务个性化、专业化。

另一方面，客户具有不同的航运物流服务需求。这就要求必须以客户满意为中心，真正领会客户的生产经营意图，一切从客户的需要出发，针对客户供应链的各环节，紧密地配合客户生产的需求，以提高客户生产效率、降低客户物流费用、提高客户整体效益和竞争力为目的，拟订一个整体性的解决方案，并以此整合包括航运在内的所有业务。这是中远集团总结经验得出的航运企业发展物流业的关键所在。

例如，在上海最大的蔬菜出口基地，某集团通过调查得知客户对蔬菜的运输、包装等业务知之甚少，就与客户洽淡以劳务输出的方式派出储运管理人员，直接进入客户的生产活动中，与客户真正融为一体。在总结这个经验的基础上，推出了“绿色服务”这一物流品牌。“绿色服务”是从公司派出优秀的业务人员，进驻客户单位进行联合办公，整个出运业务流程的运转全部由高素质、高效率的业务人员来完成。这样，业务人员就直接参与了客户的经营活动，在与客户的伙伴关系中直接为客户创造价值，同时向客户出具书面承诺。该承诺意味着从接受委托的这一刻起，公司将承担出货过程中所遇到的一切风险。客户满意以后的结果就是通过物流的增值服务获得应有的回报，树立自己的品牌形象，达到了与客户间的“双赢”目标。

2. 要与航运企业建立全球营销一体化网络紧密结合

全球经济一体化和跨国公司的日益扩张，促使航运企业内部资源配置模式由航线型资源配置模式转向全球承运的资源配置模式，并逐渐对遍布全球各地的人员、设备、信息、知识和网络等资源进行全方位、一体化的协调和整合，进而形成全球一体化的营销体系。物流服务连接生产、流通、消费、交换等诸多环节，包括了加工、包装、订单处理、需求预测、采购、仓库选址、零部件及服务支持等。

因此，中远集团必须积极发展现代物流，使得已形成的全球营销网络的触角更加深入客户内部的生产经营领域，极大地丰富航运企业全球营销体系的内涵和外延，也在一定程度上向全面解决客户问题的综合服务商方向转变。

3. 加快服务体系的建设，推进海运数字化转型，形成全球物流综合网络

现代物流服务体系由三大块组成：运输系统、配送系统（包括装卸搬运、包装、保管发送、流通加工）和信息服务系统。在中远集团的运输系统中，外贸运输具有传统优势，内贸运输和配送业务则刚刚起步。为逐步提高中远集团综合物流服务能力，其将更多地介入内贸运输，以完善运输功能；发展国内货物配送，积极尝试在海外为大客户开展配送分拨服务；在此基础上，为客户提供增值服务，以强化服务优势；同时投入资金，不断完善信息系统，加快海运的数字化转型，最后形成数字全球物流综合网络。

问题：

在数字化海运时代，中远如何向现代综合物流服务方向转型？试对实现这一转型所面临的挑战和机遇给出你的分析结论。

【案例讨论 2】

海运绿色物流

国际海运承担了 80%左右的国际贸易货运量，因此与海运相关的活动成为国际物流绿色战略的重要组成部分。例如，国际海事组织（IMO）海上环境保护委员会（MEPC）第 58 次会议通过的《国际防止船舶造成污染公约》（MARPOL）规定，2020 年 1 月 1 日及以后，船上使用的任何燃油硫含量不应超过 0.5%，从燃油使用方面推进国际物流海上运输绿色化进程。此外，承接海陆中转活动的港口积极寻求该国际物流节点的绿色化、低碳化，以节能减排增效为目的的港口作业活动优化理论与实践不断出现，例如，靠港船舶使用岸电、集装箱码头 RTG“油改电”，以及通过对码头运营过程海量数据分析，优化码头操作流程、建立协同管控机制，培育智慧化、绿色化集装箱码头作业模式。集装箱码头作业简要示意图如图 6-1 所示。

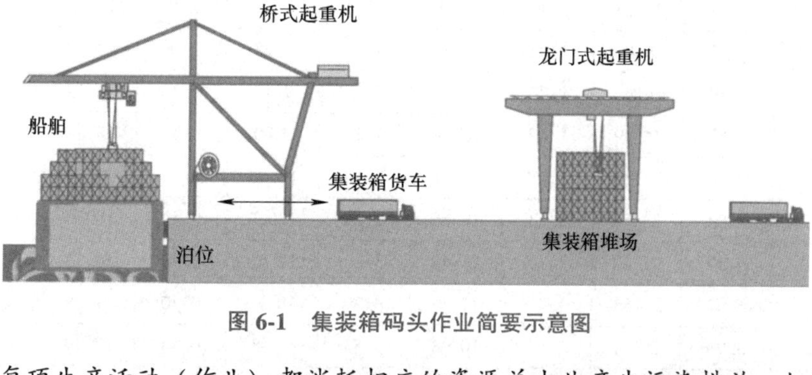

图 6-1 集装箱码头作业简要示意图

港口的每项生产活动（作业）都消耗相应的资源并由此产生污染排放，如桥式起重机装卸作业消耗电能所排放的污染物、堆场轮式起重机装卸作业消耗柴油或/与电力排放的 CO_2，集装箱货车在水平搬运环节消耗柴油所排放的 CO_2。表 6-1 显示了 S 港某年吞吐量与部分主要设备作业油电消耗情况，表 6-2 则进一步解析了桥式起重机、轮式起重机、堆高机、集装箱正面起重机作业能效情况，更为精细地描述了港口装卸设备作业情况。图 6-2 介绍了集装箱货车作业效率。

表 6-1 S 港某年吞吐量与部分主要设备作业油电消耗情况

月份	吞吐量/万 TEU	电能消耗/万 kW·h		油耗/万 L		
		电驱动轮式起重机	电驱动桥式起重机	轮式起重机	堆高机	集装箱正面起重机
1 月	6.2	7.89	19.70	8.4	0.9	0.42
2 月	4.4	5.47	32.56	4.2	0.7	0.33
3 月	6.3	8.24	32.27	5.5	0.8	0.37
4 月	7.3	9.42	31.79	6.6	0.6	0.41
5 月	7.8	9.73	26.29	8.5	0.7	0.68
6 月	8.8	10.23	48.54	8.4	1.1	0.78
7 月	11.4	14.31	59.10	9.3	1.7	0.70
8 月	12.3	15.68	43.69	8.2	2.0	0.10
9 月	10.3	10.32	37.51	8.0	1.9	0.04
10 月	9.0	9.53	34.53	7.9	1.5	0.06
11 月	9.2	11.72	38.41	6.7	1.5	0.04
12 月	10.1	12.21	34.97	7.7	1.8	0.13

表 6-2 装卸设备作业能效情况

月份	桥式起重机能效		轮式起重机能效				堆高机能效		集装箱正面起重机能效	
			油驱动轮式起重机（RTG）		电驱动轮式起重机（ERTG）					
	kW·h/MOVE	MOVES/h	L/MOVE	MOVES/h	kW·h/MOVE	MOVES/h	L/MOVE	MOVES/h	L/MOVE	MOVES/h
1 月	5.74	28.42	1.92	9.04	3.78	7.66	0.30	13.44	0.67	6.04
2 月	4.27	28.83	1.45	9.09	3.43	7.92	0.25	12.33	0.74	6.17
3 月	8.23	26.01	1.08	10.64	3.46	8.58	0.38	12.19	0.42	10.58
4 月	6.70	26.60	1.22	11.20	3.36	9.45	0.27	12.19	0.49	10.23
5 月	6.62	24.89	1.49	10.68	3.26	9.89	0.30	13.88	0.74	10.04
6 月	9.66	23.36	1.37	11.31	3.10	10.43	0.39	14.79	0.80	10.29
7 月	7.62	22.76	1.33	13.06	3.23	12.16	0.42	18.26	0.78	9.48
8 月	6.39	22.60	1.39	13.42	3.20	12.56	0.38	20.13	0.61	6.96
9 月	6.57	22.37	1.49	11.53	3.29	10.77	0.40	19.08	1.32	6.18
10 月	6.98	25.81	1.64	10.03	3.53	8.93	0.44	17.19	1.41	7.22
11 月	7.57	27.03	1.46	10.28	3.42	10.27	0.40	18.77	1.22	8.00
12 月	6.44	28.16	1.62	10.14	3.34	10.09	0.43	19.78	0.96	6.78

注：1. MOVE 是指一个自然箱。
2. MOVES/h 是指每小时装卸自然箱的个数。
3. kW·h/MOVE 是指装卸一个自然箱的电能消耗。
4. L/MOVE 是指装卸完成一个自然箱的燃油消耗。

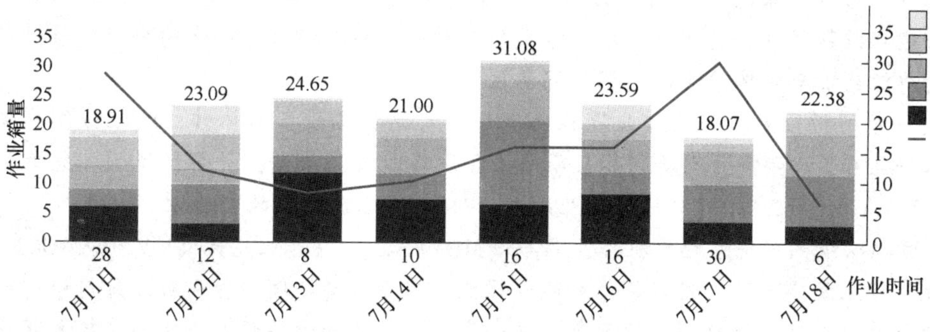

图 6-2　集装箱货车作业效率

以上介绍了 S 港某年集装箱码头作业情况，部分展示了大数据技术下集装箱码头作业精细化的分解，以求通过大数据技术开发集装箱码头规划与管控系统，实现集装箱码头绿色化运营战略。

问题：

请根据以上集装箱码头作业信息，结合不断出现的新技术，尝试了解采用哪些途径能够有效提升港口作业能效，达到港口节能、减排、增效的目的，实现港口绿色化可持续运营。

【案例讨论 3】

海运绿色物流战略分析

该案例以案例讨论 2 中所述的集装箱码头作业为研究对象，基于大数据技术的应用，讨论集装箱码头大数据规划与治理下的国际物流绿色战略，该案例讨论分为三个层次：基础数据分析、关键问题解析、优化模型构建。

一、基础数据分析

以案例讨论 2 所提供数据为依据，对数据进行基本的统计分析。

(1) 根据表 6-1 统计数据绘制单标箱能耗示意图（见图 6-3），并对结果加以描述说明。

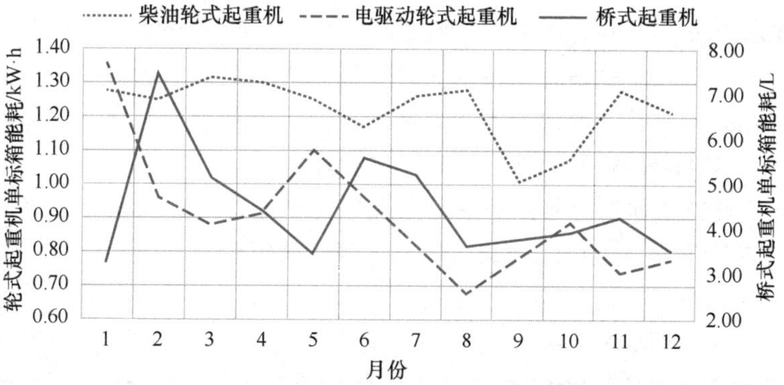

图 6-3　轮式起重机、桥式起重机单标箱能耗示意图

$$单标箱电耗=电力消耗总量(kW\cdot h)/吞吐量(TEU)$$

$$单标箱油耗=燃油消耗总量(L)/吞吐量(TEU)$$

由图 6-3 可知，桥式起重机装卸 1TEU 电力消耗 0.8~1.32kW·h，电驱动轮式起重机装卸 1TEU 电力消耗 0.7~1.36kW·h，柴油轮式起重机（RTG）装卸 1TEU 油耗 1~1.3L。通

过以上数据统计分析可以获悉集装箱码头年（或月）单箱作业平均能耗。该方法以事后方式实现了码头能耗效能的评判，但这种评判方式缺乏对码头作业流程绿色化的分析、监控与优化，即缺乏以绿色低碳化为准则的过程协同优化。

（2）为进一步解析集装箱码头作业流程绿色化，需要将各设备具体作业流程分解，使其颗粒化。根据表 6-2 的数据分别绘制集装箱码头各设备能效分析图，并解释说明各装卸设备作业能耗 kW · h/MOVE，L/MOVE 与作业效率（MOVES/h）之间的相关性。

由图 6-4 可以初步判定桥式起重机作业效率（MOVES/h）与作业能耗（kW · h/MOVE）有内在相关性。作业效率越高，单标箱作业能效越低，然而两者之间的相关程度目前难以确定，即作业效率对于单位能耗的影响程度需要进一步研究，不同设备作业效率与能耗之间存在何种关系对于增效节能有着至关重要的意义。

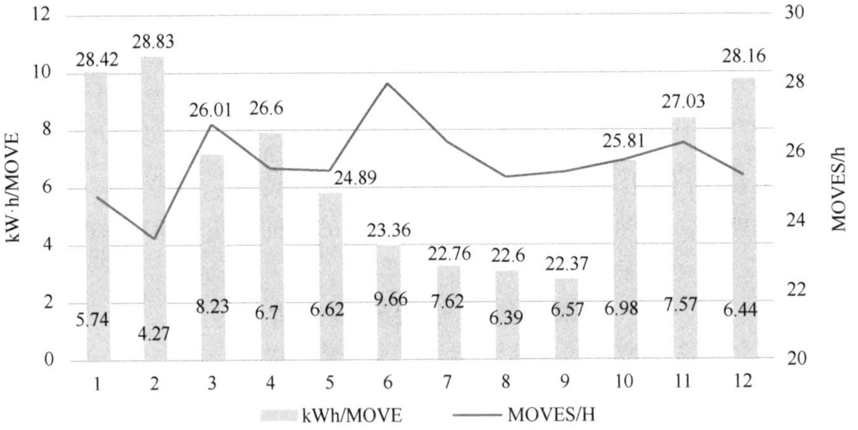

图 6-4 桥式起重机作业能效示意图

（3）根据图 6-2 简要分析集装箱货车桥边等待时间与堆场等待时间对作业箱量的影响，并根据集装箱货车时间粒度分解法，尝试将轮式起重机、桥式起重机等作业时间分解，指出时间粒度下各设备作业协同的意义所在。

从图 6-2 可以看出：①内集装箱货车桥边等待时间与堆场等待时间和占整个作业时间一半之多，这说明不论是在海侧还是在堆场，作业协同存在较大问题，并由此导致集装箱货车无效等待；②作业箱量与作业时间存在一定关联性，可以初步判定作业时间越短，作业箱量相对越高，其中 7 月 11 日与 7 月 17 日数据尤其明显。

图 6-5 进一步解释了作业时间分解基础之上桥式起重机、集装箱货车以及轮式起重机等主要装卸搬运设备协同作业，以及由此对能耗与排放的影响。

二、关键问题解析

1. 集装箱码头大数据规划与治理面临的主要问题

（1）数据获取与存储。其内容包括采集哪些作业活动数据，数据的数量与质量如何把控，数据采用何种方式加以存储。码头作业活动数据通常包括岸边装卸船作业、堆场作业以及内集装箱货车转运作业，实时、高质、高效地获取以上作业数据对作业轨迹合理性分析有着重要影响。在获取海量作业数据时，要求清晰准确记录每项作业；在获取有价值的数据信息时，要求能够精准识别异常数据，及时发现问题。由于数据量巨大，数据的存储带来一定挑战，数据快速存取成为其有效应用的基本前提。

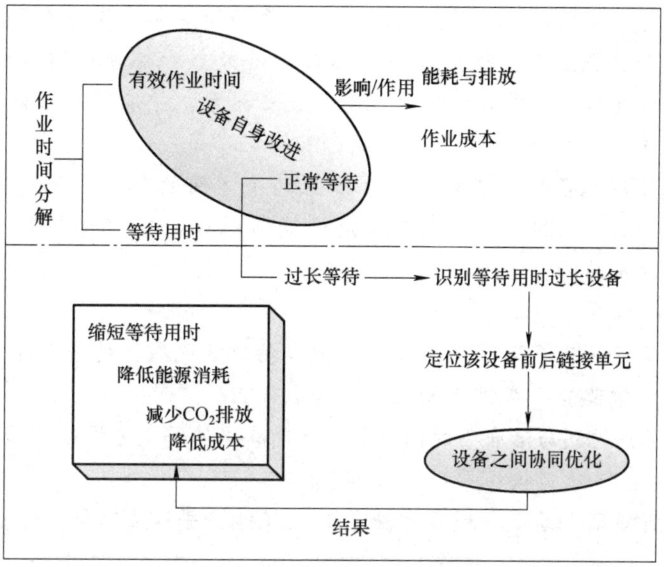

图 6-5 作业时间分解基础上的设备间协同作业影响分析

(2) 数据标准化与数据整合。其内容包括如何统一数据结构标准，构建企业数据字典和管理体系，并将其加以应用；不同系统下的数据如何整合到统一的数据仓库中。码头作业数据各部门由于其自身需要，计量标准有所不同，如表 6-1 统计吞吐量以 TEU（标准箱）为基准，而表 6-2 作业能效统计分析单元以 MOVE（自然箱）为基准，这种差异化的数据给集成化数据管理与分析带来了困难。只有建立数据标准，才能实现不同系统下的数据有机整合。在集装箱码头运营中，特别是自动化集装箱码头运营中，数据标准化确立尤为必要，数据标准化让数据在线化共享成为可能，这不仅有利于单个港口分析，还有利于港口圈、港口群宏观分析，实现港口自身以及港口之间的时空交叉比较分析。

(3) 数据分析多维化。其内容包括数据分析的维度有哪些，可以从哪些角度或层面对数据加以分析挖掘。当前集装箱码头作业数据分析主要包括作业效率与成本分析两大方面，基于能效分析，特别是作业绿色化、低碳化评价与分析尚不完善。建立多维度数据分析可以满足不同的需求，例如，对于轮式起重机作业能效既可以采取 L/MOVE（kW · h/MOVE）来衡量，也可以采取每 MOVE 消耗的时间或成本衡量。

(4) 数据监测与可视化。其内容包括：如何通过数据监测来识别、发现问题，优化作业活动；数据分析结果的可视化，即图文并茂呈现作业活动轨迹。数据监测包括两方面内容：第一，实时作业数据在线化，强调记录存储；第二，实时作业数据与基于统计分析建立起的作业基准数据对比分析，强调问题识别。数据监测既是数据记录的具体呈现，同时可提高数据分析的实效性。数据可视化则以更为直观的方式展现数据分析结果，便于管理部门对作业情况进行多时空维度的分析。

以上从大数据管控系统角度指出集装箱码头大数据规划与治理面临的主要问题，该部分侧重技术层面。

2. 集装箱码头大数据规划与治理下的国际物流绿色战略关注重点

(1) 作业效率对能耗和排放影响程度分析。通过采集港口装卸搬运设备作业活动数据，初步分析各设备单标箱作业能耗及其排放；在此基础上，采用单标箱作业用时分析设备作业效率，尝试建立时间—能耗分析模型，探求作业效率与能耗和排放的关系。

(2) 能耗排放与作业成本关联性分析。融合经济效益和环境效益两方面因素，综合考量集装箱码头作业的效率。将排放成本纳入整个成本体系，并采用时间驱动作业成本法，分析环境效益对总体成本的影响。

(3) 资源策划下的绿色物流战略。基于以上两个方面的分析，利用集装箱码头大数据管控系统进行资源策划，由粗到细，从 24h 泊位策划到 6～12h 的堆场计划、配载计划，以达到港口绿色低碳运营的目标。

三、优化模型构建

基于大数据的集装箱码头运营绿色战略是国际物流绿色战略的重要组成部分，码头作业效能的提升将有效助推节能、减排、降耗的实现。

集装箱码头大数据规划与治理下的国际物流绿色战略的解决方案可以通过以下途径实施。

1. 构建时间—能耗分析模型

根据图 6-6 分析模型，绘制各设备作业用时及耗能，并建立时间方程。

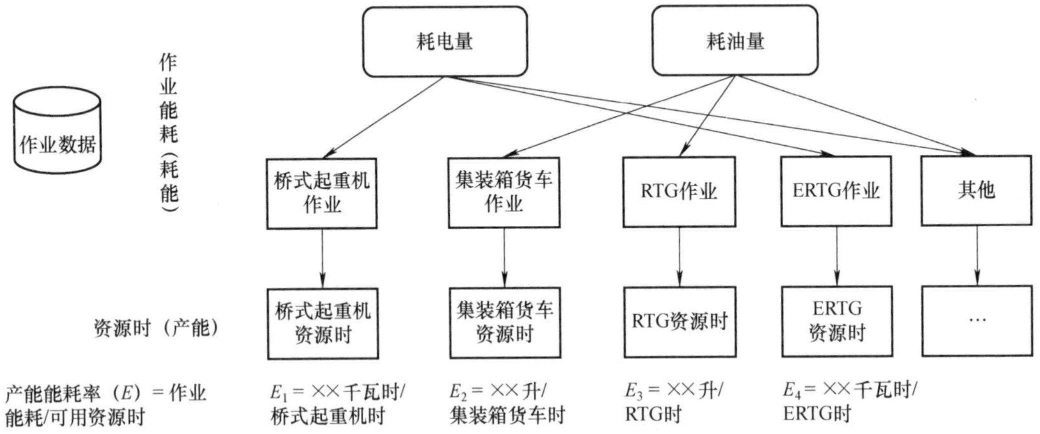

图 6-6 时间—能耗分析模型

图 6-7 所示为集装箱货车单位作业用时与能耗。

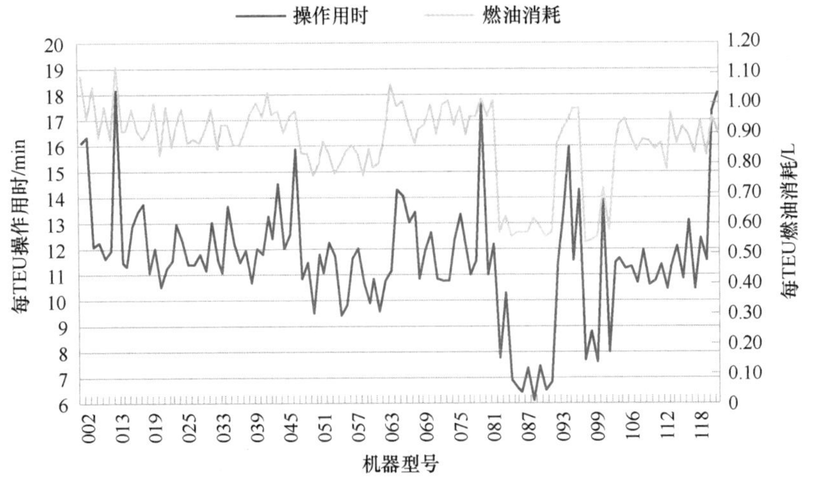

图 6-7 各类集装箱货车搬运 1TEU 操作用时与燃油消耗

现假定单位能耗为被解释变量 Y，作业时间为解释变量 T，采用最小二乘拟合得到下式：

$$Y=0.0146483069538T+0.692076143107$$

上式表明了集装箱货车作业用时与能耗的相关性，而作业时间 T 可以进一步细分，以实现作业活动时间精细化管理，如图 6-8 所示。

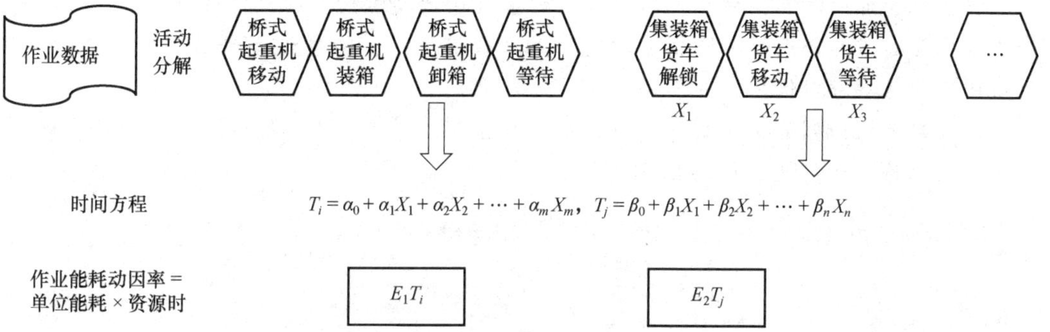

图 6-8　基于活动分解的时间—能耗方程

注：$T_i(i=1,2,3)$ 表示桥式起重机在堆场、岸边和水平运输的作业时间；X_m 表示桥式起重机在某一场景（堆场、岸边或水平运输）作业分解的移动、装箱、卸箱和等待环节消耗的时间；T_j 和 X_m 则代表集装箱货车在上述情况下的参数；α、β 为系数。

于是可以得到集装箱货车作业时间—能耗方程：

$$Y=\varphi(\beta_0+\beta_1X_1+\beta_2X_2+\cdots+\beta_nX_n)+\varphi_0$$

式中，Y 为能耗；φ 为单位时间能耗系数；φ_0 为误差项。

同样，通过上述方式得到轮式起重机、桥式起重机等设备的作业时间—能耗方程。采用该方式有效地实现了以时间为尺度的能耗与排放预估，有利于绿色监控和作业优化。

2. 构建时间—成本分析模型

时间—成本分析模型如图 6-9 所示。

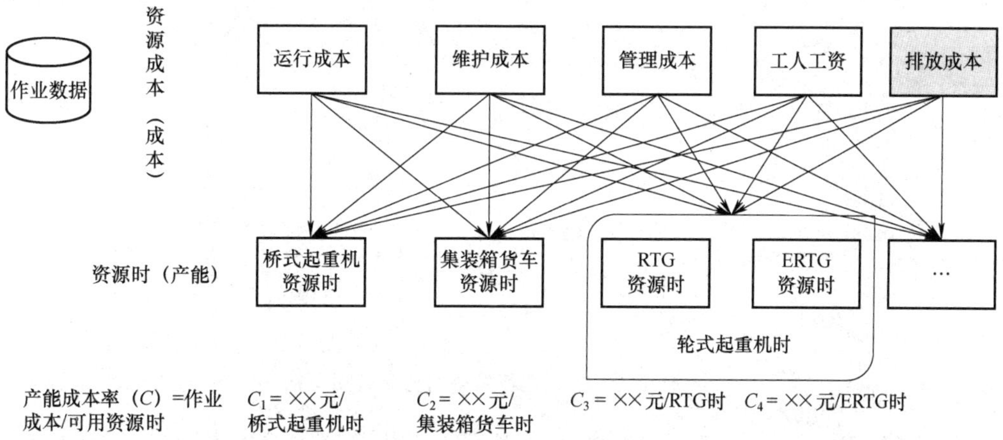

图 6-9　时间–成本分析模型

图 6-9 中的排放成本基于图 6-6 的作业能耗，即根据燃油及电力消耗量乘以对应碳排放系数，通常柴油 CO_2 排放系数采用 2.68kg/L，电力 CO_2 排放系数为 0.6807kg/(kW·h)，

单位排放成本暂可依据减排成本㊀测算，由此得到各设备产能成本率。

时间—成本分析模型重要的一点在于引入排放成本，突破传统以财务计量的方式，将经济效益与环境效益要素统一纳入港口核算体系。

3. 作业轨迹跟踪与合理性分析

依据获取的作业时间，评判一段时间内设备作业活动运行情况，借助作业用时分解有效分析设备作业运行的合理性，即基于时间分解与轨迹定位，绘制设备作业运行轨迹分析图。凭借该图，管理层可以优化作业活动。

以轮式起重机为例分析说明作业轨迹跟踪及合理性分析，已知编号为×××轮式起重机在两时段内的作业运行轨迹如图 6-10 所示。

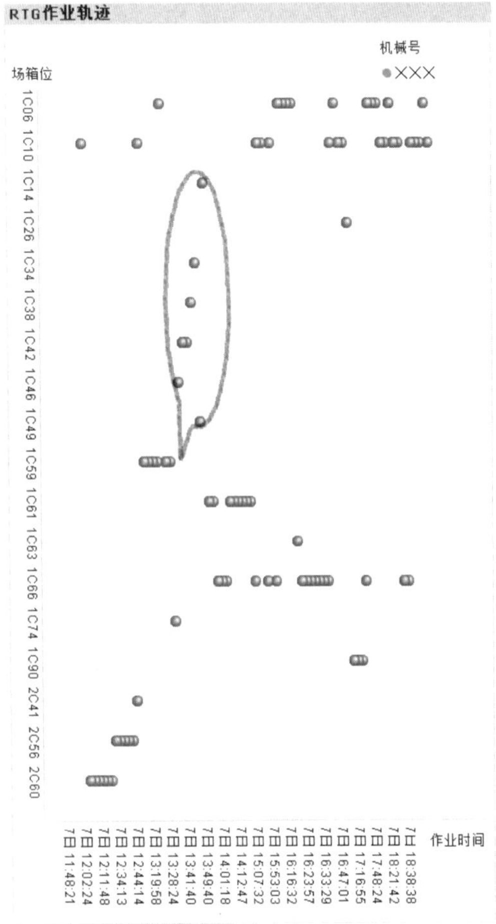

a)

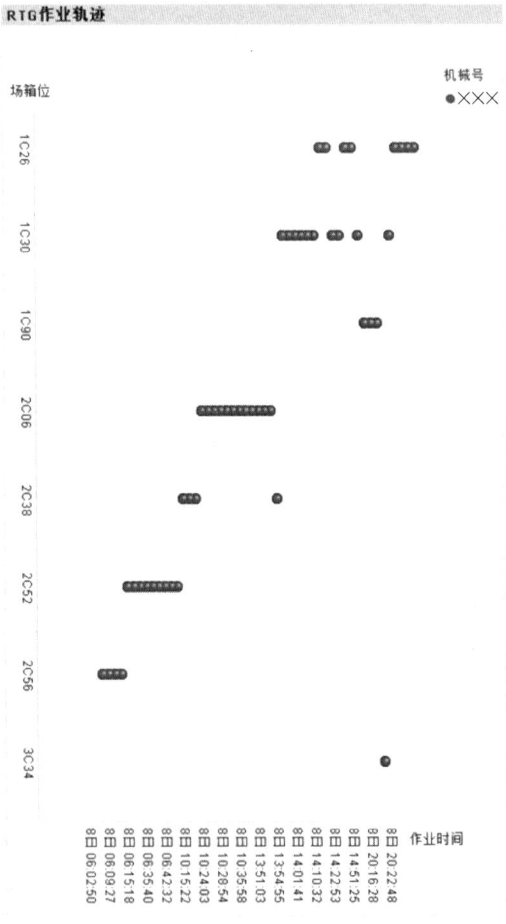

b)

图 6-10 作业运行轨迹对比分析图

由图 6-10a 的可知，在 7 日 12:02:24 时刻前后，轮式起重机发生长距离移动，从 1C10 滑动至 2C60，即从堆场一端移至另一端，至 12:34:13 又移动至 1C06。在灰色椭圆区

㊀ 姜庆国，穆东．到 2020 年中国实现减排目标的减排成本测算［J］．北京交通大学学报（社会科学版），2013（1）：72-77.

域可以观察到较短时间内位置点很分散，这说明可能是轮式起重机移动距离过长，即在有效时间内轮式起重机在场站有许多无效活动，轮式起重机作业存在不合理性；图 6-10b 表明随着时间推移，该轮式起重机按照场箱位逐步推进作业，即从 2C56 依次移动至 2C57、2C38、2C06 等，该作业进程基本不存在轮式起重机无效移动，换言之，轮式起重机作业优化策略合理有效。两图对比分析可知，7 日时间段内轮式起重机作业出现来回无效移动的情况，该现象可能进一步导致与其衔接作业的集装箱货车在堆场等待时间过长；8 日时间段内作业轨迹良好，轮式起重机未曾短时间在不同箱位频繁移动，从而初步推断与其衔接作业的集装箱货车在堆场没有过长时间等待。所有这些情况，应结合操作时间集装箱货车作业用时情况做进一步分析。

根据以上轮式起重机两个作业时段分析可知，设备作业运行轨迹合理性分析与作业时间分解紧密联系，作业轨迹合理与否直接影响作业用时，而作业时间分解基础上的作业优化则有效推进作业轨迹合理化，二者相辅相成共同推动港口装卸搬运设备作业低碳技术优化改进。

4. 建立资源策划决策模型

在数据获取与分析基础上，从战略层构建对整个集装箱码头作业进行宏观管控的决策模型。

决策模型的目标与约束条件通常表示为如下形式：

$$\max(\min)[f_1(x),f_2(x),\cdots,f_n(x)]$$
$$\text{s.t. } x\in X$$

式中，x 为资源配置，$\boldsymbol{x}=(x_1,x_2,\cdots,x_n)^{\mathrm{T}}$；$x$ 为集装箱码头装卸搬运设备，包括桥式起重机、集装箱货车、RTG、ERTG 等，$x=\{x\mid g_k(x)\leqslant 0,k=1,2,\cdots,m\}$；$k$ 为作业资源和/或时间等约束。

根据本案例决策目标，从两个角度入手：其一，成本最小，即 MinimizeC_T；其二，排放最低，即 Minimize E_T。本决策模型基于时间粒度能更好地将成本和排放统一起来。

基于大数据分析挖掘，以及相应分析模型的确立，能够根据任务场景预估桥式起重机、轮式起重机、集装箱货车等作业资源的时间需求，如由 24h 之内的泊位计划，逐步细化到 6~12h 之内的配载、堆存计划，从而有效配置资源，高效低耗地完成作业。表 6-3 显示了某期间泊位作业计划所需桥式起重机的配置。按照同样的方法可获得轮式起重机、集装箱货车配置。

表 6-3 泊位作业计划表（桥式起重机配置）

<table>
<tr><th>班组</th><th>时间/桥式起重机</th><th>Q801</th><th>Q802</th><th>Q803</th><th>Q804</th><th>Q805</th></tr>
<tr><td rowspan="6">三班</td><td>19</td><td rowspan="6" colspan="2">A 航运</td><td></td><td></td><td></td></tr>
<tr><td>20</td><td></td><td></td><td></td></tr>
<tr><td>21</td><td></td><td></td><td></td></tr>
<tr><td>22</td><td></td><td></td><td></td></tr>
<tr><td>23</td><td></td><td></td><td></td></tr>
<tr><td>0</td><td></td><td></td><td></td></tr>
</table>

（续）

<table>
<tr><th>班组</th><th>时间/桥式起重机</th><th>Q801</th><th>Q802</th><th>Q803</th><th>Q804</th><th>Q805</th></tr>
<tr><td rowspan="7">三班</td><td>1</td><td></td><td></td><td colspan="3" rowspan="4">B 航运</td></tr>
<tr><td>2</td><td></td><td></td></tr>
<tr><td>3</td><td></td><td></td></tr>
<tr><td>4</td><td></td><td></td></tr>
<tr><td>5</td><td></td><td></td><td></td><td colspan="2" rowspan="7">C 航运</td></tr>
<tr><td>6</td><td></td><td></td><td></td></tr>
<tr><td>7</td><td colspan="3" rowspan="5">D 航运</td></tr>
<tr><td rowspan="5">四班</td><td>8</td></tr>
<tr><td>9</td></tr>
<tr><td>10</td></tr>
<tr><td>11</td></tr>
<tr><td>12</td><td></td><td></td><td></td><td></td><td></td></tr>
</table>

问题：

1. 根据你的了解，谈一谈大数据技术可以在哪些方面推进绿色物流的实现。

2. 谈一谈你对国际物流绿色战略的认识。你认为哪些方法、方式、手段可以推动国际物流绿色战略？

3. 你认为习近平总书记提出的 21 世纪海上丝绸之路构想对国际物流的影响有哪些？对国际物流绿色战略有什么推动？

4. 你认为推出“碳排治理成本”“碳税”是否可行？“碳排治理成本”对集装箱码头作业的潜在影响有哪些？

课后思考与练习

思考题

1. 什么是货物和船舶，它们是如何进行分类的？船舶有哪些性质？

2. 什么是班轮运输？它有什么特点？

3. 什么是程租船？什么是期租船？它们有什么区别？

4. 租船市场有何特点？国际上有哪些主要的租船市场？

练习题

一、选择题

1. 下列哪项不属于国际海上货物运输的特点的是（　　）。

A. 通过能力大　　B. 运量大

C. 运费高　　D. 易受自然条件的影响

2. 托运人根据买卖合同和信用证的有关内容向承运人或其代理人办理货物运输的书面凭证是（　　）。

A. 提单　　B. 场站收据　　C. 托运单　　D. 配舱回单

3. 船舶按照规定的时间表（船期表）在一定的航线上，以既定的挂靠港口顺序，经常地从事航线上各港间的船舶运输的营运方式是指（　　）。

A. 不定期运输　　B. 航次租船　　C. 班轮运输　　D. 光船运输

4. 下列选项中对装货单表述正确的是（　　）。

A. S/O　　B. C/P　　C. M/R　　D. M/F

5. 下列选项中不属于识别标记的是（　　）。

A. 批件与件数号码标记　　B. 体积标记

C. 附加标记　　D. 小心轻放标记

6. 租船经纪人以中间人身份促成租船合同订立，他的佣金通常由（　　）支付。

A. 承租人　　B. 货主　　C. 船东　　D. 大副

二、判断题

1. 包运合同不属于航次租船。（　　）

2. 光船租船是一种财产租赁方式，并不具有运输承揽的性质。（　　）

3. M/R 签收表明货物已装船。（　　）

4. D/O 签发表明收货人有权提货。（　　）

5. 定期租船的租船人对所租船舶在运营过程中产生的港口费、装卸费等不负责支付。（　　）

三、问答题

1. 什么是运输标志？它的作用是什么？

2. 在前期准备的基础上，航运企业国际海洋运输的业务流程是什么？

3. 什么是班轮运输？它有哪些特点？它与租船运输有什么区别？

四、计算题

1. 假设某出口公司向马来西亚出口大型机床 1 台，毛重为 7.5MT，目的港为巴生港或槟城。运送机床去新马航线的基本费率每运费吨为 1500 港元，另加收超重附加费每运费吨为 28 港元，选港费为 20 港元。问：该机床的运费为多少？

2. 我国上海某出口商出口电风扇 500 台到纽约，共装 50 箱，每箱体积为 60cm×55cm×120cm，每箱毛重 125kg，查运费表得知，该批电风扇按 W/M12 级计费，并且 W/M12 级从上海到纽约每运费吨运价 94 元人民币，燃油附加费 28%，港口附加费 10%，求：该批电风扇从上海运输到纽约应付运费多少？

3. 某公司向美国出口鹿茸 800kg，共 100 箱，每箱净重 8kg，毛重 10kg，总体积 3.5m^3，总值 CIF50000 美元。查运价表得知，鹿茸计算标准是 AD. VAL. 3%，试计算该货的运费总额。（一般规定 CFR 价为 CIF 价的 99%。）

第七章

国际空运物流及快递业务

学习目标

了解国际航空物流的基本概念，掌握国际航空运输的经营方式，熟悉国际航空运单，掌握国际航空快递业务，了解国际空港物流服务的内容。

学习要点

国际航空运输　班机运输　包机运输　集中托运　航空运单　航空主运单　航空分运单　航空快递　航空货运代理　空港物流

场景导入

张同学发现上航（上海航空）股份有限公司（以下简称SH航空）发展快速，觉得其中可能有值得学习的宝贵经验，于是对此公司展开了深入的调查。他发现该公司董事长周某曾经自称，SH航空是“一家小的、地方的航空公司”。但是历时20年，这家“小”公司的经营业绩却令人刮目相看：目前公司拥有包括公务机、全货机在内的飞机42架，开通了140多条国内外航线；1996年起，公司连续保持盈利，2002年在上海证券交易所成功上市；自2000年以来，公司连续两次获得“全国用户满意企业”和“上海市质量金奖企业”称号；“十一五”期间，SH航空将目标锁定为枢纽型、国际化航空大集团。

SH航空的目标是建成一个“国内最好、顾客首选、具有国际水平的航空公司”，成为枢纽型、国际化的航空大集团。上海建设亚太航空枢纽，为SH航空的发展提供了机遇。

为了实现成为枢纽型、国际化的航空大集团的“十一五”期间的战略规划，SH航空提出了“主营突出、两翼齐飞”的思路，“主营”是指航空主业，“两翼”是指SH货航和中联航，此外还有一个关联集团，其业务主要集中在物流和旅游方面。成为以上海为中心、辐射全国的枢纽航空公司是SH航空的目标。

SH航空将航空货运列为新的增长点，SH航空货运在2006年第一季度成立。SH航空董事长说，我国的航空货运正处在一个发展机遇期，充分利用国际资源发展航空货运正是时候。中国出口加工业已发展到了相当规模，这些始发的货运大部分集中在长江三角洲和珠江三角洲。SH 航空开辟了大阪、首尔、曼谷、香港、法兰克福等货运航点，2006 年还开通了美国航线。SH 航空已拥有两架全货机，同时将租一架波音 747 全货机。截至 2010 年，SH 航空拥有 10 架全货机，航线网络布局更加完善和密集。在航空物流领域，SH 航空还将涉足国际国内货代、货运地面服务、快件服务、特殊货运服务、仓储配送、第三方物流等业务。通过中联航，SH 航空将拓展北方市场，进一步完善 SH 航空的航空网络。"两翼齐飞"将使 SH 航空飞得更高、更快。

问：

假如你是张同学，经过调查后，你认为国际航空和其他运输方式相比有何优点？SH 航空的发展给了我们什么样的启示？

国际航空物流，不能简单地等同于国际航空运输。国际航空物流是指通过国际航空运输进行的国际物流活动，包括国际航空班机物流与国际航空包机物流活动。它是国际物流活动在国际航空运输中的延伸与扩展，具有广泛的国际航空运输活动的本质特征，但又与单纯的国际航空运输有区别。国际航空物流强调的是通过国际航空运输实现国际物流的价值增值，减少国际航空运输过程中的国际物流费用和成本，提供高水平的国际航空运输物流服务。

第一节 国际航空运输概述

航空运输始于 1870 年普法战争，法国人使用热气球将物资运输至被困的巴黎。1918 年 5 月，飞机运输首次出现。20 世纪 30 年代有了民用运输机，航空运输自此得到快速发展。现代航空运输工具呈现两大趋势，一是飞行器向巨型化、高速化发展，以长距离、大批量运输为主导；二是飞行器向微型化、低速化发展，无人机的尝试开启了航空运输的短距离、小批量时代。2016 年 12 月，英国老牌时尚电商 Matchesfashion 宣布推出无人机"90 minute deliveries"。同时，随着技术的不断进步，一些新兴的航空公司和航空器也在逐渐崭露头角，如中国商飞 C919 等新型客货机等。中国商飞 C919 是一款中国自主研发的单通道窄体客机，其首架飞机于 2017 年 5 月 5 日首飞成功。该项目的研发工作始于 2008 年，经历了多年的技术攻关和试飞测试，最终于 2021 年 11 月开始正式交付首批客户。C919 客机交付使用是中国航空工业追求自主研发的一个重要里程碑，标志着中国成为全球少数几个能够独立设计和制造大型民用飞机的国家之一。

国际航空运输作为一种国际贸易货物的运输方式，是在第二次世界大战以后才开始出现的。但其发展十分迅速，在整个国际贸易运输中所占的地位日益显著，航空货物运输量也在逐步增大。

截至 2020 年年底，中国拥有 238 个民用机场，其中 31 个为国际机场。中国民航运输航线网覆盖全球 203 个国家和地区，开通了 5369 条航线，其中 4127 条为国内航线，1242 条为国际航线。2020 年，中国民航客运量达到 4. 05 亿人次，货邮运量达到 7314000t。目前，已形成了一个以北京为中心的四通八达的航空运输网。《2023 年民航行业发展统计公报》显示，2023 年，我国航空业完成运输总周转量 1188. 34 亿吨 km、货邮周转量 283. 62 亿吨 km，比上年分别增长 98.3%、11.6%；完成货邮运输量 735.38 万 t，比上年增长 21.0%。截至 2023 年年底，我国共有民航飞机 4270 架，比上年底增加 105 架。到 2023 年，我国民航运输航线网覆盖了全球 203 个国家和地区，开通了 5369 条航线。其中，定期航班航线 5206 条，定期航班国内通航城市（或地区）255 个（未含香港、澳门和台湾），我国航空公司国际定期航班通航 57 个国家的 127 个城市。截至 2023 年年底，我国境内民用机场（不含香港、澳门和台湾）259 个，比上年年底净增 5 个。2023 年，全国民航运输机场完成货邮吞吐量 1683.31 万 t，比上年增长 15.8%，全国民航运输机场完成旅客吞吐量 12.60 亿人次。预计到 2030 年左右，我国航空运输总周转量将增长 5 倍左右，达到仅次于美国的世界第二位。同时，在经济增长，居民消费增长等因素的影响下，预测中国航空运输需求将继续增加。

1. 国际航空货物运输的概念

国际航空运输是一种新兴的运输方式。一般来讲，国际航空货物运输是指一国的提供者向他国消费者提供航空飞行器运输货物并获取收入的活动。航空运输与海洋运输、铁路运输相比，有运输速度快、运输路程短的特点，适合鲜活易腐和季节性商品的运送；同时它运输条件好，货物很少产生损伤、变质，适合贵重物品的运输；又可简化包装，节省包装费用；运输迅速准时，有利于巩固现有市场和提高信誉。但航空运输运量小、运输费用高。由于新技术的发展和深化，产品生命周期日益缩短，产品由厚、重、长、大向薄、轻、短、小方向发展。因此，今后适用航空运输的商品将会越来越多，航空运输的作用会日益重要。

2. 国际航空货物运输的条件

国际航空货物运输需要基本条件的支持，在设施设备等主要硬件方面有以下几点：

（1）航空港站，供航空器停放、起飞、降落、维修，以及确保空港、航空器安全的设施与设备。

（2）供货物进出空港，接受、保管、安排运输、保税、装拆箱、分拨、检验、交付等用途的航空货运站、货物仓库和作业设备。

（3）航空器，包括符合适航条件的客货两用飞机和货运飞机。

（4）航线，即按规定运行的空中交通线，包括飞行的方向、航路的高度层和宽度、经停地点和两端港站。跨越国境通达其他国家的航线称为国际航线。

（5）航班，是指飞机按预先拟定的时间由始发港站起飞并按照规定的航线经过经停站至终点港站做运输生产飞行的时间编排，航班分为出港航班和进港航班，或去程航班和回程航班。

（6）装货器具，包括航空载货托盘、航空集装箱和用于多式联运的国际标准集装箱。

3. 国际航空货物运输的特点

航空货运虽然起步较晚，但发展异常迅速，特别受到现代化企业管理者的青睐，原因之一就在于它具有许多其他运输方式所不能比拟的优越性。概括起来，国际航空货物运输的主要特征有：

（1）运送速度快。从航空业诞生之日起，航空运输就以快速而著称。到目前为止，飞机仍然是最快捷的交通工具，常见的喷气式飞机的经济巡航速度大都在每小时 850~900km 左右。快捷的交通工具大大缩短了货物在途时间，对于那些易腐烂、变质的鲜活商品，时效性、季节性强的报刊、节令性商品，以及抢险、救急品的运输，这一特点显得尤为突出。可以这样说，快速加上全球密集的航空运输网络才有可能使从前可望而不可即的鲜活商品开辟远距离市场，使消费者享有更多的利益。运送速度快，在途时间短，也使货物在途风险降低，因此许多贵重物品、精密仪器也往往采用航空运输的形式。当今国际市场竞争激烈，航空运输所提供的快速服务也使得供货商可以对国外市场瞬息万变的行情即刻做出反应，迅速推出适销产品占领市场，获得较好的经济效益。

（2）不受地面条件影响，深入内陆地区。航空运输利用天空这一自然通道，不受地理条件的限制。对于地面条件恶劣、交通不便的内陆地区非常合适，有利于当地资源的出口，促进当地经济的发展。航空运输使本地与世界相连，对外的辐射面广，而且航空运输相较于公路运输与铁路运输占用土地少，这对寸土寸金、地域狭小的地区发展对外交通十分适合。

（3）安全、准确。与其他运输方式相比，航空运输的安全性较高。1997 年，世界各航空公司共执行航班 1800 万架次，仅发生严重事故 11 起，风险率约为三百万分之一。2021 年 1 月—11 月，全球共发生 2 起致命事故，死亡人数共 13 人。航空公司的运输管理制度也比较完善，货物的破损率较低，如果采用空运集装箱的方式运送货物，则更为安全。

（4）节约包装、保险、利息等费用。采用航空运输方式，货物在途时间短、周转速度快，企业存货可以相应减少。一方面有利于资金的回收，减少利息支出；另一方面也可以降低企业仓储费用。又由于航空货物运输安全、准确，货损、货差少，保险费用较低，因此与其他运输方式相比，航空运输的包装简单，包装成本减少。这些因素都有利于企业隐性成本的下降和收益的增加。

当然，航空运输也有自己的局限性，主要表现在航空运输费用较其他运输方式更高，不适合低价值货物；航空运载工具——飞机的舱容有限，对大件货物或大批量货物的运输有一定的限制；飞机飞行容易受恶劣气候影响等。但总的来讲，随着新技术的广泛应用，产品趋向薄、轻、短、小、高价值，管理者更重视运输的及时性、可靠性，相信航空运输将会有更大的发展前景。

第二节　国际航空运输的经营方式

一、班机运输

班机是指定期开航的、定航线、定始发站、定目的港、定途经站的飞机。一般航空公司都使用客货混合型飞机：一方面搭载旅客，另一方面又运送少量货物。但一些较大的航空公司在一些航线上开辟定期的货运航班，使用全货机运输。班机运输的特点为：

（1）班机由于固定航线、固定停靠港和定期开航，因此国际货物流通多使用班机运输方式，能安全迅速地到达世界的各通航地点。

（2）便利收发货人确切地掌握货物起运和到达的时间，这对市场上急需的商品、鲜活易腐货物以及贵重商品的运送是非常有利的。

（3）班机运输一般是客货混载，因此舱位有限，不能使大批量的货物及时出运，往往需要分期分批运输。这是班机运输的不足之处。

二、包机运输

1. 包机运输的方式

包机运输方式分为整机包租和部分包机两类。

(1) 整机包租

1) 整机包租，即包租整架飞机，是指航空公司按照与租机人事先约定的条件及费用，将整架飞机租给包机人，从一个或几个航空港装运货物至目的地。

2) 包机人一般要在货物装运前一个月与航空公司联系，以便航空公司安排运载和向起降机场及有关政府部门申请、办理过境或入境的有关手续。

3) 包机的费用随国际市场供求情况变化，因此一般一次一议。原则上，包机运费是按飞行公里固定费率核收，并按每飞行公里费用的80%收取空放费。因此，大批量货物使用包机时，均要争取来回程都有货载，这样费用比较低。只使用单程，运费比较高。

(2) 部分包机。由几家航空货运公司或发货人联合包租一架飞机或者由航空公司把一架飞机的舱位分别卖给几家航空货运公司装载货物，就是部分包机。部分包机用于托运不足一架飞机整舱但货量又较重的货物运输。部分包机与班机比较，其特点是：

1) 部分包机的时间比班机长。尽管部分包机有固定时间表，但往往因其他原因不能按时起飞。

2) 各国政府为了保护本国航空公司利益常对从事包机业务的外国航空公司实行各种限制。例如，当包机的活动范围比较狭窄，降落地点受到限制，需要降落非指定地点外的其他地点时，一定要向当地政府有关部门申请，取得同意后才能降落（如申请入境、通过领空和降落地点）。

2. 包机运输的优点

(1) 解决班机舱位不足的矛盾。

(2) 货物全部由包机运出，节省时间和多次发货的手续。

(3) 弥补没有直达航班的不足且不用中转。

(4) 减少货损、货差或丢失的现象。

(5) 可在空运旺季缓解航班紧张的状况。

(6) 解决海鲜、活动物的运输问题。

三、集中托运

集中托运是指将若干批单独发运的、发往同一方向的货物集中起来作为一批货，填写一份总运单发运到同一到达站的做法。

1. 集中托运的具体做法

(1) 将每一批货物分别制定航空运输分运单，即出具货运代理的运单。

(2) 将所有货物区分方向，按照其目的地相同的同一国家、同一城市来集中制定出航空公司的总运单。总运单的发货人和收货人均为航空货运代理公司。

(3) 打出该总运单项下的货运清单，即此总运单有几个分运单，号码各是什么，其中件数、重量各多少等。

(4) 把该总运单和货运清单作为一整批货物交给航空公司。一个总运单可视货物具体情况随附分运单（也可以是一个分运单，也可以是多个分运单）。例如，一个总运单内有10个分运单，说明此总运单内有10批货，发给10个不同的收货人。

（5）货物到达目的地机场后，当地的货运代理公司作为总运单的收货人负责接货、分拨，按不同的分运单制定各自的报关单据并代为报关，为实际收货人办理有关接货事宜。

（6）实际收货人在分运单上签收以后，目的站货运代理公司以此向发货的货运代理公司反馈到货信息。

2. 集中托运的限制

（1）集中托运只适合办理普通货物，对于等级运价的货物，如贵重物品、危险品、活动物及文物等，不能办理集中托运。

（2）目的地相同或临近的可以办理，如某一国家或地区，其他则不宜办理。例如，不能把发去日本的货发到欧洲。

3. 集中托运的特点

（1）节省运费。航空货运公司的集中托运运价一般都低于航空协会的运价。发货人可得到低于航空公司的运价，从而节省费用。

（2）提供方便。将货物集中托运，可使货物到达机场以外的地方，延伸了航空公司的服务，方便了货主。

（3）提早结汇。发货人将货物交与航空货运公司代理后，即可取得货物分运单，可持分运单到银行尽早办理结汇。

集中托运方式已在世界范围内普遍开展，形成较完善、有效的服务系统，为促进国际贸易发展和国际科技文化交流发挥了良好的作用。集中托运成为我国进出口货物的主要航空运输方式之一。

四、联运方式

陆空联运是火车、飞机和卡车的联合运输方式，简称TAT（Train-Air-Truck），或火车、飞机的联合运输方式，简称TA（Train-Air）。

1. 国内出口货物的联运方式

我国空运出口货物通常采用陆空联运方式。我国幅员辽阔，而国际航空港口岸主要有北京、上海、广州等。虽然一些城市每天都有班机飞往上海、北京、广州，但班机所带货量有限，费用比较高。如果采用国内包机，费用更贵。因此在货量较大的情况下，往往采用陆运至航空口岸，再与国际航班衔接。由于汽车具有机动灵活的特点，在运送时间上更可掌握主动权，因此一般都采用TAT方式组织出运。

2. 外运分公司的具体做法

我国长江以南的外运分公司目前办理陆空联运的具体做法是用火车、卡车或船将货物运至香港，然后利用香港航班多，到欧洲、美国运价较低的条件（普遍货物），把货物从香港运到目的地，或运到中转地，再通过当地代理，用卡车送到目的地。长江以北的公司多采用火车或卡车将货物送至北京、上海航空口岸出运。

陆空联运货物在香港的收转方为合力空运有限公司。发运前，要事前与该公司联系，满足它对单证的要求，便于提前订舱。在各地发货时，可使用外运分公司的航空分运单，也可使用承运货物收据。有关单据上要注明是转口货，要加盖“陆空联运”字样的标记，以加速周转和避免香港征税。

五、航空快递业务

航空快递业务是由快递公司与航空公司合作，向货主提供的快递服务，其业务包括由快速公司派专人从发货人处提取货物后以最快航班将货物出运，飞抵目的地后，由专人接机提货，办妥进关手续后直接送达收货人，这称为“桌到桌”运输。这是一种最为快捷的运输方式，特别适合运输各种急需物品和文件资料。

外贸企业办理航空运输，需要委托航空运输公司作为代理人，负责办理出口货物的提货、制单、报关和托运工作。委托人应填妥国际货物托运单，并将有关报关文件交付航空货运代理、空运代理向航空公司办理托运后，取得航空公司签发的航空运单，即为承运开始。航空公司需对货物在运输途中的完好负责。货物到目的地后，收货人凭航空公司发出的到货通知书提货。

第三节　航空运单

一、航空运单的性质、作用

航空运单（Air Way Bill）与海运提单有很大的不同，却与国际铁路运单相似。它是由承运人或其代理人签发的重要的货物运输单据，是承托双方的运输合同，其内容对双方均具有约束力。航空运单不可转让，持有航空运单也并不能说明可以对货物要求所有权。

1. 航空运单是发货人与航空承运人之间的运输合同

与海运提单不同，航空运单不仅证明航空运输合同的存在，而且本身就是发货人与航空运输承运人之间缔结的货物运输合同，在双方共同签署后生效，在货物到达目的地交付给运单上所记载的收货人后失效。

2. 航空运单是承运人签发的已接收货物的证明

航空运单也是货物收据，在发货人将货物发运后，承运人或其代理人就会将其中一份交给发货人（即发货人联），作为已经接收货物的证明。除非另外注明，否则它是承运人收到货物并在良好条件下装运的证明。

3. 航空运单是承运人据以核收运费的账单

航空运单分别记载着属于收货人负担的费用，属于应支付给承运人的费用和应支付给代理人的费用，并详细列明费用的种类、金额，因此可作为运费账单和发票。承运人往往也将其中的承运人联作为记账凭证。

4. 航空运单是报关单证之一

出口时，航空运单是报关单证之一。在货物到达目的地机场进行进口报关时，航空运单也通常是海关查验放行的基本单证。

5. 航空运单同时可作为保险证书

如果承运人承办保险或发货人要求承运人代办保险，则航空运单也可用来作为保险证书。

6. 航空运单是承运人内部业务的依据

航空运单随货同行，证明了货物的身份。运单上载有有关该批货物发送、转运、交付的事项，承运人会据此对货物的运输做出相应安排。

航空运单的正本一式三份，每份都印有背面条款，其中第一份交发货人，是承运人或其代理人接收货物的依据；第二份由承运人留存，作为记账凭证；第一份随货同行，在货物到达目的地，交付给收货人时作为核收货物的依据。

二、航空运单的分类

航空运单主要分为两大类：

1. 航空主运单

凡由航空运输公司签发的航空运单就称为航空主运单（Master Air Waybill，MAWB）。它是航空运输公司据以办理货物运输和交付的依据，是航空公司和托运人订立的运输合同，每一批航空运输的货物都有自己相对应的航空主运单。

2. 航空分运单

集中托运人在办理集中托运业务时签发的航空运单被称作航空分运单（House Air Waybill，HAWB）。在集中托运的情况下，除航空运输公司签发主运单外，集中托运人还要签发航空分运单。

三、航空运单的内容

航空运单与海运提单类似，也有正面、背面条款之分，不同的航空公司也会有自己独特的航空运单格式。不同的是，航运公司的海运提单可能千差万别，但各航空公司所使用的航空运单则大多借鉴国际航空运输协会（IATA）所推荐的标准格式，差别并不大。所以这里只介绍这种标准格式，也称中性运单。下面就有关需要填写的栏目说明如下：

（1）始发站机场：需填写国际航空运输协会（IATA）统一制定的始发站机场或城市的三字代码，这一栏应该与（11）栏相一致。

1A：IATA 统一编制的航空公司代码，如我国的国际航空公司的代码就是999。

1B：运单号。

（2）发货人姓名、住址（Shipper's Name and Address）：填写发货人姓名、地址、所在国家及联络方法。

（3）发货人账号：只在必要时填写。

（4）收货人姓名、住址（Consignee's Name and Address）：应填写收货人姓名、地址、所在国家及联络方法。与海运提单不同，因为空运单不可转让，所以“凭指示”之类的字样不得出现。

（5）收货人账号：同（3）栏一样，只在必要时填写。

（6）承运人代理的名称和所在城市（Issuing Carrier's Agent Name and City）。

（7）代理人的 IATA 代号。

（8）代理人账号。

（9）始发站机场及所要求的航线（Airport of Departure and Requested Routing）：这里的始发站应与（1）栏填写的相一致。

（10）支付信息（Accounting Information）：此栏只有在采用特殊付款方式时才填写。

（11）去往和承运人

11A.（C、E）. 去往（To）：分别填入第一（二、三）中转站机场的IATA代码。

11B.（D、F）. 承运人（By）：分别填入第一（二、三）段运输的承运人。

（12）货币（Currency）：填入ISO（国际标准化组织）货币代码。

（13）收费代号：表明支付方式。

（14）运费及声明价值费（Weight Charge/Valuation Charge，WT/VAL）：有预付或到付两种支付方式。

（15）其他费用（Other）：也有预付和到付两种支付方式。

（16）运输声明价值（Declared Value for Carriage）：在此栏填入发货人要求的用于运输的声明价值。如果发货人不要求声明价值，则填入"NVD"（No Value Declared）。

（17）海关声明价值（Declared Value for Customs）：发货人在此栏填入对海关的声明价值，或者填入"NCV"（No Customs Valuation），表明没有声明价值。

（18）目的地机场（Airport of Destination）：填写最终目的地机场的全称。

（19）航班及日期（Flight/Date）：填入货物所搭乘航班及日期。

（20）保险金额（Amount of Insurance）：只有在航空公司提供代保险业务而客户也有此需要时才填写。

（21）操作信息（Handling Information）：一般填入承运人对货物处理的有关注意事项，如"Shipper's Certification for Live Animals"（托运人提供活动物证明）等。

（22）货物运价、运费细节：具体包括22A~22L。

22A. 货物件数和运价组成点（No. of Pieces RCP，Rate Combination Point）：填入货物包装件数。如10包即填"10"。当需要组成比例运价或分段相加运价时，在此栏填入运价组成点机场的IATA代码。

22B. 毛重（Gross Weight）：填入货物总毛重。

22C. 重量单位：可选择千克（kg）或磅（lb）。

22D. 运价等级（Rate Class）：针对不同的航空运价共有六种代码，它们分别是M（Minimum，起码运费）、C（Specific Commodity Rates，特种运价）、S（Surcharge，高于普通货物运价）、R（Reduced，低于普通货物运价）、N（Normal，45kg以下货物适用的普通货物运价）、Q（Quantity，45kg以上货物适用的普通货物运价）。

22E. 商品代码（Commodity Item No.）：在使用特种运价时需要在此栏填写商品代码。

22F. 计费重量（Chargeable Weight）：此栏填入航空公司据以计算运费的计费重量，该重量可以与货物毛重相同也可以不同。

22G. 运价（Rate/Charge）：填入该货物适用的费率。

22H. 运费总额（Total）：此栏数值应为起码运费值或者是运价与计费重量两栏数值的乘积。

22I. 货物的品名、数量，含尺码或体积（Nature and Quantity of Goods incl. Dimensions or Volume）：货物的尺码应以厘米或英寸为单位，尺寸分别以货物最长、最宽、最高边为基础。体积则是上述三边的乘积，单位为立方厘米或立方英寸。

22J. 该运单项下货物总件数。

22K. 该运单项下货物总毛重。

22L. 该运单项下货物总运费。

(23) 其他费用（Other Charges）：除运费和声明价值附加费以外的其他费用。根据IATA规则，各项费用分别用三个英文字母表示。其中前两个字母是某项费用的代码，如运单费就表示为AW（Air Waybill Fee）。第三个字母是C或A，分别表示费用应支付给承运人（Carrier）或货运代理人（Agent）。

(24) ~ (26) 分别记录运费、声明价值费和税款金额，有预付与到付两种方式。

(27) ~ (28) 分别记录需要付与货运代理人（Due Agent）和承运人（Due Carrier）的其他费用合计金额。

(29) 需预付或到付的各种费用。

(30) 预付、到付的总金额。

(31) 发货人的签字。

(32) 签单时间（日期）、地点、承运人或其代理人的签字。

(33) 货币换算及目的地机场收费记录。

以上所有内容不一定要全部填入航空运单，IATA也并未反对在运单中写入其他所需的内容。但这种标准化的单证对提高航空货运经营人工作效率、促进航空货运业向电子商务的方向迈进有着积极的意义。

第四节　国际航空货运代理

一、国际航空货运代理概述

国际航空货运代理，也简称为国际空运代理。国际航空货运代理是国际空港物流服务的一项重要内容。在国际物流中，航空公司的主要业务是提供飞行保障，它受人力、物力以及财力的影响，难以直接面对众多的客户，处理航运前和航运后繁杂的服务项目。同时，货主也面临着对航空货物进出口相关手续及法规不熟悉的困扰。因此，随着航空货运业务的发展，国际航空货运代理应运而生。

国际航空货运代理人（Air Freight Forwarder），简称空运代理，是联系货主与航空公司之间的桥梁与纽带。通常，航空货运代理人有两种职能：航空公司代理职能，即代替航空公司接受货物，出具航空公司的总运单和自己的分运单；为货主提供服务的职能，即代替货主向航空公司办理托运或提取货物。空运代理的业务流程主要包括两大环节：航空货物进口运输代理业务流程与航空货物出口运输代理业务流程。

二、国际航空货物进口运输代理业务流程

航空货物进口运输代理业务程序，是指代理公司对于货物从入境到提取或转运整个流程的各个环节所需办理的手续及准备相关单证的全过程。航空货物进口运输代理业务流程如下：

(1) 代理预报。在国外发货之前，由国外代理公司将运单、航班、件数、重量、品名、实际收货人及地址、联系电话等通过传真或E-mail的形式发给目的地代理公司。

（2）交接单、货。航空货物入境后，根据运单上的收货人及地址寄发提货通知，若运单上收货人或通知人为某航空货运代理公司，则由航空公司的地面代理把运输单据及与之相关的货物交给该航空货运代理公司。航空公司的地面代理向货运代理公司交接的内容有：国际货物交接清单、总运单、随机文件、货物。

（3）理货与仓储。航空货运代理公司从航空公司接货后，随即短途驳运进自己的监管仓库，组织理货及仓储。

（4）理单、到货通知、正本运单处理。

1）理单

① 集中托运总运单项下拆单。将集中托运进口的每票总运单项下的分运单分离出来，审核与到货情况是否一致，并制成清单输入计算机；将集中托运总运单项下的发运清单输入海关计算机，以便实施按分运单分别进行报关、报验、提货。

② 分类理单、编号。若总运单是直票、单票混载，则一般无清单；若多票混载，则有分类清单，分运单件数之和应等于总运单上的件数。分类理单的同时，须将各票总运单、分运单编上各航空货运代理公司自己设定的编号，以便内部操作及客户查询。

2）到货通知。货物到达目的港后，货运代理应尽快、尽妥地通知货主到货情况，以减少货主仓储费用，避免缴纳海关滞报金。

3）正本运单处理。计算机打制海关监管进口货物入仓清单一式五份，商检、卫检、动检各一份，海关两份，其中一份海关留存，另一份海关签字后收回存档。

（5）制单、报关。除部分进口货物存放在民航监管仓库外，大部分进口货物存放在各代理公司自有的监管仓库。由于货主的需求不一，货物进口后的制单、报关、运输一般有以下几种形式：

1）货运代理公司代办制单、报关、运输。

2）货主自行办理制单、报关、运输。

3）货运代理公司代办制单、报关后，货主自办运输。

4）货主自行办理制单、报关后，委托货运代理公司运输。

5）货主自行办理制单后，委托货运代理公司报关、运输。

制单根据海关要求，依据运单、发单、装箱单及证明货物合法进口的有关批准文件，制作进口货物报关单。进口报关是进口运输中的关键环节。

（6）收费、发货。

1）收费。货运代理公司仓库在发放货物前，一般先将费用收妥。费用的内容包括：到付运费与垫付佣金，单证、报关费，仓储费，装卸、铲车费，航空公司到港仓储费，海关预录入、动植检、卫检报检等代收代付费用、关税。

2）发货。办完报关、报验等进口手续后，货主须凭盖有海关放行章、动植物报验章、卫生检验报验章（进口药品须有药品检验合格章）的进口提货单到所属监管仓库付费提货。仓库发货时，须检验提货单据上各类报关、检验章是否齐全，并登记提货人的单位、姓名、身份证号码以确保发货安全。

（7）送货与转运。出于多种因素（如便利、节省费用、运力所限），许多货主或国外发货人要求货运代理公司承担进口到达货物的制单、报关、垫税、提货、运输的“一揽子”服务。在发货之后，货运代理公司主要替货主提供以下服务：

1）送货上门业务。将进口清关后的货物直接运送到货主单位。

2）转运业务。将进口清关后的货物转运至内地的货运代理。

3）进口货物转关及监管运输。进口货物转关是指货物入境后不在进境地海关办理进口报关手续，而运往另一设关地点办理进口海关手续，在此之前，货物一直处于海关监管之下。

三、国际航空货物出口运输代理业务流程

国际航空货物出口运输代理业务主要包括以下几个环节：

1. 舱位销售

作为航空货物运输销售代理，销售的产品是航空公司的舱位，只有飞机舱位配载了货物，航空货运才真正实现。因此，承揽货物处于整个国际航空货物出口运输代理业务流程的核心地位。

航空货运代理公司与出口单位（发货人）就出口货物运输事宜达成意向后，可以向发货人提供所代理的有关航空公司的国际货运托运书。对于长期出口或出口货量大的单位，航空货运代理公司一般与之签订长期的代理协议。

2. 委托运输

托运书是托运人用于委托承运人或其他代理人填开航空货运单的一种表单，表单上列有填制货运单所需各项内容，并应印有授权于承运人或代理人代其在货运单签字的文字说明。

在接受托运人委托后，单证操作之前，货运代理公司的指定人员对托运书进行审核（合同评审）。审核的内容主要有价格、航班日期。

3. 审核单证

单证包括发票、装箱单、托运书、报关单、外汇核销单、许可证、商检证、进料/来料加工核销本、索赔/返修协议、到付保函、关封。

4. 预配舱

代理人汇总所接受的委托和客户的预报，并输入计算机，计算出各航线的件数、重量、体积，按照客户的要求和货物情况，以及各航空公司不同机型对不同板箱的重量和高度要求，制定预配舱方案，并对每票货分配运单号。

5. 预订舱

代理人根据所指定的预配舱方案，按航班、日期打印出总运单号、件数、重量、体积，向航空公司预定舱。这一环节之所以被称为预定舱，是因为此时货物可能还没有入仓库，预报和实际的件数、重量、体积等都会有差别，这些留待配舱时再做调整。

6. 接受单证

接受单证是指接受托运人或其代理人送交的已经审核确认的托运书及报关单证和收货凭证。

7. 填制货运单

航空货运单包括总运单与分运单。填制航空货运单是空运出口业务中最重要的环节，要求填写必须详细、准确、清晰，严格符合单货一致、单单一致的原则。

8. 接收货物

接收货物是指航空货运代理公司把即将发运的货物从发货人手中接过来并运送到自己的

仓库。

9. 标记和标签

标记是指在货物的外包装上由托运人书写的有关事项和记号。

标签按作用分为识别标签、特种货物标签和操作标签；按类别可分为航空公司标签和分标签两种。一件货物贴一张航空公司标签，有分运单的货物，每件再贴一张分标签。

10. 配舱

在配舱时，需对已经入库的货物核对实际的件数、重量、体积与托运书上预报的数量的差别。对预定舱位、板箱进行有效领用、合理搭配，按照各航班机型、板箱型号、高度、数量进行配载。同时，对晚到或未到的情况以及未能通关放行的货物做调整并处理，为制定出舱单做准备。

11. 订舱

订舱是指将所接收空运货物向航空公司申请舱位。

12. 出口报关

出口报关是指发货人或其代理人在货物发货前，向出境地海关办理货物出口手续的过程。

13. 编制出仓单

配舱方案制定后就可以编制出仓单。出仓单内容有出仓单的日期、承运航班日期、装载板箱的形式及数量、货物进仓顺序编号、总运单号、件数、重量、体积、目的地三字代码和备注。

14. 提板、箱

提板、箱是指根据订舱计划向航空公司申领板、箱并办理相应手续。

15. 货物装箱装板

除特殊情况外，航空货运均以“集装箱”“集装板”形式装运。

16. 签单

货运单在盖好海关放行章后还需到航空公司签单，主要审核运价是否正确以及货物是否适合空运。

17. 交接发运

交接是向航空公司交单交货，由航空公司安排航空运输。航空公司在审单验货后，在交接签单上验收，将货物存入出口仓库，单据交吨控部门，以便配舱发运。

18. 航班跟踪

单、货交给航空公司后，航空公司可能由于种种原因，如航班取消、延误、溢载、故障、改机型、错运、倒垛货装板不符合规定等，未能将货物按预定时间运出。因此，货运代理公司从把单、货交给航空公司后就需对航班、货物进行跟踪。

19. 信息服务

航空货运代理公司须就以下信息为客户做好服务：订舱信息、审单及报关信息、仓库收货信息、交运称重信息、一程及二程航班信息、集中托运信息以及单证信息。

20. 费用结算

费用结算主要包括以下三个方面：

(1) 发货人费用结算。在预付运费的情况下，收取以下费用：航空费用、地面费用、各种服务费及手续费。

（2）承运人费用结算。向承运人支付航空运费及代理费，同时收取佣金。

（3）国外代理结算。主要涉及支付运费和利润分成。

第五节 国际航空快递业务

一、国际航空快递概述

1. 国际航空快递的概念

快递是指承运人将托运人要求在特定时间内送达目的地的货物，以最快捷的运输方式在最短的时间内送达目的地或交付收件人的运输方式。而大型航空器的引入和跨国的递送形成了国际航空快递。国际航空快递最早兴起于发达国家。第二次世界大战之后，国际经济一体化的飞速发展造就了国际航空快递。而随着国际贸易壁垒的逐渐消除，国际贸易、经济和社会活动日益活跃，并趋于高效，时间价值越来越重要。这些促成了国际航空快递的高速发展。

简而言之，国际航空快递是指承运人使用航空器，在两个或两个以上国家之间，在自有或者加盟共有运输网络内，以最为快捷的运输方式完成托运人货物“门到门”运输的国际货物运输方式。国际航空快递区别于传统空运的点对点接力式运输方式，采取的是中心分拨或者转盘分拨理论组织全球转运网络。而运输网络一般为国际航空快递公司自建，因此，国际航空快递公司可以制定全球统一的操作标准，保证了快件在地球上任何一个提供服务的地点都按照统一的规范进行操作。

2. 国际航空快递的特点

相对于传统的国际航空运输和邮政，国际航空快递主要有以下特点：

（1）国际航空快递由于采用自有航班或者商业航班包舱的方式运营，因此，舱位有保障，转运更为稳定、快速。

（2）电子数据交换（EDI）在国际航空快递行业的广泛应用，使得每一批快件在网络内均有自己的“身份证”（运单上条形码）。快件在网络内的每一步转运均可以追踪和查询。加之国际快递网络执行全球统一的操作标准，因此，快件安全性更高。

（3）国际航空快递提供的是“门到门”服务，包括在客户不特殊指定的情况下，代客户完成货物的报关和清关。而国际航空快递公司 EDI 系统和海关系统的对接，可以实现“空中预清关”。即在货物未抵达前，国际航空快递公司就已经将货物信息通过 EDI 系统传输给海关并完成清关。

二、国际航空快递起源及发展现状

DHL 被视为国际航空快递行业的创始者。1969 年，在美国旧金山，Adrian Dalsey、Larry Hillblom 和 Robert Lynn 萌生了使用飞机进行国际货物运输的想法。他们通过在美国旧金山和檀香山之间运送货物单证，显著减少了港口货物滞留时间，节省了客户成本。这一理念催生了一个新的行业，DHL 迅速扩展其网络，覆盖全球。虽然 DHL 奠基了国际航空快递行业，但“隔夜快递”的理念和中心分拨理论由 FedEx 创始人 Frederick W. Smith 提出。

1966年，他在耶鲁大学的毕业论文中设想了使用飞机实现美国东西海岸的隔夜快递。1971年，他创立FedEx，尽管初期未能获得美国联邦储备系统的业务支持，但Smith通过深入市场研究和分析，最终确立了中心分拨理论，实现了高效的快递服务网络。国际航空快递行业门槛高，发展至今呈现寡头垄断格局，主要由DHL、FedEx、UPS和TNT四大巨头主导。各家公司在不同地区具备优势：DHL在亚太、欧洲和非洲占优势；FedEx和UPS在美国具备特殊服务优势；TNT则在南欧和北欧较为强势。

三、国际航空快递业务概述

国际航空快递行业给客户提供的虽然是无形的服务，不是有形的商品，但是从技术层面来讲，其技术含量要远超过普通商品，因而也对国际航空快递业务服务有更高的要求。国际航空快递业务主要有以下服务：

（1）预约取件。客户拨打服务热线预约发件，派送员上门取件。取件环节是发件人最直接的服务体验环节，也是影响客户满意度的一个重要方面。

（2）出口报关、目的地清关。报关、清关环节是国际航空快递服务中一个非常重要的环节。这个环节的顺畅与否直接影响了整个国际航空快递的服务标准。国际贸易涉及的货物品种多种多样，而且各个国家的海关政策也不统一。因此，国际航空快递企业在所有海关很难有清关的优势。清关是业务服务中一个非常重要的、需要认真做好的环节。

（3）快速转运。转运时间是指快件从发件人处取件，到最终送达收件人的整个过程所需要的时间。快速转运是航空快递业务要完成的主要职能。客户使用国际航空快递的主要是因为它可满足快速送达的要求。因此，快递业务转运时间的快慢是客户评价国际航空快递企业服务质量的核心。

（4）快件网络查询。国际航空快递业务的物流是建立在庞大的信息流基础之上的。快件从发件人处取件经过第一次扫描，数据上传至系统产生第一个检查点。快件在国际航空快递网络中的每一个转运环节都将被扫描，数据上传至系统平台。因此，国际航空快递企业和发件人、收件人都随时可以凭借运单号查询快件的状态。

（5）紧急事态处理。在国际航空快递业务中，时常面临紧急事件，需要紧急救援或救助。例如，国际重大自然灾害、特殊意外事故的出现，需要国际航空快递提供救灾物资和人员救护等业务服务。

（6）快递业务理赔。在国际航空快递业务操作过程中，难免出现快件货物被损坏的情况。在客户要求索赔的过程中，航空快递业务责任人需要及时进行适当的理赔处理，做好客户的理赔服务，维护好长期稳定的客户关系。

第六节 国际空港物流服务

国际空港物流发展水平标志着国家和地区高端产业的发展阶段。更重要的是，空港物流是一个国家或地区经济与世界经济连接的重要纽带，是衡量国家或地区市场开放程度、经济发达程度、信息和物质交换便利程度的重要标准。在经济全球化背景中，空港物流客观上是国家或地区经济纳入全球经济体系的关键节点，并承担着载体功能。

一、空港物流概述

1. 国际空港物流定义

空港物流是以机场为主体，依托机场航线网络及航空运输优势，以信息技术及相关高新技术为支撑，向社会提供现代物流服务的系统。国际空港物流就是依托机场为货物的集散地，利用航空运输技术实现跨国境国际贸易物流，还包括实现国际展览与展品物流、国际邮政物流和援外项目物流等非贸易空港物流。

2. 空港物流的特点

（1）运送速度快。现代的喷气式飞机时速都在900km/h左右，距离越长或者地面地形越复杂，地面越迂回曲折，航空运输的优势就越明显，意味着节省时间和社会劳动力。

（2）辐射范围广。空港物流作为国际物流的一部分，同样拥有广阔的服务地域范围和众多的消费群体。国际空港物流以飞机为主要运输工具，除飞行受天气影响较大，其航行基本不受地理环境的影响，因此便于抵达世界上任何一个有机场、可以降落的地方。

（3）安全准确。现代喷气式飞机的飞行高度一般在1万m以上，不受低空气流的影响，飞行平稳，货物所受的振动很少，冲击小，飞机货舱具有保温和保湿的功能，因此货物很少发生损伤、被盗、变质等事故。飞机航班的准确率高，有利于及时交货，减少时间消耗，有利于稳定和开拓市场。

（4）包装相对简化。航空运输较为平稳，且具有现代化的装卸设备，货物在中途倒转次数少，对货物的包装强度要求低，包装相对可以简化，可降低包装的成本费用。

（5）运载量小，运输费用较高。一般的航班适用机都是客货两用机，以客运为主，投放有限的货物运载量。大型的宽体飞机最大的运载量也不过100t。由于运载量少、成本高，空港物流运价高于其他运输形式，适合于价值大、实效性要求高的货物。

（6）标准化要求高。作为国际物流运输系统的子系统，空港物流的作业标准应以国际标准为蓝本。各项设施、工具、信息系统都实现国际标准化。

二、空港物流服务的内容

空港物流以航空及机场地面配套物流设施为核心，为多家航空公司、航空货运代理、综合物流企业提供公共物流设施、物流信息服务及综合物流服务。空港物流服务的内容主要包括四类：

第一类是基础物流服务：国际航空货物（进出口货物）的运输、搬运、装卸、仓储、配送等。

第二类是增值物流服务：国际航空货物（进出口货物）的简单加工、分拆、包装，为贵重、危险、易腐货物提供特殊仓储及处理，相关咨询服务，展示与展销等；

第三类是公共物流服务：报关、报检、保税、查验等海关和检验检疫服务等。

第四类是国际航空货运代理服务。

三、我国空港物流现状

一个国家的现代物流发展水平与空港物流发育的规模和水平直接相关。目前，国外空港物流的发展已形成布局网络化、运作高效性、业务综合性的特点。同时，国外空港物流越来越重视信息化手段，并倾向于为高科技产品和国际贸易提供服务，其综合服务功能逐步拓展，大大突破了传统的航空货运业务范围，有力地促进了机场业和地方经济的发展。与发达国家的空港物流产业相比，我国的空港物流产业尚处于初级发展阶段。

1. 空港物流行业特点

中国经济的持续健康、稳定增长为中国空港物流业发展奠定了良好的基础。世界经济的一体化极大地推动了国与国之间的贸易往来，为空港物流业提供了良好的发展机遇。

空港物流不等同于航空货运，空港物流通常包括航空货运和快递两个市场。一般来说，航空货运指的是在单张合约下货主与承运人间的门到机场（D-A）、机场到门、门到门运输。航空快递的范围更严格一些，需要向货主提供一站式运输服务，把货物由指定收货处送抵货主特指的终点。

（1）空港物流园区逐步走向成熟。从2000年我国第一个空港物流园区——天津空港国际物流区获准设立以来，空港物流园区的发展受到业内的广泛关注，并逐渐在地方经济发展中起重要的推动作用。北京空港物流园区、上海国际物流园区、南京空港物流园区和广州空港物流园区等相继建立。从航空货运中心到空港物流园区的转变是我国航空物流全方位发展增值业务的标志，空港物流园区的建立必将使原来的航空货运中心成为集运输、转运、储存、装拆箱、仓储及信息化为一体的重要物流枢纽，使园区的发展获得新的增长点。

（2）空港物流市场业已成熟。目前，我国形成了以京津冀、长三角和粤港澳大湾区为轴心的区域性航空运输市场。京津冀、长江三角洲和粤港澳大湾区由于产业积聚作用，主要生产高附加值、深加工、技术密集型、适时生产的产品和鲜活食品。这些相关产业的发展，促使以京津冀、长三角和粤港澳大湾区为轴心的区域空港物流市场的形成。

2. 空港物流行业格局分析

在当前全球环境下，空港物流行业面临着多个挑战和机遇。全球PMI（采购经理指数）保持在低位，航空货运量也是如此。然而，航空货运的可用容量已有所增加，这与持续低迷的需求形成了鲜明的对比。这些因素使得航空物流行业处于一个关键的转折点，既有挑战，也有机会。

空港物流行业的关键挑战之一是应对气候变化和环保问题。全球供应链的发展不仅需要出色的风险管理解决方案，而且还需要气候友好。根据德国货运和物流协会（DSLV）的专家观点，目前要在任何有意义和有效的地方考虑到碳减排。通过创新技术和高效、数字化的流程，我们可以减少所需的资源并降低排放。这其中，转向低排放的运输方式、发动机和燃料是在运输部门和物流中进一步保护气候的重要手段。

随着我国航空市场的逐步开放，我国国内空港物流市场呈现出内外资航空物流企业相互竞争、交互发展的格局。我国空港物流市场发展空间巨大，目前机场当局和国有航空公司仍是航空物流服务提供的主体，而民营航空物流企业作为一股新生力量，在我国空港物流市场中的作用越来越大，特别是在我国国内航空快递方面，民营物流企业发展迅速。国际航空物流企业紧紧抓住我国空港物流的发展机遇，通过合资、合作等形式不断扩大在我国的物流业务范围，航空货运量迅速增长。

3. 空港物流的趋势分析

（1）跨境电商快速发展，空港物流市场空间巨大。得益于中国制造的规模优势与比较优势、国内消费升级的需求驱动、电子商务基础设施完备、海外零售市场较低的电商渗透率与国家层面政策推动等因素，当前我国跨境电商市场处于高速增长期。受产业集群、经济活力、口岸布局等因素影响，我国跨境电商产业布局以华东和华南两大市场为主，产业带围绕上海、香港两大国际航空枢纽分布，在干线运输、目的港地面服务、口岸清关、监管运输等方面对航空物流和机场地面服务有高度需求，属于空港物流高相关市场。

（2）冷链物流市场尚处成长期，赋能空港物流发展空间。冷链物流是指使肉、禽、蛋、水产品、蔬菜、水果、花卉、医药针剂、药剂等，在加工、储藏、运输、分销、零售等环节始终处于适宜的低温控制环境下，最大程度地保证产品质量、减少损耗、防止污染的特殊供应链系统。

近年来，我国生鲜电商市场交易规模随着我国互联网及冷链技术的不断发展，总体呈逐年增长态势。2023 年生鲜电商市场规模直逼 6500 亿元，用户规模达 5.13 亿人。预计未来我国生鲜电商市场交易规模仍将保持高速增长态势。

此外，医药流通也是冷链物流的重要应用领域。尚普咨询集团的数据显示，2021 年，中国医药物流总额约为 2795.1 亿元。在流通环节，药品（尤其是疫苗）的运输要求全程冷链，一旦运输途中出现温度异常就会产生不可逆的后果。

因此，受生鲜电商崛起、城市化进程加快、食品及医药安全问题关注度上升和国家政策大力扶持等利好因素的驱动，依托当前万亿元级规模的生鲜、医药市场，国内冷链物流正在由起步阶段进入快速上升通道，未来市场空间巨大。冷链物流主要解决的是温度、质量与保质期的需求问题，控制物流时间是冷链物流的关键。因此，在冷链物流的运输领域，航空运输系客户的首要选择。国内冷链物流将在航空冷链运输、机场中转冷库及机场冷链流通加工中心等领域与空港物流产生高度战略协同。

（3）行业的信息化、自动化、智能化发展。物流的信息化、自动化、智能化已成为行业的发展趋势。目前，条形码、电子标签、电子单证等物流信息技术在我国物流行业已得到基本应用。此外，货物跟踪定位、RFID（射频识别）、电子数据交换等先进信息技术在我国物流行业的应用成效也十分显著，我国物流行业信息化升级趋势明显。

对空港物流企业而言，支持空港物流相关各方信息交互的系统至关重要，例如，货运舱位交易系统为航空公司与货运代理之间的订舱业务提供电子化的解决方案等。随着互联网、物联网等技术在空港物流行业的进一步普及与应用，一些智能化的信息技术解决方案，如高级收入管理工具系统、客户自动化服务系统等正逐步融入空港物流信息系统，未来空港物流业的信息化系统集成度将进一步完善，行业运作效率将有效提高。

本章小结

本章介绍了国际航空运输的基本知识、国际航空运输的经营方式和国际航空运单等主要内容。还介绍了国际航空快递业务，以及国际空港物流服务等内容。

案例讨论

中外运敦豪引领中国航空快递业进入发展新阶段

随着对外贸易和商业往来的不断繁荣，中国的快递行业正经历快速的发展，吸引着更多关注。根据加入 WTO 的承诺，2007 年 12 月 11 日，中国物流市场全面开放。几个月后，联邦快递、UPS 相继宣布在广州和上海设立转运中心，各大公司纷纷推出新举措，以其在即将全面开放的物流市场上占尽先机。

DHL 是最早进入中国的国际快递公司，其合资公司中外运敦豪拥有最完善的服务网络。2007 年，该公司宣布其中国国家质量控制中心正式投入运营。在众多对手抢建转运中心、"跑马圈地"的同时，这一举动明确传递着这样一个信息：拥有完善网络的中外运敦豪，将服务质量视为中国快递物流业未来竞争的新焦点。可以说，中国国家质量控制中心的建成，标志着中外运敦豪进入了自身发展的新阶段，更蕴涵着中国市场上快递竞争的新趋势。

2005 年 7 月 21 日，中外运敦豪宣布该公司位于北京天竺空港内的中国国家质量控制中心（QCC）正式投入运营，这是业内第一个同类设施。这一具有先驱意义的设施，将为中外运敦豪已遥遥领先的航空快递网络进一步增添严密高效的系统控制能力，其背后是 DHL 一整套国际领先的快递服务质量控制体系。中国市场上的 DHL 客户，将先人一步享受到更有保障的世界级高水平服务。

QCC 的核心优势在于：通过全球联网的高科技软件、硬件设施和科学的管理流程，中外运敦豪能够对所有承载 DHL 快件的航班进行实时、动态监控，从而主动发现任何问题和潜在风险，并为此建立应对方案，最大限度地减少或避免服务损失。另外，中外运敦豪可以在第一时间将可能的风险通知客户，以便于其对自身的业务部署做出调整。这样既可以有效保护客户的商业信誉，也能够降低其成本。较之传统的追踪、查询系统，QCC 对 DHL 所有快件的监控则更加及时、超前和主动。这一质量控制机构无疑将信息时代的技术优势和 DHL 先进的经验完美结合，是中外运敦豪追求服务质量的有力举措。

对服务质量的追求，始终贯穿中外运敦豪的发展历程。自 1986 年成立以来，中外运敦豪通过领先的科技手段和"客户为先"的理念，不断推出新的措施来保证和提高服务质量，完善客户服务。正是高质量的服务赢得了客户的信赖和认可，让中外运敦豪在近 20 年的发展中不断占得先机。

问题：

中国快递业面临哪些发展的问题和挑战？

课后思考与练习

思考题

1. 国际航空货物运输有什么特点？
2. 请简述国际航空货物进口运输代理业务流程。
3. 班机运输的特点有哪些？

练习题

一、选择题

1. 航空运输一般根据货物重量，最高赔偿额是（　　）美元/kg。

A. 20　　B. 30　　C. 40　　D. 50

2. 仅次于海洋运输方式的一种主要运输方式是（　　）。

A. 铁路运输　　B. 公路运输　　C. 航空运输　　D. 管道运输

3. 航空货运单是（　　）。

A. 可议付的单据　　B. 物权凭证

C. 货物收据和运输合同　　D. 提货凭证

4. 小件急需品和贵重货物，其有利的运输方式是（　　）。

A. 海洋运输　　B. 邮包运输　　C. 航空运输　　D. 公路运输

5. 相对于其他交通运输方式，以下属于航空货运的优势有（　　）。

A. 快速　　B. 破损率低　　C. 载重少　　D. 运价高

6. 可以用于国际快递业务的运输方式包括（　　）。

A. 海上运输　　B. 航空运输　　C. 铁路运输　　D. 公路运输

二、判断题

1. 航空运单持有人拥有对所托运货物的所有权。（　　）

2. 一般最常用的国际运输方式是航空运输。（　　）

3. 国际航空运输的运费率并不比国际海运的从价运费率高。（　　）

三、案例分析题

假设你是一家物流公司的运输管理人员，你的客户向你咨询以下问题，请你从客户利益角度考虑，为其选择合适的运输方式，并阐述理由。

（1）从上海至赞比亚 50kg 的发电厂急需零件。

（2）从青岛至美国各主要城市的 1000 台冰箱。

（3）从广州往遭受海啸袭击的某国运送急需的 30t 物质，包括 10 台医用冰箱。

第八章

国际陆运物流

学习目标

了解国际陆运物流的概念，了解国际铁路物流、国际公路物流和国际管道物流的概念、特点、作用，掌握国际铁路货物联运的组织，掌握国际公路运输的营运方式。在现代复杂的国际经济政治环境下，特别要了解我国国际管道运输的发展状况，了解我国国际管道运输主要油气管线的建设、意义与作用，把握国际管道运输的发展趋势。

学习要点

国际陆运物流　国际铁路物流　国际公路物流　国际管道物流　国际铁路运输　国际公路运输　国际管道运输　国际铁路货物联运　铁路运单　国际货约　国际货协　公路运单　管道运输

场景导入

张同学关注的中欧班列（CHINA RAILWAY Express，CR Express）是由中国铁路总公司组织，按照固定车次、线路、班期和全程运行时刻开行，运行于中国与欧洲以及“一带一路”沿线国家间的集装箱等铁路国际联运列车。2011 年，从重庆到欧洲的渝新欧铁路货运通道开通。2020 年，国内运行中欧班列的城市已达 29 个，该班列可以通达 21 个国家的 92 个城市。2022 年 4 月 16 日，河南境内的“中欧班列”统一命名为“中豫号”，多趟班列同时开行，标志着中欧班列扩量提质又进了一步，河南“陆上丝绸之路”建设迈向新的里程碑。2023 年，春运启动以来，浙江义乌铁路口岸每天都有列车从这里鸣笛启程，搭载着成百上千的“中国制造”奔驰在亚欧大陆。可以看得出，中欧班列是深化我国与沿线国家经贸合作的重要载体，是推进“一带一路”建设的重要抓手。

问：

假如你是张同学，请你进一步思考中欧班列的运输特点与航空运输有何不同。

国际运输物流活动除国际海运物流、国际航空物流、国际多式联运物流活动外，还包括国际陆运物流活动。国际陆运物流是指以国际铁路、国际公路、国际管道作为物流通道的国际运输活动。它包括国际铁路物流、国际公路物流、国际管道运输三大部分。20 世纪后期集装箱货车与巨型拖车的使用进一步提高了陆上运输的竞争力，未来铁路自动驾驶技术的开发与应用、自动驾驶汽车的推广等，势必会加速智能化物流的实现。本章主要讨论国际陆运物流活动及其规律性。

第一节　国际铁路物流

国际铁路物流是指以国际铁路为物流通道的国际运输活动，主要包括国际铁路运输及直接相连的辅助业务。这里与国际铁路运输直接相连的辅助业务主要是指国际铁路运输过程中货物的直接装卸、搬运作业。

一、国际铁路运输概述

在国际货物运输中，铁路运输是一种仅次于海洋运输的主要方式，海洋运输的进出口货物，也大多是靠铁路运输进行货物集中和分散的。

1. 世界铁路概况

铁路运输是现代运输业的主要运输方式之一。世界上的第一条铁路是 1825 年美国正式运营的从斯托克顿至达林顿的 43. 5km 的铁路。铁路运输从一开始就显示出了明显的优越性，因此在较短的时间内就得到了迅速的发展。从 19 世纪蒸汽机车到 20 世纪的内燃机车，再到 21 世纪的高速电力火车和磁悬浮列车，铁路运输工具的运行速度突飞猛进，截至 2021 年年底，中国的高速铁路里程已经超过 3. 3 万 km，是全球高铁里程最长的国家。同时，中国高速铁路的运行速度也在不断提高，目前已经实现了 350~400km/h 的商业运营。

第二次世界大战以后，由于航空运输和高速公路的迅速发展，铁路运输发展变缓，基本处于相对稳定的状态。目前，世界铁路总长度约 130 万 km。从地理分布上看，美洲铁路约占世界铁路总长度的 1/3，欧洲约占 1/3。而非洲、大洋洲和亚洲的总长度加起来约占 1/3。很明显，世界铁路的发展和分布极不均衡。

2. 铁路运输的特点

铁路运输是国家的经济大动脉，是物流运输方式的其中一种。与其他运输方式相比，铁路运输具有以下特点：

（1）准确性和连续性强。铁路运输几乎不受气候影响，一年四季可以不分昼夜地进行定期的、有规律的、准确的运转。

（2）速度比较快。一般货车的速度可达 100km/h 左右，远高于海上运输。

（3）运输量比较大。铁路一列货物列车一般能运送 3000~5000t 货物，远高于航空运输和汽车运输。

（4）成本较低。铁路运输费用仅为汽车运输费用的几分之一到十几分之一；运输耗油约是汽车运输的 1/20。

（5）安全可靠。铁路运输的风险远比海上运输小。

（6）初期投资大。铁路运输需要铺设轨道、建造桥梁和隧道，建路工程艰巨复杂；需要消耗大量钢材、木材；占用土地多，其初期投资大大超过其他运输方式。

另外，铁路运输由运输、机务、车辆、工务、电务等业务部门组成，要具备较强的准确性和连贯性，各业务部门之间必须协调一致，这就要求在运输指挥方面实行统筹安排，统一领导。

二、国际铁路货物运输的作用

1. 有利于发展与亚欧大陆各国间的贸易

通过铁路把亚欧大陆连成一片，为发展中东、近东和欧洲各国的贸易提供了有利的条件。中华人民共和国成立初期，我国的国际贸易主要局限于东欧国家，铁路运输占我国进出口货物运输总量的50%左右，是当时我国进出口贸易的主要运输方式。自20世纪50年代以来，我国与朝鲜、蒙古国、越南、苏联的进出口货物，绝大部分仍然是通过铁路运输来完成的；我国与西欧、北欧和中东地区一些国家也通过国际铁路联运来进行进出口货物的运输。

2. 有利于通过香港进行转口贸易

香港是世界著名的自由港，与世界各地有着非常密切的联系，海、空定期航班比较多，作为转口贸易基地，开展陆空、陆海联运，为我国发展与东南亚、欧美、非洲、大洋洲各地的贸易、保证我国出口创汇起着重要作用。

3. 对进出口货物在港口的集散和地区之间的商品流通起着重要作用

我国幅员辽阔，海运进口货物大部分利用铁路从港口运往内地，海运出口货物大部分也是由内地通过铁路向港口集中，因此，铁路运输是我国国际货物运输的重要集散方式。国内各省份之间调运外贸商品、原材料、半成品和包装物料，主要也是通过铁路运输来完成的。我国国际贸易进出口货物运输大多都要通过铁路运输这一环节，铁路运输在我国国际货物运输中发挥着重要作用。

三、国际铁路货物联运概述

采用国际铁路货物联运，有关当事国事先必须有书面的协定。关于国际铁路货物运输的公约主要有两个，即1961年《国际铁路货物运输公约》（以下简称《国际货约》）和1951年《国际铁路货物联运协定》（以下简称《国际货协》）。

1. 定义与特点

国际铁路货物联运是指在涉及两个或两个以上国家的铁路运输中，使用一份运输单据，并以连带责任办理货物的全程运送，在由一国铁路向另一国铁路移交货物时，无须发、收货人参加。国际铁路货物联运通过几个国家不间断的运送或不同的运输方式运到目的地，其特点是：

（1）涉及面广。只要通过国际铁路货物联运办理货物运输，都会涉及两段以上的铁路。

（2）运送距离远，流经环节多。国际铁路货物联运涉及不同国家的铁路，有时还要通过换装、转口等不同方式办理不间断的运输，最后才能运抵目的地。

（3）运输条件高。运输条件即车、票、证都必须符合有关国际铁路货物联运的规章和规定，办理手续也较复杂。

国际铁路货物联运是在国际上通过有关国家之间的协商，订立国际铁路货物联运协定或协议，使得相关国家铁路在货物运输组织上相互衔接，为国际贸易提供了一种经济便捷而又安全的运输方式。我国与欧亚有关国家开展的国际铁路货物联运，在我国对外政治、经济和文化交流中发挥着重要的作用。

2. 国际铁路货物联运的优点

（1）简化手续，方便收、发货人。虽然货物在全程运送中要经过多个国家，涉及多次交接甚至多次换装等作业，但发货人只需在始发站办理一次性托运手续，即可将货物运抵另一个国家的铁路到站，发货人或收货人无须在国境站重复办理托运的繁杂手续。

（2）便于在国际贸易中充分利用铁路运输的优势。铁路运输具有成本较低、运输连续性强、运输风险小和不易受天气季节变化的影响等优势。实行国际铁路联运后，参加联运的国家的铁路连成一体，形成国际铁路运输网络，便于发货人根据货物的运输要求，充分利用铁路运输优势和选择运输路径，既可加快送达速度，又能节省有关费用支出。

（3）可尽早结汇。发货人利用国际联运办理完出口货物的托运手续后，即可凭车站承运后开具的有关联运凭证和其他商务单证办理结汇，而无须等到货物到达目的地后才能办理。这样既能保证发货人收取货款，又加速了资金的周转，便于国际贸易的开展，对贸易双方均有利。

（4）促进铁路沿线外向型经济及铁路运输企业的发展。通过开展国际联运，为铁路沿线的外向型经济的开发提供了有利的条件，特别是新亚欧大陆桥的贯通，为沿线的我国东部地区及中亚国家的经济发展又提供了一次良好的机遇。

3. 国际铁路货物联运的组织

（1）出口。国际铁路货物联运出口货物运输组织工作，主要包括计划的编制以及货物的托运、承运、装车、运送和交付。货物的托运与承运的过程即为承运方（铁路）与托运方（发货人）缔结运输合同的过程。托运是发货人向铁路提出委托运输的行为，承运则是铁路接受发货人所提出的货物运输的委托的行为。

发货人按车站指定日期将货物搬入车站或指定货位，经车站根据运单的记载事项查验货物，并确认符合国际联运的有关规定后予以接受。在发货人付清一切应付运送费用后，车站在所提交的运单上加盖车站日期戳。运单在加盖车站日期戳后，即标志承托双方以运单为凭证的运输合同开始生效，参加联运的国际铁路即承担了将货物从始运地运送至运单上指定的目的地的相应责任。

（2）进口。进口货物国际铁路联运包括进口合同资料工作、进口货物的现场核收工作、进口货物的交付等。

1）进口合同资料工作。合同资料是国境站核放货物的重要依据，也是向各有关部门报关、报验的凭证。各进出口公司在对外合同上签字后，要及时将一份合同抄寄给货物进口口岸的分支机构。对于由外运公司分支机构接收的分拨小额订货，必须在抄寄合同的同时，按合同内容随附货物分类表。合同资料包括：合同的中文抄本和它的附件、补充书、协议书、变更申请书、变更书和有关确认函电等。

2）进口货物的现场核收工作。进口货物的交接首先是票据的交接，对方交接时将进口货物票据交进口方交接后，进口方现场工作人员主动到中方铁路办公处索取进口方公司所代理单位的进口货物票据；然后抄制进口货物明细单，查验合同所附带有关进货的材料是否齐全；最后按海关要求填报进口货物报关单，并连同合同及有关证明向海关申报放行货物。

3）进口货物的交付。联运进口货物到达到站后，铁路车站根据运单或随附运单的进口货物通知单所记载的实际收货人，发出货物到达通知，通知收货人提取货物。收货人接到通知后，必须向车站领取货物并支付运输费用。在收货人付清一切应付运输费用后，铁路车站必须将货物连同运单一起交付收货人。

4. 国际铁路货物联运运费及其计收

国际铁路货物联运运费应该按照《国际货协》《国际铁路货物联运统一过境运价规程》（以下简称《统一货价》）和《铁路货物运价规则》的有关规定计收。国际铁路货物联运费用包括联运货物的运费，押运人的乘车费、杂费和其他费用。联运货物运费应按以下规定的方法计收。

（1）运输费用计收的规定。

1）参加《国际货协》的各铁路间运输费用的计收原则。发送站的运输费用按发送站所在国家的国内运价规定，并以发送站所在国家的货币在发送站向发货人计收。到达站的运输费用按到达站所在国家的国内运价规定，并以到达站所在国家的货币在到达站向收货人计收。过境站的运输费用按《统一货价》的规定在发送站向发货人计收或在到达站向收货人计收。

2）参加《国际货协》与未参加《国际货协》铁路间运输费用的计收原则。发送站和到达站的运输费用仍按所在国家的国内运价规定，并以所在国家的货币在发送站向发货人计收和在到达站向收货人计收。

参加《国际货协》并实行《统一货价》的过境站和过境铁路运输费用，在发送站向发货人（相反方向运输时则在到达站向收货人）计收。对过境未参加《国际货协》的路站的运输费用，在到达站向收货人（相反方向运输时向发货人）计收。

3）通过过境铁路站港口的运输费用计收原则。从参加《国际货协》并实行《统一货价》的国家，通过另一个实行《统一货价》的过境铁路站港口，向其他不论是否参加《统一货价》的国家（或相反方向）运输货物，并用国际货协票据办理货物运输时，只能办理到过境港口站为止，或从该站开始办理。

从参加《国际货协》的铁路发送站到港口站的运输费用，在发送站向发货人计收；相反方向运输时，在到达站向收货人计收。

在港口站所发生的杂费和其他费用，在任何情况下，都在港口站向收转人计收。

过境铁路的运输费用按《统一货价》规定计收。

（2）国际铁路货物联运国内段运输费用的计算。根据《国际货协》的规定，我国通过国际铁路联运的进出口货物，其国内段运输费用按我国《铁路货物运价规则》计收。国际铁路货物联运国内段运输费用的计收原则为：

1）根据货物运价里程表确定从发送站至到达站的里程。

2）根据运单上填写的货名查找货物品名检查表，确定适用的运价号。

3）根据里程和运价号，在运价表中查出相应的运价。

4）以《铁路货物运价规则》确定计费重量。

5）运输费用等于计费重量与适用运价的乘积。

（3）国际铁路货物联运过境运费的计算。国际铁路货物联运过境运费按《统一货价》的规定计收。其计算原则为：

1）根据运单记载的应通过的过境站，在《统一货价》过境里程表中查找出货物运输所通过的各个国家的过境里程。

2）根据货名，查找《统一货价》中的通用货物品名表，确定所运输货物适用的运价等级。

3）根据货物运价等级和各过境站的运输里程，在《统一货价》中查出适用的运价。

4）由于《统一货价》对过境货物运费的计算是以慢运整车货物的运费为基础的，即以此为基本运费，所以对其他类别的货物还应在基本运费的基础上分别乘以不同的加成率，因此要查明加成率。

5）运费=基本运费×(1+加成率)。

5. 国境站

（1）国境站的定义。凡办理一国铁路向另一国铁路移交或接收货物和机车车辆作业的车站，称为国境站。依照各国轨距类型的不同，国境站分为直通型国境站和换装型国境站。

（2）国境站货物和车辆的交货地点和过货方式。

1）交货地点：货物和车辆的交接，原则上都在进口国国境站进行。

2）过货方式：原车过轨及货物换装或货车换转向架。

四、国际铁路货物联运的范围与类别

1. 国际铁路货物联运的范围

（1）参加《国际货协》和未参加《国际货协》但采用《国际货协》规定的铁路间的货物运送。铁路从始发站以一份运送票据负责运送至最终到达站交付给收货人。

（2）未参加《国际货协》铁路间的货物运送。发货人在发送站用《国际货协》运送票据办理至参加《国际货协》的最后一个国境站，由该站站长或收货人、发货人委托的收转人转至最终到达站。

（3）通过过境铁路港口站的货物运送。从参加《国际货协》铁路的国家，通过参加《国际货协》的过境铁路港口，向其他国家（不论这些国家是否参加《国际货协》）或者相反方向运送货物时，用《国际货协》运送票据只能办理至过境铁路港口站，或者从这个站起开始办理，由港口站的收转人办理转发送。

2. 国际铁路货物联运办理的类别

（1）整车，是指按一份运单托运的按其体积或种类需要单独用车辆运送的货物。

（2）零担，是指按一份运单托运的一批货物，重量不超过5000kg，按其体积或种类不需要用单独车辆运送的货物。但如另有商定条件，也可不适用《国际货协》整车和零担货物的规定。

（3）大吨位集装箱，是指按一份运单托运的，用大吨位集装箱运送的货物或空的大吨位集装箱。

对于整车运输，铁路运输是一种最经济的运输方式。尤其是在北美和欧洲，铁路运输是集装箱化发展最快的一个部门。强烈建议买主使用以较长的集装箱转运距离为特征的联合运输方式，并最好与往来集装箱海运码头的陆路专用铁路结合起来使用，这样可以实现“门到门”的服务。

五、国际铁路货物联运的条件和运输限制

1. 采用国际铁路联运应具备的条件

（1）必须具备一份运输合同。在国际铁路货物联运中，使用的运单和运单副本是铁路

与货主（承运人与托运人）之间缔结的运输合同。

（2）托运人必须支付运费并领取货物。托运人支付运费，分以下三种情况。

1）发运国铁路的运费，由发货人向始发站支付。

2）终点国铁路的运费，由收货人向到达站支付。

3）过境国铁路的运费，现在有些由过境国货代办理，或由发货人向始发站支付，或由收货人向到达站支付。

（3）承运人必须负责全程运输，并对承运期间发生的损失负责赔偿。由于国际铁路货物联运是跨国境的陆上运输，需要使用各国家的铁路、机车和车站，所以各有关国家使用统一的国际联运单据，共同负责货物跨国界的全程运输服务。

2. 国际铁路货物联运的运输限制

在国际铁路直通货物联运中，下列货物不准运送：

（1）属于参加运送的铁路的任一国家禁止运送的物品。

（2）属于参加运送的铁路的任一国家邮政专运物品。

（3）炸弹、弹药和军火（但狩猎和体育用的除外）。

（4）爆炸品、压缩气体、液化气或在压力下溶解的气体、自燃品和放射性物质（《国际货协》附件第2号之附件1中表1、表3、表4、表10中没有列载的）。

六、出口货物国际铁路联运的程序

1. 托运前的工作

在托运前必须将货物的包装和标记严格按照合同中有关条款和《国际货协》中的条款办理。

（1）货物包装应能充分防止货物在运输中灭失和腐坏，保证货物多次装卸不易毁坏。

（2）货物标记（标示牌及运输标记）和货签（内容主要包括商品的记号、号码、件数、站名、收货人名称等）上的字迹均应清晰、不易擦掉，保证多次换装中不易脱落。

2. 货物托运和承运的一般程序

发货人在托运货物时，应向车站提出货物运单和运单副本，以此作为货物托运的书面申请。车站接到运单后，应认真进行审核，对整车货物应检查是否有批准的月度、旬度货物运输计划和日要车计划，检查货物运单各项内容是否正确，如确认可以承运，车站即在运单上签证时写明货物应进入车站的日期和装车日期，表示接受托运。发货人按签证指定的日期将货物搬入车站或指定的货位，铁路方根据货物运单的记载查对实货，认为符合《国际货协》和有关规章制度的规定，则可予以承认。装车完毕后，始发站在货物运单上加盖承运日期戳，即为承运。

发货人在托运零担货物时，不需要编制月度、旬度要车计划，即可凭运单向车站申请托运。车站受理托运后，发货人应按签证指定的日期将货物搬进货场，送到指定的货位上，经查验过磅后，即交由铁路保管。从车站将发货人托运的货物，连同货物运单一同接受完毕，在货物运单上加盖承运日期戳时，表示货物业已承运。铁路对承运后的货物负保管、装车发运责任。

总之，承运是铁路负责运送货物的开始，表示铁路开始对发货人托运的货物承担运送义务，并负运送中的一切责任。

3. 货运单据

（1）国际铁路联运运单（International Through Railway Bill）。它是发货人与铁路之间缔结的运输契约。它规定了铁路与发、收货人在货物运送中的权利、义务和责任，对铁路和发、收货人都具有法律效力。

（2）添附文件。我国出口货物必须添附出口货物明细单、出口货物报关单及出口外汇核销单。另外根据规定和合同的要求还要添附出口许可证、品质证明书、商检证、卫生检疫证、动植物检疫证明，以及装箱单、磅码单、化验单、产地证、发运清单等有关单证。

4. 出口货物交接的一般程序

（1）联运出口货物实际交接是在接收国国境站进行的。口岸外运公司接到铁路交接所传递的运送票据后，依据联运运单审核其附带的各种单证份数是否齐全、内容是否正确，遇有矛盾、不符等缺陷时，根据有关单证或函电通知订正。

（2）报关报验。运送单证经审核无误后，将出口货物明细单截留三份（易腐货物截留两份），然后将有关运送单证送至各联检单位审核放行。

（3）货物交接。单证手续齐备的列车出境后，交付路在邻国国境站的工作人员会同接收路工作人员共同进行票据和货物交接，依据交接单进行对照检查。交接分为一般货物铁路方交接和易腐货物贸易双方交接。

七、高速铁路的发展

1964 年，日本建成世界上第一条高速铁路（东京—大阪），高速公路在许多国家得到迅速发展。目前，日本、德国、法国、英国、瑞典等国已有时速 200km 以上的高速铁路线万余公里。高速铁路以其快捷、运输成本低、安全、舒适、占地少、污染轻而日益受到青睐。

欧洲高速铁路始于德国和法国，德国城间快车始于 1971 年，时速已达 250km，在新建路段更是高达 280km。

法国于 1976 年 10 月开始建巴黎至里昂的高速铁路，全长 426.3km，其中新线 388.93km，其余利用市郊线，于 1983 年 9 月建成，最高时速为 270km。1985 年 2 月开始建大西洋高速铁路，于 1996 年建成，由巴黎至勒芒、图尔，全长 308km，也利用了原有线，列车最高时速达 300km。

法国的大西洋高速铁路在利用传统技术和造价上获得成功，增强了很多国家修建高速铁路的信心，进一步推动了世界高速铁路的发展，继日本、法国、德国之后，英国、意大利、苏联、瑞士、奥地利、西班牙、澳大利亚、加拿大、巴西等国先后建成或制定了高速铁路建设方案。欧盟计划大规模兴建总长 9000km 的高速铁路干线，改扩建旧干线 1.5 万 km，加上现有的万余公里，形成 3.5 万 km 遍布欧洲的高速铁路网。

随着铁运科学技术的进步，英国主要靠改造机车车辆，于 1976 年在伦敦—布里斯托尔—斯旺西两线采用 HST 内燃机车组实现了 200km/h 高速行车，继而又在伦敦—南威尔士、伦敦—爱丁堡—阿伯丁、伦敦—格拉斯哥间开行了 200km/h 高速列车。瑞士和意大利联合研制的列车拐弯灵活，即使在阿尔卑斯山脉峡谷中行驶，也可达 200km/h 的速度。

高速铁路建设成本高，但会给经济乃至社会文化等各方面带来了巨大利益。

八、国际铁路集装箱运输

国际铁路集装箱运输是现代国际铁路运输发展中最重要的组成部分。下面我们以德国铁路集装箱运输的一个案例来说明其中的内容。

众所周知，德国汉堡港是世界重要的集装箱集散地。在汉堡港从事集装箱进出口运输业务的公司很多，为了能够在港口与内陆之间为进出口的集装箱提供高效、快捷、便宜的运输服务，Maersk、P&O、Eurogate、Tx Logistik 四个国际集装箱运输公司共同组建了 BoxXPress 公司。

铁路集装箱运输畅通的关键在于货源、箱源、空车和运能，BoxXPress 公司的发展必须很好地解决这四个方面的问题。而 BoxXPress 公司与欧洲众多的运输公司有着广泛的业务往来和联系：马士基是世界上最大的海洋运输公司之一，拥有 300 多个集装箱船和 95 万个集装箱；Eurogate 是欧洲最大的集装箱运输物流集团，在全球范围内提供集装箱运输的全过程服务；AAE 公司属于私人铁路运输和货车租赁集团，是欧洲标准铁路货车租赁领域的“领头羊”，拥有 18000 多辆货车，为国际多式联运提供物流服务；MEV 铁道运输有限公司则为欧洲所有铁路提供中立铁路服务。这些有利的条件使 BoxXPress 公司很好地解决了上述四个方面的问题。

（1）货源。四大集装箱公司共同组织货源。列车编组计划是四家公司分配运输能力和划账的基础，在公司成立之时，四家公司的运输能力已经进行了合理的分配，列车编组计划基本上固定。不过，每天仍有一名工作人员（一般是班组长或业务最熟练的人员）制订当天的计划，其中有一些小小的变动。货源具体体现在 BoxXPress 公司的列车编组计划上，各母公司按每列车的计划运量付费。

（2）箱源。作为国际物流公司，各公司拥有自己的集装箱。另外，德国的集装箱租赁公司也是空箱来源之一。

（3）空车。BoxXPress 公司租赁平板车，只允许本公司使用，定点往返运输，保证了空车来源。

（4）运能。德国路网公司是德国铁路五个独立核算、自主经营的子公司之一，对其他运输企业实行无歧视市场准入原则。BoxXPress 公司向路网公司购买了线路使用权，周一至周五在不来梅、汉堡两个港口和纽伦堡、慕尼黑、罗森海姆之间开行 5 趟往返列车，每列列车由 25 辆平板车编组而成，每天开行 8000km。首先，四大集装箱公司通过传真把运输合同传给 BoxXPress 公司；然后，公司根据列车编组计划进行合理编组；最后，工作人员通过传真将其传递到各集装箱编组场或中转编组站，各集装箱编组场或中转编组站严格按照编组计划进行编组。

MEV 公司在各中转编组站设有一个办公室，员工 24h 值班，负责记录实际工作情况，如机车司机值班开始和结束时间、列车运行情况、晚点及意外事故等。这些工作实况资料通过计算机进行管理，是合作公司之间结账的依据。每月月初，四大集装箱公司按照列车编组计划所占运输能力的份额划账给 BoxXPress 公司；每月月底，BoxXPress 公司与合作公司结账，按实际运行情况出一份报表，多退少补。

国际运输过程中涉及的环节众多，任何一个环节的拖延都有可能导致整个运输活动的效率低下。而 BoxXPress 公司的成立和运作恰恰整合了四大国际集装箱公司的资源，利用了德国铁路私有化经营的有利条件，有效地保障了集装箱内陆地区的运输活动的进行，为其国际铁路集装箱运输业务带来了良好的开端和运营效果。

德国 BoxXPress 公司在国际铁路集装箱运输方面的实践为我们发展国际铁路集装箱运输提供了有益的借鉴。

第二节　国际公路物流

国际公路物流是指以国际公路为物流通道的国际运输活动，主要包括国际公路运输及其直接相连的辅助业务。与国际公路运输直接相连的辅助业务主要是指国际公路运输过程中货物的直接装卸、搬运作业。

一、国际公路运输概述

公路运输是现代交通运输体系中最为普及的一种运输方式。公路运输不仅在国家的经济建设和社会生活等方面具有十分重要的地位和作用，而且在国际贸易运输过程中也是不可缺少的环节。在国际贸易货物运输中，不论采用海运、空运还是陆运，都需要以公路运输作为衔接。同时，作为国际陆路货物运输的方式之一，公路运输还承担着公路口岸的出入境货物运输任务。

1. 世界公路概况

世界现有公路总长约 2000 万 km，其中有高级路面约 450 万 km，高速公路 15 万多 km。世界公路分布很不均匀，主要集中在北美、西欧、南亚和东亚地区。以公路网密度论，西欧密度最高，其中英国、法国每 $100km^2$ 土地上皆拥有 160km 以上的公路，意大利和德国次之，每 $100km^2$ 土地上的公路长度分别为 100km 和 62km，其公路网密度仍达 $67km/100km^2$。南亚地区公路网密度也很高，其中印度达 $65km/100km^2$。故北美（包括美国和加拿大南部）、西欧、南亚构成了全球的三大公路系统。其他公路较密集的国家和地区有：俄罗斯（欧洲部分）和东欧、东亚（其中日本公路网密度高达 $300km/100km^2$）、澳大利亚东南部、巴西东南沿海和阿根廷潘帕斯平原。

◇【知识链接】

"浮动公路"运输

"浮动公路"运输是指利用一段水运衔接两端陆运，衔接方式是将车辆开上船舶，以整车货载完成这一段水运，到达另一港口后，车辆开下继续行驶。"浮动公路"运输又称车辆渡船方式，这种联合运输的特点是在陆运水运之间，不需要将货物从一种运输工具上卸下，再转换到另一种运输工具上，而仍利用原来的车辆作为货物的载体。其优点是两种运输之间有效衔接，运输方式转换速度快，而且在转换时不触碰货物，因而有利于减少和防止货损，是一种现代化的运输方式。

2. 国际公路运输的概念与特点

国际公路运输是指国际货物借助一定的运载工具，沿着公路跨越两个或两个以上国家或地区的移动过程。目前世界各国的国际货物运输一般以汽车作为运输工具，所以实际上就是国际汽车货物运输。国际汽车货物运输既是一个独立的运输体系和车站、港口、机场集散物资的重要手段，也是沟通生产和消费的桥梁和纽带。由于公路运输具有机动灵活、适应性强的优点，因此在运输体系中体现了时差效益、远距离效益和质量效益三个特点。

（1）时差效益。在当今市场竞争日益激烈的情况下，对运输贸易的时间性要求将越来越高。由于汽车机动灵活，可以实现“门到门”运输，能适应时间性强的需要。目前，在一些尚未通铁路的中、小开放港口，汽车的时差效益更为明显。

（2）远距离效益。汽车调度灵活，适应性强，有时可以选择小于铁路或水路运输的运距，使在途运输的时间缩短，从而加速资金周转，获得远距离效益。虽然铁路、水运的运价目前较低于公路运价，但由于火车、驳船装载量大，在港、站容易受甩挂、过闸靠泊等限制造成压车、压船，不仅占用时间长，而且增加延滞费用。因此，对于中、短途运输而言，铁路、水路综合运输成本往往高于公路运输。

（3）质量效益。公路运输装卸环节少，货损货差小，同时汽车运输实行单人作业责任运输制，与个人经济利益紧密联系，驾驶人员必须对运输质量有较强的责任心。相对而言，即使发生货损或事故，由于单车运量小，其损失比例也较小。

除上述特点外，与其他运输方式相比，公路运输同时又具有一定的局限性，例如：载重量小，不适宜装载重件、大件货物；不适宜长途运输；车辆运行中振动大，易造成货损货差事故；同时，运价通常也较水运和铁路运输高。

3. 公路运输的要素

（1）车辆。其包括运输工具和驾驶员。运输工具的类型和特性，例如，车辆的载重、容积、速度、燃油消耗等都会影响到运输效率和成本。驾驶员的素质和技能对运输安全和准确性有重要影响。

（2）道路。其包括道路的设计、建设、维护和管理。道路的等级、宽度、质量和交通流量等都会影响运输效率和安全。

（3）装卸设施。其包括起重机、叉车、货运站、仓库等。这些设施对货物的装卸、仓储、分拣和配送都有影响。

（4）人力资源。其包括物流企业的管理人员、调度员、仓储人员等，以及相关政府部门的监管和协调人员。

（5）信息技术。其包括物流信息系统、GPS、互联网等。这些技术可以实现货物的实时跟踪、运输过程的监控和管理，提高运输效率和透明度。

（6）管理流程。其包括物流管理的各个环节，如订单处理、运输计划、货物追踪、异常处理等。合理的管理流程可以提高物流效率和质量，降低物流成本和风险。

二、国际公路运输的营运方式

受地理环境结构的影响，公路运输在国际贸易运输中的地位不及海运，也不及铁运，但在边境贸易中，公路运输占有重要地位，在国际公路干线网络密集的欧洲国家之间，公路运输在国际贸易货运中的地位尤为突出。

公路运输的货物种类繁多、性质各异、批量不等，因此不同货物对运输的要求有所不同。为了满足公路运输的需要，公路运输的营运方式可以分为班车货物运输和包车货物运输两大类。

1. 班车货物运输

班车货物运输是指班车运输公司将汽车按照事先公布的运行表在确定的线路上，为众多的货主提供规则的、反复的运输服务，并根据运价规定计收运费的一种营运方式。

班车运输的货物一般是零担货物。零担货物是指同一货物托运人托运的不足一定数量的货物，通常是计费重量不足 3t 的货物。在公路运输中，按照制订运价的原则，对零担货物按其性质和运输要求分为普通零担货物和特种零担货物两类。普通零担货物可以分为一等普通货物、二等普通货物和三等普通货物三个等级。特种零担货物是指长、大、笨重零担货物，危险、贵重零担货物以及特种鲜活零担货物等。

班车运输公司也承运整批（车）货物，整批货物是指同一托运人托运的货物数量较大，一般可以装满一辆汽车，通常是计费重量超过 3t 的货物，或者其计费重量不足 3t 但其性质、体积或形状需要用一辆汽车运输的货物。另外，还可以有集装箱等货物的运输。

2. 包车货物运输

包车货物运输是指车辆出租人将车辆包租给承租人使用一个行程或几个行程或一定时间，并用以完成在约定地点之间载运约定货物，由承租人支付租车费用的一种营运方式。包车货物运输也称行程租车运输。

在包车货物运输中，出租人的车辆包给承租人使用，而出租人的随车人员应在运输过程中服从承租人为货物运输所做出的合理安排；车辆的开车、停车时间和行驶路线等规定可以由双方当事人在订立包车运输合同时协商确定；未经出租人的同意，承租人不得将租来的车辆转租给他人，也不得装运其他任何人的货物，而只能用以运送承租人所提供的货物；包车运输的运费（租车费用）按包用车辆的时间或里程计算，并由双方当事人在订立包车运输合同时协商确定。

包车运输的货物通常是不易计算货物运量、运距的货物，因货物性质、道路条件限制使车辆不能按正常速度行驶的货物，装卸次数频繁、时间过长的货物，托运人需要自行确定车辆开停时间的货物等。

三、外贸汽车运输所承担的运输业务

（1）将出口物品由产地集中运输到外贸仓库。

（2）将出口物品由外贸仓库运送到发运点仓库。

（3）将出口物品由发运点仓库运送到港口前方仓库或直接运送到出口的港区、车站、机场。

（4）承担国际多式联运的某一段运输。

（5）进口物品的运输。

（6）将进口物品运送到收货人指定的地点。

（7）边境贸易的直达货物运输等。

四、公路口岸的出入境汽车运输

我国与周边国家和地区之间的出入境公路汽车运输活动，多以政府间的多边或多边的汽车运输协定为依据而进行的。供货物、人员和汽车出入境的国境车站称为公路口岸。我国与周边国家，有的有铁路相通，有的只能通过公路运输来实现国际货物运输。

1. 中俄间汽车运输

中国与俄罗斯签有《中俄两国政府汽车运输协定》。我国与俄罗斯之间的公路国境车站主要有以下几个：

(1) 满洲里—后贝加尔。满洲里口岸位于内蒙古呼伦贝尔草原西部，是我国最大的铁路口岸，但由于中俄之间国境铁路轨距不同，铁路货车必须在国境站进行换装。

(2) 黑河—布拉戈维申斯克。黑河口岸位于黑龙江省黑河市，与俄罗斯阿穆尔州布拉戈维申斯克市相连，是水路运输和公路运输口岸。当处于明水期时，进行水路运输；当处于冰冻期时，进行公路运输。

(3) 绥芬河—波格拉尼奇内。绥芬河口岸位于黑龙江省绥芬河市，有一条铁路和两条公路与俄罗斯相连，铁路口岸与俄罗斯的格罗迭科沃相连，公路口岸与俄罗斯的波格拉尼奇内公路口岸相连，是一类口岸。

(4) 珲春—库拉斯基诺。珲春口岸位于吉林延边的图们江下游地区，地处中、俄、朝三国接壤地带，与俄罗斯的库拉斯基诺相连。

另外，还有同江—下列宁斯阔耶口岸、鹤岗—比罗比詹口岸等。

2. 中越间汽车运输

中国与越南签有《中越两国政府汽车运输协定》和《实施中越两国政府汽车运输协定的议定书》，为双方经济贸易交流与合作提供了公路汽车运输上的保障。我国与越南之间的公路国境车站主要有以下几个：

(1) 山腰—老街。山腰口岸位于云南红河河口瑶族自治县，距中越国境线 6.5km，分为铁路口岸和公路口岸。该口岸与越南老街口岸相连。

(2) 友谊关—同登。友谊关公路口岸位于广西凭祥，与越南的同登口岸相连。

位于云南的中越口岸还有麻栗坡口岸，位于广西的中越口岸还有水口、东兴口岸等。

3. 中朝间汽车运输

中国与朝鲜之间有水路、铁路和公路相通，我国与朝鲜之间的公路国境车站有很多，其中有一类口岸，也有二类口岸。

(1) 图们—南阳。图们口岸位于吉林省图们市，是国家一类口岸，与朝鲜咸镜北道的南阳市隔图们江相望，两口岸相隔 0.6km。图们口岸有铁路和公路通往南阳口岸，是中朝间重要的边境口岸。

(2) 开山屯—三峰里。开山屯口岸位于吉林省龙井市，是国家一类口岸，与朝鲜的三峰里口岸相对，距离为 1.5km，中间有公路桥相连。

中朝间另有三合—会宁、南坪—七星、临江—中江等国家一类口岸，以及沙驼子—赛别尔、古城里—三长里、长白—惠山、老虎哨—渭源等地方二类口岸。

4. 中蒙间汽车运输

我国的内蒙古、新疆以及甘肃与蒙古国接壤，因此陆路口岸众多，除有铁路口岸外，许多口岸仅为公路口岸。

(1) 二连—扎门乌德。二连（二连浩特）口岸位于内蒙古二连浩特市，是国家一类口岸，分为铁路口岸和公路口岸。其铁路口岸是中国通往蒙古国的唯一口岸，年货物通过能力为 350 万 t。二连公路口岸于 1990 年开通，年货物通过能力为 10 万 t。

(2) 老爷庙—布尔嘎斯台。老爷庙口岸位于新疆哈密地区，是哈密地区唯一的公路口岸，距中蒙边境 83km，1991 年根据中蒙政府双边协议开通，每年 3 月、6 月、8 月、11 月开放，是季节性口岸，与蒙古国的布尔嘎斯台相连。

（3）马鬃山—阿尔泰。马鬃山口岸位于甘肃河西走廊西北部，距中蒙边境 65km，由简易公路与蒙古国的阿尔泰相通。

5. 中国与乌、吉、哈、巴、塔之间的汽车运输

中国与乌兹别克斯坦、吉尔吉斯斯坦、哈萨克斯坦、巴基斯坦、塔吉克斯坦等国家就汽车运输签订了有关协议，为我国与这些国家之间的公路汽车运输合作奠定了基础。

中国与上述国家之间的口岸较大的是中国与哈萨克斯坦之间的阿拉山口—德鲁日巴口岸。阿拉山口口岸位于新疆博乐市境内，是我国西部地区唯一的铁路、公路并用的口岸，是国家一类口岸。阿拉山口公路口岸开通于 1992 年 5 月，年过货量 20 多万 t。阿拉山口口岸的对岸是哈萨克斯坦的德鲁日巴口岸。

中国与哈萨克斯坦之间还有霍尔果斯口岸、巴克图口岸等。中国与吉尔吉斯斯坦之间有吐尔尕特口岸、伊尔克什坦口岸等。中国与巴基斯坦之间唯一的口岸是位于新疆西部的红其拉甫口岸。

6. 中国与缅甸、老挝、尼泊尔之间的汽车运输

中国与缅甸之间的国家一类口岸有畹町、瑞丽、景洪口岸等，地方二类口岸有打洛、孟连、勐定、章凤、盈江等口岸。

中国与老挝之间边境贸易的主要通道是位于云南省的磨憨口岸。

中国与尼泊尔之间的口岸都位于西藏，其中位于日喀则地区的樟木口岸距尼泊尔首都加德满都 120km，是国家一类口岸，过货量占中尼边境贸易过货量的 95%以上。其他还有普兰口岸、吉隆口岸、日屋口岸等。

7. 中国与锡金、不丹、印度之间的汽车运输

我国与锡金、不丹和印度之间开展边境贸易的重要通道是位于西藏的亚东口岸。

五、《国际公路货物运输合同公约》

为了统一公路运输所使用的运输单证、明确承托双方的责任和权利，联合国所属欧洲经济委员会负责起草了《国际公路货物运输合同公约》（CMR，以下简称《公约》），并于 1956 年 5 月 19 日在日内瓦由欧洲的法国、英国等 17 个国家参加的会议上一致通过，于 1961 年 7 月 2 日生效。该公约共有 8 章 51 条，就公约的适用范围、承运人和托运人责任、合同的签订与履行、索赔与诉讼以及连续承运人履行合同等做了较详细的规定。

1. 适用范围

（1）对于公路以车辆运输货物而收取报酬的运输合同，接受货物和制定交货地点依据合同的规定在两个不同的国家，其中至少有一国是缔约国。

（2）如车辆装载运输的货物在运输过程中经由海上、铁路、内陆水路或航空，但货物没有从车辆上卸下，该公约仍对整个运输适用。

（3）若公路承运人本人也为其他运输方式下的货物运送人，其责任也应依照上述（1）的规定予以确定，但在作为公路承运人和其他运输方式承运人时，则其具有双重身份。

（4）公路承运人应对受雇人、代理人或其他人为执行运输而利用其服务的任何其他人的行为或不行为一样承担责任。

2. 运单

《国际公路货物运输合同公约》规定，运单是运输合同，是承运人收到货物的初步证据和交付的凭证。

（1）运单应该记载的主要内容：

1）运单签发的日期和地址。

2）收货人、发货人、承运人的名称和地址。

3）货物接管的地点、日期和制定的交货地点。

4）一般常用的货物名称、包装方式，如果属于危险货物，还应注明通常认可的性能。

5）货物的件数、特性、标识、号码。

6）货物的毛重，或以其他方式表示的数量。

7）与运输有关的费用（运输费用、附加费、关税以及从签订合同到终止之间发生的其他费用）。

8）另外还应包括：是否允许转运的说明，发货人负责支付的费用，货物的价值，发货人关于货物保险和承运人的指示，交付承运人的单据清单，有关履行运输的期限等。

除此之外，缔约国还可以在运单上列明它们认为有利的事项。

（2）运单的性质：

1）运单是运输合同。

2）运单是货物的收据、交货的凭证。

3）运单是解决责任纠纷的依据。

4）运单不是物权凭证，不能转让买卖。

（3）运单的签发及证据效力。《国际公路货物运输合同公约》第四条规定，运输合同应以签发运单来确认，无运单、运单不正规或丢失不影响运输合同的成立或有效性，仍受本公约的规定约束。运单一式三份，第一份交由发货人，第二份应跟随货物同行，第三份由承运人保留。承运人在接收货物时应做到以下两点：

1）检验运单中有关货物件数、标识、号码的准确性。

2）检查货物的外表状况及其包装。

3. 发货人责任

以下几种情况属于发货人责任：

（1）没有准确提供自己的名称、地址。

（2）没有在规定的时间、地点将货物交给承运人。

（3）收货人的名称、地址有误，且由发货人提供。

（4）对托运的货物没有说明其准确名称而造成的损失。

（5）对托运的危险货物没有在运单中注明危险特性、危险编号，以及一旦发生意外时应采取的措施。

（6）对运输要求没有做说明。

（7）没有提供办理海关和其他手续所必要的通知。

（8）货物包装不牢、标识不清。

（9）货物内在缺陷引起的货损。

（10）由于发货人的过失造成对第三方的损害。

为了交付货物应办理的海关或其他手续，发货人应在运单后附必需的单证，或将其交承运人支配和提供给承运人所需的全部的情况。

4. 承运人责任和豁免

（1）承运人责任。《公约》第十七条第一款规定："承运人应对自货物接管之时起到交付时止发生的全部或部分灭失和损坏以及货物交付中的任何延迟负责。"此外，在运输过程中承运人因使用车辆不当或由于承运人使用他人车辆，或其代理人的过失同样承担责任。

（2）免责。在以下几种情况下，承运人可免责：

1）货物的灭失、损害是由于无包装或包装不良造成的。

2）货物的灭失、损害是由于使用无篷敞车引起的，此种使用已在运单中明确规定和有所规定的。

3）货物的灭失、损害是由于发货人、收货人或其代理人所从事的货物搬运、积载、卸载引起的。

4）货物的灭失、损害是由于包装上号码不完整，标识不清、不当、错误所致的。

5）货物的灭失、损害是由于承运活的动物导致的。

6）货物的灭失、损害是由于锈损、腐烂、干燥、渗漏、发霉、发潮，即货物的自然特性所致的。

5. 索赔与诉讼

（1）诉讼地点。根据《公约》所提起的任何法律诉讼，原告可以在双方协议中约定的缔约国的任何法院提起，也可以在下列地点所属国家法院提起：

1）被告通常住所地或主要营业所所在地法院。

2）合同订立地法院。

3）承运人接管或交付货物的地点法院。

（2）诉讼时效。

1）《公约》规定，因货物运输正常所提出的诉讼，其时效为一年。

2）如货物的灭失或损害是承运人故意不当行为，或根据受理案件的法院的法律认定是与故意不当行为相等的其他过失行为所致，时效为两年。

第三节　国际管道物流

国际管道物流是指以国际管道为物流通道的国际运输活动，主要包括国际管道运输及直接相连的辅助业务。这里所说的辅助业务主要是指国际管道运输过程中油气的直接计量、检测、调控等作业。

一、管道运输概述

1. 管道运输的概念

管道运输（Pipeline Transportation）是随着石油的生产而产生和发展的。它是一种特殊的运输方式，与普通货物的运输形态完全不同：普通货物运输是货物随着运输工具的移动，货物被运送到目的地；而管道运输的运输工具本身就是管道，是固定不动的，只是货物本身在管道内移动。换言之，它是运输通道和运输工具合二为一的一种专门运输方式。

管道运输是货物在管道内借高压气浆的压力向目的地输送的一种运输方式。现代管道运输起源于美国，1861 年，美国宾夕法尼亚州最初使用木制油槽，从油矿把原油输送至聚油塔，因木制油槽阻力大，易渗漏，随后改以铁制管道代替。直至 20 世纪初，管道运输得到了迅速的发展。为了增加运量、加速周转，现代管道管径和气压泵功率都有很大增加，管道里程越来越长，最长达数千公里。现代管道不仅可以输送原油、各种石油成品、化学品、天然气等液体和气体物品，而且可以输送矿砂、碎煤浆等，还有医院利用囊体运输管道进行药品输送等。

2. 管道运输的种类

管道运输就其铺设工程可分为架空管道、地面管道和地下管道，其中以地下管道应用最为普遍。视地形情况，一条管道也可能三者兼而有之。

管道运输就其地理范围可分为：从油矿至聚油塔或炼油厂的管道，称为原油管道；从炼油厂至海港或集散中心的管道，称为成品油管道；从海港至海上浮筒的管道，称为系泊管道。

管道运输就其运输对象又可分为液体管道、气体管道、水浆管道。

此外，管道运输同铁路运输、公路运输一样，也有干线和支线之分。

3. 管道运输的优缺点

（1）管道运输的优点：

1）不受地面气候影响并可以连续作业。

2）运输的货物无须包装，节省包装费用。

3）货物在管道内移动，货损货差小。

4）费用省，成本低。

5）单向运输，无回空运输问题。

6）经营管理比较简单。

（2）管道运输的缺点：

1）运输货物过于专门化。管道运输仅限于液体和气体货物的运输，无法适用于其他种类的货物，如固体、液化气体等。这使得管道运输缺乏灵活性，不适用于多样化的货物运输需求。

2）永远单向运输，机动灵活性差。管道运输是一种单向运输模式，货物只能在管道内从一个地方流向另一个地方，无法适应货物运输双向需求。相比之下，公路运输和铁路运输可以双向运输，并且更具灵活性。

3）固定投资大。管道运输需要大量的投资，包括建设管道、购置设备和维护成本等。这些固定成本是一次性的，一旦建设完毕就无法更改，因此管道运输的投资回报周期较长。相比之下，公路运输和铁路运输可以根据需求灵活地投资建设，具有更强的适应性和灵活性。

4. 国际管道运输的收费

管道运输由于管道路线和运输是固定的，所以运输费用计算比较简单。按油类不同品种规格规定不同费率。其计算标准多数以桶为单位，有的以吨为单位。此外，一般均规定每批最低托运量。

二、国际管道运输的发展

19 世纪中叶，管道运输出现，至 20 世纪中后期，管道运输成为原油、煤浆与天然气等的主要运输模式。2006 年 5 月，中国第一条战略级跨国原油进口管道——中哈原油管道实现全线通油；2008 年 11 月，中俄泰纳线正式交付使用；2013 年 9 月，中缅天然气管道全线贯通。而真空管道运输所具有的高速度、低能耗、低噪声、低污染、安全性的特点，使管道运输在运输中扮演重要角色。近年来，全球管道运输市场持续增长，尤其是亚太地区。根据市场研究公司的数据，全球管道运输市场规模在 2019 年达到了 4276 亿美元，预计到 2027 年将达到 5741 亿美元，年复合增长率约为 4.1%。此外，各国政府还在加强对管道运输的规范和管理，以确保其安全性和可靠性。

1. 世界管道运输的发展

在西方国家，管道运输大都为大石油公司所占有和控制，它们为了垄断石油的产供销，均投资建设自己的专用管道，运输自己的产品，管道运输实际上已成为石油公司内部的运输部门，成为石油垄断组织不可缺少的组成部分。

第二次世界大战后，铁路兼营管道运输的现象逐渐增多，这是因为随着管道运输的迅速发展，铁路油罐车运输业务受到很大影响，铁路为了寻找出路，提高竞争能力，挽回失去的货运量，也开始投资建设石油管道，兼营管道运输业务。铁路兼营管道运输较其他单独经营管道运输的组织更有利：首先，可在铁路沿线原有土地上铺设管道，不必投资另找土地；其次，可以利用铁路原有人员和设备；最后，可以解决铁路本身所需燃料。因此，这样做可以收到投资少、成本低的良好经济效果。

2. 国际管道运输在我国的发展

（1）我国国际管道运输的发展现状。我国最早的一条石油管道于 20 世纪 40 年代初期铺设，是从印度边境通到我国云南昆明的石油管道。随着我国石油工业的发展，我国的管道运输也有了较大的发展，目前已有管道运输里程 1 万多 km，不少油田已有管道与海港相通。我国向朝鲜出口的石油主要是通过管道运输来完成的。进入 21 世纪以来，我国的国际管道运输有了迅速的发展，中哈原油管道及中亚天然气管道、中俄原油管道、中缅油气管道、海上通道（船运石油和液化天然气）构成了我国四大油气资源进口通道。我国的国际管道运输发展由此进入了一个全新发展的新时期。

（2）我国国际管道运输发展存在的问题。目前，全国陆上油气管道运输的货物周转量超过 6000 多亿 t·km，已跻身五大运输业之列，对国民经济的建设和发展发挥了重要作用。与此同时，管道运输技术也形成了相当独立的专业技术体系。但是，我国的国际管道运输与世界管道运输相比，仍有较大差距，还存在诸多问题。一是管道运输在我国综合运输体系中所占比例太低，管道规模小，覆盖面窄，最适合管道输送的成品油在我国仍然主要靠铁路。二是专用于油气管道的钢材、直缝制管、高效泵机组、阀门等几乎都要依赖进口。三是我国的管道运输技术与管道运输发达国家相比仍然存在较大的距离。所有这些，还有待我们加快管道运输技术及其体系的变革，把握我国国际管道物流技术的发展趋势。

三、我国国际管道运输的发展

1. 中哈原油管道的建设、意义与作用

（1）中哈原油管道的建设。2003 年 6 月，中国与哈萨克斯坦签署《关于共同开展中国-哈萨克斯坦石油管道分阶段建设投资论证研究的协议》。2004 年 5 月，中哈签署了《中华人民共和国和哈萨克斯坦共和国关于在油气领域开展全面合作的框架协议》，确定建设中哈原油管道是两国能源合作的重点项目。

连接中国与哈萨克斯坦的原油管道于 2005 年 11 月 14 日在中哈边境口岸阿拉山口实现了跨国对接。这标志着中哈原油管道第一期工程近 1000km 大口径输油管道主体工程顺利完成，为管道项目在 2005 年 12 月最终竣工奠定了坚实基础，中哈原油管道于 2005 年 12 月 18 日竣工。2006 年 5 月 25 日，中国—哈萨克斯坦原油管道正式输油，2006 年 7 月投入商业运营。中哈原油管道建设项目是中国和哈萨克斯坦两国历史上第一条跨国输油管道，由中石油集团公司和哈萨克斯坦国家石油天然气公司共同投资兴建，一期工程管道总造价 7 亿美元，管径 813mm，设计年输油能力 2000 万 t。

（2）中哈原油管道的意义。第一，这条管道开创了多个历史纪录，它是中国与其他国家合作修建的第一条境外陆路原油管道，也是第一条实现供油的境外陆路原油管道，还是中亚地区首条对华原油管道，因此具有非常重要的意义。第二，减轻了对中东石油的依赖，使中国的供油线路更加安全，可以获得长期、稳定的原油供应。美国已经控制全球 80% 的石油资源，其能源霸权主义已成为中国获取国际石油的一个重大障碍，要突破这一障碍需要付出巨大的努力。石油是一种战略物资，国际竞争激烈，中哈原油管道意义非同寻常。第三，中哈原油管道开通供油，在一定程度上促进或刺激了中俄原油管道——泰纳线的提前动工，同时还大大推动了各国与中国之间石油管道的合作与修建。第四，这条供油的管道为整个中亚国家在上海合作组织的框架内对华能源合作开辟了一条新道路。哈萨克斯坦等中亚国家石油资源丰富，中国与之合作意义重大，对于中国的可持续发展意义重大。里海地区的石油储量估计在 900 亿～2000 亿桶之间，约占世界石油总储量的 8%，石油储量价值达 4 万多亿美元。天然气储量保守估计也有 14 万亿 m^3 左右，占世界总量的 4.3%。中哈原油管道建立了一个通向里海地区石油的陆上输送线路，从而站到“泛亚全球能源桥梁”的战略位置上。

（3）中哈原油管道的作用。中哈原油管道开启了中国石油战略多元而安全的新时代。第一，有利于我国推行石油来源多元化战略。这条管道即将供油，标志着我国的石油进口又多了一个来源，同时标志着哈萨克斯坦和整个中亚地区首次对中国正式供油。第二，我们需要石油，更需要稳定、安全、持续的供油。我国与其他国家修建陆路石油管道是出于战略的考虑。我们目前的境外供油路线 90% 通过海上，其中多数线路要经过马六甲海峡。马六甲海峡既是重要的战略水道也是最不安全的通道。我国的国际石油战略安全受到国际政治军事太平洋航线安全和“马六甲海峡困局”的影响，海盗猖獗也一直是海峡安全的重要问题。因此，我国海上石油通道存在一定的国际石油战略安全隐患。而中哈原油管道是一条陆路管道，而且不经过第三国，所经过的地区政治稳定、社会安宁，因此更加安全可靠。第三，这条石油管道对国内石油的供应，特别对“西油东输”和“西气东输”将起到很大的补充作用。为了保障这条“大动脉”的贯通，在上游，中石油在去年重金买下哈萨克斯坦 PK 石油公司，其将成为中哈原油管道的石油供应商之一。而在下游，中国计划斥资 260 多亿元，将独山子建成我国西部最大的石化基地，在现有每年 600 万 t 炼油和 22 万 t 乙烯的基础上，大规模扩建产能，建设我国目前最大的炼油化工一体化工程——千万吨炼油和百万吨乙烯。来自哈萨克斯坦的原油在这里炼制后，将通过铁路、管道等输送网络“西油东送”，从而带动我国的经济发展“车轮”飞速运转。

2. 中俄原油管道运输的建设、意义与作用

中俄原油管道的建设，符合中国能源进口多元化和俄罗斯能源出口多元化的战略目标，更重要的是能够促进我国石油供应途径多元化。

（1）中俄原油管道运输的建设。中俄原油管道建设几经周折，历时10余年。早在1996年，中俄两国领导人就做出了建设决策。2009年2月，中石油与俄罗斯石油管道运输公司签署了从俄罗斯斯科沃罗季诺到中国边境的石油管道设计、建设和运营协议。2009年4月27日，管道在俄罗斯境内段开工，同年5月18日，我国境内段管线开工建设。中俄原油管道起自俄罗斯远东管道斯科沃罗季诺分输站，经我国黑龙江省和内蒙古自治区13个市县区，终点在大庆。整个管道全长999.04km，俄罗斯境内72km，中国境内927.04km。2010年8月29日，中俄原油管道俄境内段正式开通。这也标志中俄原油管道俄罗斯境内段正式被注入石油，开始技术测试阶段。中俄原油管道于2011年1月1日正式启用，首日输送4.2万t，设计年输油量1500万t，最大年输油量为3000万t。通过这条管道，俄罗斯每年将向中国输送1500万t原油，大概相当于大庆油田产量的1/4，

（2）中俄原油管道运输的意义与作用。中俄原油管道的布局，对于中俄双方意义深远。中俄原油管道的正式投入运营，可实现我国石油运输和供应途径的多元化，俄罗斯进口的原油也可作为大庆油田的重要补充，为东北地区炼油厂提供稳定的油源，对于振兴我国东北老工业基地也具有重要的战略意义，中俄原油管道的运行还标志着俄罗斯的能源输出战略正在从传统的西方转向东方，对于中俄两国加强战略合作具有重大意义。在铺设原油管道之前，中国由俄罗斯进口石油主要靠铁路运输。原油管道开通后，不仅输送量大幅提高，运输成本也将大大降低。

长期以来，中俄之间的原油贸易主要通过铁路运输，尽管俄罗斯近年来大力扩充铁路运力，但原油贸易量仍然受限。中俄原油管道的最终落成，使得中国打通了来自俄罗斯油气“宝库”的重要战略通道，俄罗斯对中国原油出口的运力“瓶颈”有望解除。这条管道建成以后实际上存在着两种可能性。一种可能性是把铁路运输的1100万t石油转过来或大部分转过来，但这也是长期以来在俄罗斯面临的一个问题，因为铁路背后也有利益集团，这些利益集团不愿意建设一条石油管道来影响到通过铁路向中国输送石油。另一个可能性则是再新增1500万t石油。但俄罗斯的高寒地区大概只有5~6个月的时间开采，如果俄罗斯不能抓紧勘探开发，那这条管道也没有那么多的石油可以输送。当然，这种情况出现的可能性比较低，国际市场油价会促使俄罗斯加快勘探开发。

这条管道建成以后，可以使中国实现能源供应途径多元化，同时，可以使俄罗斯获得利益最大化。如果按照原来的方案把石油输入太平洋沿岸，距离长，运输费用高昂，大量的石油在高寒地区进行运输消耗多风险大，这都会影响俄罗斯的利益。

中俄在石油领域的合作模式对双方合作下一步的扩大和深化，包括天然气、核能、电力在内的能源领域的全面、长期、稳定的合作有很好的示范作用，两国能源合作还可能取得越来越多的实质性成果。

3. 中缅油气管道的建设、意义与作用

（1）中缅油气管道的建设。建设中缅油气管道不仅是一条破解“马六甲困局”的能源大动脉，还是维护国家安全和地区稳定繁荣的重要决策。

中缅油气管道项目于2009年3月26日正式敲定，中缅两国政府方面正式签署了《关于

建设中缅原油管道和天然气管道的政府间协议》，并于2009年9月开工，于2010年10月步入全面施工阶段。打通这一整体油气战略的西南大通道，将使我国在东北中俄原油管道、西北中哈原油管道及中亚天然气管道三大油气通道之外，又开辟了一条新的大通路，形成了一张覆盖中国全境的油气输送网络。该管道在缅甸境内全长771km，从缅甸西海岸马德岛出发，经若开邦、马圭省、曼德勒省和掸邦，进入中国云南省瑞丽市，最后通到昆明。据悉，中缅油气管道总造价约25亿美元，包括一条独立的输油管道和一条独立的输气管道。

(2) 中缅油气管道的意义与作用。中缅油气管道的建设，对于中国具有十分重要的意义。首先，从地缘战略上看，缅甸是中国的邻邦，中缅关系直接关系中国周边安全问题，以及同周边国家的友好合作。其次，从能源安全来讲，中方的能源运输线中，石油进口的3/4都是通过马六甲海峡，这是一个大瓶颈。马六甲海峡是一个形状狭长的海峡，海盗长期出没，同时由于是浅滩，也比较容易出事故。因此，尽快开启陆地管道走廊十分重要。中国同中亚之间、中国同俄罗斯之间的管道建设，都有这方面的意义。最后，中缅油气管道建设具有更加独特的意义，它除了可以解决从中东、非洲石油进口的路径问题外，还可以绕过马六甲海峡，直接通过管道从缅甸港口到我国西南地区，这对我国的能源布局具有非常重要的意义，对实施西部大开发战略、促进西南区域经济发展具有非常特殊的意义。

四、发展我国国际管道运输的政策

目前，在国家综合运输体系中，我国的国际管道运输业还缺乏系统完整的总体规划和布局，以及与其他运输方式的合理分工。我国的国际管道运输的发展相对于国际铁路运输、国际公路运输、国际海洋运输、国际航空运输等而言发展还较为落后。如今，我国涉及国际管道运输的有国际陆上石油、国际海上石油勘探、石化、煤炭、冶金等部门和企业，它们各自都为满足本行业而发展，把适于国际管道运输的液体、气体、浆体介质运输分割在多个部门纵向管理，影响了我国国际管道运输业的发展。为此，我们必须采取有力的政策措施大力发展国际管道运输业。要实现我国国际管道运输业的大发展，关键是要有一套切实可行的有关体制和机制等方面的配套政策，建立起我国国际管道运输发展的大平台，具体建议如下：

(1) 国家应全面重新评估我国的国际管道运输的状况，将我国国际管道运输的发展纳入国家长期发展规划的重要议事日程，设立专门机构，由国家宏观调控，统筹协调，制定我国国际管道运输的长期发展战略和政策体系。

(2) 应由国家综合经济管理部门按照中长期经济发展和建设国家综合交通运输体系的要求，统筹国内外原油、天然气、LPG（液化石油气）和LNG（液化天然气）资源利用规划，统筹制定国际管道运输网络的建设规划及分期实施计划。

(3) 按照社会主义市场经济的发展要求，进行管道建设投资和管道经营管理的体制改革，加大国家投资力度，积极采用国际投资方式，建立多元化、多渠道的投资体制和经营管理体制。

(4) 国家应加快制定相应的法律以及税收、运价等方面的扶持我国国际管道运输发展的战略和政策。

(5) 重视发展我国管道运输行业协会的作用，组织全国管道专家和技术人员参与制定国际管道运输技术标准和发展规划，为政府决策论证和立法提供依据。

第四节 国际货运代理

一、国际货运代理的产生

国际货物买卖大多远隔重洋，买卖双方必须借助陆、海、空等不同的运输方式和不同的交通工具才能实现货物的流动。货主为了保障货物安全、运输便捷、节省费用、降低成本，要广泛收集交通运输方面的信息，选择最佳的运输方式、最新的运输工具、最好的承运人和支付最便宜的费用。但事实上绝大多数单纯经营国际贸易的货主，限于人力、物力很难做到，而且往往由于对某一环节的疏漏或不谙办理有关手续而事倍功半，甚至造成经济损失。

国际货运代理是继三次社会大分工后社会分工进一步深化的产物，是货主与承运人之间的中间桥梁。早在 13 世纪，国际货运代理行业便已存在，他们在长期实践中积累了丰富的代理经验，他们熟悉运输业务，了解不同交通工具的载货特点，掌握各条运输路线的动态，通晓有关的规章制度，精通办理各种手续，深谙计算各种费用的门道，并与海关、商检、港口、码头、船公司、车站、机场、银行、仓库等部门有着经常的联系，业务关系密切，因而具有接受货主委托代办各种货物国际运输的有利条件。国际货运代理为货主着想，急货主所需，一般能事半功倍，往往比货主亲自办理运输有关事宜更有效和方便。因此，他们既能为货主提供周到的服务，使货物安全、迅速、廉价、及时地运达目的地，又能为承运人源源不断地揽来大批货源。

由此可见，国际货运代理行业并非自今日始，早在数百年前就逐渐成为货主与承运人之间不可缺少的中介。因此，他们在国际上被人们誉为“国际贸易运输的设计师和执行人”。

二、国际货运代理的概念

国际货运代理，是指接受进出口收货人、发货人或承运人的委托，以委托人的名义或者以自己的名义，为委托人办理国际货物运输及相关业务并收取服务报酬的企业。

国际货运代理本质上属于货物运输关系人的代理，是联系发货人、收货人和承运人的货物运输中介人，既代表货方保护货方的利益，又协调承运人进行承运工作。也就是说，国际货运代理在以发货人和收货人为一方、承运人为另一方的两者之间起着桥梁作用。

三、国际货运代理的国际组织

国际货运代理不仅是中介性的服务行业，还是一个世界性的行业。它的国际组织叫国际货运代理协会联合会（International Federation of Freight Forwarders Associations），简称菲亚塔。该组织成立于 1926 年 5 月 31 日，现有 130 个国家和地区的 35000 多家国际货运代理企业加入。菲亚塔的总部设在瑞士的首都伯尔尼，由两年一届的全会选出的常委会主持日常工作。常委会下设公共关系、运输与研究中心、法律单据与保险、铁路运输、公路运输、航空运输、海运与多种运输、海关、职业训练、统计等十个技术委员会，负责研究、指导、协调和解决国际货运代理业务中发生的问题，特别是协调解决由于集装箱发展起来以后产生的国际联运代理问题。

四、国际货运代理传统业务

在传统的货物运输领域，货运代理人（Freight Forwarder）主要从事替货主安排货物运输及货物进出口相关的事宜，包括替货主交接货物、办理单证、订舱、安排托运、报关、办理保险、仓储等。因此，货运代理人一般是指接受货主委托为其代办货运及相关业务的企业和代理商。随着航运环境、条件的变化，以及货运技术和通信技术的进步，特别是由于集装箱运输的发展，货运代理的活动范围不断扩展，活动内容不断扩大，货运代理业的功能和作用也在发生着变化，货运代理人的地位和承担的责任也因服务性质、业务角色的不同发生了相应的变化。因此，货运代理人的概念在今天必须根据其实际业务性质、服务行为、发挥的作用和产生的结果加以认定。

1990 年 7 月 13 日，我国原对外经济贸易部发布的《关于国际货物运输代理行业管理的若干规定》中第四条指出："国际货物运输代理是介于货主与承运人之间的中间人，是接受货主或承运人委托，在授权范围内办理国际货物运输业务的企业。"同时还规定："国际货物运输代理企业除拥有为代理业务所必需的仓库及小型车队外，一般不经营运输工具，也不经营进出口商品。"可见，货运代理人是指不经营运输工具和进出口商品，而联系货主和承运人的、根据委托办理国际货运业务的从业者。货运代理人不仅包括接受货主委托代办货运事宜的人，还包括接受承运人委托代办货运事宜的企业或代理商。从委托的角度来看，既有接受货主委托为货主服务的货运代理人，也有接受船东或承运人委托为船东或承运人服务的货运代理人。按照国际惯例，签订委托代理合同，在约定的权限范围内代办与货物进出口、运输乃至物流链等相关事宜，并按规定收取相应报酬的人，均为货运代理人，与此相关的行为即代理行为。

五、现代国际货运代理人

集装箱运输和国际多式联运的产生与发展，使货运代理人事实上不仅起到货主与承运人之间代办货物运输事宜的桥梁作用，根据国际贸易对各类货物的运输要求，还承担着集中托运、多式联运和综合物流管理的任务，发挥着承运人和独立经营人的职能，使国际货运代理人的概念和内涵发生了根本性的变化。

现代国际货运代理人，不仅可从事传统的货运代理业务，还可以以自己的名义独立开展经营活动。这种作为独立经营人的货运代理人，还可以成为无船承运人，也可以继续保持他们货运代理的身份不变。他们可以独立承接货物和签发提单，对货物进行直接控制，处理货物运输的各项事宜，并直接承担在运输过程中货物损坏或灭失的责任。其业务范围可以扩展到租船经营、包机运输、国际多式联运，以及综合物流管理和现代物流领域，他们也由此成为国际贸易和世界经济活动不可缺少的重要组成部分。

现代国际货运代理人，不论他是从事传统的货运代理业务，还是以自己的名义独立开展经营活动，只要他作为一个国际多式联运经营人的代理，那他所从事的就是国际多式联运代理业务，他就成为一个国际多式联运代理人。如果他办理的国际货运代理业务只是需要两种或两种以上运输方式完成的货运代理业务，但他代理服务的委托人并不是国际多式联运经营人，那么他只是普通的国际联运代理人，而不是国际多式联运代理人。

由于国际货运代理人的工作内涵已发生显著变化，呈现多元化和双重职能的特点，所以，在经营活动中，国际货运代理人应注意把握活动的对象和业务的性质，明确自己所扮演的业务角色以及权利义务和风险责任，使自己的决策和行为与业务性质和扮演角色相适宜。

六、无船承运人

所谓无船承运人，也称为无船公共承运人（NVOCC），通常是指自己不经营船舶但能为他人提供海上运输服务，并通过海上公共承运人完成货物运输的远洋公共承运人。无船承运人的提法为美国首创并以立法确认。对无船承运人的规范最终被上升为法律是在美国的《1984 年航运法》里，其第三条第十七款规定：无船公共承运人，是指不经营用以提供远洋运输服务的船舶的公共承运人，其与远洋公共承运人之间的关系属于托运人。美国《1998 年远洋航运改革法》运用了远洋运输中介人的概念，它严格区分了远洋货运代理人和无船承运人，并且将无船公共承运人更名为无船承运人（NVOC）。根据该法律的规定，远洋运输中介人包括远洋货运代理人和无船承运人，前者是指通过公共承运人发送货物，代表托运人定舱或以其他方式安排所需舱位，以及制作单证或处理与该货物运输有关事宜的人。而后者是指不经营远洋运输船舶业务而提供海上运输服务的公共承运人，与远洋公共承运人的关系为托运人，而其与货物托运人的关系而言则是承运人。

在世界范围内，对于无船承运人现在还没有一个较为一致的法律定义。欧盟对无船承运人的定义完全借用了美国《1984 年航运法》的定义。现在欧洲各国也广泛采用了这一概念，但并没有以立法的形式予以确认。美国将无船承运人从货运代理人中脱离出来，确立了其独特的法律地位。但在国际上，无船承运人一般都被视为货运代理人，并没有将国际货运代理人与无船承运人严格区别对待，而是将无船承运人所经营的业务视为货运代理业务的一部分。因此，世界对无船承运人的认识可分成两种，一种认为应建立独立的无船承运人概念，以美国为代表，另一种认为无须建立无船承运人概念，只要将其划入货运代理人范畴，作为其中的一项业务即可，以欧洲为代表。

在我国相关的海商法律、法规中也没有明确的无船承运人的概念。2023 年 7 月 20 日实施的《中华人民共和国国际海运条例》（以下简称《国际海运条例》）第七条第二款对无船承运业务做了规定：无船承运业务，是指无船承运业务经营者以承运人身份接受托运人的货载，签发自己的提单或者其他运输单证，向托运人收取运费，通过国际船舶运输经营者完成国际海上货物运输，承担承运人责任的国际海上运输经营活动。虽然《国际海运条例》还没有确立我国无船承运人的法律地位，但从其将无船承运业务纳入国际海上运输业务，在货运代理人之外对无船承运人单独进行调整，这已经表明我国是将无船承运人作为承运人加以规定的。另外，我国《海商法》也间接承认了无船承运人作为承运人的法律地位。《海商法》第四十二条第一项规定，承运人，是指本人或者委托他人以本人名义与托运人订立海上货物运输合同的人。我国航运界习惯将此处的承运人称为契约承运人。可见，我国《海商法》所界定的承运人既可以是与托运人订有运输合同的船舶经营人，也可以是不拥有船舶而从事海上运输的契约承运人。这里的契约承运人与《国际海运条例》第七条规定中所提到的无船承运业务经营者很相似。因此，也可以说我国《海商法》已经间接地赋予了无船承运人承运人的法律地位。

无船承运人在所在国有关主管部门登记后，准予其以承运人身份从事国际海上运输。

无船承运人大都被允许以契约承运人身份从事含内陆运输、航空运输及海洋运输在内的国际多式联运业务。无船承运人在法律地位上为承运人，在海洋运输中作为海运的契约承运人。

七、我国政府对国际货运代理业的管理规定

我国的国际货运代理业是伴随着我国外贸体制改革催生和发展起来的，我国政府高度重视国际货运代理业的发展，颁布实施了一系列的政策措施。1995 年 6 月 29 日，国务院批准了《中华人民共和国国际货物运输代理业管理规定》，对包括国际多式联运在内的国际货运代理业务管理做出了明确规定。1996 年经过重新修订，对外经济贸易部发布施行《外商投资国际货物运输代理企业审批规定》，全国的国际货运代理企业实行了年度审核制度。1998 年 12 月，又颁布施行了《规范进出口代理业务的若干规定》，并且自 2002 年 1 月 1 日起，我国开始施行《中华人民共和国外商投资国际货运代理业管理规定》。商务部于 2003 年 12 月 7 日通过的《〈外商投资国际货物运输代理企业管理办法〉补充规定》第一条规定："自 2004 年 1 月 1 日起，允许香港服务提供者和澳门服务提供者在内地以合资、合作、独资的形式设立国际货运代理企业。"这一规定有利于香港、澳门与内地建立更为紧密的经贸关系。2004 年 1 月 1 日，经国务院批准，商务部发布实施了《中华人民共和国国际货物运输代理业管理规定实施细则》，这对维护我国国际货运代理市场秩序、加强国际货运代理业的监督管理、促进我国国际货运代理业的健康发展将发挥重要作用。其第六条中明确规定："国际货代企业的股东可由企业法人、自然人或其他经济组织组成。与进出口贸易或国际货物运输有关、并拥有稳定货源的企业法人应当为大股东，且应在国际货代企业中控股。企业法人以外的股东不得在国际货代企业中控股。"这进一步促进了国际货运代理的发展。

我国政府高度重视对于外商对我国国际货物运输代理企业的投资，新的《外商投资国际货物运输代理企业管理办法》已于 2005 年 12 月 11 日开始施行，允许外国投资我国国际货运代理业独资经营，允许设立外商独资国际货运代理企业，外国投资者可以通过收购股权方式收购已经设立的国际货运代理企业，对外商投资国际货运代理企业注册资本的最低要求实行国民待遇。2006 年 3 月，商务部对外公布，外商投资经营的国际货运代理企业（除国际快递业务）的设立及变更、颁发批准证书，可由国家级经济技术开发区管委会负责审批，商务部备案即可，外商投资经营国际快递业务的国际货运代理企业仍由商务部审批和管理。2006 年 3 月，海关总署又修改了 2004 年施行的《中华人民共和国海关对进出境快件监管办法》，决定自 2006 年 5 月 1 日起施行，为我国国际货代企业的发展进一步扩大了业务范围。2022 年发布了《商务部办公厅关于做好 2022 年度国际货运代理企业业务备案等工作的通知》（商办服贸函〔2022〕204 号），要求企业认真做好国际货运代理企业业务备案，积极做好国际货运代理企业的相关工作，充分发挥国际货运代理行业重点联系企业制度作用，密切跟踪行业发展趋势，及时了解企业困难和政策诉求，做好信息报送和问题反映；支持有条件的地区积极探索使用国际多式联运提单，鼓励中国货代协会国际多式联运提单扩大试点使用，加快发展"一单制"全程服务；配合有关部门，促进行业自律规范发展，助力稳外贸畅通国际物流工作。

本章小结

本章介绍了国际铁路物流、国际公路物流、国际管道物流三种国际陆运物流方式，重点介绍了国际铁路运输、国际公路运输、国际管道运输的概念、特点、运输线路、运输公约及运营方式等，特别介绍了涉及我国能源战略安全的国际石油管道运输的发展，并介绍了现代国际货运代理人和无船承运人。

案例讨论

【案例讨论 1】

快速扩充铁路运输能力，为推进国际集装箱多式联运发展提供运力支持

随着我国对外开放的扩大和世界经济全球化步伐的加快，特别是我国加入 WTO 后，对外贸易发展十分迅猛，外贸运输量持续快速增长。作为国际贸易通用运输方式的集装箱运输需求十分旺盛，我国铁路国际集装箱运量每年以 50% 的速度递增。纵观我国港口集装箱运输的发展历史，由起步到 100 万 TEU 用了 16 年时间，由 100 万 TEU 到 1000 万 TEU 用了 9 年时间，由 1000 万 TEU 到 5000 万 TEU 用了 6 年时间。2004 年，全国港口集装箱吞吐量已高达 6150 万 TEU。而由 5000 万 TEU 到 1 亿 TEU 仅用了 3 年时间，我国集装箱运输发展不断加速，实现了跨越式发展。2007 年，中国港口集装箱年吞吐量达到 1.13 亿 TEU，首次突破 1 亿大关，比 2006 年增长 22.3%。2008 年全年，全国主要港口完成集装箱吞吐量达到了 1.26 亿 TEU，同比增长 12.2%。

但我国铁路运输“瓶颈”制约状况现在越来越严重，迫切要求加快铁路建设，尽快扩充路网规模，为国际集装箱多式联运提供运力支持。目前，铁路正处于前所未有、千载难逢的战略发展机遇期。按照中央的部署和要求，铁路部门牢固树立落实科学发展观，加快实施《中长期铁路网规划》。目前，大规模铁路建设高潮已经拉开序幕，石太、京津、武广等一批客运专线和部分大能力通道、煤运通道项目得到国家批准或陆续开工建设。随着铁路网能力的扩充，特别是口岸和港口铁路后方能力的加强，铁路将为国际集装箱多式联运的发展提供更为充足的运力支持。

问题：

制约我国国际集装箱运输发展的主要“瓶颈”究竟是不是我国的铁路运输？你怎么看这个问题？

【案例讨论 2】

管道物流运输的发展

浆体输送是将颗粒状的固体物质与液体输送介质混合，采用泵送的方法运输，并在目的地将其分离出来。输送介质通常采用清水。浆体管道一般可分为两种类型，即粗颗粒浆体管道和细颗粒浆体管道，前者借助于液体的紊流使得较粗的固体颗粒在浆体中成悬浮状态并通过管道进行输送，而后者输送的较细颗粒一般为粉末状，有时可均匀悬浮于浆体中。与气力管道输送类似，粗颗粒浆体管道的能耗和对管道的磨损都较大，通常只适用于特殊材料（如卵石或混凝土）的短距离输送；而细颗粒浆体管道则相反，由于其能耗低、磨损小，在运输距离超过 100km 时，其经济性也比较好。如美国的 Black Mesa 煤浆输送管道总长 438km，管道直径为 456mm，每年从亚利桑那州的一个煤矿运输 460 万 t 的煤到内华达州的

一个发电厂，该管道系统从1970年一直成功地运行到现在。

美国土木工程师学会提出，这种方法可应用于从自来水厂或污水处理厂向污泥处理厂或污泥填埋场输送污泥。囊体运输管道又可分为气力囊体运输管道（PCP）和水力囊体运输管道（HCP）两类。PCP利用空气作为驱动介质，以囊状体作为货物的运载工具。由于空气远比水轻，囊体不可能悬浮在管道中，为了在大直径管道中运输较重的货物，必须采用带轮的运输囊体。PCP系统中的囊体运行速度（10m/s）远高于HCP系统（2m/s），所以，PCP系统更适合于需要快速输送的货物（如邮件或包裹，新鲜的蔬菜、水果等）；而HCP系统在运输成本上则比PCP系统更有竞争力，适合固体废物等不需要即时运输的大批量货物。

大部分气力管道输送系统是在19世纪的下半叶到20世纪的上半叶兴建并投入运行的，这里值得一提的，是20世纪60年代初德国汉堡的大直径管道邮政系统，其管道直径为450mm，由于运输工具的尺寸和重量较大，其下部安装有滚轮，运输速度为36km/h。从技术上来看，该系统运行一直非常良好，但在1976年由于经济原因而关闭。英国伦敦在1927年建成了一个被称为“Mail Rail”的地下运输系统，用于在伦敦市区的邮局之间进行邮件传送，该系统至今仍在运行之中。另外，在伦敦还有一条新的自动化地下管道运输系统，管道的内径为2.74m，每辆运输车的运输能力为1t，行驶速度可达60km/h。

第二次世界大战以后，其他一些国家也分别建立了各具特色的气力管道输送系统，其直径达到或者超过1000mm，其中有两个具有代表性的例子：一是苏联的Transprogress系统，该系统采用直径为1220mm的钢制运输管道，可输送单个集装箱或者装有集装箱的运输车；二是建于美国的Tubexpress系统。目前美国在囊体管道方面的研究主要集中在利用电磁马达来驱动运输囊体。

地下管道物流运输系统是除传统的公路、铁路、航空及水路运输之外的第五类运输和供应系统。由于近年相关技术的不断成熟（如电子技术、电子商务、地下管道的非开挖施工技术等），该领域的研究也越来越受到重视，西方许多发达国家正积极开展这方面的研究，可以说，21世纪大力发展和全面推动城市地下管道物流系统建设的技术条件已经成熟。我们应抓住这一契机，积极开展该领域的研究，确立城市地下管道物流系统概念，描绘我国城市地下管道物流系统的发展前景及技术可行性，制定我国城市地下管道物流系统的发展模式及阶段性发展规划，确立相应的关键技术并争取国家立项进行研究。

资料来源：http：//www.xwlunwen.com/jtys/21236.html。

问题：

世界管道物流运输未来的发展前景是什么？

课后思考与练习

思考题

1. 试述国际铁路货物联运有什么特点。对于我国国际铁路物流的发展，你怎么看？
2. 国际公路运输的特点有哪些？对于我国国际公路物流的发展，你有什么看法？
3. 国际管道运输有何特点？对于我国国际管道物流的发展，你是怎么看的？
4. 你怎么看待我国国际管道运输的发展？建设它们的意义和作用是什么？
5. 为实现我国的石油安全战略，你认为应该怎样制定我国的石油运输战略？
6. 我国主要的国际铁路运输线路有哪些？我国主要的国际管道运输线又有哪些？

7. 对于现代国际货运代理人和无船承运人，你是怎么认识的？他们有什么异同？

练习题

一、选择题

1. 所有运输方式中最易实现“门对门”运输的是（　　）。

A. 铁路运输　　B. 公路运输　　C. 航空运输　　D. 管道运输

2. 在所有运输方式中，运输能力最大的运输方式是（　　）。

A. 铁路运输　　B. 公路运输　　C. 航空运输　　D. 管道运输

3.（　　）是铁路运输的缺点。

A. 建设周期长，占地多　　B. 速度慢

C. 运输量小　　D. 运输货物品种单一

4. 仅次于海洋运输方式的一种主要运输方式是（　　）。

A. 铁路运输　　B. 公路运输　　C. 航空运输　　D. 管道运输

5. 公路运输在运输体系中体现的特点是（　　）。

A. 时差效益　　B. 远距离效益　　C. 质量差效益　　D. 速度差效益

6. 根据运输组织分类，汽车货物运输可分为（　　）。

A. 拖挂货运　　B. 包车货运　　C. 集装化运输　　D. 包装货运

7. 下列属于国际货物运输的主要运输方式的是（　　）。

A. 海上运输　　B. 航空运输　　C. 铁路运输　　D. 公路运输

8. 无船承运人是（　　），它是托运人与实际承运人的中介服务经营人。

A. 货运代理经营人　　B. 可以签发提单的

C. 不可以签发提单的　　D. 契约承运人

二、判断题

1. 铁路运输方式不能运用于集装箱运输。（　　）

2. 驮背运输不是国际物流运作中的一种运输方式。（　　）

3. 公路运费费率分为整车（LCL）和零担（FCL）两种。（　　）

4. 国际铁路货物运输比国际海洋货物运输更容易受到自然条件的影响。（　　）

三、案例分析题

假如你是一家物流公司的运输管理人员，你的客户向你咨询以下问题，请你从客户利益角度出发，为其选择合适的运输方式，并阐述理由。

（1）从新疆至俄罗斯主要城市的1000台冰箱。

（2）从天津某食用油工厂到乌鲁木齐的500箱食用油。

（3）某牛奶厂在方圆50km内收购牛奶，然后将生产好的包装牛奶运送到本市的超市。

第九章

国际集装箱与多式联运物流

学习目标

掌握集装箱及集装箱运输的定义，了解集装箱货物的分类，掌握集装箱运输方式的选择，能区分各种不同国际标准的集装箱，能按货物的种类选择集装箱，掌握多式联运的定义与特点，掌握多式联运组织机制，了解大陆桥运输及美国 OCP 运输条款相关知识。

学习要点

集装箱　国际标准集装箱　整箱货　拼箱货　集装箱运输　集装箱货运站　集装箱堆场　国际多式联运　多式联运经营人　大陆桥运输

场景导入

最近张同学对俄罗斯的西伯利亚铁路十分感兴趣，他发现俄罗斯的西伯利亚铁路是一条跨越亚欧大陆而将太平洋和大西洋连接起来的陆上桥梁，被人们称为亚欧大陆桥或西伯利亚大陆桥，它为世界经济，特别是亚欧经济的发展做出了较大贡献。由太平洋西岸中国连云港开始的陇海—兰新铁路，向西延伸到中国西部边境阿拉山口与哈萨克斯坦的德鲁日巴接轨，构成了一条沿当年亚欧商贸往来的“丝绸之路”，是经亚洲、欧洲诸国直达大西洋的另一条陆上通道，被称为新亚欧大陆桥。它将是一条对亚欧大陆经贸活动发挥巨大作用的现代“丝绸之路”。

新亚欧大陆桥东起太平洋西岸连云港等中国东部沿海港口，西可达大西洋东岸荷兰鹿特丹、比利时安特卫普等港口，横贯亚、欧两大洲中部地带，总长约 10900km。它使亚欧之间的货运距离更短。从日本、韩国至欧洲，通过新亚欧大陆桥，水陆全程仅为 12000km，比经苏伊士运河少 8000 多 km，比经巴拿马运河少 11000 多 km，比绕道好望角少 15000 多 km。由于运距的缩短，它在运输时间和运费上将更有优势，更有利于与海运的竞争。

问：

俄罗斯的西伯利亚铁路的重大意义让张同学感慨，同时他也产生了疑惑：一条合理的运输线对国际物流有何意义？西伯利亚大陆桥和新亚欧大陆桥，各有何重要意义？请你根据所学内容思考并尝试解答张同学的疑惑。

1992 年，新亚欧大陆桥正式营运，开启了贯通欧亚的陆上运输。2006 年，青藏铁路通车，开辟了中国西部物流大通道。2011 年，渝新欧国际铁路全线开行，开启了亚欧大陆运输新时代，2013 年，我国“一带一路”倡议的提出，开启了 21 世纪的“新丝绸之路”。2013 年，欧盟“泛欧交通运输网”协议的确立，开启了欧洲九条主干走廊建设计划。国际集装箱运输、多式联运与大陆桥运输进入了崭新的历史发展阶段。

第一节　集装箱运输概述

集装箱运输是第二次世界大战的产物，并且是在第二次世界大战后迅速发展起来的一种运输方式。它从 20 世纪 70 年代初开始进入我国，随后在我国的一些主要对外口岸迅速发展。20 世纪 80 年代后期，我国开始引入国际多式联运，更广泛地使用集装箱运输，并由此使我国的大陆桥运输得到了更迅速的发展。随着现代经济与科技的发展，集装箱运输在世界物流界已成为一种主要的运输方式。2019 年，全球集装箱运输总量达到 1.83 亿 TEU，较 2018 年增长了 2.6%。而中国是全球最大的集装箱运输国家，在 2019 年处理了 2.68 亿 TEU 的集装箱，占全球集装箱运输总量的近 1/3。2021 年全球集装箱贸易数据显示，集装箱运输仍然是世界物流界的主要运输方式之一。

一、集装箱运输的产生

集装箱产生的历史渊源久远，可以追溯到 10 世纪英国因为装羊毛而产生的“兰开夏框架”。由于集装箱运输受机械化和标准化两个条件的约束，随后在一个漫长的历史时期中，集装箱运输都没有得到更多的发展。后来逐渐有了只能够在铁路上使用的集装箱。英国于 1900 年后开始正式在铁路运输中使用集装箱，其后主要的工业国家，如美国、德国、法国等都相继开始使用。第二次世界大战之前，集装箱已经开始在公路运输中使用。但铁路运输中的集装箱与公路运输中的集装箱并不是通用的，不能够交互使用。而且，在海洋运输中还没有开始使用集装箱运输。在第二次世界大战中，美国在军事运输中使用了集装箱。由于战争的发生，美国需要把大量的战争物资运往战场，由此集装箱开始被使用到海洋运输中。海上集装箱运输开始于 1956 年 4 月，美国海陆运输公司改装了一艘油轮，设置了集装箱平台，在纽约至休斯敦的航线上进行首航，成为海上集装箱运输的先驱。此后，很多国家效仿。随后，联合国以美国的集装箱标准为参考，开始制定国际集装箱运输中的各种集装箱标准，并在颁布后推广使用。20 世纪 60 年代末，集装箱运输开始有了大规模的发展，特别是 20 世纪 70 年代以来，国际海上集装箱运输发展尤为迅速，许多国家为适应发展的需要，扩大了集装箱船队，增建了集装箱专用码头、场地等，大大推动了集装箱的发展。

二、集装箱概述

1. 集装箱的定义

集装箱（Container）在香港被称为“货箱”，在被称为“货柜”。关于它的定义，在各国国家标准、各种国际公约和文件中都有具体规定，其内容不尽一致。不同的定义在处理业务问题时可能有不同的解释，这里不一一叙述。下面仅列举国际标准化组织（ISO）给出的定义。

1968 年，国际标准化组织（ISO）第 104 技术委员会起草的国际标准《集装箱术语》（ISO/R 830—1968），对集装箱下了定义。该标准后来又被多次修改。在国际标准《集装箱名词术语》（ISO 830—1981）中，对集装箱的定义如下。

集装箱是一种运输设备，应满足下列要求：

（1）具有足够的强度，可长期反复使用。

（2）适于一种或多种运输方式的运送，途中转运时，箱内货物不需换装。

（3）具有快速装卸和搬运的装置，特别便于从一种运输方式转移到另一种运输方式。

（4）便于货物装满和卸空。

（5）具有 $1m^3$ 及其以上的容积。

集装箱这一术语的含义不包括车辆和一般包装。

目前，许多国家在制定集装箱标准时，如日本工业标准《国际大型集装箱术语说明》（JISZ 1613—72）、法国国家标准《集装箱的术语》（NFH 190—001—70）和我国《集装箱名词术语》（GB 1992—85）都引用了这一定义。

2. 国际标准的集装箱

国际标准化组织第 104 技术委员会对集装箱国际标准做过多次补充和修改，现行的国际标准为第 I 系列，共 13 种，见表 9-1。

表 9-1 国际标准的集装箱

规格	箱型	长度 L	宽度 W	高度 H	最大总重量/kg
3m（10ft）箱	ID	2. 99m（9ft9. 75in）	2. 44m（8ft）	2. 44m（8ft）	10160
	IDX			<2. 44m（8ft）	
6. 1m（20ft）箱	ICC	6. 05m（19ft10. 25in）	2. 44m（8ft）	2. 59m（8ft6in）	24000
	IC			2. 44m（8ft）	
	ICX			<2. 44m（8ft）	
9. 1m（30ft）箱	IBBB	9. 12m（29ft11. 25in）	2. 44m（8ft）	2. 9m（9ft6in）	28400
	IBB			2. 59m（8ft6in）	
	IB			2. 44m（8ft）	
	IBX			<2. 44m（8ft）	
12. 2m（40ft）箱	IAAA	12. 2m（40ft0in）	2. 44m（8ft）	2. 9m（9ft6in）	30480
	IAA			2. 59m（8ft6in）	
	IA			2. 44m（8ft）	
	IAX			<2. 44m（8ft）	

目前，在海上运输中，经常使用的是 IAA 型和 ICC 型集装箱，在实际使用中常以不同长度作为区别的标准，如 6.1m（20ft）、12.2m（40ft）集装箱就是指 ICC、IAA 型集装箱。

三、集装箱运输的定义

集装箱运输是指把货物装在集装箱内进行运送的运输方式。它冲破了过去交通运输中的一切陈旧的规章制度和管理体制，形成了一套独立的规章制度和管理体制，是最先进的现代化运输方式。它具有安全、迅速、简便、价廉的特点，有利于减少运输环节，可以通过综合利用铁路、公路、水路和航空等各种运输方式进行多式联运，实现“门到门”运输。因此，集装箱运输一出现，就深受各方的欢迎，显示出其强大的生命力和广阔的发展前景。

四、集装箱运输的基本要素

1. 适箱货物

并不是所有的货物都适合于集装箱运输。从是否适用于集装箱运输的角度出发，货物可分成四类：

（1）物理与化学属性适合于通过集装箱进行运输、本身价值高、对运费的承受能力大的货物。

（2）物理与化学属性适合于通过集装箱进行运输、本身价值较高、对运费的承受能力较大的货物。

（3）物理与化学属性可以装箱，但本身价值较低、对运费的承受能力较差的货物。

（4）物理与化学属性不适于装箱，或者对运费的承受能力很差，从经济上看不适于通过集装箱运输的货物。

以上第一种货物称为“最佳装箱货”，第二种货物称为“适于装箱货”，第三种货物称为“可装箱但不经济的装箱货”，第四种货物称为“不适于装箱货”。集装箱运输所指的适箱货源，主要是指前两类货物。对于适箱货源，采用集装箱方式运输是有利的。

2. 标准集装箱

前面罗列了国际标准的集装箱。除国际标准集装箱外，各国还有一些国内和地区标准集装箱，在这里不一一叙述。

3. 集装箱船舶

集装箱船舶经历了一个由非专业到专业转化的过程。最早的集装箱船舶是件杂货与集装箱混装的，没有专门的装载集装箱的结构。发展到现在，在国际海上集装箱运输使用的集装箱船舶均已专业化，而且船型越来越大。内河运输的集装箱船，大多是由原来的驳船改造的。

4. 集装箱码头

与集装箱水路运输密切相关的是集装箱码头。集装箱水路运输的两端必须有码头，以便装船与卸船。早期的集装箱码头也与件杂货码头交叉使用，是在件杂货码头的原有基础上配备少量用于装卸集装箱的机械，用于处理混装的件杂货船舶上的少量集装箱。这类码头目前在我国一些中、小型的沿海港口和内河港口还经常可以看到。现代化的集装箱码头已高度专业化，码头前沿岸机配置、场地机械配置、堆场结构和装卸工艺配置均完全与装卸集装箱配套。

5. 集装箱货运站

集装箱货运站（CFS）在整个集装箱运输系统中发挥了“承上启下”的重要作用，是一个必不可少的基本要素。集装箱货运站按其所处的地理位置和不同的职能，可分为设在集装箱码头内的货运站、设在集装箱码头附近的货运站和内陆货运站三种。集装箱货运站的主要职能与任务是：集装箱货物的承运、验收、保管与交付；拼箱货的装箱和拆箱作业；整箱货的中转；实箱和空箱的堆存和保管；票据单证的处理；运费、堆存费的结算等。

6. 集装箱卡车

集装箱卡车主要用于集装箱公路长途运输、陆上各节点之间（如码头与码头之间、码头与集装箱货运站之间、码头与铁路办理站之间）的短驳及集装箱的“末端运输”（将集装箱交至客户手中）。

7. 集装箱铁路专用车

集装箱铁路专用车主要用于铁路集装箱运输。铁路集装箱专用车主要用于集装箱的陆上中、长距离运输和“陆桥运输”。

五、集装箱运输的子系统

集装箱运输的各个基本要素，以各种不同的方式组合起来，大致可以组成以下子系统：

1. 集装箱水路运输子系统

集装箱船舶、集装箱码头与集装箱货运站等基本要素，可组合成集装箱水路运输子系统。集装箱水路运输子系统完成集装箱的远洋运输、沿海运输和内河运输，是承担运量最大的一个子系统。集装箱水路运输子系统由集装箱航运系统和集装箱码头装卸系统两个次级系统组成。

2. 集装箱铁路运输子系统

集装箱铁路专用车、集装箱铁路办理站与铁路运输线等组成了集装箱铁路运输子系统。它是集装箱多式联运的重要组成部分。随着“陆桥运输”的起始与发展，集装箱铁路运输子系统在整个集装箱多式联运中起着越来越重要的作用。

3. 集装箱公路运输子系统

集装箱卡车、集装箱公路中转站与公路网络，构成了集装箱公路运输子系统。集装箱公路运输子系统在集装箱多式联运过程中，完成短驳、串联和“末端运输”的任务。在不同国家和地区，由于地理环境、道路基础设施条件的不同，集装箱公路运输子系统处于不同的地位，发挥着不同的作用。

4. 集装箱航空运输子系统

在相当长一段时期内，由于航空运输价格昂贵、运量小，集装箱的航空运输占的份额很小。近年来，随着世界经济整体的增长，航空运输速度快、对需求响应及时，从而可缩短资金占用时间的优越性逐渐显现出来。集装箱航空运输子系统的地位正在逐渐提高。

六、集装箱运输的优越性

20 世纪 50 年代以后，集装箱运输之所以能在全世界范围内迅猛发展，是因为这种运输方式具有突出的优越性。

（1）扩大成组单元，提高装卸效率，降低劳动强度。在装卸作业中，装卸成组单元越大，装卸效率越高。托盘成组化与单件货物相比，装卸单元扩大了20~40倍；而集装箱与托盘成组化相比，装卸单元又扩大了15~30倍。集装箱化有助于提高装卸效率。

（2）减少货损、货差，提高货物运输的安全与质量水平。货物装入集装箱后，在整个运输过程中不再倒载。由于减少了装卸搬运的次数，就大大减少了货损、货差，提高了货物的安全和质量。据我国统计，用火车装运玻璃器皿，一般破损率在30%左右，而改用集装箱运输后破损率下降到5%以下，美国的破损率不到0.01%，日本小于0.03%。

（3）缩短货物在途时间，降低物流成本。集装箱化给港口和场站的货物装卸、堆码的全机械化和自动化创造了条件。标准化的货物单元加大，提高了装卸效率，缩短了车船在港口和场站停留的时间。据航运部门统计，一般普通货船在港停留时间约占整个营运时间的56%；而采用集装箱运输，则在港时间可缩短到仅占营运时间的22%。这一时间的缩短，对货主而言就意味着资金占用的大幅下降，可以很大程度地降低物流成本。

（4）节省货物运输包装费用，简化理货工作。集装箱是坚固的金属（或非金属）箱子。集装箱化后，货物自身的包装强度可减弱，包装费用下降。据统计，用集装箱方式运输电视机，本身的包装费用可节约50%。同时，由于集装箱装箱通关后，一次性铅封，在到达目的地前不再开启，也简化了理货工作，降低了相关费用。

（5）减少货物运输费用。集装箱可节省船舶运费，节省运输环节的货物装卸费用。由于货物安全性提高，运输中的保险费用也相应下降。据英国有关方面统计，该国在大西洋航线上开展集装箱运输后，运输成本仅为普通件杂货运输的1/9。

第二节 国际集装箱运输

一、集装箱货物分类

集装箱货物分类是指根据研究目的，将货物按照某种标志划分为不同的类型和组。集装箱货物分类是为了反映和研究国民经济发展过程中各类货物使用运力情况，合理安排集装箱运输组织工作，合理使用各种不同的集装箱运输方式，消除和避免各种不合理运输，使运输能力得到有效、合理的使用和有计划、按比例的发展，以充分满足国民经济各方面的运输需要，保证货物运输的安全和提高货物运输的质量。

1. 按装箱方式分

集装箱货物按货物的装箱方式可分为整箱货和拼箱货两种。

（1）整箱货（Full Container Cargo Load，FCL）。它是指由发货人负责装箱、计数、填写装箱单，并由海关加铅封的货。整箱货通常只有一个发货人和收货人。整箱货的拆箱，一般由收货人办理，也可以委托承运人在货运站拆箱，但承运人不负责箱内的货损、货差。除非货方举证确属承运人责任事故的损害，承运人才负责赔偿。对于整箱货，承运人以箱为交接单位。只要集装箱外表与收箱时相似并铅封完整，承运人就完成了承运责任。在整箱货提运单上要加上“委托人装箱、计数并加铅封”的条款。

（2）拼箱货（Less than Container Cargo Load，LCL）。它是指装不满一整箱的小票货物。这种货物通常是由承运人分别揽货并在集装箱货运站或内陆站集中，而后将两票或两票以上的货物拼装在一个集装箱内，最后在目的地的集装箱货运站或内陆站拆箱并分别交货。对于这种货物，承运人要负责装箱与拆箱作业，装拆箱费用仍向货方收取。承运人对拼箱货的责任基本上与对传统杂货运输的责任相同。

2. 按货物性质分

集装箱货物按货物性质可分为普通货物、典型货物、特殊货物。其具体划分方法及内容如图 9-1 所示。

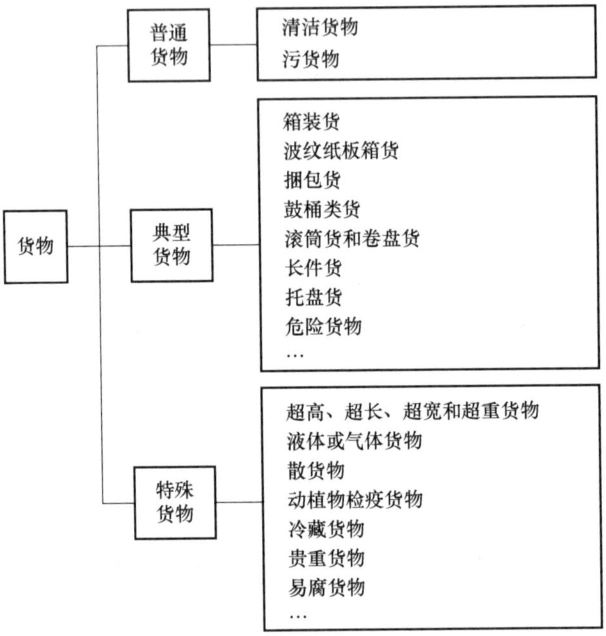

图 9-1 集装箱货物的种类

（1）普通货物。普通货物可称为杂货，是不需要特殊方法保管和装卸的货物。其特点是货物批量不大，品种较多。其包括各种车床、纺织机械、衣服类货物等。普通货物按有无污染又可分为清洁货物和污货物两种。

1）清洁货物。它是指清洁而干燥，在保管和运输时没有特殊要求，与其他货物混载时不易损坏或污染其他货物的货物，如纺织品，棉、麻、纤维制品、橡胶制品、玩具等。

2）污货物。它是指按本身的性质和状态，容易发潮、发热、发臭等，容易对其他货物造成严重湿损、污损或熏染臭气的货物，如水泥、石墨、油脂、沥青、樟脑、胡椒等。

（2）典型货物。典型货物按货物性质和本身形态分类是已包装的，需要采用与该包装相适应的装载方法的货物。其包括箱装货、波纹纸板箱货、捆包货、袋装货、鼓桶类货、滚筒货和卷盘货、长件货、托盘货、危险货物。典型货物的特点是对装卸要求较高。

1）箱装货。它主要是指用木箱装载的货物，其尺寸大小不一，从 50kg 以下的包装货物到几吨重的大型机械木箱均为箱装货。通常采用木板箱、板条箱、钢丝板条箱装载。主要有玻璃制品、电气制品、瓷器制品等。

2）波纹纸板箱货。它一般是指包装比较精细的和比较轻的货物，包括水果、酒、办公用品、工艺品、玩具等。

3）捆包货。它是指根据货物的品种形态需要捆包的货物，包括纤维制品、羊毛、棉花、棉布、纺织品、纸张等。

4）袋装货。它是指装在纸袋、塑料袋、麻袋、布袋内的货物。用纸袋装载的货物有水泥、砂糖；用塑料袋载的货物有肥料、化学药品、可可、奶粉等；用麻袋装载的货物有粮食；布袋用于装载粉状货物。

5）鼓桶类货。它是指包装外形是圆形或鼓形的货物。其包装形态有铁桶、木桶、纸板桶等。货物包括油类、液体和粉末化学制品、酒精、糖浆等。

6）滚筒货和卷盘货。它们是按货物本身形态划分的。例如，塑料薄膜、钢瓶属于滚筒货；电缆、卷纸、卷钢、钢丝绳等属于卷盘货。

7）长件货。它是指外形尺度较长的货物，主要包括原木、管子、横梁等。

8）托盘货。它是指货物本身需要装在托盘上的货物。

9）危险货物。它是指本身具有毒性、放射性、易燃性、腐蚀性、氧化性，并可能对人体的健康和财物造成损害的货物，包括毒品、散装液体化学品、爆炸品、易燃液体等。

（3）特殊货物。特殊货物是指在形态上具有特殊性，运输时需要用特殊集装箱装载的货物，包括超高、超长、超宽、超重货物以及液体或气体货物、散件货物、散货物、动植物检疫货物、冷藏货物、贵重货物、易腐货物等。

1）超高、超长、超宽和超重货物。这四类货物是指尺度超过了国际标准集装箱的尺寸而装不下的货物，或单件重量超过了国际标准集装箱的最大载重量的货物，如动力电缆以及大型、重型机械设备等。

2）液体或气体货物。液体或气体货物是指需要装在桶、箱、罐、瓶等容器内进行运输的货物，如酒精、酱油、葡萄糖、石油、胶乳、天然气等。

3）散件货物。散件货物一般是指尺寸和重量非常大，在一个集装箱内装不下的货物，或因尺寸和重量不能装在一个集装箱内，必须把几个集装箱合起来一起装才能运输的货物。

4）散货物。散货物是指散装在舱内无包装的货物，包括盐、谷物、煤炭、矿石、麦芽、树脂、黏土等。

5）动植物检疫货物。动植物检疫货物是指进出口的畜产品、活动物、植检货物，如：进出口的猪肉，腊肉，羊毛，兽皮，猪、狗、牛、马等家禽，家畜，苗木等。

6）冷藏货物。冷藏货物是指需要保持在常温以下的货物，如肉类食品、鸡蛋、水果、蔬菜、奶类制品等。

7）贵重货物。贵重货物是指单件货物价格比较昂贵的货物，如精密仪器、家用电器、手工艺品、珠宝首饰、出土文物等。

8）易腐货物。易腐货物是指在运输过程中因通风不良或遇高温、潮湿等环境时容易腐败变质的货物，如肉类食品、水果、蔬菜等。

3. 按货物是否适合装箱分

（1）适合装箱货物。适合装箱货物是指尺寸、容积与重量都适合装箱的货物。这类货物通常具有装箱效率高、不易受损坏和不易被盗窃的特点。适合装箱货物有食品、医药品、纤维制品、家用电器、缝纫机、摩托车、机械、玩具、生皮、纸浆、木工制品、橡胶制品、电缆、金属制品等。

（2）不适合装箱货物。不适合装箱货物是指性质、体积、重量、形状等不适宜装箱的货物。例如，尺寸较大超过了集装箱内部尺寸和门框尺寸，或货物重量超过了集装箱最大载重量而无法装箱的货物，包括矿砂、砖瓦、原油、大型机械设备等。

二、集装箱选择

集装箱运输的货物品种较多、形态各异。因此，按货物的种类、性质、体积、重量、形状来选择合适的集装箱是十分必要的。

目前常用的集装箱有杂货集装箱、开顶集装箱、台架式集装箱、平台集装箱、冷藏集装箱、散货集装箱、通风集装箱、动物集装箱、罐式集装箱、车辆集装箱、贵重金属集装箱、抽屉式集装箱、隔板式集装箱等。

普通货物适用的集装箱有杂货集装箱、开顶集装箱、通风集装箱、台架式集装箱、散货集装箱等。

难以从箱门进行装卸而需要由箱顶上进行装卸作业的货物、超高货、玻璃板、胶合板、一般机械和长尺度货物等，适用开顶集装箱。

麦芽、大米等谷物类货物，干草块、原麦片等饲料，树脂、硼砂等化工原料，适用散货集装箱。

肉类、蛋类、奶制品、冷冻鱼肉类、药品、水果、蔬菜适用冷藏集装箱和通风集装箱。

超重、超高、超长、超宽货物适用开顶集装箱、台架式集装箱和平台集装箱。

兽皮、食品类容易潮湿的货物适用通风集装箱。

酱油、葡萄糖、食油、啤酒类、化学液体和危险液体适用罐式集装箱。

猪、羊、鸡、鸭、牛、马等家禽家畜适用动物集装箱。

摩托车、小轿车、小型卡车、各种叉式装卸车、小型拖拉机等适用车辆集装箱。

铝、铜等较为贵重的货物适用贵重金属集装箱。

散件货物适用台架式集装箱、平台集装箱。

弹药、武器、仪器、仪表适用抽屉式集装箱。

以上按货物种类选择集装箱的方法是从货物本身的特点来考虑的。实际上也可从集装箱对货物的适应性角度来考虑，见表9-2。

表9-2 不同集装箱对货物的适用性

集装箱种类	货物种类
杂货集装箱	清洁货物、污货物、箱装货、危险货物、滚筒货、卷盘货等
开顶集装箱	超高货物、超重货物、清洁货物、超长货物、易腐货物、污货物等
台架式集装箱	超高货物、超重货物、袋装货、捆包货、长件货、箱装货等
散货集装箱	散货、污货物、易腐货物等
平台集装箱	超重货物、超宽货物、超长货物、散件货物、托盘货等
通风集装箱	冷藏货物、动植物检疫货物、易腐货物、托盘货等
动物集装箱	动植物检疫货物
罐式集装箱	液体货物、气体货物等
冷藏集装箱	冷藏货物、危险货物、污货物等

三、集装箱运输方式

在集装箱运输中，根据实际交接地点不同，集装箱货物的交接有多种方式。在不同的交接方式中，集装箱运输经营人与货方各自承担的义务、责任不同，集装箱运输经营人的运输组织内容、范围也不同，下面从装箱方式、货流组织形式、交接地点和交接方式来说明集装箱运输方式的选择。

1. 装箱方式

集装箱整箱货和拼箱货的不同，产成了整箱装和拼箱装两种不同货物的装箱方式及集散方式。

（1）整箱装。货主向承运人或租赁公司租用一定的集装箱。空箱运到工厂仓库后，在海关人员监管下，货主把货装入箱内，加锁铅封后，交承运人并取得站场收据，最后凭收据换取提单或运单。

（2）拼箱装。承运人接受货主托运的数量不足整箱的小票货运后，根据货类性质和目的地进行分类整理，把去同一目的地的货集中到一定数量后拼装入箱。

2. 货流组织形式

（1）拼箱货装，整箱货拆。

（2）拼箱货装，拼箱货拆。

（3）整箱货装，整箱货拆。

（4）整箱货装，拼箱货拆。

从四种货流组织形式来看，第一种是把几个发货人的货物拼箱装货后发给一个收货人整箱拆货，即说装货时是拼箱货集装箱，收货时是整箱货集装箱。第二种是不同的发货人发货给不同的收货人，即装货时是拼箱货集装箱，交货时也是拼箱货集装箱。第三种是一个发货人发货给一个收货人，即装货时是整箱货集装箱，交货时也是整箱货集装箱。第四种是一个发货人发货给几个人收货人，即装货时是整箱货集装箱，交货时是拼箱货集装箱。

3. 交接地点

（1）集装箱码头堆场（Container Yard，CY）。集装箱码头堆场包括集装箱前方堆场（Marshalling Yard）和集装箱后方堆场（Container Yard）。集装箱前方堆场在集装箱码头前方，是为加速船舶装卸作业暂时堆放集装箱的场地。集装箱后方堆场是重箱或空箱进行交接、保管和堆存的场所。有些国家对集装箱堆场并不分前方堆场或后方堆场，将其统称为堆场。集装箱后方堆场是集装箱装卸区的组成部分。在集装箱码头堆场交接的货物都是整箱交接。在发货港集装箱码头堆场交接意味着发货人自行负责装箱及集装箱到发货港集装箱码头堆场的运输。在卸货港集装箱码头堆场交接意味着收货人自行负责集装箱货物到最终目的地的运输和拆箱。

（2）集装箱货运站（Container Freight Station，CFS）。集装箱货运站是处理拼箱货的场所。它在办理拼箱货的交接、配积载后，将集装箱送往集装箱堆场。它还接受集装箱堆场交来的进口货箱，并对其进行拆箱、理货、保管，最后拨交给收货人。从集装箱货运站的任务来看，它实际上起到了货物的集中、疏散作用。集装箱货运站一般包括集装箱装卸港的市区货运站以及内陆城市、内河港口的内陆货运站和中转站。在集装箱货运站交接的货物都是拼箱交接。在启运地集装箱货运站交接意味着发货人自行负责将货物送到集装箱货运站。在到达地集装箱货运站交接意味着收货人自行到集装箱货运站提取货物并负责提货后的事宜。

（3）发货人或收货人的工厂或仓库［多指（门 Door）］。在发货人或收货人的工厂或仓库交接的货物都是整箱交接，这一般意味着发货人或收货人自行负责装箱或拆箱。

4. 交接方式

以上三种交接地点两两派生出九种交接方式，如图 9-2 所示。

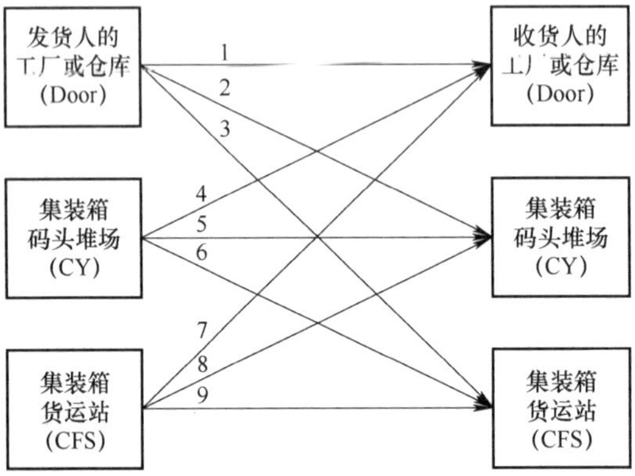

图 9-2 集装箱货物的交接方式

（1）“门到门”（Door to Door）交接方式。发货人（一般是货物批量较大，能装满一箱的货主）把空箱拉到自己的工厂仓库装箱后，由海关在工厂仓库内加封验收。运输经营人在发货人工厂或仓库整箱接货，然后把重箱运到集装箱码头堆场，等待装船。在目的港，由运输经营人负责把货物运到收货人的工厂或仓库整箱交货，收货人在其工厂或仓库整箱接货。因此，“门到门”的集装箱运输一般均为整箱货运输，运输经营人负责全程运输。

（2）“门到场”（Door to CY）交接方式。发货人负责装箱并在其工厂或仓库整箱交货。运输经营人在发货人工厂或仓库整箱接货，并负责运抵卸货港，在集装箱堆场整箱交货。收货人负责在卸货港集装箱堆场整箱提货。这种交接方式表示承运人不负责目的地的内陆运输。在这种交接方式下，货物也都是整箱交接。

（3）“门到站”（Door to CFS）交接方式。发货人负责装箱并在其工厂或仓库整箱交货。运输经营人在发货人工厂或仓库整箱接货，并负责运抵卸货港集装箱货运站，经拆箱后按件向各收货人交付。在这种交接方式下，运输经营人一般以整箱形态接收货物，以拼箱形态交付货物。

（4）“场到门”（CY to Door）交接方式。发货人负责装箱并运至装货港集装箱堆场整箱交货。运输经营人在装货港集装箱堆场整箱接货，并负责运抵收货人工厂或仓库整箱交货。收货人在其工厂或仓库整箱接货。在这种交接方式下，货物也都是整箱交接。

（5）“场到场”（CY to CY）交接方式。发货人负责装箱并运至装货港集装箱堆场整箱交货。运输经营人在装货港集装箱堆场整箱接货，并负责运抵卸货港集装箱堆场整箱交货。收货人负责在卸货港集装箱堆场整箱提货。在这种交接方式下，货物的交接形态一般都是整箱交接，运输经营人不负责内陆运输。

（6）“场到站”（CY to CFS）交接方式。发货人负责装箱并运至装货港集装箱堆场整箱交货。运输经营人在装货港集装箱堆场整箱接货，并负责运抵卸货港集装箱货运站或内陆货运站，经拆箱后按件交货。收货人负责在卸货港集装箱货运站按件提取货物。在这种交接方式下，运输经营人一般以整箱形态接收货物，以拼箱形态交付货物。

（7）“站到门”（CFS to Door）交接方式。发货人负责将货物运至集装箱货运站按件交货。运输经营人在装货港集装箱货运站按件接收货物并装箱，负责运抵收货人工厂或仓库整箱交货。收货人在其工厂或仓库整箱接货。在这种交接方式下，运输经营人一般以拼箱形态接受货物，以整箱形态交付货物。

（8）“站到场”（CFS to CY）交接方式。发货人负责将货物运至集装箱货运站按件交货。运输经营人在集装箱货运站按件接收货物并装箱，负责运抵卸货港集装箱堆场整箱交货。收货人负责在卸货港集装箱堆场整箱提货。在这种交接方式下，运输经营人一般以拼箱形态接收货物，以整箱形态交付货物。

（9）“站到站”（CFS to CFS）交接方式。发货人负责将货物运至集装箱货运站按件交货。运输经营人在集装箱货运站按件接收货物并装箱，负责运抵卸货港集装箱货运站，经拆箱后按件交货。收货人负责在卸货港集装箱货运站按件提取货物。在这种交接方式下，货物的交接形态一般都是拼箱交接。

第三节 国际多式联运

一、多式联运概述

1. 多式联运的定义

多式联运是联运经营人根据单一的联运合同，使用两种或两种以上的运输方式，负责将货物从指定地点运至交付地点的运输。一般来讲，构成多式联运应具备下面几个主要条件：

（1）必须具有一个多式联运合同。

（2）必须使用一份全程的多式联运单据（多式联运提单、多式联运运单等）。

（3）全程运输过程中必须至少使用两种不同的运输方式，而且是两种或两种以上运输方式的连续运输。

（4）必须使用全程单一费率。

（5）必须有一个多式联运经营人对货物的运输全程负责。

（6）如果是国际多式联运，则多式联运经营人接收货物的地点与交付货物的地点必须属于两个国家。

2. 多式联运的构成要素

（1）多式联运经营人。多式联运经营人一般是指经营多式联运业务的企业或机构。《联合国国际货物多式联运公约》对国际多式联运经营人的定义是：其本人或通过其代表订立多式联运合同的任何人。他是事主，而不是发货人的代理人或代表或参加多式联运的承运人的代表人或代表，并且负有履行合同的责任。

我国规定联运企业是运输代理企业，属交通运输部门。

（2）多式联运合同。多式联运合同一般是指货物托运人（旅客）与多式联运经营人就运输对象全程联运达成的协议。

在《联合国国际货物多式联运公约》对国际多式联运合同的定义是：多式联运经营人

凭以收取运费，负责完成或组织完成国际多式联运的合同。在国际上，这种合同一般是不要式（没有书面文本），是以多式联运单据（多式联运提单）来证明的。

在国内联运中，由委托单位和管理单位办理的“全国联运行业统一货运委托书”或联运企业签发的“联运运单”本身就是多式联运合同。其中，前者属于协作式多式联运合同，是由政府部门协调下的两个或两个以上不同运输方式的承运人为一方、托运人为另一方订立的合同；后者是多式联运企业的托运人订立的，属于衔接式联运合同，与国际多式联运合同相似。

（3）多式联运单据（提单）。在国际多式联运中，多式联运单据是指“证明多式联运合同，以及证明多式联运经营人接管货物并按照合同条款交付货物的单据”。一般也称为多式联运提单。

在国内多式联运中使用的单据有：

1）全国联运行业货运统一发票，它是各联运企业间业务结算票据。

2）全国联运行业统一货运委托书，它是委托单位与管理单位就货物联运的合同。

以上两种票据是由原国家计委生产调度局〔1990〕7号文件统一规定的，在协作式联运中使用。另外还有一些联运企业自行制定的单据。

1）运输交接单，它是办理货物交接和结算各项运输费用的依据。

2）中转交接单，它是货物在港站换装交接和结算中转费用的依据。

3）货物储运单，它是货物在库场保管交接及结算仓储费用的依据。

4）联运运单，它是多式联运合同和办理货物运输与货物交付的依据。一般来说，运单不是物权证明，也不是有价证券，不能流通转让。

（4）发货人。发货人一般是指本人或以其名义或其代表与多式联运经营人订立多式联运合同的任何人，或指本人或以其名义或其代表按多式联运合同将货物交给多式联运经营人的任何人。

（5）收货人。收货人一般是指有权提取货物的人。在国际多式联运中，收货人一般是指多式联运提单持有人。在国内多式联运中，收货人一般是指合同票据中记名的收货人。

（6）契约承运人与实际承运人。根据目前国际货物运输公约的规定，承运人是指与货主订立运输合同的人，或者实际完成运输的人。契约承运人一般是指与货主订立运输合同的人。在多式联运中，契约承运人是指与发货人订立多式联运合同的人（多式联运经营人）。根据合同，契约承运人是全程运输的总承运人，对货物全程运输负有责任。而实际承运人一般是指实际完成运输的承运人。在多式联运中，实际承运人是指与多式联运经营人订立组成全程运输的各区段运输合同（分运合同或分包合同）并实际承担区段运输的人，他们是联运全程运输中的分运人或分包人，仅对自己承担区段的货物运输负责。

（7）货物。在国际多式联运中，货物主要是指集装箱（均指国际标准箱）货物，以集装箱为基本运输单元，有时也包括工程货物（大多是项目工程的成套设备等）。

在国内的多式联运中，货物可以是各种类别的，可以分别按整车、零担或集装箱方式组织运输。可能使用的不同运输方式对整车或零担货物各有不同的要求。

在铁路运输中，一批货物的重量、体积和形状需要以一辆30t以上货车运输的按整车货运输，不够该条件按零担货物托运。每批零担货不得超过3件，每件体积不得小于0.02m^3。

在公路运输中，一次托运3t以上的为整车运输，不足3t的为零担或拼装运输。零担货每件重量以小于40kg为宜，以不超过250kg为限，超过250kg为大件货物。

在水路运输中，一次托运5t以上的为整批运输，不足5t的为零担货物。凡货物每件重量超过1t或长度超过7m的为超重或超长货物。

3. 多式联运的特点

（1）根据多式联运的合同进行操作，运输全程中至少使用两种运输方式，而且是不同方式的连续运输。

（2）多式联运的货物主要是集装箱货物，具有集装箱运输的特点。

（3）多式联运是一票到底，实行单一费率的运输。发货人只要订立一份合同、一次付费、一次保险，通过一张单证即可完成全程运输。

（4）多式联运是不同方式的综合组织，全程运输均是由多式联运经营人组织完成的。无论涉及几种运输方式、分为几个运输区段，多式联运经营人都要对全程负责。

（5）货物全程运输是通过多式联运经营人与各种运输方式、各区段的实际承运人订立分运或分包合同来完成的，各区段承运人对自己承担区段的货物运输负责。

（6）在启运地接管货物，在最终目的地交付货物及全程运输中各区段的衔接工作，由多式联运经营人的分支机构（代表）或委托的代理人完成。这些代理人及承担各项业务的第三者对自己承担的业务负责。

（7）多式联运经营人可以在全世界运输网中选择适当的运输路线、运输方式和各区段的实际承运人，以降低运输成本，提高运达速度，实现合理运输。

4. 多式联运的优点

国际多式联运的产生和发展是国际货物运输组织的革命性变化。随着集装箱运输的发展，以多式联运形式运输的货物越来越多。发达国家大部分国际贸易的货物运输已采用多式联运的形式，发展中国家采用多式联运的形式运输货物的比例也逐年增长。可以说，多式联运已成为国际货物运输的主要方式，它与传统运输相比较具有许多优点。

（1）统一化和简单化。国际多式联运的统一化和简单化主要表现在：不论运输全程有多远，不论由几种方式共同完成货物运输，也不论全程分为几个运输区段、经过多少次转换，所有一切运输事项均由多式联运经营人负责办理，货主只需要办理一次托运，订立一份运输合同，投保一次保险。在运输过程中发生的货物灭失和损害由多式联运经营人负责处理。采用一张单证、实行单一费率，大大简化了运输与结算手续。

（2）减少中间环节，提高运输质量。国际多式联运以集装箱为运输单元，可以实现“门到门”的运输，尽管运输途中可能有多次换装、过关，但由于不需要掏箱、装箱、逐件理货，只要保证集装箱外表状况良好、铅封完整即可免检放行，从而大大减少了中间环节。尽管货物运输全程要进行多次装卸作业，但由于使用专用机械设备，且又不直接涉及箱内货物，货损、货差事故、货物被盗的可能性大大减少。另外，由于全程运输由专业人员组织，可做到各环节与各种运输工具之间衔接紧凑、中转及时、停留时间短，因此大大加快了货物的运达速度，有效地提高了运输质量，保证了货物安全、迅速、准确、及时地运抵目的地。

（3）降低运输成本，节约运杂费用。在国际多式联运全程运输中，各区段运输和各区段的衔接是由多式联运经营人与各实际承运人订立分运合同和与各代理人订立委托合同（包括其他有关人和有关合同）来完成的。多式联运经营人一般与这些人都订有长期的协议。这类协议一般规定多式联运经营人保证托运一定数量的货物或委托一定量的业务，而对方则给予优惠的运价或较低的佣金。另外，通过对运输路线的合理选择和运输方式的合理使用，都可以降低全程运输成本，提高利润。对于货主来讲，一是可以得到优惠的运价；二是在多式联运下，一般将货物交给第一（实际）承运人后即可取得运输单证，并可据此结汇（结算货款），结汇时间比分段运输有所提前，有利于资金的周转；三是由于采用集装箱运输，可以节省货物的运输费用和保险费用。

(4) 扩大运输经营人业务范围，提高运输组织水平，实现合理运输。在多式联运开展以前，各种运输方式的经营人都是自成体系、独立运输的，因而其经营业务的范围（特别是空间地域范围）受到很大限制，只能经营自己运输工具（指技术和经济方面）能够抵达的范围的运输业务，货运量也因此受到限制。一旦发展成为多式联运经营人或作为多式联运的参加者（实际承运人），其经营的业务范围即可得到扩展，从理论上讲可以扩大到全世界。除运输经营人外，其他与运输有关的行业及机构，如仓储、港口、代理、保险及金融等都可通过参加多式联运得到好处，扩大业务。

国际多式联运是由专业人员组织全程运输的，这些人对世界的运输网，各类承运人、代理人，相关行业和机构及有关业务都有较深的了解，并与之有较为紧密的关系，可以选择最佳的运输路线，使用合理的运输方式，选择合适的承运人，实现最佳的运输衔接与配合，从而大大提高了运输组织水平，充分发挥了现有设施的作用，实现了合理运输。

二、多式联运组织机制

货物多式联运的全过程就其工作性质的不同，可分为实际运输过程和全程运输组织业务过程两部分。实际运输过程是由利用多式联运的各种运输方式的实际承运人完成的，其运输组织工作属于各运输企业内部的技术、业务组织。全程运输组织业务过程是由多式联运全程运输的组织者，即多式联运企业或机构完成的，主要包括全程运输所涉及的所有商务性事务和衔接服务性工作的组织实施。其运输组织方法可以有很多种，但就其组织体制来说，基本上可分为协作式多式联运和衔接式多式联运两大类。

1. 协作式多式联运

协作式多式联运的组织者是在各级政府的主管部门协调下，由利用多式联运的各种运输方式的企业和中转港站共同组成的联运体系或系统，并设综合协调管理办公室。货物全程运输计划由该办公室制订，这种联运组织下的货物运输过程如图 9-3 所示。

在这种机制下，需要使用多式联运形式运输整批货物的发货人根据运输货物的实际需要，向联运办公室提出托运申请并按月申报整批货物要车、要船计划，联运办公室根据多式联运线路及各运输企业的实际情况制订该托运人托运货物的运输计划，并把该计划批复给托运人及转发给各运输企业和中转港站。发货人根据计划安排向多式联运第一程运输企业提出托运申请并填写联运货物托运单（附运输计划），第一程运输企业接收货物后经双方签字，联运合同即告成立。第一程运输企业组织并完成自己承担区段的货物运输至后一区段衔接地，直接将货物交给中转港站，经换装由后一程运输企业继续运输直至最终目的地，由最后一程运输企业向收货人直接交付。在前、后程运输企业之间和在港站与运输企业交接货物时，需填写货物运输交接单和中转交接单（交接与费用结算依据）。联运办公室（第一程运输企业）负责按全程费率向托运人收取运费，然后按各企业之间商定的比例向各运输企业及港站分配。

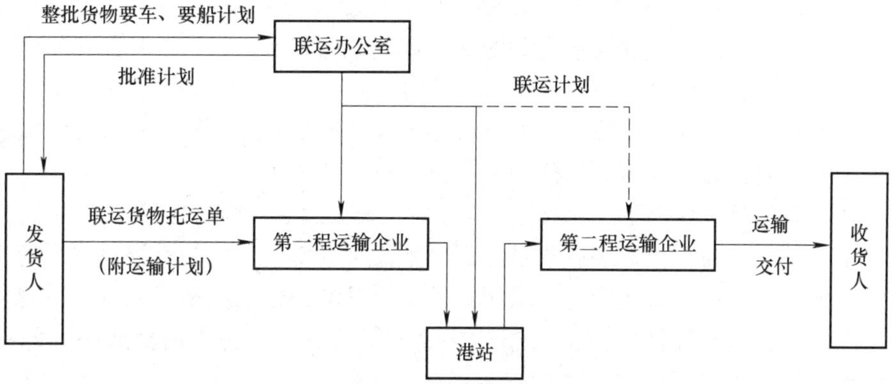

图 9-3　协作式多式联运过程示意图

在这种组织机制下，全程运输组织是建立在统一计划、统一技术作业标准、统一运行图和统一考核标准基础上的，而且在接收货物运输、中转换装、货物交付等业务中使用的技术装备、衔接条件等也需要在统一协调下同步建设或协商解决并配套运行，以保证全程运输的协同性。这种多式联运的组织体制是国内过去和当前多式联运中主要采用的体制。

2. 衔接式多式联运

衔接式多式联运的全程运输组织业务是由多式联运经营人（多式联运企业，Multi-model Transport Operator，MTO）完成的，这种联运组织下的货物运输过程可用图 9-4 来说明。

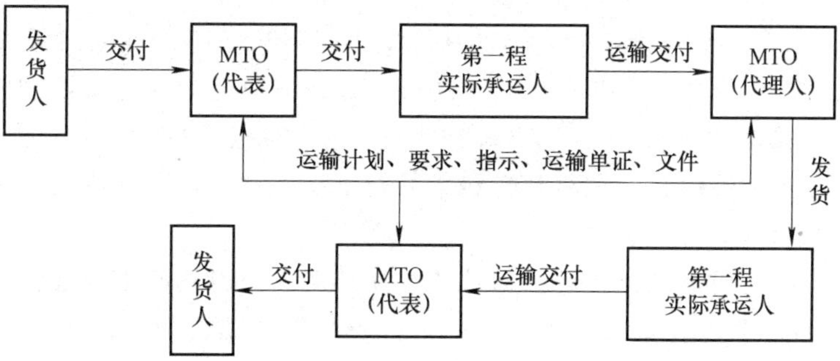

图 9-4　衔接式多式联运过程

在这种组织体制下，需要使用多式联运形式运输成批或零担货物的发货人首先向多式联运经营人提出托运申请，多式联运经营人根据自己的条件考虑是否接受，如接受，双方订立货物全程运输的多式联运合同，并在合同指定的地点（可以是发货人的工厂或仓库，也可是指定的货运中转站、堆场或仓库）办理货物的交接，联运经营人签发多式联运单据。

接受托运后，多式联运经营人首先要选择货物的运输路线，划分运输区段（确定中转、换装地点），选择各区段的实际承运人，确定零担货物集运方案，制订货物全程运输计划并把计划转发给各中转衔接地点的分支机构或委托的代理人，然后根据计划与第一程、第二程等各程的实际承运人分别订立各区段的货物运输合同。通过这些实际承运人来完成货物的全程位移。全程各区段之间的衔接采用由多式联运经营人（其代表或其代理人）从前一程实际承运人手中接收货物再向后一程承运人交接货物，在最终目的地从最后一程实际承运人手中接收货物后再向收货人交付货物的方式。

在与发货人订立运输合同后，多式联运经营人根据双方协议（协议内容除货物全程运输及衔接外，还包括其他与货物运输有关的服务业务），按全程单一费率收取全程运费和各类服务费、保险费（如需经营人代办的）等费用。多式联运经营人在与各区段实际承运人订立各分运合同时，需要向各实际承运人支付运费及其他必要的费用。在各衔接地点委托代理人完成衔接服务业务时，也需要向代理人支付委托代理费用。

在这种多式联运组织体制下，承担各区段货物运输的运输企业的业务与在传统分段运输形式下的完全相同，这与协作式多式联运下还要承担运输衔接工作是有很大区别的。

目前，在国际货物多式联运中主要采用这种组织机制，在国内多式联运中采用这种机制的也越来越多。随着我国经济体制的改革，这种组织机制将成为国内多式联运的主要组织机制。

◇【知识链接】

广州港铁海联运

2018 年 10 月 31 日，成都—广州港铁海联运班列由成都市青白江区城厢站首发，开往广东省广州市黄埔区，该班列运载的化工类产品将在广州换装海运，运往东南亚地区。成都—广州港铁海联运班列首发为今后的常态化运营奠定了良好基础，进一步发挥了广州港在大西南的辐射能力，将大大缩减东南亚货物到欧洲的运输时间，由 30 天缩减到 20 天甚至 15 天。下一步，成都港投集团将大力发展多式联运，联动广西、广东等沿海口岸，进一步建立通过成都国际铁路港和广州港衔接欧亚和东盟的全物流体系。

2023 年 5 月 29 日，随着南昌—广州港铁海联运班列从南昌国际陆港缓缓发出，南昌—广州港铁海联运双向对开班列成功首发，标志着昌穗铁海联运新通道正式开通。南昌国际陆港是江西积极融入国家“一带一路”倡议和推进南昌“一枢纽四中心”建设的重要举措。广州港是华南地区最大的综合性主枢纽港和集装箱干线港口，是粤港澳大湾区高水平对外开放的重要门户枢纽。

近年来，广州港集团依托便捷的铁路进港条件、发达的国铁运输网络，以及先后设立的 32 个内陆无水港和办事处，加深与华东、中南、西南等内陆腹地的联通，与船、港、货及铁路多方合作打造海铁联运公共平台，开通多条海铁联运出海新通道，常态化运行海铁联运班列 36 条，实现“陆上丝路”与“海上丝路”的无缝衔接，形成独具特色的海铁联运运输组织模式，为内陆企业参与全球经济竞争带来更多发展机遇。

第四节　大陆桥运输

一、大陆桥运输概述

1. 定义

大陆桥运输（Land Bridge Transport），是指使用横贯大陆的铁路、公路运输系统为中间桥梁，把大陆两端的海洋连接起来的运输方式。从形式上看，它是海陆海的连贯运输，但在实际做法上已在世界集装箱运输和多式联运的实践中发展得多种多样。

大陆桥运输一般都以集装箱为媒介。大陆桥运输中途要经过多次装卸，如果采用传统的海陆联运，不仅增加运输时间，而且大大增加装卸费用和货损货差；以集装箱为运输单位可大大简化理货、搬运、储存、保管和装卸等操作环节，同时集装箱是经海关关封的，中途不用开箱检验，而且可以迅速直接转换运输工具。因此，集装箱是开展大陆桥运输的最佳媒介。

2. 背景

大陆桥运输是集装箱运输开展以后的产物。它出现于 1967 年，当时苏伊士运河封闭、航运中断，巴拿马运河又堵塞，远东与欧洲之间的海上货运船舶，不得不改道绕航非洲好望角或南美，致使航程距离和运输时间倍增，加上油价上涨使航运成本猛增。而当时正值集装箱运输兴起，在这种历史背景下，大陆桥运输应运而生。从远东港口至欧洲的货运，于 1967 年年底首次开辟使用了美国大陆桥运输路线，把原来的全程海运，改为海-陆-海运输方式，取得了较好的经济效果，达到了缩短运输里程、降低运输成本、加速货物运输的目的。同时，随着经济全球化的发展和区域经济一体化的趋势，各国之间的贸易和投资日益增加，需要以更加便捷、高效的运输方式来支持商品和人员的流动。大陆桥运输具有连接国家和地区、跨越边境，以及快速、安全等优势，逐渐成为国际贸易和区域一体化的重要运输方式。

二、大陆桥运输的种类

在现阶段，主要有以下几种大陆桥：

1. 西伯利亚大陆桥

西伯利亚大陆桥利用俄罗斯西伯利亚铁路作为陆地桥梁，把太平洋远东地区与波罗的海和黑海沿岸以及西欧大西洋口岸连起来。此条大陆桥运输线东自符拉迪沃斯托克的纳霍德卡港口起，横贯亚欧大陆至莫斯科，然后分三路：一路自莫斯科至波罗的海沿岸的圣彼得堡港，转船往西欧、北欧港口；一路从莫斯科至俄罗斯西部国境站，转欧洲其他国家铁路（公路）直往欧洲各国；一路从莫斯科至黑海沿岸，转船往中东、地中海沿岸。因此，从远东地区至欧洲通过西伯利亚大陆桥有海-铁-海、海-铁-公路和海-铁-铁三种运送方式。

从 20 世纪 70 年代初以来，西伯利亚大陆桥运输发展很快。目前，它已成为远东地区往返西欧的一条重要运输路线。日本是利用此条大陆桥的最大客户。在 20 世纪 80 年代，其利用此大陆桥运输的货物数量每年都在 10 万个 TEU 以上。为了缓解运力紧张的情况，苏联又建成了第二条西伯利亚铁路。

但是，西伯利亚大陆桥也存在三个主要问题：

（1）运输能力易受冬季严寒的影响，港口有数月冰封期。

（2）货运量西向大于东向约两倍，来回运量不平衡，集装箱回空成本较高，有损运输效益。

（3）运力仍很紧张，铁路设备陈旧。随着新亚欧大陆桥的正式营运，这条大陆桥的地位正在下降。

2. 北美大陆桥

（1）北美大陆桥的概念。北美的加拿大和美国都有一条横贯东西的铁路（公路）大陆桥，它们的线路基本相似，其中美国大陆桥的作用更为突出。

（2）美国的两条大陆桥运输线。美国有两条大陆桥运输线。一条是从西部太平洋口岸至东部大西洋口岸的铁路（公路）运输系统，全长约3200km，另一条是从西部太平洋口岸至南部墨西哥湾口岸的铁路（公路）运输系统，全长500~1000km。

（3）美国的小陆桥（Mini Land Bridge）与微型陆桥（Micro Land Bridge）。美国的大陆桥运输由于东部港口拥挤等原因处于停顿状态，但在大陆桥运输的过程中派生并形成了小陆桥和微型陆桥运输方式。

小陆桥运输比大陆桥的海-陆-海形式缩短了一段海上运输，成为海-陆-或陆-海形式。例如，从远东至美国东部大西洋口岸或美国南部墨西哥湾口岸的货运，由原来的全程海运改为由远东装船运至美国西部太平洋口岸，转装铁路（公路）专用车运至东部大西洋口岸或南部墨西哥湾口岸，以陆上铁路（公路）作为桥梁，把美国西海岸与东海岸和墨西哥湾连起来。

微型陆桥运输比小陆桥运输更短一段。由于它没有通过整条陆桥，而只利用了部分陆桥，因此又称半陆桥运输，是指海运加一段从海港到内陆城乡的陆上运输或相反方向的运输形式。微型陆桥运输近年来发展得非常迅速。

3. 美国的OCP运输条款

为了促进美国各种运输业的均衡发展，对于从远东至美国的大陆桥运输，美国政府专门制定了一项所谓的OCP运输政策，简称“OCP运输条款”。

“OCP”是Overland Common Points的首字母缩写，意为“内陆公共点地区”，简称“内陆地区”。其含义是：根据美国费率规定，以美国西部九个州为界，即以洛矶山脉为界，其以东地区均为内陆地区范围，这个范围很广，约占美国2/3的地区。按OCP运输条款的规定，凡是经过美国西海岸港口转往上述内陆地区的货物，如按OCP运输条款运输，就可享受比一般直达西海岸港口的货物优惠的内陆运输费率，一般低3%~5%。相应地，凡从美国内陆地区启运经西海岸港口装船出口的货物同样可按OCP运输条款办理。同时，按OCP运输条款，尚可享受比一般正常运输低的优惠海运运费，每吨低3~5美元。美国班轮公司给予货方的运输优惠待遇，最终将从美国政府的运输政策补贴中获得回报。美国政府的这一政策既可促进其海运业的发展，还可促进其铁路运输业和公路运输业的发展。

采用OCP运输条款必须满足以下条件：

（1）货物最终目的地必须属于OCP地区范围内，这是签订运输条款的前提。

（2）货物必须经由美国西海岸港口中转。因此，在签订贸易合同时，有关货物的目的港应规定为美国西海岸港口，即为CFR或CIF美国西海岸港口条件。

（3）在提单备注栏内及货物唛头上应注明最终目的地为OCP××城市。

例如，我国出口至美国一批货物，卸货港为美国西雅图，最终目的地是芝加哥。西雅图是美国西海岸港口之一，芝加哥属于美国内陆地区城市，此笔交易就符合OCP规定。经双方同意，就可采用OCP运输条款。在贸易合同和信用证内的目的港可填写“西雅图（内陆地区）”，即“CIF Seattle（OCP）”。除在提单上填写目的港西雅图外，还必须在备注栏内注明“内陆地区芝加哥”字样，即“OCP Chicago”。

4. 新亚欧大陆桥

1990年9月11日，我国陇海—兰新铁路的最西段乌鲁木齐至阿拉山口的北疆铁路与苏联的土西铁路接轨，第二条亚欧大陆桥运输线全线贯通，并于1992年9月正式通车。此条运输线东起我国连云港，西至荷兰鹿特丹，跨亚、欧两大洲，连接太平洋和大西洋，穿越中国、哈萨克斯坦、俄罗斯与第一条亚欧大陆桥运输线重合，经白俄罗斯、波兰、德国到荷兰，辐射 20 多个国家和地区，全长 1.08 万 km，在我国境内全长 4134km。与第一条亚欧大陆桥运输线相比，总运距缩短 2000~2500km，可缩短运输时间 5 天，减少运费 10%以上。

三、我国大陆桥运输

从 1980 年起，我国由最大的货运代理企业——中国外运为境内外客户办理中国往返西北欧各国的大陆桥集装箱运输业务，在一些口岸和城市建立了铁路集装箱中转点（见表 9-3），办理集装箱的装卸、发运、装箱和拆箱业务。

表 9-3　我国大陆桥运输铁路集装箱中转点一览表

省份（城市）	中转点	省份（城市）	中转点
上海	何家湾	北京	丰台
天津	塘沽南	黑龙江	滨江西、香坊、王岗
辽宁	沈阳、辽阳、大连西	内蒙古	呼和浩特、二连浩特、集宁、满洲里
河北	石家庄、唐山、秦皇岛	河南	海棠寺
山东	青岛、济南、青州、潍坊西、烟台、淄博、石臼所	山西	太原东
陕西	西安西、窑村	甘肃	兰州西
青海	西宁	安徽	合肥北、芜湖西
浙江	南星桥	江苏	镇江南、中华门、南京西、无锡、连云港
湖南	醴陵、长沙西	湖北	汉西、汉阳
四川	成都东、伏牛溪	贵州	贵阳东
新疆	乌鲁木齐北	吉林	孟家屯
福建	福州东	广东	黄埔

本章小结

本章主要介绍了集装箱在第二次世界大战后的产生与发展，以及集装箱的定义、国际标准和集装箱货物分类，分析了集装箱运输的优越性，说明了集装箱运输的子系统，介绍了集装箱运输不同的装箱方式及各种交接方式，介绍了多式联运的定义与构成要素，以及多式联运的特点及优点，并介绍了大陆桥运输的定义、背景、种类及美国 OCP 运输条款的使用，以及我国大陆桥运输情况。

案例讨论

【案例讨论 1】

集装箱破损湿损货物引起保险代位求偿案

1988 年 6 月，托运人中国土产畜产进出口公司上海分公司委托上海外运、上海远洋所属“汉江河”船将 33 CTN 的男士羽绒滑雪衫（分装在 3 个集装箱内）运往卸货港日本神户港。上海外运在收货后签发了提单号为 B/LNO. CS194 的清洁联运提单（单上载明货物数量

333 CTN)。

1988年6月29日，“汉江河”船抵达神户港，并于同日将集装箱驳卸到岸。

1988年7月6日，收货人在港口装卸公司仓库开箱时，当即发现有11 CTN的滑雪衫有不同程度的湿损。

1988年7月7日，3个集装箱由汽车拉至东京收货人的仓库，同日由新日本商检协会检验。该协会于1988年10月11日出具商检报告称，11 CTN中有5 CTN货物严重湿损，6 CTN货物轻度湿损，经将湿损衣服之残值冲抵后，实际货损约为1868338日元。商检报告又称，在东京进行货损检验时曾邀船方派员共同勘察，被船方以“出港后检验无意义”为由拒绝。检验报告认为货物湿损系箱号为FWIU9301197的集装箱里左侧顶部破损造成。

收货人依据检验报告从货物保险人AIU保险公司处得到了赔偿。AIU保险公司因此取得代位求偿权。

AIU保险公司曾先后在香港和北京委托代理人与上海外运联系处理货损赔偿问题。上海外运除同意将时效展期至1989年9月29日外，未提出任何有关损害赔偿的处理意见。AIU保险公司为此起诉至法院，法院于1989年12月5日受理此案。

AIU保险公司认为：造成服装湿损是上海外运、上海远洋所属“汉江河”船的过错，AIU保险公司在赔偿收货人损失后依据取得代位求偿权及上海外运签发的清洁提单，请求上海外运、上海远洋赔偿损失的1868338日元及利息，并承担律师费、诉讼费及其他费用。

上海外运认为：造成货损非承运人过错，另外，AIU保险公司对货损程度举证不力，上海外运无法确认货物实际损害程度及其原因。

上海远洋主张应依提单条款承运人享受货损最高赔偿额的权利。

法院在审理过程中查明：上海外运与上海远洋分别于1982年4月与1986年6月订有集装箱运输协议及补充协议。该两协议书议定（若造成货方损害)，先对外赔付，然后内部再分责任。另根据提单条款，承运人对因其责任造成货损的对外最高赔偿额为每件700元人民币，或每kg（毛重）3元人民币。

法院认为：根据提单和协议书，上海外运和上海远洋对11 CTN服装的湿损有相当的责任牵连。但收货人与实际承运人上海远洋在开箱交货时交割不清，收货人聘请的商检又在港口外进行，故AIU保险公司对货损索赔及损害确切数额的请求举证不力。另根据中国相关法律及提单条款的有关规定，法院对上海外运与AIU保险公司代理人之间自行签订的延长时效的协议也不予准许。

法院鉴于损害发生的实际情况，经过开庭审理，在查明事实、分清责任的基础上，做出判决：

（1）上海外运、上海远洋应注意到AIU保险公司的索赔请求，应根据事实及提单条款的规定，赔付AIU保险公司8000元整人民币（其中300元作为补偿AIU保险公司诉讼费用支出)。

（2）上海外运与上海远洋之间的责任分担及赔付，由双方自行协商解决。

（3）案件受理费1961.44元由AIU保险公司负担。

问题：

你对法院的此判决怎么看？你是否赞成该判决？为什么？

【案例讨论 2】

集装箱运输货损当事人赔偿责任的确定

A 公司（以下称发货人）委托一家国际货运代理公司（以下称货代 B）将装载布料的六个集装箱托运到香港港装船去西雅图港，集装箱在西雅图港卸船后再通过铁路运抵交货地(底特律)。

该批出口布料由货代 B 出具全程提单，提单记载装船港香港港、卸船港西雅图港、交货地底特律，运输交款 CY—CY，同时记载了“由货主装载、计数”的批注。集装箱在香港装船后，船公司又签发了以货代 B 为托运人的海运提单，提单记载装船港香港港、卸船港西雅图港，运输条款 CY—CY。集装箱在西雅图港卸船时，在六个集装箱中有三个外表状况有较严重破损，货代 B 在西雅图港的代理与船方代理对此破损做了记录，并由双方在破损记录上共同签名。三个集装箱在运抵底特律后，收货人开箱时发现外表有破损的集装箱内的布料已严重受损，另外的集装箱尽管箱体外表状况良好，但箱内布料也有不同程度的受损。此后，收货人因货损与发货人、货代 B、船公司发生了争执。

对于本案中集装箱货损责任的确定，发货人根据有关国际货运条约、惯例，以及货代 B、船公司签发的提单所记载的运输条款，认为自己没有任何责任，责任应该由货代 B 和船公司承担，并且三方各自的责任应该如下认定：

1. 发货人的责任

在本案中，发货人不应承担责任，理由是：在集装箱整箱运输条件下，其交接双方责任是“以集装箱外表状况是否良好，海关关封是否完整”来确定的，在本案中，当发货人将装载的集装箱交由货代 B 安排托运至香港港装船时，货代 B 并未对集装箱外表状况提出异议，并且货代 B 所签发的提单属于清洁提单，因而应认定发货人交运的货物状况良好，并且在集装箱运输下，对承运人责任期限的规定是“从接收货物时起，至交付货物为止”。提单记载的运输条款是 CY—CY，说明发货人与承运人对集装箱的交接责任以 CY 大门为界，既然集装箱进 CY 大门时其外表状况未有任何批注，那么可认定发货人完好交货，其责任即告终止。因此，发货人不承担货损责任。

2. 货代 B 的责任

在本案中，货代 B 应对外表状况良好但箱内布料有损害的集装箱负赔偿责任。根据 1968 年的《海牙—维斯比规定》，“提单签发人应对全程运输承担责任，如无法确定货损原因、货损区段，此项赔偿可以依据海上法规”，在本案中，箱体外表状况良好，海关关封完整，但箱内货物已受损，无法确定责任方、货损原因、货损区段。此时，货代 B 应对这些集装箱承担责任。

3. 船公司的责任

在本案中，船公司应承担三个外表有破损的集装箱内的布料损害赔偿。其理由如下：船公司签发的是海运提单，而货代 B 签发的是全程提单，因此船公司是货物的实际承运人，按货代 B 要求完成海上运输。六个集装箱在香港港装船时，船公司对六个集装箱的外表状况并没有做任何批注，则可以认定是在完好的状态下接箱的，但在西雅图港卸船交货时却发现其中三箱已造成箱损，这在一定程度上可认定箱损发生在海上运输区段。

问题：

发货人认为自己没有任何责任，责任都在货代 B 和船公司，你认为发货人的观点对吗？

其理由成立吗？为什么？

课后思考与练习

思考题

1. 集装箱运输有哪些特点？有哪些优越性？
2. 集装箱货物的交接方式有几种？交接双方的责任怎样划分？
3. 集装箱货物按货物性质分为哪几种？特殊货物包括哪些？
4. 多式联运经营人是如何产生的？
5. 构成多式联运应具备哪几种要素？
6. 多式联运的特点和优点有哪些？
7. 世界上有哪几条大陆桥？
8. 美国的OCP运输政策有什么作用？使用它的过程中应该注意什么？

练习题

一、选择题

1. 下面哪种交接方式为整箱货的交接方式？（　　）

A. CFS to CFS　B. CY to CY　C. CY to CFS　D. CFS to CY

2. 集装箱运输下承运人的责任期限是（　　）。

A. 装上船—卸下船　B. 船舷—船舷

C. 仓库—仓库　D. 接收货—交付货

3. 集装箱拼箱货通常的交接条款为（　　）。

A. CY　B. CFS　C. Door　D. Hook

4. 在定期船的集装箱整箱货运输的情况下，通常的交接条款为（　　）。

A. CY　B. CFS　C. Door　D. Hook

5. CY-CY集装箱运输条款是指（　　）。

A. 一个发货人、一个收货人　B. 多个发货人、多个收货人

C. 一个发货人、多个收货人　D. 多个发货人、一个收货人

6. 多式联运经营人对货物承担的责任期限是（　　）。

A. 自己运输区段　B. 全程运输

C. 实际承运人运输区段　D. 第三方运输区段

7. 作为一种运输工具的货物集装箱至少要有（　　）m^3以上的容积。

A. 5　B. 8　C. 3　D. 1

8. 下列联运形式中不属于多式联运的是（　　）。

A. 海陆联运　B. 陆桥运输　C. 海空联运　D. 连贯运输

9. 世界大陆桥运输中经过中国东、中、西三大地区的是（　　）。

A. 西伯利亚大陆桥　B. 北美大陆桥　C. 新亚欧大陆桥

10. 新亚欧大陆桥东起中国的连云港依次途经中国的（　　），从新疆的阿拉山口口岸出境至欧洲主要港口。

A. 江苏　河南　陕西　甘肃　青海　新疆

B. 江苏　河南　陕西　青海　甘肃　新疆

C. 山东　山西　河南　青海　甘肃　新疆

D. 山东　河南　山西　甘肃　青海　新疆

二、判断题

1. 拼箱货装箱时，不同形状不同包装的货物尽可能不装在一起。（　）

2. 多式联运就是两种或两种以上运输方式的联合运输。（　）

3. 多式联运经营人的赔偿责任主要采用统一责任制。（　）

4. 集装箱货物交接类型有两种，交接方式有九种。（　）

5. 在拼箱货运输下，如承运人未按提单记载数量、状况交货，收货人即可向承运人索赔。（　）

6. 多式联运经营人在接收货物后即可签发多式联运单据。（　）

7. 多式联运经营人必须对货物的全程运输负责。（　）

8. 国际多式联运的一个优点是发货人可以提早结汇。（　）

9. 实行单一运费率是国际多式联运的特征之一。（　）

10. 在集装箱整箱货运输下，承运人只要在箱体外表状况良好、海关关封完整下接货，交货时即使箱内货发生灭失或损害，承运人也不承担任何赔偿责任。（　）

11. 分段运输就是多式联运。（　）

12. 国际多式联运所运输货物必须是集装箱货物，不可以是一般的散杂货物。（　）

13. 目前国际上对于多式联运经营人的责任形式大多采用的是网状责任制。（　）

14. 国际多式联运是随着集装箱运输发展起来的新型运输方式。（　）

15. 国际多式联运的货主只需办理一次委托，支付一笔运输费用。（　）

三、案例分析题

原告：阳光对外贸易发展有限公司（以下简称“阳光公司”）

被告：中国外运广州公司（以下简称“广州外运”）

2008 年 4 月 17 日，原告与三菱公司签订了购销 120t 金属硅的合同。同年 5 月 14 日，原告委托被告从广州承运金属硅到日本横滨港，并由被告代理办理报关手续。5 月 15 日，被告委托广州市黄埔区文冲仓库派拖车到华南储运公司仓库装运原告的货物。华南储运公司出具的货物出库记录、出库单和放行条记载，共装金属硅 120 袋，重量为 120t，分别装载于 6 个 20ft（1ft = 0.3048m）的集装箱，每个集装箱装 20t。装货后由货车司机关闭集装箱门并加铅封。广州市黄埔区文冲仓库出具的证明记载，在装货过程中由原告的业务员监装。5 月 19 日，被告为承运上述货物签发了提单。提单记载：托运人是原告；收货人由托运人指示；装货港为中国广州，目的港为日本横滨港；货物为 120 袋金属硅，总重 12 万 kg；分别装载于 6 个 20ft 的集装箱，每个集装箱装 20t；运费预付；交接方式为堆场到堆场（CY—CY）；托运人装箱并计数。

原告确认，上述提单已经转让给三菱公司，货物运到目的港后，由 NKKK 检验公司进行检验，2008 年 6 月 15 日出具检验报告，该报告记载：2008 年 6 月 1 日，收货人卸货时，仓管员发现其中 3 个集装箱的货物均少两袋；此外，另一集装箱中有 4 袋货物潮湿，经对湿货进行化学测试，没有盐水成分；1 袋货物可能在运载前已湿，另外 3 袋可能是被从顶板破缝漏进来的水湿的，故要求该公司做调查。

调查的结果显示，集装箱封号与提单上的封号一致，明显没有被打开过的痕迹。2008 年

6月25日，三菱公司向原告索赔称：合同发生了严重短缺，索赔5759美元。2008年7月6日，三菱公司又出具了一份索赔函，对其2008年6月25日出具的索赔函进行说明。该函称，合同项下金属硅短少6t，损失4740美元，水湿4袋，损失360美元；产生检验费659美元。实际损失5759美元。短货的3个集装箱的铅封均完好无损，故问题均发生在封箱之前，因此向原告索赔。

问：

被告是否应承担赔偿责任？为什么？

第十章

保税物流管理

学习目标

了解保税仓、保税港区、保税物流中心的基本概念，掌握保税仓、保税港区、保税物流中心的业务和基本形式。

学习要点

保税仓　保税港区　保税物流中心

场景导入

宁波保税区 ITS 国际贸易公司

张同学是宁波保税区 ITS 国际贸易公司的一名职员，该公司是浙江省一家大型集团公司设立的全资子公司，主要经营丝绸及其制品、工艺品、小五金业务并主要出口到美洲、欧洲等地区。该公司利用非保税区货物进入保税区视同出口的优势，以保税区为基础，从国内收购货物，在保税区进行仓储，按国外订单要求进行分理、包装并按时分运，这就等于把境外的仓库搬到了境内，节约了成本，提高了经营效益，经营业务迅猛扩张。该公司为进一步利用保税区优势，已在保税区购买 1.2 万m^2 的土地建设仓储加工用房，决定建立丝绸服装的仓储和分运中心。

张同学在工作中发现，在保税区从事仓储业务可以获得良好的经济效益。设立保税仓储及物流企业，既可以分类、整理、包装、组装、分拨保税产品，享受生产型企业税收优惠，又可以从事或代理经营货物的转口、保税物资贸易和进出口贸易。大量使用国外进口原辅料件的工贸企业，运用仓储销售、连锁销售及以物资配送等现代营销方式经营的大型商贸批发、零售企业，均可把保税区作为仓储基地，建立进出口货物分拨中心，利用国际市场的产品价格差、时间差和批量经营的手段，增强企业灵活经营的优势。

问：

虽然张同学发现了保税区的仓储业务具有良好的经济效益，但是对于保税物流对发挥保税功能和物流功能的作用如何仍然存在疑问，请你结合所学内容尝试解答张同学的疑惑。

随着世界经济一体化进程的加快，国际贸易对世界经济的影响不断扩大，世界各国进出口货运量快速增长，贸易方式也呈多样化的趋势，如进口原料和配件进行加工装配后的复出口、补偿贸易、期货贸易、转口贸易等。在实际运作中，货物进口时要征收关税，复出口时再申请退税，手续过于烦琐，加大了国际贸易风险，不利于发展对外贸易，因此，许多国家建立了保税制度。保税制度是一个国家或地区为促进对外加工贸易和转口贸易，对于进境后的特定进口商品，在尚未确定内销或外销之前，暂缓缴纳进口税，并由海关监管的一种制度。而保税物流是指与保税制度相关联的物流活动。随着国际贸易范围的不断扩大，保税物流的内涵也在不断延伸，目前，我国的保税物流管理主要涉及保税仓、保税港区、保税物流中心等。

第一节　保税仓

保税仓是保税制度中应用最为广泛的一种形式，具有较强的服务功能和较大的灵活性，对于促进国际贸易和加工贸易的开展起到了重要作用。因此，保税仓是保税物流的一个重要组成部分。从经济发展的角度来看，保税仓的开启能够降低发展成本，促进地方基础设施建设，形成良好的区域经济环境，是践行“一带一路”倡议的重要举措。

一、保税仓概述

保税仓是指专门存放经海关核准的保税货物的仓库。这种仓库仅限于存放供来料加工、进料加工复出口的料件，暂时存放之后复运出口的货物和经过海关批准缓办纳税手续进境的货物。保税货物是指海关批准未办理纳税手续进境，在国内储存、加工、装配后复出口的货物，这类货物如果在规定的期限内复运出境，则经海关批准核销；如果转为内销，进入国内市场，则必须事先提供进口许可证和有关证件，正式向海关办理进口手续并缴纳关税和海关代征税后货物才能出仓。

就我国现行的法律制度来说，我国保税仓库允许存放的货物范围如下：

（1）缓办纳税手续的进口货物。其主要包括因进口国工程、生产等各种需要和原因的预进口货物，这些货物被储存在保税仓库内，随需随提；因进口国情况变化、市场变化，而暂时无法决定去向的货物，或是无法做出最后处理的货物，需要暂时存放一段时间。如果条件变化，需要实际进口，再缴纳关税和其他税费，这就使进口商将纳税时间推迟到货物实际内销的时间，节省了流动资金的占用。

（2）来料加工后复出口的货物。为鼓励国际贸易的发展，减少在进出口过程中的物流成本，有些来料加工，并在保税区或保税仓库完成加工后复出口的货物，可存放于保税仓库。

（3）需要做进口技术处置的货物。有些货物进口到港后，由于不适合在进口国销售，需要更换包装、贴标签或做其他加工处理。这类货物可以进入保税仓库进行这些技术处理，待到符合进口国对商品要求的加工后再内销完税，不符合的则免税退返。

（4）不内销而过境转口的货物。一些货物因内销无望而转口，或者在该地区域存放有利于转口，或者无法向第三国直接进口而需转口，也可以存放于保税仓库中。

（5）经海关批准的其他未办结海关手续的进境货物。保税仓库不得存放国家禁止进境货物，不得存放未经批准的影响公共安全、公共卫生或健康、公共道德或秩序的国家限制进境货物，以及其他不得存入保税仓库的货物。需要特别指出的是，在国际物流中，保税仓不仅适用于进口货物，也可适用于出口货物。

在保税仓中，外国货物的保税期一般最长为两年。在此期间，经营者一旦在本地找到适当的销售时机，并实现销售，即可办理关税等通关手续。如果两年之内未能销售完毕，则可将货物运往其他国家，保税仓库所在国不收取关税。保税仓的建立，大大改善了国际投资环境，降低了进出口货物的风险，有利于鼓励出口、鼓励外国企业在本国投资。

二、保税仓分类

1. 按服务对象分类

世界各国对保税仓库类型的划分各不相同，但就保税存储这一功能来讲则是相同的。就我国而言，保税仓库大体可以分为以下四种类型：

（1）专业型保税仓库。专业型保税仓是指有关外贸专业企业，经海关批准而建立的自管自用的保税仓库，储存进口的原料和加工复出口的成品，用来寄售、维修进口设备的零配件，以及储存国际航行船舶油料等。

（2）公用保税仓库。公用保税仓库是具有法人资格的经济实体，经海关批准建立的综合性保税仓库。这种保税仓库本身不经营进出口商品，而为社会和国外保税货物持有者提供仓储服务。不论谁的货物，只要符合海关的法令规定，而仓库也有条件储存的，都可以接受。外运公司经营的保税仓库即属于这一类型。

（3）保税工厂。保税工厂是整个工厂或专用车间在海关的监督管理下，专门从事来料加工、进口零部件装配复出口的工厂。

（4）海关监管仓库。我国的海关监管仓库与外国的保税区域的功能有类似之处，主要存放进境而所有人未来提取的货物及行李物品，或者无证到货、单证不齐、手续不完备以及违反海关章程，海关不予放行，需要暂存海关监管仓库听候海关处理的货物。还有一种类型的海关监管仓库是出口监管仓库，专门存储已对外成交并已结汇，但海关批准暂不出境的货物。这种仓库现在基本上交由专营的仓储企业经营管理，海关行驶行政监督职能。存放在海关监管仓库的货物有两个期限，如储存超过 14 天，海关要征收滞纳金；超过三个月仍不提取的，视为放弃，按照《中华人民共和国海关法》的规定变卖，款项交归国库。

2. 按仓库所存货物的用途分类

（1）维修技术中心（站）在未转为实际进口前存放寄售商品的保税仓库。

（2）在未转为实际进口前存放寄售商品的保税仓库。

（3）国际航行船舶备件、物料保税仓库。

（4）转口贸易保税仓库。

（5）加工装配及进料加工备用料、件保税仓库。

（6）免税外汇商品保税仓库。

（7）远洋船舶船员自用物品保税仓库。

（8）用于海上石油开发的外籍人员所需生活用品的保税仓库等。

三、保税仓业务

1. 业务范围

（1）货物的存储、装卸、中转、分发、包装、贴标签。

（2）办理货物的各种海关手续。

（3）货物收发和集疏运输手续。

（4）为进口客商选择进口货物的场所和新的交易渠道。例如，货物预存在中国寄售，可随时保证供货；改期货为现货贸易，节省流动资金。

（5）为出口客商提供产品在国际市场上的展示窗口和新的贸易途径，为待售货物提供安全的存储，提供有效的质量检验证书，及时安排进出货物的发运，代办交接和各种运输。

（6）提供经营管理服务。例如：监督船运状态，提供船运和各种商业信息；准备各种运输文件；定期提供货物跟踪报告，以及集装箱的存储、拆装、快速发运、清洗、维修等各种信息。

（7）进行机械零部件组装，货物修复、整型、分改包装。

2. 业务运作

（1）保税仓库货物进口。货物进口有本地进货与异地进货两种情况。

（2）保税仓库货物入库。货物入库操作流程可分直接报关进区和先进区再报关出口。

（3）储存保管。货物入库后，便进入了储存保管阶段，它是仓储业务的重要环节。其主要内容包括货物的存放、保管检查与盘点等。

（4）货物的出库。进口货物存入保税仓库后，其出库的流向较为复杂，一般可分为储存后原状复出口、加工贸易提取后加工成品出口、向国内销售或使用三种情况。

（5）出库的复核。

（6）保税仓库货物的核销。保税仓库货物应按月报送主管海关办理核销。

四、保税仓监管

保税仓与一般仓库最大的不同点在于：保税仓及所有的货物受海关的监督管理，未经海关批准，货物不得入库和出库。保税仓的经营者既要向货主负责，又要向海关负责。我国海关对保税仓的监管主要包括以下几个方面的内容：

（1）货物的存放。海关要求保税仓库必须独立设置，专库专用，保税货物不得与非保税货物混放。保税仓对所存货物应有专人负责管理。海关认为必要时，可会同仓库双方共同加锁。海关可随时派员进入保税仓检查货物储存情况，查阅有关仓库账册，必要时可派员驻库监管。同时，保税仓库必须于每月前5天内将上月所存货物的收、付、存等情况列表报送当地海关核查。

（2）货物的加工。海关规定在保税仓中不得对所存货物进行加工。如果需对货物进行改变包装、加刷唛码等整理工作，应向海关申请核准并在海关监管下进行。

（3）货物的使用。保税仓所存货物属于海关监管的保税货物，未经海关核准并按规定办理有关手续，任何人不得出售、提取、交付、调换、抵押、转让或移作他用。

（4）货物的提取。公共保税仓库的保税货物一般不得跨关区提取和转库存取，只能供应本关区内的加工贸易企业按规定提取使用。必须跨关区提取的，加工贸易企业应事先向海关办理加工贸易合同登记备案，领取加工贸易登记手册，并在该登记手册限定的原材料进口期限内，向主管海关办理分批从保税仓库提取货物的手续。海关对提取用于来料、进料加工的进口货物，按来料加工、进料加工的规定进行管理，并按实际加工出口情况确定免税或补税。

（5）保税仓所存放货物储存期限为一年。如因特殊情况可向海关申请延期，但延长期限最长不得超过一年。保税货物储存期满既不复运出口又未转为进口的，由海关将货物变卖，所得价款按照《中华人民共和国海关法》第三十条的规定处理，即所得价款在扣除运输、装卸、储存等费用和税款后，尚有余款的，自货物变卖之日起一年内，经收货人申请，予以发还。逾期无人申请或者不予发还的，上缴国库。

（6）保税仓所存放货物在储存期间发生短少，除因不可抗力的原因外，其短少部分应当由保税仓库经理人承担缴纳税款的责任，并由海关按有关规定处理。保税仓库经理人如有违反海关上述规定的，要按《中华人民共和国海关法》的有关规定处理。

海关代表国家监督管理保税仓及所存的保税货物，执行行政管理职能；保税仓的经营者具体经营管理保税货物的服务工作，可以说是海关和经营者共同管理保税仓。保税仓经营者要依靠海关办好保税仓，因此必须充分协作配合，严格执行海关的法令规定，在这个前提下，海关应力求简化手续，向仓库经营者提供方便，共同把保税仓办好，以充分发挥保税仓的优越性，为发展对外经济贸易服务。

第二节 保税港区

保税港区是根据我国国情，在真正意义上实行“港口和保税特殊监管区合一”运作，探索逐步实现自由港区功能的创新性尝试，是我国最高层次的保税物流。

一、保税港区概述

在我国，保税港区是指经国务院批准，设立在国家对外开放的口岸港区和与之相连的特定区域内，具有口岸、物流、加工等功能的海关特殊监管区域。由此概念可以看出保税港区的四大基本要素：一是保税港区是海关特殊监管区域；二是保税港区的设定必须经过国务院的批准；三是保税港区应设立在国家对外开放的口岸港区；四是保税港区具有口岸、物流、加工等功能。

保税港区作为一种新型监管模式，既不同于“港”也不同于“区”，而是兼有“港”和“区”的双重特性。其“港区合一”的区域特征是对传统港口和保税区分离运作管理的一大突破。保税港区叠加了保税区、出口加工区、保税物流园区乃至港口码头通关的所有政策和功能。具体而言，保税港区享受保税区、出口加工区、保税物流园区相关的税收和外汇管理政策。主要包括：

（1）国外货物入港区保税。

（2）货物出港区进入国内销售按货物进口的有关规定办理报关，并按货物实际状态征税。

（3）国内货物入港区视同出口，实行退税。

（4）港区内企业之间的货物交易不征增值税和消费税。

保税港区是我国目前港口与陆地区域相融合的保税物流层次最高、政策最优惠、功能最齐全、区位优势最明显的监管区域，是真正意义上的“境内关外”，是自由港的雏形。

二、保税港区的功能

1. 口岸功能

（1）港口作业功能。保税港区可存储通过港口进出境的货物以及其他未办结海关手续的货物，开展货物装卸、托运等基本的港口作业，货物在港区内的停留不设时间限制。

（2）国际中转功能。进入保税港区的国际中转货物和国内货物，可进行分拆、集拼，再运至境内外目的港，保税港区还将提供进口保税货物整箱堆存的服务，货物可以根据货主需要在保税港区内进行综合处理或国际中转。

2. 物流功能

（1）国际配送功能。在保税港区陆上特定区域设立仓储物流区，进境保税货物进入该库场后可进行商业性简单加工、批量转换后向境内外分拨配送。

（2）国际采购功能。国内货物进入保税港区港口即可享受出口退税政策，对采购进区的国内货物和保税货物进行出口集运的综合处理或商业性的简单加工后向国内外分销、返销。

（3）转口贸易功能。保税港区内的企业可从事转口贸易、交易、展示、出样、订货等经营活动。其作用在于全面、高效地发挥港区的国际转口贸易和出口贸易功能，降低物流企业的商务运作成本，扩大出口。

3. 出口加工与商品展示功能

（1）出口加工功能。在保税港区特定区域设立出口加工区，开展加工贸易。在保税港区可发展外向型加工工业，主要包括原料零部件在海外及销售市场在海外的产品的加工、依托境外先进技术的高科技新型产品的制造等。

（2）商品展示功能。在保税港区的特定场所展示供看样订货的展览品、样品，拓展国内外市场，扩大国际物流量。

4. 产业聚集功能

保税港区通过集聚和扩散效应，打造试验区的“区位品牌”。通过资金、人员、商品和信息的自由流动和集聚扩散，保税港区的一系列功能可以创造或提升“区位品牌”效应，使多个跨国公司的物流中心集结在同一保税港区内，带动区内仓储业、运输业、贸易业、金融业、信息业等多种服务业发展。

5. 其他拓延功能

（1）具有现时的“保税效应”。对于从境外输入保税港区的货物，在一定时间内，海关暂时保留征税权，视其最终流向而确定关税的征收或免收。对于从境外进入保税港区的货物或进入以后复出境的货物，不视作进出口，免办进出口手续，免征关税。

（2）具有自由贸易优势。保税港区具有贸易自由度优势；同时保税港区取消对区内企业在货代、船代和外贸经营权等多领域的限制，允许外商从事转口贸易、过境贸易和进出口贸易。

（3）在市场准入方面的优势。保税港区作为区内金融开发和资本运筹的中心，区内适度放宽了外汇管理政策，开设外资金融机构、保险机构等，开展物流金融、离岸金融、外汇改革等金融开放的试点。

三、保税港区的作用

（1）推动促进区域经济发展。保税港区的建立，有利于提高对长三角、珠三角及环渤海等重点区域经济的服务、辐射和带动效应，有利于推动各区域经济实现新的飞跃，从而促进全国的协调发展。

（2）推动国际航运中心和物流中心发展。港口已经成为一个国家或地区参与国际分工和竞争的重要战略资源，建设保税港区有利于构建以港口为中心的、海陆空兼备的综合运输体系，全面拓展国际航运、贸易和物流功能，加快国际航运中心和物流中心的建设进度。

（3）推动我国外贸的平稳健康发展。保税港区的特定区位条件，有利于形成高度开放、高效便捷的国际化口岸，有利于优化口岸环境、提高通关效率，为对外开放提供更好的服务；保税港区强大的政策和功能支持，有利于对在国内开展服务贸易及新型加工贸易方式等进行研究试点，成为各项改革的试验区和先行区。

四、保税港区的建设

在经济全球化和区域经济一体化步伐不断加快的背景下，作为国际连通重要节点的港口，已逐渐由传统的运输作业向集港航服务、临港增值、自由贸易、资本运作等业务于一体的综合型航运枢纽转型，成为一个国家和地区开放程度的体现。在全球各大港口纷纷加紧建设、发展自由港的情况下，建设有中国特色的保税港区已成为我国进一步扩大开放的需要。

建设有中国特色的保税港区，就是要通过整合保税区、出口加工区的政策、功能优势和港区的区位优势，打破保税区、出口加工区与港区长期以来的分离机制和瓶颈制约，实现区港一体。一方面，以保税物流产业和临港增值工业增强港口的物流集聚效应，适应航运、港口和现代物流一体化发展趋势，着力吸引国际中转、国际配送和临港增值服务等高附加值业务向我国转移，同时积极探索推动具有中国特色的自由港的建设步伐；另一方面，港区齐全的物流和加工功能，将满足跨国公司新型生产方式、管理方式、营销方式的需要，使加工制造业与物流业在港区内同步协调发展，为促进我国物流产业发展、推动加工贸易转型升级，开拓了一片新的天地。

保税港区是世界自由港在我国的一种特殊表现形式，作为保税区向自由港发展阶段中的重要一环，具有承上启下的关键作用。保税港区是我国沿海港口与陆域相融合、政策最优、功能最强、效率最高的特殊监管区，也是建立国际自由港的先行区、试验区，在经济全球化和区域经济一体化发展格局中战略地位尤为突出。保税港区这种新型监管模式的诞生，既是我国实施建设国际航运中心战略的需要，也是推进海关监督区域功能整合和政策叠加的积极尝试。

2005 年 6 月 22 日，国务院正式批准设立了我国第一个保税港区——上海洋山保税港区；2007 年 10 月 3 日，《中华人民共和国海关保税港区管理暂行办法》正式施行；截至 2017 年年初，国务院共批准设立了 14 个保税港区，分别是：上海洋山保税港区、天津东疆保税港区、大连大窑湾保税港区、海南洋浦保税港区、宁波梅山保税港区、广西钦州保税港区、厦门海沧保税港区、青岛前湾保税港区、深圳前海湾保税港区、广州南沙保税港区、重庆两路寸滩保税港区、张家港保税港区、烟台保税港区、福州保税港区。

保税港区的布局具有明显的区域性特征。批准设立的 14 个保税港区主要分布在我国沿海港口城市和长江沿线。环渤海经济圈分布着天津东疆、大连大窑湾、青岛前湾、烟台 4 个保税港区，对内辐射我国华北及东北地区，对外重点面向包括日本、韩国在内的东北亚地区开展竞争与协作。其中，青岛前湾保税港区积极践行“一带一路”倡议，2017 年在伊朗创新建设“一带一路自贸驿站”；上海洋山、宁波梅山、张家港 3 个保税港区以长江中下游地区为腹地，是推动上海国际航运中心建设、提升长三角开发水平的重要支撑；广州南沙、深圳前海湾 2 个保税港区以珠三角为腹地，成为该区域最为活跃的贸易地区；广西钦州保税港区是北部湾经济区开发开放的核心平台，是中国—东盟自由贸易区建设的先行试验区；厦门海沧保税港区、福州保税港区占据“海西经济区”和“对台前沿”的区位优势，其主要腹地来自闽三角地区；海南洋浦保税港区地处东南亚与东北亚国际主航线的中心位置，是国家能源战略的重要中转港；而作为唯一位于内陆地区的保税港区，重庆两路寸滩保税港区拥有我国中西部地区的广阔市场，成为西部大开发的重要“桥头堡”，重庆两路寸滩保税港区也是我国首个同时拥有空港和水港的保税港区，港区的空港功能区位于江北国际机场旁，港区的水港功能区地处长江黄金水道和“一带一路”中欧班列“渝新欧”的交汇节点，通过水、陆、空、铁交通枢纽辐射周边，物流条件优越。

第三节　保税物流中心

改革开放以来，我国外向型经济的总量、规模不断扩大，而投资主体、产业结构、加工深度都发生了重大变化。沿海地区的加工贸易经过长期发展，“第一桶金”已被挖掘，劳动、土地、原材料等生产要素的利润空间狭小，劳动生产率的潜力空间也有限，加工制造领域的利润趋薄，依靠降低原材料消耗、压缩劳动力成本或大力提高制造业环节的劳动生产率来获取更多利润已日趋困难，现代物流的作用越来越大，并对海关监管模式的改革提出了强烈和迫切的愿望。保税物流中心模式充分考虑了现代国际物流的特点和需求，并被赋予了相应的功能和配套政策。保税物流中心是海关特殊监管场所，是构筑融入“一带一路”的保税货物快速流转、推动物流和贸易业态转型发展的重要功能载体，对于打通“一带一路”物流大道具有积极作用，是“一带一路”建设的重要依托。

一、保税物流中心概述

保税物流中心是封闭的海关监管区域，具备口岸功能，分为 A 型和 B 型两种。

A 型保税物流中心，是指经海关批准，由中国境内企业法人经营、专门从事保税仓储物流业务的海关监管场所。A 型保税物流中心分为公用型和自用型两种。公用型保税物流中心是指专门从事仓储物流业务的中国境内企业法人经营向社会提供保税仓储物流综合服务的海关监管场所。自用型保税物流中心是指中国境内企业法人经营，仅向本企业或本企业集团内部成员提供保税存储物流服务的海关监管场所。

B 型保税物流中心，是指经海关批准，由中国境内一家企业法人经营，多家企业进入并从事保税仓储物流业务的海关集中监管场所，经海关批准可将国内出口货物、转口货物和国际中转货物、外商暂存货物、加工贸易进出口货物、供应国际航行船舶和航空器的物料和维修用零部件、供维修外国产品所进口寄售的零配件及其他未办结海关手续的货物存入物流中心。

A 型保税物流中心与 B 型保税物流中心的区别见表 10-1。

表 10-1 A 型保税物流中心与 B 型保税物流中心的区别

	A 型保税物流中心	B 型保税物流中心
经营企业构成	由一家法人企业设立并经营	由多家保税物流企业在空间上集中布局
审批和验收程序	经直属海关审批并由直属海关会同省级国税、外汇管理部门验收	由直属海关受理审核后报海关总署审批，并由海关总署、国家税务总局和国家外汇管理局等联合验收
企业资格条件	对申请设立企业的资格要求较高，注册资本最低为 3000 万元	对入驻企业的资格要求较低，注册资本须达到 5 万元
货物管理	货物存储期限为 1 年	货物存储期限为 2 年，特殊情况可延期

（1）经营企业构成。A 型保税物流中心是指由一家企业法人设立的并经营的保税物流服务的海关监管场所；B 型保税物流中心是指由多家保税物流企业在空间上集中布局保税物流的海关监管场所。

（2）审批和验收程序。A 型保税物流中心应由企业申请经直属海关审批并由直属海关会同省级国税、外汇管理部门验收；B 型保税物流中心由直属海关受理审核后报海关总署审批，并由海关总署、国家税务总局和国家外汇管理局等部门组成联合验收小组进行验收。

（3）企业资格条件。A 型保税物流中心主要针对大型生产型的跨国公司和大型物流企业，因而对申请设立企业的资格要求较高，要求企业注册资本最低为 3000 万元；B 型保税物流中心经批准设立后，对企业的入驻资格要求较低，以注册资本为例，只需要达到 5 万元即可。

（4）货物管理。无论保税物流中心是 A 型还是 B 型，保税存储货物范围、辐射范围基本相同，可以面向国内外两个市场进行采购分拨、配送。但在货物存储期限方面，A 型保税物流中心货物存储期限为 1 年，B 型保税物流中心货物存储期限为 2 年，特殊情况可予延期。

二、保税物流中心的功能

保税物流中心的功能是指中心所具有的基本能力，这些基本能力有效地组合在一起，成为保税物流中心的总体功能。保税物流中心是封闭的海关监管平台，具备内陆口岸功能。保税物流中心在港口划定特定区域，实行保税区的政策，以发展仓储和物流产业为主，按“境内关外”定位，海关实行封闭管理的特殊监管区域。在该区域内，海关通过区域化、网络化、电子化的通关模式，在全封闭的监管条件下，最大限度地简化通关手续，通过保税区与港口之间的“无缝对接”，实现货物在境内外的快速集拼和快速流动。货物到港在保税状态条件下，通过港区直接进出保税物流中心，进行保税货物的综合处理。与普通物流中心相比，保税物流中心具有一系列的政策优势（见表 10-2）。

表 10-2　保税物流中心与普通物流中心的比较

比较事项	保税物流中心	普通物流中心
进口生产设备、零部件、模具、基建材料、办公用品等	免征关税	基建材料、零部件、模具、办公用品等要照章征税。符合国家产业导向鼓励类和限制乙类项目机器、设备等免税，其余征税
通关	口岸清关或转关	直通或转关。直通关点整箱可直进，散货由口岸海关报关
加工贸易生产用料件进口	料件保税，取消银行保证金台账，实行海关稽查制度	保税料件使用手册和银行保证金台账管理，进出口报关制度，逐项审批，电子和人工审单，逐本手册核销
配额、许可证管理	进口不需要配额许可证	正常的配额、许可证管理
国内采购	视同出口，须待货物离境后方可办理退税	国内销售需要征收增值税
区内保税料件转让	区内半成品和原材料可自由转让、交易	保税料件转内销必须补税
加工复出口	免征增值税	增值税先征后退
料件核销	每本手册核销	每本手册核销
外汇核销	不办理外汇核销手续	出口核销单管理、进口付汇核销手续

总体来看，保税物流中心具有以下几个主要功能：

1. 出口退税

出口退税是保税物流中心区别于普通物流中心的一项重要优惠政策，有利于降低企业物流成本。具体体现为：

（1）国内货物进入保税物流中心，视同出口，享受出口退税政策，海关按规定签发出口退税报关单。企业凭报关单出口退税联向主管出口退税的税务部门申请办理出口退（免）税手续。

（2）保税物流中心内的货物进入内地的，视同进口，海关在货物出保税物流中心时，依据货物的实际状态，按照有关政策规定对视同进口的货物办理进口报关以及征、免税或保税等验放手续。

2. 保税存储

保税存储包括对进入保税物流中心的商品所进行的堆存、保管、保养、维护等一系列活动。保税存储的作用主要表现在两个方面：一是完好地保证货物的价值，二是为将货物配送给用户，在物流中心进行必要的流通加工活动。

物流中心需要有仓储设施，但客户需要的不是在物流中心储存商品，而是要通过仓储环节保证市场分销活动的开展，同时尽可能降低库存占压的资金，减少储存成本。利用保税仓库，供应商可以在保留库存货物所有权的情况下，根据买方的物料需求计划，以保税的形式将货物存放在用户周边，保持安全库存，支持客户方的连续生产，从而增强其竞争力。

3. 流通加工

流通加工功能是在物品从生产领域向消费领域流动的过程中，为了促进产品销售、维护产品质量和实现物流高效，对物品进行加工处理。这种在流通过程中对商品进一步的辅助性加工，可以弥补企业、物资部门、商业部门在生产过程中加工程度的不足，更有效地满足用户的需求，更好地衔接生产和需求环节，使流通过程更加合理。它是物流活动中的一项重要增值服务，也是现代物流发展的一个重要趋势。

流通加工是保税物流中心的一个重要功能。流通加工的内容有包装、装袋、定量化小包装、拴牌子、贴标签、配货、挑选、混装、刷标记、印制条形码等。流通加工的主要作用表现在：进行初级加工，方便用户；提高原材料利用率；提高加工效率及设备利用率；充分发挥各种运输手段的最高效率，提高收益。

4. 国际中转

国际中转是指对国际、国内货物进行分拆、集拼后，转运至境内外其他目的港，即负责接收利用各种运输方式到达的货物，并进行分拣、集装、存储和综合处理，换装其他国际运输航线或工具后，继续运往第三国（地区）指定口岸。国际中转的主要业务包括：

（1）不同目的港的保税货物到达保税物流中心后进行快速集拼，同一目的港的货物进行拼箱重组。

（2）国际中转货物换装其他国际航线或运输工具运往第三国或地区的指定口岸。

（3）保税货物整箱堆存并根据货主的需要在保税物流中心进行综合处理或国际中转。

保税物流中心是国内、国际市场的过渡带，在保税物流中心设计国际中转功能，一是为了更好地结合港口地缘优势和保税区特殊的政策优势，改变目前我国保税物流中心区与港口在产业规划、产业布局和产业联动方面总体上不一致的局面；二是可以充分利用保税物流中心所具有“两头在外”的功能和港区的航运资源，为货物快速集拼、集散和通关等方面提供便利条件，开展货物进口、出口和中转的集运、多国多地区的快速集拼和国际联合快运等业务，加快货物在境内外的快速流动。

5. 国际配送分拨

国际配送分拨是指对进口货物进行分拣、分配或进行简单的临港增值加工后向国内外配送，即根据用户的订货要求，在保税物流中心的国际配送区域进行货物的分拣、配备，并进行简单加工和增值服务、批量转换、拼装重组后以最合理的方式送交用户的高水平送货服务模式。其主要业务包括：

（1）保税货物进入保税物流中心后按用户的订货要求在配送库场进行货物的分拣、分配、分销和分送等高效配送分拣业务。

（2）保税货物进入保税物流中心可进行商业性简单加工、批量转换并向国内配送。

（3）保税货物进入保税物流中心进行商业性简单加工、批量转换，需要向国外配送的必须进入中转区报备出口。

（4）进口保税货物经过拼箱重组，利用 GPS 监管完成国内各海关监管区之间的水陆运输，运往指定目的地（海关监管区）。

（5）国内出口货物进入保税物流中心进行重组拼箱向国外集运分拨。

（6）进出口保税货物进出保税物流中心只需要办理简化的海关备案手续。

国际配送分拨功能要有利于在区内开展商品简单商业性加工和仓储自动化、包装标准化、配送高效化的业务，为客户提供所需的产品和服务，这对发展我国的进出口贸易将起到积极的推动作用。

6. 国际采购中心

国际采购中心的主要业务模式包括：对国际采购货物和出口货物进行综合处理和简单的临港增值加工后向国内外销售；对国内采购商品在采购中心进行分拣、重组或与进口商品进行流通性简单加工后向国外分销、集运。其具体业务为：

（1）国内采购货物进入保税物流中心进行出口集运的综合处理。

（2）采购进保税物流中心的国内货物办理视同出口手续，办结海关手续后即可享受出口退税的政策，货物集中专门堆场处于待装船出境状态。若这些货物不能出境，则按一般贸易的规定办理进口手续。

（3）采购进保税物流中心的国内货物与保税货物进行商业性简单加工一律向国外集运和分销，国内货物可办理退税手续，若返销国内市场则办理视同进口手续。

7. 国际转口贸易

国际转口贸易主要是指进口货物在保税物流中心内存储后不经加工即转手出口到其他目的国（地区），即商品从生产国运往保税物流中心进行中转、存储或进行简单加工和增值服务后再销往消费国、第三国（也称中转国、中转地或中转商）。国际转口贸易服务具体包括以下几个方面：

（1）国际转口贸易在保税物流中心具有服务于国际中转、国际分拨配送、国际采购中心三大功能。

（2）以国际转口贸易为龙头，促进外贸进出口业务的持续发展和口岸功能的提升。

（3）集交易、展示、出样和订货于一体的国际转口贸易服务体系和环境，促进了集装箱中转量的迅速提高。

8. 信息服务

现代物流是需要依靠信息技术来保证物流体系正常运作的。保税物流中心的信息服务功能包括与进入中心的商品流动有关的报关、航班查询、库存信息、统计信息服务等。保税物流中心的信息服务功能建立在计算机网络技术和国际通用的 EDI（电子数据交换）信息技术基础之上，是保税物流中心物流活动的中枢神经，有着不可或缺的重要地位。

三、保税物流中心管理

保税物流中心实行政府指导、企业化运作的方式，围绕货物流转顺畅、港区运营协调和海关监管高效三个重点，实行“封闭式、网络化、高效率、全程化监控”的管理；充分利用中心在通关、退税、中转、信息等方面的优势，实现保税物流中心国际贸易、出口加工、采购、仓储、分拨等方面的功能与港区口岸功能的优化组合，实现保税物流中心在管理上的突破，达到海关总署对保税物流中心“封关运作、监管合一、高效透明”的管理要求。

1. 区域性、封闭式管理

积极配合海关在物流中心设立机构，封闭保税物流中心监管区域，满足海关对隔离设施和各出入口实施 24 小时有效监管。进入中心的人员、车辆、货物必须从海关确认的卡口进入，并接受海关监管。保税物流中心与外界设置符合海关监管要求的隔离设施、出入卡口、电子闸门系统和闭路电视监管系统。

2. 高科技、网络化管理

保税物流中心建立供海关、中心内企业及其他相关部门进行电子数据交换的计算机公共信息平台，实现海关、地方政府、税务、银行、企业以及港口间的电脑联网、信息共享。公共信息平台以企业为单位建立电子账册，记录企业货物进出情况，便于实行实时动态监管，推行信息跟踪、无纸报关、税费电子支付、卡口查验和围网监管等现代化管理手段。

3. 电子化、高效率通关

海关在物流中心实施“放开一线、管住二线”的监管模式，大力简化中心进出境货物手续，中心与中心外设置海关监管设施，中心和港区之间开辟直通车道，按照货物实际流向设立专用无人自动卡口、自动关闸系统，配备先进的海关监管设备和系统，自动判别、自动识货放行和自动生成管理数据，对物流分拣可实施“分批出区、集中报关”的快速通关模式，货物进出中心由设立于中心内专营的运输企业承运，建设通关方式高效便捷、货物流动快速自由的营运环境。

4. 全过程监控、自律化约束机制

中心内允许设立国际转口、物流分拣、国际采购、商品展示、国际贸易企业和国际中转代理企业，实行物流全方位、全过程监控，构建高效严密的中心物流监控体系。保税物流中心内通过电子闸门、可视电话、闭路电话系统、实时计算机数据系统，开发运用区域信息化管理平台，形成信息全面、核注及时、数据共享的反映企业实时、动态物流状况的电子账本，对企业实行科学的“分类管理，宽严适度”的风险式管理机制，建立企业的自律化约束机制，完善企业诚信体系，达到规范运作和防范风险的目的，促进物流产业的健康发展。

四、保税物流中心业务

保税物流中心和保税港区在地域形式上实施了相互延伸，在功能上实现了互补。建设好保税物流中心，将更有效地联结国内、国外两个市场，使中心在充分发挥保税仓储、国际物流配送、简单加工与增值服务、进出口贸易与转口贸易、口岸功能及物流信息处理等功能的基础上，逐步发展成区域性的国际采购中心、国际配送中心和国际分销中心，为中心内及周边地区的制造产业提供世界一流水平的物流服务。基于目前的政策功能、法律框架，保税物流中心的业务范围主要分为以下四种情况：

1. 加工型企业出口转内销

保税物流中心根据国内客户的要求，将货物由企业运送到保税物流中心，以手册出口方式进入中心，实现退税（增值税、消费税），并进行进货验收和储存保管工作，然后向用户双方提供库存信息，根据用户提供的反馈信息制订配送计划，经过保税物流中心征税再运回国内。

2. 国内制造商保税料件

保税物流中心根据国内客户的要求制订进货计划，从国内外供应商处组织货源，并进行进货验收和储存保管工作，然后向制造商和供应商提供库存信息，根据双方提供的信息制订配送计划，将货物输送到分拣配货中心。在分拣配货中心，根据客户的订货要求将其所需要的商品尽可能迅速、准确地从其储位或其他区域拣取出来，需要简单流通加工的商品，拣出后集中加工，然后按一定方式进行分类集中并发送到配送中心送货。物流中心在完成了客户的订货要求后，再集中进行报关。

3. 出口制造商成品库存

保税物流中心根据国内制造商的订单安排运输，将货物由企业运送到物流中心的保税仓库内储存，代为报关并办理出口退税手续，并运用保税物流中心的系统和数据支持服务，将货物信息反馈给制造商和供应商。如果国际、国内市场买家尚未确定，则对货物进行延迟增值处理，待国际、国内市场买家确定后，迅速运往国内外指定目的港。

4. 跨国公司国际采购

跨国采购中心根据订单从国内采购货物后，经过保税物流中心进行退税，进入保税物流中心的保税仓库。保税物流中心对货物进行分拣、重组和其他流通性简单加工，如果货物需要滞留，则对货物进行延迟增值处理。保税物流中心运用自身的系统和数据支持服务，与跨国采购中心进行实时的信息交换，并根据采购商的拉动需求订单进行组合发货，迅速将货物运往国外指定目的港。

本章小结

随着世界经济向全球化、一体化方向发展，物流跨越国界的经济、贸易基础已经形成，而现代信息技术的提高、贸易管理政策的标准化等又为物流业的延伸和跨国发展扫除了障碍。保税物流是国际贸易发展的必然产物，它对一个国家的经济，尤其是对开展对外贸易和促进经济技术的交流起着十分重要的作用。它有利于发展外向型经济，实行“两头在外，大进大出，快进快出”，缩短产品的生产周期，降低产品成本，提高经济效益；还有利于增强企业经济活力，提高竞争力，开拓国际市场；同时也便于海关加强对保税货物的监管。

我国的保税制度主要包括保税仓、保税港区、保税物流中心等形式。保税仓就是货物处于保税状态下的仓库，位于保税区内；保税港区是个大概念，出口加工区是保税状态下的加工区，区内相当于关外，加工和出口不收关税；保税物流中心是保税港区的模式之一。本章首先介绍了保税仓的概念、分类及业务，然后介绍了保税港区的概念、功能及作用，最后重点阐述了保税物流中心的功能、管理和业务。

案例讨论

广州南沙保税港区

广州南沙保税港区于2008年10月获国务院批复，规划总面积7.06km^2（港口区4.26km^2，物流区1.44km^2，加工区1.36km^2），是我国第五个、广东省第一个通过国家正式验收的保税港区。

2009年7月，首期3.7km^2（港口二期2.33km^2，物流区0.54km^2，加工区0.83km^2）通过了国家验收，2009年年底封关运作。华经产业研究院数据显示：2022年1—11月，广州南沙综合保税区进出口总额为1686131.59万美元，相比2021年同期增长了583079.25万美元，同比增长52.9%。

中国（广东）自由贸易试验区于2014年12月31日经国务院正式批准设立，包括广州南沙新区片区、深圳前海蛇口片区、珠海横琴新区片区等三个片区。其中，广州南沙新区片区面积60km^2，含7个功能区块，其中海港区块15km^2（含广州南沙保税港区7.06km^2），定位为国际航运发展合作区，重点发展航运物流、保税仓储、国际中转、国际贸易、大宗商品交易、冷链物流等航运服务业，在国际航运服务和通关模式改革领域先行先试，联手港澳打造泛珠三角地区的出海大通道。广州南沙保税港区是海港区块的重要功能区之一。

1. 港口区

南沙保税港区港口区位于珠江出海口的龙穴岛，是珠江西岸唯一一个专业化深水集装箱码头，是全球首批国际卫生港口，现拥有4600m可靠泊世界最大型集装箱船舶的13个10万~15万吨级泊位和2100m驳船岸线，码头配置先进的信息系统和机械设备，可满足集装箱船舶24小时通关作业。目前，中远、中海、马士基、地中海、达飞、长荣等世界前二十大集装箱班轮公司均已进驻港口区，航线覆盖欧洲、美洲、非洲、大洋洲、日韩、东南亚、中东等地区。

2. 物流区

南沙保税港区物流区规划面积1.44km^2，与港口区相邻。区内堆场面积7.38万m^2，仓库面积36.7万m^2，惠而浦、松下、欧司朗、沙比克等世界500强生产企业在区内操作物流业务，广东合捷供应链、日本日通、德国欧司朗等30多家大型物流企业进驻园区。

3. 加工区

南沙保税港区加工区位于南沙区万顷沙镇，距港口区10km，规划面积1.36km^2。区内建有验货场、监管仓库和验货平台等设施，配有视频监控系统及电子地磅系统。目前，日本出光、日立工机、名仕宝、卓威脚轮等项目均陆续开工投产。海关、检验检疫已实现全业务现场办理。

港区已吸引多家港航物流企业，惠而浦、欧司朗、松下、大创等知名跨国公司分别在保税港区设立其全球采购配送基地。南沙保税港区还将大力发展大宗商品交易配送中心、进口商品的展示配送中心和跨境电子商务中心，同步发展港航金融、航运服务、结算、交易平台等高端生产性服务业。

资料来源：https://baike.baidu.com/item/%E5%B9%BF%E5%B7%9E%E5%8D%97%E6%B2%99%E4%BF%9D%E7%A8%8E%E6%B8%AF%E5%8C%BA/7747767?fr=ge_ala.

问题：

1. 结合广州南沙保税港区的案例材料，说明保税港区的功能。
2. 保税港区在国际贸易中的地位与作用是什么？

课后思考与练习

思考题

1. 保税仓、保税港区、保税物流中心的区别和联系是什么？
2. 我国保税仓大体可分为哪几种？允许在保税仓存放的货物有哪些？
3. A型保税物流中心与B型保税物流中心的区别与联系是什么？

练习题

一、名词解释

1. 专业型保税仓库
2. 保税工厂
3. 保税港区

4. A 型保税物流中心
5. B 型保税物流中心

二、简答题

1. 我国的保税仓允许存放什么货物？
2. 我国的保税港区具有什么功能？
3. 我国的保税物流中心具有什么功能？

第十一章

跨境电商及物流

学习目标

了解我国跨境电商的发展与趋势，熟悉我国跨境电商的关检税法及政策，掌握我国跨境电商与物流运作的基本情况。

学习要点

跨境电商　跨境电商物流　跨境 B2B　跨境 B2C　E 贸易跨境电商　国际邮政包裹　专线物流　海外仓　数字贸易

场景导入

小张同学在某跨境电商公司工作，这家公司在中国市场上销售化妆品，其中一款口红在美国非常受欢迎，于是公司决定将这款口红引进美国市场。为了保证商品的质量和供货速度，公司选择了自有仓库和专业的物流服务商来处理美国境内的仓储和配送。然而，由于不熟悉美国的海关规定和物流配送流程，公司在运输过程中遇到了一些问题，例如：

1. 在口红到达美国海关时，发现少报了一个成分，导致海关扣留了货物。公司该如何处理这个问题？

2. 物流服务商出现了配送延误，导致口红到达消费者手中的时间晚于承诺的时间。公司该如何处理消费者的投诉？

3. 口红在海运过程中遭受损坏，导致一部分商品无法销售。公司该如何处理这个问题？

问：

1. 跨境电商物流过程中需要注意哪些海关规定和要求？

2. 如何选择合适的物流服务商以保证物流速度和质量？

3. 跨境电商物流的成本和风险有哪些？如何控制成本和风险？

第一节 跨境电商的发展与趋势

一、跨境电商概述

1. 跨境电商的概念和特点

跨境电商，又称为跨境电子商务，是指不同国别或地区间的交易双方通过互联网及其相关信息平台实现交易，线下开展物流进出口业务操作的电子商务应用模式。从定义上看，跨境电商的交易主体分属不同关境，交易平台是互联网络，需要通过跨境物流实现货品的运输。

相较于传统外贸，跨境电商具有海量商品信息库、个性化广告推送、口碑聚焦消费需求、支付方式简便多样等优势，市场潜力巨大。对于消费者而言，基于电子信息技术和经济全球化的发展，坐在家里就可以通过跨境电子商务平台轻松地购买国外商品；对于企业而言，可以从全球供应链中获取新的利润空间。跨境电商是外贸发展的新模式，也是企业扩大海外营销渠道、实现外贸转型升级的有效途径。具体而言，跨境电商具有如下特点。

（1）多边性，网络化。传统的国际贸易主要表现为两国之间的双边贸易，即使有多边贸易，也是通过多个双边贸易实现的，呈线状结构。跨境电商可以通过一国的交易平台，实现其他国家之间的直接贸易，贸易过程相关的信息流、商流、资金流由传统的双边逐步向多边的方向演进，呈现出网络化结构，重构了世界经济新秩序。

（2）直接性，效率化。传统的国际贸易主要由一国的进（出）口商通过另一国的出（进）口商集中进出口大批货物，然后通过境内流通企业，经过多级分销，最后到达有进出口需求的企业或消费者，环节多、时间长、成本高。而跨境电商可以通过电子商务与服务平台，实现多国之间、企业与最终消费者之间的直接交易，环节少、时间短、成本低、效率高。

（3）小批量，高频度。跨境电商通过电子商务交易与服务平台，实现多国企业之间、企业与最终消费者之间的直接交易，由于是单个企业之间或单个企业与单个消费者之间的交易，相对于传统贸易而言，交易的次数和频率高。

（4）数字化，监管难。随着信息网络技术的深化应用，数字化产品的品类和贸易量快速增长，且通过跨境电子商务进行销售或消费的趋势明显，而传统应用于实物产品或服务的国际贸易监管模式已经不适用，尤其是数字化产品的跨境贸易更没有被纳入海关等政府相关部门的有效监管、统计和关税收缴范围。

2. 跨境电商的业务分类

（1）按商品的流向分类，跨境电商可分为出口跨境电子商务和进口跨境电子商务。出口跨境电子商务又称为出境电子商务，是指本国生产或加工的商品通过电子商务平台达成交易、进行支付结算，并通过跨境物流送达商品、输往国外市场销售的一种国际商业活动。

进口跨境电子商务又称入境电子商务，是指将外国商品通过电子商务平台达成交易、进行支付结算，并通过跨境物流送达商品、输入本国市场销售的一种国际商业活动。

（2）按交易模式，跨境电商可分为跨境 B2B 电商、跨境 B2C 电商和 E 贸易跨境电商。B2B 是 Business-to-Business 的缩写，即商家（泛指企业）对商家的电子商务，是指进行电子商务交易的供需双方都是商家（企业、公司）。跨境 B2B 电商是指分属不同关境的企业和企业，通过电商平台达成交易、进行支付结算，并通过跨境物流送达商品、完成交易的一种国际商业活动。

B2C 是 Business-to-Customer 的缩写，是指企业通过互联网为消费者提供一个新型的购物环境——网上商店，消费者通过网络进行购物、支付等消费行为，也就是通常说的直接面向消费者销售产品和服务的商业模式。跨境 B2C 电商是指分属不同关境的企业直接面向消费者个人在线销售产品和服务，通过电商平台达成交易、进行支付结算，并通过跨境物流送达商品、完成交易的一种国际商业活动。

E 贸易跨境电商是以保税物流中心的特殊功能为前提条件，结合物流特性、企业需求，参考国家的相关政策，研究利用保税中心的平台功能所搭建的一个跨境贸易电子商务综合服务平台。利用保税物流中心的进口保税、入区退税、国际分拨等功能，对跨境电子商务产品采取"出口产品入区退税、进口产品出区征税"的管理办法，同时利用经营团队的海外国际物流分拨配送系统，建立电子商务全球物流供应链服务体系。

二、跨境电商的发展

2014 年世界互联网大会的成功召开，标志着我国迎来了"互联网+"的新时代，跨境电商成为资本市场中的新热点。2015 年 3 月 28 日，经我国国务院授权，国家发展和改革委员会、外交部、商务部联合发布了《推动共建丝绸之路经济带和 21 世纪海上丝绸之路的愿景与行动》。这一政策规划的正式发布标志了"一带一路"倡议真正进入了全面落实发展阶段。"一带一路"倡议与"互联网+"的完美结合，为我国跨境电商提供了井喷式发展的宏观背景。

借助于互联网科技的全球化普及和发展，电子商务行业迅猛发展，成为推进发展"一带一路"倡议的重要力量。跨境电商作为"一带一路"倡议中的"网上丝绸之路"，可有效地帮助"一带一路"沿线国家和地区整合资源，加强经济贸易合作，实现互利共赢、共同发展。无论是国家层面还是企业层面，国家政策的保驾护航和大型电子商务公司平台的构建都很好地推动了我国跨境电商的发展。

1. 从国家层面看跨境电商发展

2010 年，我国政府正式把电子商务确定为战略新兴产业，足以表明国家对电子商务发展重要性的肯定。2012 年 3 月 12 日，我国商务部出台《关于利用电子商务平台开展对外贸易的若干意见》，表明充分认识到跨境电子商务对我国开展外贸的重要性。2012 年 5 月，我国启动了跨境电商服务试点。除第一批跨境电商试点城市上海、重庆、杭州、宁波、郑州 5 个城市外，广州、深圳、苏州、青岛、长沙、平潭、银川、牡丹江、哈尔滨等 13 个城市获批了跨境电商试点城市。国务院于 2015 年和 2016 年先后批准在杭州、广州、深圳、天津、上海、重庆、合肥、郑州、成都、大连、宁波、青岛、苏州等 13 个城市设立跨境电子商务综合试验区。截至 2022 年 11 月，我国跨境电商综合试验区达到 165 个。跨境电子商务试点城市和综合试验区的设立，能给其他城市跨境电商的发展提供经验和技术支持，政府还将从中总结经验，制定通关、结汇、物流等方面的管理办法，更好地支持我国跨境电商的发展。

2. 从企业层面看跨境电商发展

目前，我国为不同规模的企业提供出口业务跨境电子商务服务的平台有阿里巴巴国际、中国制造网、eBay、速卖通、敦煌网、兰亭集势、米兰网等。这些平台提供了跨境商品展示、物流服务、支付服务等一站式的全程服务。而天猫国际、京东国际、1号店、亚马逊中国等大的电子商务平台又为国内消费者带来了国外优质的商品。任何行业的发展都需要有龙头企业和标杆企业，这些大的电子商务平台的发展，不仅会为行业内其他企业树立榜样，还会推动整个中国跨境电子商务的发展。

跨境电商的商家和消费者遍布全球，拥有强大的市场潜力，而在我国政府和企业的大力推动下，跨境市场规模逐渐增加，围绕整个跨境贸易正在形成一条从营销到支付、物流和金融服务的清晰产业链。

三、跨境电商的趋势

随着“一带一路”倡议的持续落地，跨境电商正在进入新的发展时期。“一带一路”沿线65个国家总人口约44亿，经济总量约21万亿美元，分别占全球的63%和29%。2016年，我国对“一带一路”沿线国家进出口总额6.25万亿元，占我国当年进出口总额24.33万亿元的25.69%。这意味着跨境电商业务在“一带一路”沿线国家仍有巨大的发展潜力。在国际跨境电子商务高速发展的大背景下，我国跨境电子商务会在商业模式和技术产品方面不断创新，会有更多的企业加入跨境电子商务的行列，我国跨境电子商务从规模到质量都有大幅度提高，在国际市场的地位、影响力和话语权进一步增强。跨境电商在未来的发展中将呈现出如下趋势：

1. 跨境电商交易市场扩大，跨境电商交易主体增多

网购观念普及、消费习惯成熟、物流配套设施完善等良好的市场氛围，将使我国跨境电商在以美国、英国、德国、澳大利亚为代表的成熟市场中保持旺盛的发展势头，与此同时，会向俄罗斯、印度、巴西、南非其他“金砖国家”快速扩展。新兴经济体也将成为我国跨境电商零售出口的新目标。

跨境电商出口不仅为诸多中、小、微企业提供了迅速把握全球商机的捷径，而且为许多大企业、传统外贸企业提供了拓展业务并提升服务水平的机会。越发多元化的跨境电子商务主体将进一步改善买家购买体验，提升行业整体服务水准。阿里、京东、敦煌等国内大型电子商务企业纷纷瞄准跨境电子商务市场，给原本以平台海外营销为主的跨境电子商务带来了坚实的业务基础和产品基础。我国的中小企业将作为跨境电子商务经营主体大量涌现，大批内贸企业和制造企业将进入跨境电商领域。

2. 跨境B2C加速增长，B2B和B2C协同发展

跨境电商B2C模式可以跳过传统贸易的所有中间环节，打造从工厂到产品的最短路径，赚取高额利润；可以直接面对终端消费者，更好地把握市场需求，为客户提供个性化的定制服务。跨境B2C对中国制造出口企业扩展新业务提供了新的可能性，越发受到企业的重视，近年来呈现爆发式增长。但B2B作为全球贸易的主流，未来仍然会是中国企业开拓海外市场的最重要的模式；而B2C作为拉近与消费者距离的有效手段，对中国企业打响品牌具有非常重要的作用。B2B和B2C作为两种既有区别又有联系的业务模式，互补远远大于竞争，两者都能成为开拓海外市场的利器。

3. 移动技术推动跨境电商发展，传统外贸企业加入跨境电商主流

移动技术的进步使线上与线下商务之间的界限逐渐模糊，以互联、无缝、多屏为核心的

全渠道购物方式将快速发展。从 B2C 方面看，移动购物使消费者能够随时、随地、随心购物，拉动了市场需求，增加了跨境零售出口电子商务企业的机会；从 B2B 方面看，全球贸易小额化、碎片化发展的趋势明显，“移动”可以让跨国交易无缝完成。把移动端作为媒介，买卖双方的沟通变得非常便捷。

跨境电商不同于一般贸易，小额度、高频度的特征造成与现有的通关、商检、结汇、退税等方式不匹配，随着监管体系的完善，跨境 B2C 将进一步发展，更多的传统外贸企业将加入平台从事跨境 B2C。同时，跨境 B2B 也将成为传统外贸企业的主要营销渠道。传统外贸企业与国外消费者直接面对面，建立并提升品牌，提高核心竞争力。跨境电商将推动传统外贸企业的价值创造方式发生改变，实现从产品的交易者向生产的组织者转变，从消费的匹配者向消费的引导者转变，从价值的实现者向价值的创造者转变。

4. *跨境电商产业链将完善，跨境电商综合服务业会兴起*

现阶段，我国跨境电商主要以平台为主导，企业自建交易平台尚不普遍，未来随着环境和支撑体系的改善、新技术的不断运用，跨境电商的产业链将逐步完善。从电商产业链上游来看，在产品方面，3C 电子产品、服装等传统优势品类借助自身标准化及便于运输等优势表现强劲，户外、健康美容和汽车配件等新品类随着消费者需求的增长而快速增长；从电商产业链中游来看，平台电商与自建网站相互博弈、协同发展，跨境电商平台将进一步整合，逐步完善服务功能，更多的制造企业会入驻跨境电商平台；从电商产业链下游来看，发达经济体是中国出口电商的主要目的地，并将保持快速增长态势，不断崛起的新兴经济体将为中国出口电商提供更多更新的机会。

推动外贸综合服务企业与跨境电子商务平台融合，形成跨境电子商务综合服务业，是跨境电子商务持续健康快速发展的现实途径。跨境电子商务综合服务业通过整合产业链、贸易链、监管链和数据链，在原有信息与交易服务的基础上向支付、信用、产品质量保险和金融等方向发展，为跨境全流程在线贸易提供全方位的集成服务，推动传统加工贸易与跨境电商的融合发展。

◇【企业链接】

杭州试水跨境电商 B2B

2015 年 7 月 23 日，一批由杭州环宇文化创意有限公司（以下简称“环宇”）申报的，价值 3.4 万美元的“莱贝比”牌玩具、家具通过中国（杭州）跨境电子商务综合试验区“单一窗口”平台向杭州海关申报出口，成为全国首批通过跨境 B2B 模式出口的货物。这也意味着，杭州海关在全国率先启动了跨境电子商务 B2B 出口业务试点工作。

这一试点对外贸企业的跨境电子商务出口业务意义重大。以“环宇”为例，跨境电子商务出口是其重要业务，随着公司产品在亚马逊、eBay 等平台销量的增长，集团旗下浙江点库电子商务有限公司在美国、德国等地建立海外仓，从集团公司批量发货，再由海外仓寄给消费者。

这种模式的优点明显：本土批量发货，运费大大降低。海外仓的设立，还能提高产品的售后服务水平。但此前，由于跨境电子商务出口只有企业直接面向消费者的 B2C 模式，国内企业想把国外消费者喜欢的货物提前、大批量发往海外仓的 B2B 模式，还未开始试点。在试点前，公司的此类货物若采取传统 B2C 模式，则必须拆分成一个个小邮包，否则就只能通过一般贸易出口，企业需要在线下重新签订传统的外贸销售合同，往来寄递纸质发票等单证，耗时费力。

试点为外贸企业开展跨境 B2B 业务开启了方便之门。杭州海关相关负责人表示，在新模式下，从事跨境 B2B 业务的企业只需要在中国（杭州）跨境电子商务综合试验区“单一窗口”平台完成企业备案并获取备案编号，同时通过“单一窗口”平台提交“电子报文”，即可完成出口申报手续，真正实现了“一键申报、无纸通关”。

资料来源：https://m.haiwainet.cn/middle/3541083/2015/0723/content_28968061_1.html.

问题：

跨境电商的优势是什么？它能给企业带来什么好处？

第二节 跨境电商的关检税法及政策

我国立法机关和政府相关部门高度重视电子商务立法工作，政府有关部门正在着手研究、修改和制定相关法律。从 2000 年开始，电子商务立法就成为很多人关注的焦点。其后，相关的一些法律、法规、部门规章和地方法规陆续出台，主要有《中华人民共和国电子签名法》《中国互联网络域名管理办法》《非经营性互联网信息服务备案管理办法》《互联网 IP 地址备案管理办法》《电子认证服务管理办法》《公用电信网间接通及质量监督管理办法》《中华人民共和国计算机信息网络国际联网管理暂行规定》《中国公众多媒体通信管理办法》《中华人民共和国计算机信息系统安全保护条例》等。

商务部与有关部门协调配合，在促进电子商务法制建设、完善电子商务发展环境、促进电子商务应用发展以及加强电子商务国际交流合作等方面做出了努力，并取得了一定成效。商务部择优认定了多家第三方电子商务平台作为商务部的重点推荐平台开展对外贸易，并制定了专门文件，明确了电子商务平台的服务外贸功能，提升企业利用电子商务平台开展外贸的水平，加大利用电子商务平台开展外贸的支持政策。同时，商务部、海关总署、国家邮政局等部门共同研究，制定促进跨境贸易电子商务通关服务的管理制度和标准规范，以及相关的邮件检验、检疫监督模式，确定产品质量安全监管、溯源机制。国家发展和改革委员会也与多部门联手，着力研究有关电子商务信用、支付、物流、发票管理、会计信息等方面的政策、法规，争取出台多项支持跨境电子商务促进出口的具体政策，以促进跨境电子商务的健康发展。这些政策措施包括规范通关监管制度、制定贸易标准、强化支付、完善跨境物流、出口退税等方面。相关部门正在落实跨境电子商务相关法律和政策，力争推进跨境电子商务更快发展。

其一，国务院办公厅于 2013 年 7 月下发《关于促进进出口稳增长、调结构的若干意见》，将发展跨境电子商务作为当前外贸稳增长、调结构的重要手段之一，要求积极研究以跨境电子商务方式（B2C、B2B 等方式）出口货物所遇到的海关监管、退税、检验、外汇收支、统计等问题，完善相关政策。同年 9 月，国务院办公厅转发商务部等部门《关于实施支持跨境电子商务零售出口有关政策的意见》的通知中，专门就在跨境电子商务的快速发展中，因现行管理体制、政策、法规等造成企业在海关、检验、收付汇、税收等方面遇到的问题，提出 6 项措施。国务院办公厅在 2014 年 5 月发布的《关于支持外贸稳定增长的若干意见》中，着重提到为增强外贸企业竞争力，需加快国际展会、电子商务、内外贸结合商品市场等贸易平台建设。2015年以来，《关于大力发展电子商务加快培育经济新动力的意见》《关于促进跨境电子商务健康快速发展的指导意见》等重磅政策文件接连出台。其中，《“互联网+流通”行动计划》提出，推动建设100个电子商务“海外仓”。显然，我国政府已经开始高度重视跨境电子商务，将其视为调整产业结构、实现传统外贸转型、促进贸易持续增长的重要手段。

其二，为了促进跨境贸易电子商务，方便企业通关，规范海关管理，实现贸易统计，海关总署自2014年2月10日起增列海关监管方式代码“9610”，全称“跨境贸易电子商务”，简称“电子商务”。此海关监管方式代码适用于境内个人或电子商务企业通过电子商务平台实现交易，并采用“清单核放、汇总申报”模式办理通关手续的电子商务零售进出口商品，通过海关特殊监管区域或保税监管场所一线的电子商务零售进出口商品除外。海关总署于2014年3月发布《海关总署关于跨境电子商务服务试点网购保税进口模式有关问题的通知》文件，同年7月发布《海关总署关于跨境贸易电子商务进出境货物、物品有关监管事宜的公告》。2016年7月发布《海关总署关于跨境电子商务进口统一版信息化系统企业接入事宜的公告》。针对跨境电商零售进出口，我国海关探索了一系列新理念、新模式、新手段，充分利用跨境电子商务全程数据流程可追溯的方式，创新理念方法，改变通关监管模式，做好风险防控，通过电子口岸连通海关监管平台与电商平台。

其三，国家质量监督检验检疫总局于2015年5月发布《质检总局关于进一步发挥检验检疫能作用促进跨境电子商务发展的意见》，同年7月发布《质检总局关于加强跨境电子商务进出口消费品检验监管工作的指导意见》，同年11月发布《跨境电子商务经营主体和商品备案管理工作规范》的公告，明确跨境电商企业的质量安全主体责任，构建以风险管理为核心，以事前备案、事中检测、事后追溯为主线的跨境电商进出口消费品质量安全监管模式。为促进跨境电子商务发展，提供便利通关服务，国家质量监督检验检疫总局于2017年8月发布了《质检总局关于跨境电商零售进出口检验检疫信息化管理系统数据接入规范的公告》。

其四，财政部、国家税务总局于2014年发布《关于跨境电子商务零售出口税收政策的通知》，规定：自2014年1月1日起，对符合条件的跨境电子商务零售出口企业执行增值税、消费税退（免）税和免税政策，预示我国跨境电商将跨入新纪元。跨境电子商务出口退税政策可以归纳为两个方面：一方面是对于能提供增值税专用发票的一般纳税人实行增值税和消费税退（免）税政策，另一方面是对于不能提供增值税专用发票的小规模纳税人实行增值税和消费税免税政策。2016年4月8日，财政部、发展和改革委员会等11个部门制定的跨境电商零售进口政策正式实施，除将行邮税改为综合税外，还对进口货物实施一般贸易监管模式。不过一个多月后，相关部门对跨境电商零售进口新政中有关监管要求给予一年过渡期。2016年11月，过渡期进一步延长至2017年年底。2017年9月的国务院常务会议决定过渡期再次延长一年至2018年年底。按规定，现阶段，保持跨境电商零售进口监管模式总体稳定，对跨境电商零售进口商品暂按照个人物品监管。

国家政策的大力支持会降低电子商务进出口企业的成本，推动传统外贸企业转型，让更多企业借助跨境电子商务平台“走出去”，推动我国跨境电子商务的发展。跨境电商无论是进口还是出口，都需要国家政策的大力支持，跨境电商的兴起也客观要求监管方与时俱进，未来政府会搭建跨境电商一体化监管平台，对接电商、贸易服务、物流、金融等各方，通过货流、信息流和资金流的“三单合一”，实现网上一站式监管、审批；同时线下通过设立跨境电子商务试验区，要求平台企业注册入驻，从源头管控每笔交易，实现 O2O 一站式监管。

第三节 跨境电商与物流运作

一、跨境电商物流的运作模式

伴随着我国跨境电商市场的发展和各项政策的出台，我国跨境电商呈现出繁荣景象。跨境电商的快速发展给物流带来了巨大的市场。目前的跨境电商物流利用自贸区、货运代理、互联网技术、国际物流网络、清关及仓储等综合资源能力，对接海关、电商平台与消费者，系统性地提升整个跨境电商的效率；同时跨境电商物流也发展了强大的国际快递网络、清关能力及口岸关系、出口国海外仓和保税仓资源、航空海运货代体系和资源、采购及货源分拨能力，甚至强大的外贸风向管控等，慢慢壮大了跨境物流企业。

跨境电商物流基于发货模式可以分为直发类物流模式和海外仓储模式。直发类物流模式主要对应的客户群体是 eBay、速卖通等电商开放平台上的卖家。而海外仓储模式主要对应的客户群体是一些具备一定体量的大型卖家、工贸一体化卖家、品牌型卖家、独立站卖家等。亚马逊的 FBA 仓就属于海外仓储模式。

1. 直发类物流模式

（1）国际邮政包裹模式。要了解国际邮政包裹模式，我们需要先认识一个专门机构——万国邮政联盟（UPU），简称“万国邮联”。万国邮联是联合国下属的专门机构，是商定国际邮政事务的政府间国际组织，于 1874 年成立，目前有 192 个成员方。联盟体系下的《万国邮政公约》对邮件及包裹有明确的处理等级与服务标准，是各国处理国际邮政业务应遵循的基本法则。

国际邮政包裹模式就是指各国邮政揽收跨境电商包裹后，在万国邮联框架内，通过各成员方邮政之间的协作来转运、派送电商包裹，按照协议终端费结算费用的一种物流模式。其报关属性为个人物品，而非商品，在进出口清关时，走的是邮政通道，而非商业清关通道，不纳入海关正式的贸易统计数据。

目前，跨境电商物流仍以国际邮政的发货渠道为主，据不完全统计，中国出口跨境电商 70%的包裹都是通过国际邮政系统投递的，其中中国邮政占全球 50%左右。相对于其他跨境电商物流的运作模式，国际邮政包裹模式具有明显的优点：一是无障碍清关，国家与国家之间的清关手续比其他物流模式简便很多，这是很多人选择国际邮政包裹的主要原因；二是建立了全球无盲点网络，轻小件商品能依托各国既有的国际邮政包裹网络实现稳定可靠的投递，而商业公司却受到服务范围或线路的限制；三是具有明显的价格优势，国际邮政包裹对比商业服务价格便宜很多。

但是，如今国际邮政包裹的价值折扣几乎没有了，各个国家出于安全因素考虑都禁止寄运电池、粉末、液体等物品，这使得部分商品不能通过国际邮政包裹来递送。同时，国际邮政包裹还存在丢包率高、时效性较弱等缺点。国际邮政包裹通常的递送周期是 15～30 日，但是 80%以上的包裹都超过了这个时间，在旺季或者高峰期延迟两三个月也是有可能的。而且，国际邮政包裹在投递渠道多的同时，也在一定程度上导致了渠道的杂乱。在选择邮政包裹发货的时候，必须要注意出货口岸、时效、稳定性等问题。

（2）国际快递模式。国际快递模式主要是指由四大国际商业快递巨头（DHL、FedEx、TNT、UPS）提供的跨境电商物流服务。这些国际快递商通常拥有成熟的自建全球物流网络、强大的 IT 系统以及遍布全球的本地化服务，可以为客户提供优质的跨境电商物流服务体验，但是国际快递价格昂贵，一般商户只有在客户时效性要求很强的情况下，才会使用国际快递模式。

下面将具体介绍四大国际商业快递巨头。

1）UPS（United Parcel Service）。UPS（美国联合包裹运送服务公司）是一家全球性的公司，它于 1907 年作为一家信使公司成立于美国华盛顿州西雅图，以货车经营国内陆运起家，直到 1982 年才开始投入航空界与联邦快递竞争。

UPS 是世界上最大的快递承运商与包裹递送公司，同时也是运输、物流、资本与电子商务服务的领导性提供者。UPS 每天都在世界上 200 多个国家和地域管理着物流、资金流与信息流，通过“三流”的结合，不断开发供应链管理、物流与电子商务的新领域。

UPS 在 1988 年收购运速公司后开始在亚太地区经营业务，开始了与中国的合作。中国加入 WTO 之后，其快递市场开始对外正式开放，外国企业纷纷进入中国全面开展国际快递业务，UPS 在中国区也随之全面运营。

2008 年，UPS 成为北京奥运会的物流与快递赞助商，随后，UPS 在中国市场有两个重大的投入，一个是开始投资建设上海国际转运中心，另一个是投资建设深圳亚太转运中心。这两个转运中心都已先后投入运营。

UPS 与中国的合作，极大地改善了中国用户的快递体验，也为迅速发展的中国电子商务带来了更大的发展空间。

2）FedEx（Federal Express）。FedEx（联邦快递）隶属于美国联邦快递集团（FedEx Corp），为顾客和企业提供涵盖运输、电子商务和商业运作等系列的全面服务。

FedEx 于 1971 年 6 月 18 日成立于美国德拉瓦州，但直到 1972 年年初才正式挂牌营业，1972 年年底基于各方面因素的考量，将总部迁往美国孟菲斯市。由空运起家的 FedEx，初期受到民航法规限制的影响，导致公司的营运十分艰难，直到 1975 年，公司业务方才出现盈余。1978 年，FedEx 正式上市，业绩开始蒸蒸日上，到 1984 年，市场占有率及营运收入更成为全美之冠，于是它开始积极迈向国际化，首先买下了吉尔柯快递公司，使 FedEx 的势力伸展至荷兰、英国等，之后在 1988 年又以高价购并飞虎航空公司，但利益不如预期，FedEx 承受了巨大的负担，再加上 UPS 在美国大力抢占市场，更使得 FedEx 面临了极大的营运危机。之后，FedEx 由于在欧洲市场的决策频频出错，1992 年将英国市场及欧陆市场分别转让，从此退出欧洲市场。

但是，FedEx 目前仍是世界上最大的快递空运公司之一，它的服务涵盖全球 200 多个国家和地区，拥有超过 20 万名员工。FedEx 正逐步发展为大型综合性物流集团，服务、快递、地面、货运四大板块相辅相成，致力于为用户提供更高水平、更高品质、更加便捷的体验。

FedEx 与中国企业也有密切的合作，2013 年 4 月 1 日，联邦快递中国有限公司实施 GDS（全球分销系统）中国区全境覆盖计划，在武汉设立了中国区公路转运中心，承担武汉自西安、郑州、长沙、南昌、上海、重庆、成都、广州 8 条公路干线，16 个往返班次的货物分拨与转运业务。

2023 年 5 月，为更好地迎合市场变化趋势，全球速递运输公司联邦快递与国内数字基础设施服务商积加进行跨界联合，双方正式达成了战略合作。此合作实现物流运输与电商店铺管理的全面结合与高效协同，专注于为跨境电商平台卖家提供一站式优化服务，包括托运流程精简化、店铺运营智能化、财务精益化和数据分析可视化等，为跨境电商卖家以更低成本、更高效率、更高质量拓展全球商机。

3）DHL。DHL 是一家创立于美国，目前为德国与美国合资的速递货运公司，是目前世界上最大的航空速递货运公司之一。

DHL 于 1969 年 9 月由美国律师 Adrian Dalsey、Larry Hillblom、Robert Lynn 在加州合资成立。DHL 这个名称来自三个公司创始人姓氏的首字母。最开始，创始人们自己乘坐飞机来往于旧金山和檀香山之间运送货物单证，这样可以在货物到达之前就进行货物的清关，从而显著地缩短在港口的等待时间。

1972 年，香港企业家钟普洋加入经营，在香港成立 DHL INT'S LTD，负责美国本土以外的国际业务推展。1973 年，鉴于我国台湾省经济的繁荣，DHL 在我国台湾省成立分支机构，委托洋基航空负责推展厂商样品及包裹的快递服务业务。此外，当 FedEx 跨入国际市场时，为了与其对抗，DHL 分别和日航、德航订约，取得了机位上的优先权。

DHL 的服务网包含了全球 220 多个国家和地区，拥有 800 多个分公司。就亚太地区而言，由于进入早、知名度高，其市场占有率为四大国际快递巨头之首，在快递、空运与海运、陆运、合同物流解决方案及国际邮递等领域提供了专业性服务。它是最大的拼箱货和整箱货海运服务供应商之一，每年在全世界处理的标准箱数量超过 270 万，箱货物量达到 200 万m^3。DHL 在空运领域居全球领先地位，市场份额在全世界占 12%，超过第二位企业一倍以上。

4）TNT。TNT 快递是欧洲最大的快递公司之一，母公司是荷兰邮政集团（TPG），总部设于阿姆斯特丹。

TNT 快递是全球第二大物流服务公司，为汽车、电子、快速消费品及生物制药等行业提供包括仓储、运输、配送、物流加工、物流信息管理等完整的供应链解决方案。TNT 在世界 60 多个国家雇有超过 143000 名员工，为超过 200 个国家及地区的客户提供邮运、快递和物流服务。

早在 1988 年，TNT 快递就进入了中国，TNT 快递与中外运合资建立了中外运-天地快件有限公司，开拓在中国的快递业务。

TNT 快递大中国区是 TNT 快递的分支机构。在中国，TNT 快递提供国际快递和国内公路快运服务。在国际快递方面，它拥有 36 家国际快递分公司和 3 个国际快递口岸。在国内公路快运方面，TNT 快递通过在华全资子公司天地华宇，运营着国内覆盖最广的网络，管辖 56 个运转枢纽及 1500 个运营网点，服务覆盖中国 600 多个城市。

（3）国内快递的国际化服务模式。国内快递主要指中国邮政 EMS、顺丰和“四通一达”。在跨境物流方面，申通和圆通布局较早。美国申通在 2014 年 3 月上线，圆通也是 2014 年 4 月才与 CJ 大韩通运合作。顺丰的国际化业务则要成熟些，已经开通到美国、澳大利亚、韩国、日本、新加坡、马来西亚、泰国、越南等国家，发往亚洲国家的快件一般 2~3 天可以送达。在国内快递中，EMS 的国际化业务是最完善的。依托邮政渠道，EMS 可以直达全球 60 多个国家，费用相对四大国际快递巨头要低。此外，中国境内的出关能力很强，到达亚洲国家是2~3天，到达欧美国家要5~7天。

国内快递的国际化服务模式的优点在于速度较快，费用低于四大国际快递巨头，在中国境内的出关能力强；缺点是由于未专注跨境物流业务，缺乏国际物流运作经验，对市场的把控能力不强，覆盖的海外市场比较有限。

（4）跨境专线物流模式。跨境专线物流模式指的是利用物流公司自己的货车、专车和航空资源，运送货物至其专线目的地。跨境专线物流模式一般通过航空包舱的方式运输到国外，再通过合作公司进行目的国的派送。

跨境专线物流模式主要利用航空专线、港口专线、铁路专线、大陆桥专线、海运专线以及固定多式联运专线等运输方式来完成商品的运送。跨境专线物流模式有明显的特征，即物流起点、物流终点、运输工具、运输线路、运输时间基本固定。跨境专线物流模式的优势也较为突出，它能够集中大批量到某一特定国家或地区的货物，通过规模效应降低成本。在成本上，它的价格一般比商业快递低，运费略高于邮政包裹。在时效上，跨境专线物流模式稍慢于商业快递，但比邮政包裹快很多。

跨境专线物流模式的劣势在于可通达地区与可托运产品有限，在大多情况下都只能运送多批次、小批量、时效要求高的货物，尤其以小额批发与样品运输为主。

市面上普遍的专线物流有美国专线、欧洲专线、大洋洲专线、俄罗斯专线等，也有不少物流公司推出了中东专线、南美专线、南非专线等。

以中俄航空俄速通专线为例，我们来具体了解一下跨境专线物流模式。

中俄航空俄速通专线（以下简称俄速通）是由黑龙江俄速通国际物流有限公司提供的中俄航空小包专线服务。

在具体流程中，商品都是从哈尔滨仓发出，到叶卡捷琳堡或新西伯利亚收货，物流起点与终点是固定不变的，而运送方式大多也都是从哈尔滨包机直达俄罗斯的。

近年来，随着物流市场的不断壮大，国际进出口、国际货代强烈地冲击着传统专线物流的发展轨道，专线物流企业迎来了各种整合转型的发展模式。就目前国际专线转型发展状况来看，有以下几种主要模式：

1）专线联盟。专线联盟的建立，在于整合专线资源，把专线企业组织在一起，形成强大联盟，共同发展，建立专线物流服务的标准化体系以提升各企业的盈利水平、综合竞争力，以获得持续发展的强劲支持和动力。

通过好的专线联盟可以有效地把联盟的专线和社会上的“散兵游勇”区别开来，形成一定程度上差异化的优势，扩大货源，降低成本，抵御风险。专线联盟一般有两种类型，一是以盟主企业为核心的加盟模式；二是不同区域之间的资源互补模式，也称区域互补模式。加盟模式一般是总公司与加盟子公司之间的联盟；区域互补模式是不同区域之间的企业之间进行联盟，其目的是通过联盟来扩大自己的网络覆盖面，进一步巩固自己在本区域的优势。

2）平台化整合模式。平台化整合模式是指通过基于大数据和创新产品的智能在线交易平台，为交易双方搭建基于物流产品交易实现的行业在线生态圈，将传统模式下专线物流运输车辆调配与专线整合，经过中转、分拨、再中转，这一过程实现了物流信息化平台的整体应用，将更多符合要求的货运车源更好地适配与整合，通过大平台的平滑过渡与事前匹配，提升专线物流车辆的利用率，提升整个专线运输的时效性。

专线物流公司通过加入平台加强了运营团队的融合重建和信息系统的整合，通过专线与区域到货资源的整合完成省内“最后一公里”的服务体系组合，为客户提供线上交易、线下交互一站式的物流产品交易服务平台。专线公司的平台化整合模式，成功地将信息化充分利用，有利于减少线路空载，促进业务流程的信息化管理，有效改善了专线物流在价格与利益的平衡方面左右为难的现状。

3）多式专线联运模式。多式专线联运模式是指联合多种运输模式共同完成运输要求的专线物流模式。多式专线联运模式能大幅提升货物中转效率，实现运输组织的无缝衔接，发挥不同运输方式的组合优势，在提高运输效率的同时又降低社会物流成本。其联运形式主要包括：公铁联运、海铁联运、海卡联运、海陆联运。

以海铁联运为例，原来很多集装箱都是靠公路运输到港口的，这样势必会增加公路运输的压力，使得原本就很脆弱的公路运输更拥堵。汽车运输加航运也颇费周折，装卸、报关等手续更加烦琐，货主不满。海铁联运将海运与铁路运输两种运输方式相结合，既减轻了单一运输方式的压力，又提高了运输的效率。

4）货运代理模式。国际货运代理协会联合会（FIATA）将货运代理定义为：“根据客户的指示，并为客户的利益而揽取货物运输的人，其本身不是承运人。”货运代理也可以依据这些条件，从事与运输合同有关的活动，如储货（也含寄存）、报关、验收、收款等。货运代理是物流行业中数量最为庞大的企业群体，它们有的货运全国，有的海陆空全代理，甚至可以操作联运。

5）组建大车队模式。组建大车队的专线公司是指至少能提供车辆和司机以满足客户固定的或随机的需求的公司，有的甚至还能提供项目配套式运输服务。

专线公司实施组建大车队模式需要具备以下三个条件之一：一是融资、车队技术和人员管理能力；二是配套项目的快速切换能力和对项目所在细分市场形势的判断力；三是社会车辆调配与保障能力。

2. 海外仓模式

海外仓服务是指为卖家在销售目的地进行货物仓储、分拣、包装和派送的一站式控制与管理服务。确切地说，海外仓应该包括头部运输、仓储管理和本地派送三个部分。这三个部分分别是指：我国商家通过海运、空运、陆运或者联运将商品运送到海外仓；再通过物流信息系统，远程操作海外仓储货物，实时管理库存；最后海外仓再根据订单信息，通过当地邮政或快递公司将商品配送给客户。

经营海外仓的企业普遍需要具备一定的企业规模，且拥有本土化的服务才能实现海外仓模式的成功运行。

经营海外仓的企业大致可以分为四类。第一类是电商平台型企业，如 eBay WINIT、Amazon FBA 等，通过自身的服务体系，为平台上的跨境电商卖家提供更好的服务；第二类是出口大卖家，海外仓可以解决它们所要面对的配送慢、退换货、清关查扣、丢失破损、无追踪状态等问题；第三类是传统外贸企业，海外仓用于支撑企业业务发展，降低物流成本和配送时效；第四类是第三方国际物流、货代企业，这类企业具备强大而专业的国际物流能力，专注于经营跨境卖家的物流服务。

2015 年 5 月，商务部《“互联网+流通”行动计划》推出，不少电商平台和出口企业正通过建设海外仓布局境外物流体系。2021 年 7 月，我国海外仓的数量已经超过 1900 个，总面积超过了 1350 万m^2，业务范围辐射全球，其中北美、欧洲、亚洲等地区的海外仓数量占比将近 90%。部分龙头企业已经建成先进的信息管理系统，能够实时对接客户、对接商品、对接仓储配送等信息。

海外仓模式具有特殊的优势，即把仓系统放置于海外，这不仅有利于贴近海外市场价格，同时还能降低物流成本。公司自有的海外仓库，可直接从买家所在国发货，从而缩短订单周期，完善客户体验，提升重复购买率。海外仓模式可结合国外仓库和当地的物流特点，确保货物更安全、更精准地送达到终端买家手中。

但需要注意的是，有三种产品不适合采用海外仓模式。第一种是体积超大、重量超限、价值超高的产品，直邮无法满足其物流需求，快递包裹一般无法运送。第二种是品牌商品。第三种是易消耗的本地热卖产品。另外，在管理海外仓时，也需要特别注意几个问题：一是费用问题，需要选择正确的商品才能降低海外仓的管理费用；二是库存问题，需要注意海外仓的货物积压、现金周转等问题；三是运营风险，需要格外注意海外仓所在地的法律，以及税收问题，还可能包括产品是否符合进口国当地的质量标准、是否有侵权等问题的发生，时刻注意海关查封。

二、跨境电商物流的运作难题

1. 跨境物流成本高，政策支持不充分

由于涉及跨境贸易和跨境物流，物流的产业链和环节更长，包括国内物流、国内海关、国际运输、国外海关、国外物流等多个环节，尤其是海关和商检，操作难度和风险更高，无形中增加了跨境电商的物流成本。在出口跨境电商中，经常出现海关扣货查验，其处理的结果有三种，分别是直接没收、货件退回发件地或要求补充文件资料后再放行。许多国家的海关政策变化频繁，给我国跨境电商经营带来物流风险。我国在积极建立跨境电商基础信息标准和接口的规范准则，现阶段有一小部分地区实现了海关、出入境检验检疫、税务、外汇管理等部门与电子商务企业、物流配套企业之间的标准化信息流通，但与发达国家相比，我国的物流政策支持还不足，这在某种程度上阻碍了跨境电子商务企业以及物流企业的快速发展。

2. 跨境基础设施不完善，物流运输配送周期长

由于跨境电子商务涉及跨境的仓储、配送、运输、报关、核税等一系列问题，为了使运输过程损耗尽可能减少，且速度更快、成本更低，需要建立合理高效的物流体系和更先进和完备的物流设施。而跨境贸易自身的特点使得物流的产业链和环节更长，加上清关和商检的周期，导致我国跨境电商物流周期要远远长于国内电商物流。在跨境物流方面，运输与配送时间问题突出，短则半个月、一个月，长则数个月，遇到购物旺季，如圣诞节，物流时间会更久。加上清关和商检的时间，跨境物流的周期则更久。跨境物流的运输时间长、手续多、成本高，违背了跨境电子商务物流快捷和便利的特点，制约了跨境电子商务的进一步发展。

3. 跨境物流信息化不足，难以实现退换货物流

跨境物流采用较多的是邮政小包模式，但它存在着物流信息无法及时跟踪的情况。在包裹运输的过程中，货物所处的环节、所在地点、是否入舱等都是顾客无法及时得知的。这种不透明的跨境物流主要是由于交易双方的信息不对称而造成的，这就使得顾客对于跨境电商的满意度和忠诚度不高。跨境物流涉及多个国家和地区，物流运输也分为境内和境外。由于各国的信息化发展水平并不相同，导致物流信息系统之间的衔接产生问题，而跨境物流环节

多、涉及面广，整个物流链条的各节点都会产生退换货物流。电子商务自身的特点导致退换货比例高，物流周期长、质量问题、货品丢失、海关和商检风险、配送地址错误等，都会退换货物流产生。尤其在发达国家，当地无理由退货的消费习惯和文化，使得中国跨境电商的退换货率呈现持续增长趋势，而退换货很难有一个顺畅的通道返回国内；各种相关成本的增加，甚至出现退换货导致的费用严重超出货品的价值，这是中国跨境电商无法接受的，从而出现退换货难以实现的现象。

4. 跨境贸易风险大，缺乏专业第三方物流服务

跨境电商涉及跨国交易，无法回避政治变动、区域习惯、政策变化等风险因素。这些风险因素对跨境电商物流都会产生影响。而且跨境电商贸易涉及汇率兑换的问题。当一国货币贬值或升值时，税率就会发生变化，从而间接导致跨境电商利润的缩减。现阶段，我国第三方物流企业数量较多，但是大型、专业化程度较高的第三方物流企业较少。大多数物流企业提供的是国内物流服务。对于国际快递服务，以普通快递的形式为主，而没有专门为跨境电子商务企业提供全方位的专业物流服务。能为跨境电子商务提供国际快递服务的也只有少数几家。专业化的第三方物流服务十分必要，有利于推动我国跨境电子商务更好发展并在国际市场竞争中处于有利地位。

三、跨境电商物流的运作策略

跨境电商物流的运作策略应是在现有运作难题解决方案上的改进和创新，可以归纳为以下几点：

1. 合理选择物流模式

跨境电商物流有五种主流的跨境电商物流模式，分别是邮政小包、国际快递、专线物流、海外仓和国内快递的跨国业务。这些物流模式各有利弊，跨境电商在选择合适的物流模式时要结合物品的种类、进出口国家的关税政策、顾客对购买商品的要求、运输安全等多方面进行综合考虑，以达到降低物流成本的目的。对于跨境电商而言，选择何种物流模式，首先是根据所售产品的特点，例如，大件产品（如家具）就不适合走邮政小包模式，而更适合海外仓模式；其次在淡旺季要灵活使用不同物流模式，例如，在淡季时使用邮政小包降低物流成本，在旺季或者大型促销活动时期采用其他速度更快的模式来保证时效性；最后在售前要明确向买家列明不同物流模式的特点，向买家提供多样化的物流选择，让买家根据实际需求来选择物流模式。

2. 完善通关政策

跨境物流需要通过两道海关关卡：出口国海关和目的国海关。而当前海关的通关速度影响跨境物流速度。跨境电商物流在通关时较多采用传统的保管方式，这样由于报关手续和检验检疫等手续烦琐而难以提高跨境电商物流的时效。在这种情况下，我国需要完善海关的相关政策，提高跨境电商物流的效率。海关总署应构建电商企业通关服务平台，实现海关电子口岸平台与国内外电商平台和物流公司系统直接对接，使跨境电商物流可以全程跟踪；我们还要与其他国家合作，共同建设和完善跨境电商物流的检验检疫与通过模式、商品的标准，以及相应的管理制度。

3. 构建信息平台

就当前跨境电商物流的发展而言，建立跨境物流信息平台解决跨境物流中的信息不对称

问题显得极为迫切。随着“互联网+”时代的到来，跨境电商物流也应与时俱进。伴随着大数据、物联网、智能物流等相关技术的成熟，对物流资源信息进行整合，引进先进物流信息技术，搭建一个比较全面的跨境物流信息平台，以达到对物流全程的管理和资源的整合。跨境电子商务企业、国际物流公司、海关等相关各方可共同构建跨境物流信息平台。

◇【企业链接】

林安物流集团信息平台建设

林安物流集团是一家以现代智慧物流园区运营和管理，搭建现代物流信息化平台、物流金融平台以及第四方物流服务平台为主的综合性平台企业，集团在行业处于全国领先水平，是国家多部委重点扶持的龙头企业，是广东省直通车服务重点企业。

林安物流集团创新“互联网+物流+金融+产业”的运营模式，构建物流供应链上、中、下游一站式的O2O物流新生态圈，打造智慧物流、电商物流、金融物流、产业物流、绿色物流的标杆和名片。林安模式得到了国家、省、市等各级政府和行业的高度认可。

“十二五”时期以来，物流业的产业结构发生深刻调整，伴随着“互联网+”“智慧物流”“物联网”和“大数据”等战略新兴产业的快速发展，生产方式加快向智能化方向变革，这些为物流技术革新和拓展供应链管理服务空间带来了契机。同时，随着我国服务业进一步扩大开放，一些新的业态，包括大数据服务、电子商务、商贸物流、融资租赁等对内对外开放的力度会进一步加大，服务业引进来和走出去步伐加快，既给林安物流集团带来发展机遇，也带来竞争的压力。

目前，我国物流仍存在诸多问题，有待进一步整合发展，最突出的痛点是以下三个：

1. 成本居高不下

我国的物流成本占了生产总值的18%，而很多国家的物流成本只占生产总值的8%~11%，怎样降低物流成本是一个企业关注的问题，也是一个城市关注的问题，更是一个国家关注的问题。

2. 信息不对称

车源和货源存在信息不对称、无法有效匹配的问题，服务效率低下，这间接地增加了物流成本。

3. 诚信缺失

目前，我国的物流诚信体系未建立。因此，解决诚信缺失问题是一个企业所期望的，是一个政府所期望的。诚信问题关系到交易的健康有序发展，也关系到物流市场环境的净化。

为了进一步快速发展，林安物流集团最先在行业内开展物流信息化建设，迎接新时代物流的发展契机。

资料来源：由林安物流集团提供。

问题：

林安物流集团为什么要进行物流信息化建设?

4. 加快海外设仓

将海外仓作为当前跨境电商物流发展的主要策略主要有以下优点。首先，海外仓将商品大批量的运至目标市场国家，使得物流成本大幅降低。其次，海外仓将跨境物流转变为国内物流，使得跨境电子商务的交易周期得以大大缩短，商品可以快速、安全地送达顾客，提高消费者的满意度和忠诚度。再次，海外仓可以有效地处理消费者的退货问题。海外仓的建设使得退换货可以在国内迅速完成，避免了新一轮的跨境物流，在节省成本的同时也让消费者更放心购买。最后，海外仓有利于应对购物旺季的物流短板，提高跨境电商的竞争力。值得注意的是，海外仓虽有众多优势，但其成本往往较高，部分没有足够经济能力的企业不应盲目建设海外仓，但可以使用第三方海外仓，也可以与其他企业合作建立海外联盟仓。

第四节　数字贸易与跨境电商

当今数字技术不断发展、快速应用，酝酿发展出新一轮技术革命和产业革命，数字经济应运而生，并逐步发展成为推动世界经济增长的新引擎。数字经济推动传统贸易的转型发展，形成了数字贸易这一新形态。数字贸易包括通过数字化手段订购的贸易以及以数字方式交付的贸易，前者主要是指电子商务和跨境电子商务，后者是指数字产品和服务、数字化知识与信息。跨境电商是数字贸易的重要组成部分，也是数字贸易各领域中最活跃、最重要的业态类型。

数字贸易正在发展形成拉动全球经济增长、推动产业转型的新引擎。一方面，数字贸易的发展推动了传统贸易的数字化发展进程；另一方面，数字贸易通过对传统贸易环节的改造升级，促进了产业链生产和贸易环节的融合联动，推动传统制造业实现智能化、数字化发展转型。

数字贸易的加速、全球化趋势的加深，共同推动了跨境电商的快速发展。近年来，随着跨境电商在深化国际交流合作、推动贸易规模增长、带动产业发展转型方面的影响力越来越大，越来越多的国家和地区开始重视和鼓励跨境电商的发展，构建跨境电商生态体系，形成以跨境电商平台为核心，涵盖金融、物流、营销、技术、政策、政府监管和数据资源等不同支持物种的跨境电商生态圈，进一步促进数字贸易的整体发展升级，助推产业数字化发展进程，带动地方经济的发展。

一、数字贸易概述

1. 数字贸易发展背景

（1）数字贸易的产生和发展。21 世纪以来，以人工智能、5G 通信技术、大数据、云计算等为代表的创新数字技术与实体经济深度融合，催生了数字经济这一新型经济形态。数字经济的发展正广泛且深刻地影响着社会经济的各个领域，带来生产和流通环节的变革创新，进一步加速生产要素的流动，并极大提高了贸易效率。

全球化的趋势的和数字技术的快速发展，推动了传统贸易模式向数字化、智能化、网络化和全球化方向发展升级，数字贸易应运而生。数字贸易可视为传统贸易在数字经济时代的延伸和更高级形态，正受到越来越多的企业和主要国家的关注和重视。

全球数字贸易可分为四个阶段。

1）数字贸易 1.0。数字贸易 1.0 阶段为萌芽期，最早可追溯到电子商务诞生时期。在该阶段，计算机尚未大规模普及，受技术限制，电子商务平台以贸易信息展示功能为主，主要提供信息撮合服务，其他贸易环节，如商品展示、交易结算等重要环节依然需要在线下进行。该阶段贸易模式以 B2B 模式为主，受硬件条件制约，通过电子商务平台交易的企业类型多为大型企业。数字贸易 1.0 阶段的典型代表是亚洲资源网、阿里巴巴的中国黄页网站等。

2）数字贸易 2.0。20 世纪 90 年代，随着计算机和互联网的迅速普及，电子商务在黄页等纯信息展示的基础上，开始逐步实现商品展示、交易结算线上化的新功能，此时电子商务平台开始成为贸易在线交易服务平台，数字贸易进入成长期。互联网的普及和相关技术的成熟使得参与电子商务的准入门槛降低，中小企业、个体工商户、个人消费者等多种类型的主体开始参与到电商活动中，交易模式仍以 B2B 模式为主，B2C 模式开始出现。在该阶段，一批优秀企业在激烈的竞争中脱颖而出，开始占据市场主导地位，如亚马逊、eBay 和阿里巴巴国际站等。

3）数字贸易 3.0。进入 21 世纪，电子商务进一步发展完善，逐步成为贸易的重要方式，数字贸易开始走向成熟期。随着移动通信技术的迅速发展和手机等移动终端的广泛普及，全球贸易环境开始发生变化，消费需求出现多元化、个性化、碎片化的发展趋势，个人消费者地位显著提升。外部环境的变化带动跨境电商平台不断转型、创新，跨境电商平台开始向 B2C、B2B2C 等多元模式发展，并积极探索社交电商、直播电商、短视频营销等新的业务形态，拓展新的利润增长点。在该阶段，行业内部竞争趋于激烈，市场集中度进一步提升。以亚马逊、阿里巴巴、敦煌网等为代表的主流平台企业开始整合优化产业链资源，减少中间环节，提供从上游产品生产供应到下游消费者的全产业链交易服务，发展形成以平台为主导的贸易产业链综合交易服务体系。

4）数字贸易 4.0。数字技术的发展带动新一轮的科技变革，引发全球化和数字化的浪潮，数字贸易产业也在不断发展、蜕变，进入数字贸易新阶段。新的数字贸易阶段具有以下发展特征：

① 贸易数字化发展加速。以大数据、人工智能、云计算等为代表的数字技术的出现，推动了涵盖贸易撮合、贸易执行、贸易服务等各领域的数字化转型，同时贸易平台及企业通过数字技术还延伸出智能定价、智能客服等业态，推动交易和服务的精准高效进行。

② 数字贸易交易标的拓宽。数字贸易的发展还进一步拓宽了数字贸易的交易标的，除电子商务交易中的实体货物外，数字产品与服务、数字化知识与信息等数字产品与服务的类型逐渐增多。

③ 数字贸易生态系统智能化。随着数字贸易的全面推广，电商平台蜕变形成数字贸易平台，成为整个生态体系中的资源协调配置中心、价值汇聚中心。通过对大数据、人工智能、云计算等数字技术的应用，数字贸易平台可以充分挖掘数据资源，并对数据进行处理分析，实现资源精准对接，更好地满足消费者的需求偏好，并通过数字技术联动各贸易环节和服务的智能化、数字化发展，形成一个高效运作、智能互联的生态体系。

（2）数字贸易发展现状。当前数字经济蓬勃发展，利用数字技术进行的生产和交易活动日益增加，数字贸易快速增长。2020 年，全球可数字化服务贸易[㊀]规模达 58904 亿美元，占服务贸易的比重增加至 61.2%[㊁]，如图 11-1 所示。数字贸易正在成为拉动经济增长的新引擎。

㊀ 可数字化服务贸易包括电信计算机、知识产权费用、金融服务、保险服务、文化娱乐和其他商务服务业六大领域。

㊁ 资料来源：ITC（International Trade Centre，国际贸易中心）Trade Map；普华永道。

图 11-1　2011 年—2020 年全球可数字化服务贸易规模和占服务贸易比重

我国是全球最大的贸易国之一，也是数字经济大国。近年来，我国数字贸易快速发展，据统计，2021 年我国可数字化服务贸易进出口总额 3597 亿美元，占服务贸易比重为 43%，如图 11-2 所示。预计到 2025 年，中国可数字化服务贸易进出口总额将超过 4000 亿美元，占服务贸易比重达到 50%左右[㊀]。

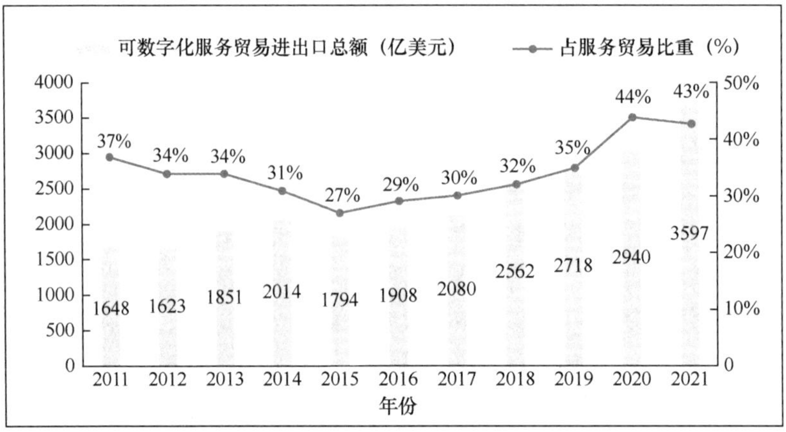

图 11-2　2011 年—2021 年中国可数字化服务贸易进出口总额和占服务贸易比重

跨境电商是数字贸易的重要组成部分。近年来，我国跨境电商产业迅速增长。2022 年，我国跨境电商进出口额达到 2. 11 万亿元，如图 11-3 所示。

2. 数字贸易的基本概念

数字贸易作为贸易在数字经济时代的新形态，正在发展成为全球贸易高质量发展的新引擎，对于全球经济贸易活动具有重要影响。但关于数字贸易的概念，国际社会尚未形成统一版本，各个国家的定义多有不同，包括窄口径概念和宽口径概念，此外，中国在结合自身发展经历的基础上，形成了具有中国特色的理解。

㊀ 资料来源：商务部《中国数字贸易发展报告 2020》。

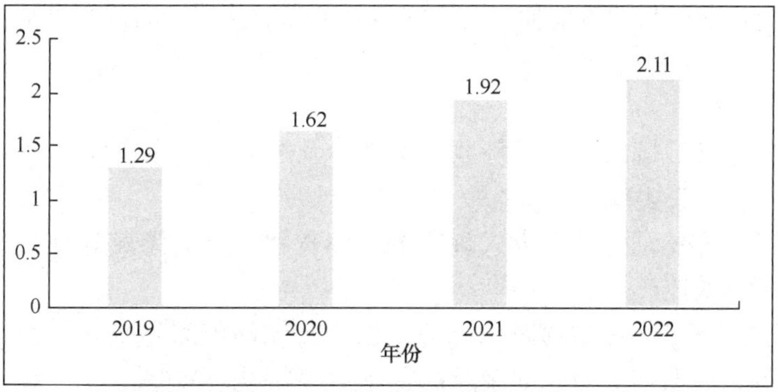

图 11-3　我国跨境电商进出口总额（万亿元）

（1）窄口径概念。美国国际贸易委员会（USITC）在其 2017 年 8 月发布的《全球数字贸易的市场机遇与主要贸易限制》报告中，将数字贸易定义为“任何产业内的企业通过互联网或其他相互连通的网络交付的产品与服务”。该种定义将数字贸易的范围限定在数字产品和服务范围内，仅涵盖通过线上方式交付的数字产品与服务，如视频、游戏、音乐、电子书、软件服务、社交媒体等，但不包括通过网上订购进行的货物贸易，如电子商务线下交付部分。这一种定义涉及的数字贸易的测度范围过于狭窄，不建议作为推荐定义。

（2）宽口径概念。2020 年 3 月，OECD（经济合作与发展组织）、WTO（世界贸易组织）、IMF（国际货币基金组织）联合发布《数字贸易衡量手册》，并在 2023 年 7 月更新发布《数字贸易衡量手册》第二版。该手册将数字贸易定义为“所有通过数字订购和/或数字交付的贸易”。按照交易性质划分，数字贸易包括三个组成部分：

① 以数字方式订购的贸易，是指通过专门用于接收或下达订单的方法在计算机网络上进行的一种货物或服务的国际交易，强调实现数字订购环节的数字化，典型代表是电子商务平台上购买的实体货物。

② 以数字方式交付的贸易，是指通过专门的计算机网络远程交付的所有跨境交易，强调贸易对象的数字化，典型代表是存储软件、音乐、视频广播、数字出版物等数字内容或资产。

③ 数字中介平台，它是为交易双方搭建双边交易平台和提供中介服务的贸易赋能环节。平台内有多个买家和多个卖家直接互动，平台本身并不拥有商品，也不提供正在出售的服务，典型代表是跨境电商平台。

相比于数字贸易窄口径概念，该定义认为全部采用数字化技术支持或利用数字化技术本身所产生的贸易都属于数字贸易范畴，因此是数字贸易的广义定义。

中国特色解释。随着跨境电商在我国的发展，国内也在国际版本的概念基础上，发展形成具有中国特色的见解。马述忠等（2022）认为，“数字贸易是以数字化平台为载体，通过人工智能、大数据和云计算等数字技术的有效使用，统筹贸易数字化和数字化贸易进程，实现实体货物、数字产品与服务、数字化知识与信息的精准交换，进而推动消费互联网向产业互联网转型并最终实现制造业智能化的新型贸易活动。数字贸易是传统贸易在数字经济时代的拓展、延伸和迭代”㊀。相比于国际版的定义，该定义突出了在制造业转型升级的背景下

㊀ 马述忠，濮方清，潘钢健，等．数字贸易学[M]．北京：高等教育出版社，2022.

数字贸易对于促进产业转型的重要性，为数字贸易的发展指明方向。本书采用此定义作为数字贸易的内涵。

3. 数字贸易标的

根据上述数字贸易的概念，可以将数字贸易涉及的标的分为实体货物、数字产品与服务、数字化知识与信息三类。

（1）实体货物，是指通过数字方式订购的实体货物，典型代表是通过电子商务平台线上购买、线下交付的实体产品。

（2）数字产品与服务，是指通过信息通信网络传输的产品和服务，涵盖数字技术、数字产品、数字服务、数据等类型。数字产品包括数字游戏、数字出版、数字影视、数字动漫、数字广告、数字音乐等数字内容；数字技术包括软件、通信、大数据、人工智能、云计算、区块链、工业互联网、搜索引擎等技术类型的贸易标的，数字服务通常涉及金融、保险、教育、医疗、知识产权、社交媒体、跨境电商平台服务等线上交付的相关服务。

（3）数字化知识与信息，即数字化的生产要素，与前两类标的不同的是，数字化知识与信息在市场上进行交易后，作为生产要素仍要投入产品和服务的生产过程。典型代表是数据。

4. 数字贸易与跨境电商的关系

随着数字经济的蓬勃发展和贸易全球化的不断深化，数字贸易正在发展成为国际贸易中的新趋势。而跨境电商作为新型贸易活动，也在逐步展现其旺盛的生命力，被越来越多的国家关注。数字贸易和跨境电商作为国际贸易中的两个重要概念，两者之间存在着密不可分的关系。跨境电商是数字贸易中的组成部分，而数字贸易则是跨境电商未来发展的高级形态。

（1）跨境电商是数字贸易的典型代表。从概念上看，数字贸易是使用数字技术的贸易主体，通过数字化手段订购或基于数字化形态传输贸易标的，受数字贸易规则制约的经济活动，包括数字化订购的实体货物、数字化传输的数字产品与服务，以及数字化知识和信息。跨境电商是指分属不同国家或地区的交易主体，以现代通信网络为载体，以实体货物为贸易标的，通过平台实现线上需求匹配、商品交易的跨境贸易活动。跨境电商代表的是通过数字化手段订购的贸易活动，属于数字贸易概念范畴中的一部分。

（2）数字贸易是跨境电商发展的高级形态。现阶段的跨境电商仍然处于数字贸易发展初期阶段，而数字贸易则可视为跨境电商未来发展的高级形态。随着跨境电商的发展成熟，以及相关数字技术和业务模式的积累完善，跨境电商将不断发展蜕变，最终形成数字贸易这一形态。两者的具体区别主要体现在以下几个方面：

1）贸易标的不同。跨境电商的贸易标的主要是实体货物，数字贸易的贸易标的还包括日益丰富的数字产品与服务、数字化知识与信息，数字服务贸易规模占比极大提升。

2）数字技术不同。跨境电商以现代信息网络为载体，通过信息通信技术和互联网技术实现信息交换和线上交易、支付等环节。数字贸易则以数字化平台为载体，依托人工智能、大数据、云计算等数字技术，收集并分析数据信息，挖掘数据价值，了解消费者的需求偏好，实现信息的精准对接，从而引导推动交易的智能化，更好地满足交易双方的需求对接。

发展跨境电商，有助于推动数字贸易的发展升级，促进数字贸易时代的早日到来。未来，随着人工智能、5G 通信、大数据和云计算等数字技术的不断成熟和深度应用，数字技术将进一步为跨境电商深度赋能，推动跨境电商在预测、分析、运营等方面能力的跃升，并带动制造业生产端和销售端的智能化升级，实现数字贸易促进产业转型升级的发展目标。

二、数字贸易助推产业转型

当前，数字经济逐步发展成为世界经济增长的新引擎，数字贸易作为数字经济的重要部分，在拉动全球经济复苏、推动产业转型方面发挥着重要作用。

数字贸易对产业转型升级的推动作用主要体现在两个方面。一方面，数字贸易作为一种贸易新形态，通过数字技术和数字服务推动传统贸易的数字化变革，推动传统贸易转型升级，即推动贸易数字化转型。另一方面，数字贸易通过数字技术与传统产业的融合发展，促进产业链各信息资源和技术要素的联动，实现制造业的智能化升级，即数字贸易推动制造业数字化的转型。

1. 贸易数字化

贸易数字化是以现代信息和通信技术为载体，将贸易环节、贸易服务以及贸易主体通过数字化的形式实现，同时实现对贸易的数字化赋能。贸易数字化包括两个维度，即贸易方式的数字化和贸易对象的数字化，前者是指贸易全流程、各环节的数字化转型，后者是指数字产品、数字服务、数据等虚拟化的产品和服务成为交易对象。

（1）贸易方式的数字化。贸易方式的数字化是指通过互联网、大数据、人工智能等数字技术对传统贸易各个环节进行深度融合和赋能，实现贸易的降本增效。电子商务、跨境电子商务是贸易方式数字化的主要代表。在交易环节，跨境电商平台为交易双方提供线上交易撮合和结算平台，实现整个交易环节的线上化。在推广环节，企业通过社交媒体、搜索引擎、直播、数字展会、大数据营销等数字化营销工具进行推广和精准获客，提升市场拓展的效率。在流通环节，电子数据交换（EDI）、云计算、大数据分析和人工智能等技术被广泛应用于跨境电商物流中，帮助企业实现无纸化管理、物流实时跟踪、库存管理、客户需求分析和预测，以提高物流运输效率并降低成本，满足消费者对物流快速、精确配送的需求。

（2）贸易对象的数字化。贸易对象的数字化是指除实体货物的交易外，数字产品与服务、数字化知识与信息等以数据形式存在的产品和服务也可作为交易对象。数字化的产品与服务的交易、运输和存储环节均可以通过线上的方式实现，不受物理空间的束缚。

得益于数字技术的创新和通信技术的发展，很多原先无法进行交易的服务类型开始以数字化的形式出现并颠覆传统的服务贸易形式，当前常见的数字服务贸易内容有电子图书、影音、软件等数字产品，搜索引擎、社交媒体、云计算、人工智能以及跨境电商平台服务等数字服务以及数据资源。

2. 制造业数字化

数字化浪潮带来的不仅是对全球贸易模式的转型蜕变，还是对制造业产业链各环节的转型和重塑。21 世纪以来，以大数据、人工智能、云计算、工业互联网等为代表的新一代数字技术不断与制造业进行深度融合，对传统产业进行全方位、全角度、全链条的改造和升级。在这一过程中，数字贸易作为数字化带来的创新业态和重要成果，在推动制造业的数字化、智能化转型升级中同样扮演了重要的角色。

（1）制造业的数字化转型。进入 21 世纪，人工智能、工业互联网、大数据等数字技术加速创新和应用，推动全球迈向以数字化生产力为主要特征的数字经济新时代。在数字经济时代，数字技术逐步与制造业深度融合，重塑产业发展方式，推动制造业向数字化、智能化、信息化方向迭代演变。

制造业数字化是指在新一代数字科技的支撑和引领下，以数据为关键要素，以数据赋能为主线，实现制造业全要素、全产业链、全价值链的全面连接，推动制造业企业形态、生产方式发生根本性变革的过程[㊀]。

制造业对于拉动经济发展、促进本国就业等方面发挥着至关重要的作用。当前，我国制造业发展迅速，产业规模稳居世界第一，属于制造业大国。但当前我国依然存在产业结构失衡、科技含量不高、高端企业较少、核心技术匮乏等问题，制造业“大而不强”。随着我国劳动力成本优势的逐步消退，以及全球化趋势放缓、贸易保护主义抬头等外部不利因素的出现，我国制造业迎来了挑战。

进入数字经济时代，数字化成为拉动全球经济增长的重要引擎。推动制造业数字化转型，将数字技术和制造业进行深度融合，有利于将我国在数字经济和制造业的优势发挥出来，打造形成新的竞争优势，突破制造业的发展困境，真正实现世界竞争格局的重塑。推动制造业转型、实现高质量发展具有现实意义和必要性。

（2）数字贸易助推制造业数字化升级。数字贸易作为产业数字化在贸易领域的延伸和创新业态体现，并非只聚焦于贸易数字化转型。数字贸易通过对传统贸易环节的改造升级，有效整合产业链各环节，进而实现制造业产业链条的智能化、数字化发展转型。数字贸易对制造业的数字化转型的推动作用主要体现在以下三个方面：

1）数字贸易能有效整合产业链各环节，促进供需关系间的协同。当前，随着主流消费群体生活方式的转变，以及网络零售的不断发展，消费市场需求开始向个性化、多样化方向发展，碎片化订单日益增多，为制造业企业的生产和销售带来挑战。数字贸易通过大数据、云计算和人工智能等技术的应用，促进了营销推广和商品搜索的精准化，帮助交易双方实现精准对接，提高供求市场的匹配效率。此外，数字化平台在交易中沉淀了大量数据，企业通过采集并分析数据，分析消费者的个性化需求和偏好，并将需求端的变动及时传递至供应端，实现生产和消费环节的高效连通，使工厂及时调整研发生产策略，生产出充分反映消费者个性偏好的产品，进而推动企业从采购供应、研发设计、生产制造、营销销售到售后服务等全产业链的数字化转型。

2）数据作为关键生产要素赋能制造业的数字化转型。在数字经济时代，数字技术突破了传统物理层面的连接方式和数量的限制，同时也沉淀了海量的数据资源，数据开始成为数字贸易中的新型交易标的和传播载体，也是关键生产要素。企业通过对数据资源的采集、分析、治理，将其作为生产要素投入生产、运营和流通，并结合云计算、AI、工业互联网、数字孪生等工业数字技术和智能化设备的应用，促进产业生产要素间的集约化整合和高效利用，有效提高生产效率、减少不良损耗、优化生产资源配置。同时，数据资源可以帮助企业准确反映市场需求变化、预测市场发展趋势，并进行科学的生产决策。

3）数字贸易推动制造业企业向价值链两端拓展。发展数字贸易，推动传统产业数字化转型，有助于传统制造业企业向高附加值环节拓展延伸，重塑全球产业分工新格局。根据

㊀ 《制造业数字化转型路线图（2021）》，中国电子技术标准化研究院。

“微笑曲线”理论[㊀]，在产业价值链条中，生产制造环节处于价值链的最底端，附加值最低，而产业链前端的设计研发和后端的市场销售、售后服务等属于高附加值环节，能够获得较高利润。当前，我国大部分制造业企业主要从事组装、代工、生产环节，处于微笑曲线的底部，数字贸易有助于推动传统制造业企业向高附加值的研发和市场两端拓展。

具体来看，在市场端，数字贸易带来实体货物的贸易成本的降低和贸易效率的提升，吸引更多中小企业的参与。以跨境电商为代表的新型贸易形式的迅速发展，推动国际贸易的买卖双方实现直接对接，帮助企业搭建了一条直接对接国际市场、参与国际分工的网上渠道，改变了传统贸易中大型企业独占营销渠道的局面，助力制造业企业打开市场、建立渠道、塑造品牌，实现“买全球、卖全球”。

在研发端，制造业数字化带来工业设计软件、工业互联网平台、AI 应用、工业大数据、知识产权服务、信息咨询服务等关键数字技术产品和服务的不断升级、发展蜕变，进而推动制造业企业在研发环节的转型、跃变，实现对国外传统制造企业的“弯道超车”。图 11-4 所示为工厂直接品牌出海利润曲线图。

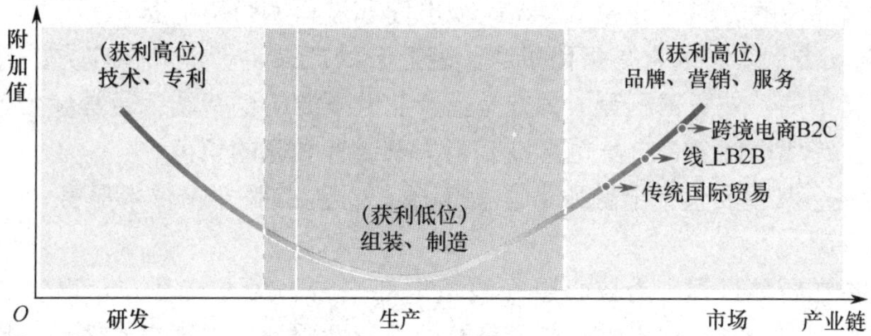

图 11-4　工厂直接品牌出海利润曲线图

三、跨境电商生态圈

跨境电商是数字贸易的重要组成部分和核心贸易标的，同时也是我国推动数字贸易发展、参与全球竞争的重要突破口。近年来，随着全球化、数字化趋势的不断加深，跨境电商在促进数字贸易发展、加速贸易全球化进程、推动产业数字化转型、带动地方经济发展等方面的作用进一步强化，受到越来越多国家和地区的重视。

在跨境电商的发展过程中，产业链的各方参与者和关联机构相互协作、互相交流，推动形成跨境电商产业生态，最终向跨境电商产业生态圈发展演进。构建跨境电商生态圈有助于实现各资源要素充分汇集、各主体有序发展、各产业资源协调互补、产业规模稳步扩张和产业环节有效监管，从而实现推动地方产业发展转型的目标。

1. 跨境电商产业生态体系

跨境电商产业生态体系由与跨境电商活动有关的个人、企业、组织或政府机构等物种构成，各物种通过跨境电商平台进行沟通交流和信息共享，共同组成具备能量流、信息流网络

㊀ “微笑曲线”（Smiling Curve）理论由宏碁创始人施振荣先生在 1992 年提出。在产业链中，附加价值更多体现在两端（设计和销售），中间环节的制造附加值最低，形成一条两端朝上的微笑嘴型曲线。

的复杂商业生态系统[㊀]。

跨境电商产业生态体系形成后，又进一步赋能跨境电商产业持续增长。随着参与主体的数量增多和各方合作联动的程度加深，跨境电商产业生态则不断发展完善，最终向数字贸易这一终极形态演变。

作为新兴贸易业态，在数字经济时代，一个完善的跨境电商产业生态体系包含以下内容：

（1）核心层：由跨境电商平台、买方与卖方共同构成

1）跨境电商平台。在跨境电商产业生态体系中，买卖双方通常处于不同的国家/地区，跨境电商平台作为连接交易双方的中枢和达成交易的唯一渠道，对跨境交易的顺利达成起着关键性的作用。同时，跨境电商平台还是整个产业链的资源整合中心，通过对产业生态资源的有效整合，有效降低贸易成本，提升贸易效率，并为交易双方提供个性化、多元化的业务功能。跨境电商平台同样还是交易过程的监管者，通过制定平台规则，确保交易的有序进行，保护交易双方的利益。

跨境电商平台按照交易主体性质分类，可分为 B2B 跨境电商、B2C 跨境电商和 C2C 代购模式，根据商品流动方向可分为出口型跨境电商和进口型跨境电商。

2）买方与卖方。卖方通常是指位于产业链上游的产品生产商和供应方，通常包括生产商、品牌方、经销商、外贸工厂等。买方是指产业链下游的消费端，通常包括企业、个人消费者、经销商。跨境电商平台自身也可以充当买家或者卖家的角色。

（2）支持层。其主要包括金融服务、物流服务、营销服务、技术服务、政策服务、政府监管和数据资源

支持层是指在贸易过程中为核心层（跨境电商平台、买方与卖方）提供支持服务的相关企业、机构，可以为核心层提供必要、直接的支持性服务，提高交易效率，推进跨境贸易的顺利进行。

1）金融服务。它包括数字支付、保险、融资、投资、贷款、金融保理、信用证等金融相关服务。在跨境电商交易流程中，在线支付是交易双方实现利益获取和价值交换的重要节点，是跨境电商生态圈中不可缺少的关键服务。此外，在跨境电商交易过程中，由于其涉及跨境运输，相对距离较远、时间较长，因此存在商品损坏、丢失等不确定性风险，亟须保险机构的介入，为交易货物的成功运输和交付提供安全性保障。

2）物流服务。它包括仓储、跨境物流、通关等服务。跨境电商通常涉及跨境问题，物流链条较长且运输风险较大，为追求物流的高效流转和及时配送，物流企业开始利用大数据、物联网等数字技术，打通供应链上下游，实现物流信息的即时跟踪、货源与运力的精准匹配、物流路线的智能调度，推动物流运输的高质高效完成。

3）营销服务。它包括广告、公关、舆情分析、市场调研、网络监测等数字营销相关服务。在跨境电商中，通过数字技术手段进行产品的营销推广也是促进产品销量提升的重要手段。营销机构通过大数据技术对消费者需求进行具体分析和精准定位，帮助企业摸清消费者心理，实现精准广告投放，数字营销常见的方式有通过电商平台进行营销，通过社交媒体进行营销推广，以及通过人工智能进行营销。

㊀ 张夏恒．跨境电子商务生态体系构建机理与实施路径［J］．当代经济管理，2021，43（7）：55-60.

4）技术服务。它包括5G、物联网、区块链、大数据、云计算、人工智能等互联网、信息通信和数字技术。跨境电商的交易、服务均在线上进行，同时新技术的出现也推动了跨境电商新业态、新模式的创新发展。因此，互联网、信息通信和数字技术成为支持跨境电商发展的重要保障和创新动力。

5）政策服务。它包括法律咨询、政策培训、知识产权等相关服务。跨境电商的交易行为和产品销售，通常涉及不同国家的政策法律，交易双方对他国政策的不了解容易造成交易行为的不合规。因此，亟须专业机构为跨境交易提供通关、支付、知识产权等领域的合规合法咨询工作，帮助交易的顺利达成。

6）政府监管。跨境贸易通常涉及的政府监管机构有海关、外汇局、港务局、税务局等。跨境电商作为新兴产业，在市场、税收等领域的监管方面的规则尚未完善，政府监管有利于推动跨境电商这一新兴行业建立健全市场准入和监管体系，及时整顿行业内的垄断、恶意竞争等不良竞争现象，推动行业市场的规范有序运行。

7）数据资源。在贸易和服务过程中，会产生海量的数据资源，这些数据资源作为数字化时代的核心生产要素，投入生产和服务过程，赋能贸易各环节的价值提升，促进整体贸易效率的提升，推动交易双方需求的精准匹配，进一步推动跨境贸易向数字化、智能化方向发展。

（3）外部资源层。它包括产业基金、贸易联盟、行业协会、高校、全球伙伴网络、专业机构等外部的产业资源

该类资源不直接参与跨境电商的核心交易过程，但可以通过资金、科技、人才和渠道等方面的资源，为跨境电商平台和服务机构提供专业化和针对性的支持，间接推动跨境电商交易的进行。跨境电商产业生态体系架构如图11-5所示。

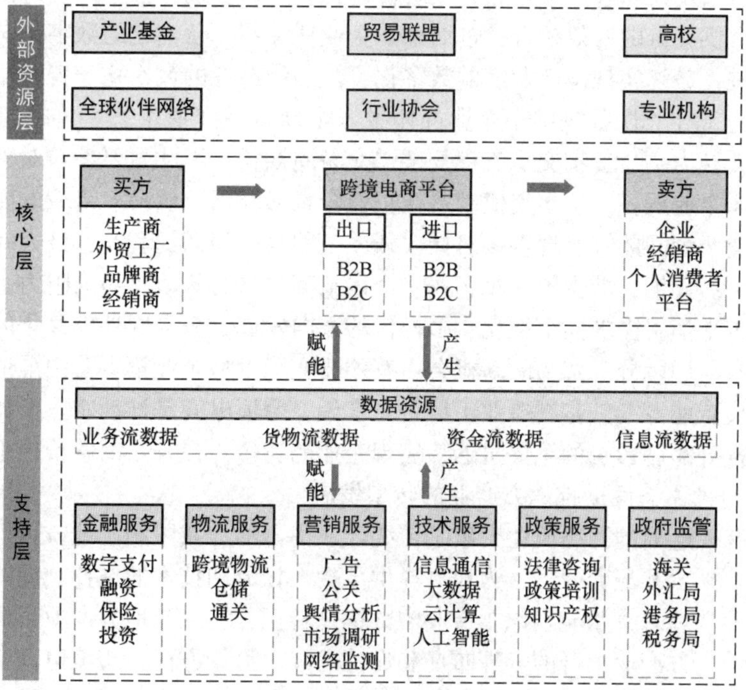

图11-5　跨境电商产业生态体系架构

2. 发展跨境电商生态圈对产业的带动作用

发展跨境电商生态圈，有利于带动数字贸易的整体发展升级，助推产业数字化、贸易全球化发展进程，带动地方经济的发展。跨境电商生态圈对产业的主要带动作用体现在以下五个方面：

（1）跨境电商生态圈推动国际贸易数字化发展。跨境电商生态圈内聚集了各方的产业资源，生态圈内各主体、各部门之间具有清晰的定位，各方形成有效的配合，为交易的达成和交付提供全面、高效、个性化的服务，逐步形成互联互通的一体化产业链条。生态圈对产业链进行整合，将处于世界各地的主体、产品和资源紧密联系起来，实现信息、资金、货物、数据的充分流通和共享，确保产业链的有序运行。

与传统国际贸易相比，跨境电商生态圈通过数字技术和数字化平台的应用，逐步实现交易环节的线上化，包括线上商品信息展示、线上磋商交易、数字支付、电子贸易单证以及物流状态实时跟踪等功能，大大提升了信息搜寻效率，降低了交易成本，提高了贸易效率；跨境电商平台的出现，则取代了贸易中间商的作用，极大简化了贸易中间环节，直接为交易双方提供新型贸易平台。跨境电商生态圈的发展，有利于实现国际贸易的业态创新，推动传统国际贸易实现高质量转型发展。

（2）跨境电商生态圈推动制造业转型发展。一方面，跨境电商生态圈汇集了跨境电商数字化平台、数字技术以及金融、物流、营销等配套服务体系，可以为制造业前端的研发、设计、生产环节进行技术和理念赋能，推动制造业在发展理念、产业体系、业务模式等方面与跨境电商实现深度融合，推动其他环节的数字化转型；另一方面，生态圈内企业可通过大数据、云计算等技术对交易双方在交易、交付等环节积淀下来的海量数据进行提取、分析，形成市场端的需求反馈和客户偏好，并及时传递到生产研发端，推动产业链按需生产、及时调整，实现整个供应链的有效整合，进而推动企业从交易、营销端的数字化向生产、研发环节的数字化递进，最终实现全产业链的数字化，推动制造业的数字化、智能化转型发展。

（3）跨境电商生态圈促进中小企业群体融入全球贸易产业生态。传统国际贸易通常以大额订单货物交易为主，货物交易流程复杂、交易周期长，因此主要参与对象以专业外贸公司和大型制造业企业居多，中小规模制造业企业较难参与国际贸易。跨境电商使得企业与企业间、企业与消费者间能够实现直接对接，减少了贸易中间商的套利，极大降低了货物贸易的成本，缩短贸易周期，减少了中小企业、个体工商户参与跨境贸易的阻力。此外，个人消费主义的崛起带来消费需求向个性化、多样化的方向发展，来自国外碎片化的订单需求为中小企业提供了参与国际分工贸易的新机会，有效改变了大型企业抢占营销渠道的局面。对于我国的中小规模企业，尤其是制造业工厂企业来说，跨境电商是推动企业发掘国际市场、拓展营销渠道、提升品牌影响的重要机遇，实现企业的竞争力提升、品牌价值重塑。

（4）跨境电商生态圈助推地方产业的转型发展

一方面，跨境电商的网络属性突破了传统产业集群的地域限制。地方可以借助跨境电商生态圈内的线上平台和配套服务，为地方提供金融、物流和技术的支持，同时通过跨境电商的先进技术和发展理念，赋能当地制造业的数智化转型，实现与地方产业集群在产业体系的深度融合，推动地方产业集群的合理布局和良性发展。另一方面，跨境电商实现了交易双方的直接联系，提供生产工厂直接触达消费者的机会，帮助企业打开参与国际贸易的新渠道，有利于吸引原先只参与国内贸易或贴牌代工的中小企业进入国际市场，推动地方企业由微笑曲线的中间低谷向两端的高价值环节拓展，实现地方产业的转型升级。

（5）跨境电商生态圈助推外贸高质量发展

2023年上半年，我国跨境电商进出口额实现了两位数的快速增长。跨境电商成为不少外贸企业获得订单的重要途径，有效助力了我国外贸稳规模、优结构。2023年以来，虽然出口形势整体压力变大，但企业通过跨境电商，精准对接海外消费者，每月的线上销售额从去年不到20万美元增长到现在的300多万美元，还带动了生产制造的转型升级。减少贸易中间环节，突破时空限制，不少传统外贸企业加快向跨境电商转型。2023年上半年，我国跨境电商进出口总额1.1万亿元，同比增长16%。

为了提高物流效率，提升海外消费者的购物体验，不少跨境电商主体还设立了海外仓。如今，我国设立跨境电商海外仓超过1500个，面积超过1900万m^2，近90%的海外仓已开展信息化智能化建设。此外，我国还在税收、通关、结汇等方面推出一系列支持举措，通过创新的监管方式和支持政策，为跨境电商和海外仓等新业态的快速发展助力。

跨境电商已成为我国对外经贸合作的新亮点。目前，我国跨境电商货物进出口占整体外贸比重由5年前的不到1%上升到5%左右。我国跨境电商主体已超10万家，进出口额1亿元以上的约7800家。跨境电商已经成为我国外贸发展的新动能、转型升级的新渠道和高质量发展的新抓手。

总体来说，跨境电商在我国外贸高质量发展中扮演着至关重要的角色，为我国外贸提供了新的发展机遇，加速了外贸的数字化、全球化进程，促进了外贸的高质量发展。

本章小结

本章介绍了跨境电商的概念和特点，说明了我国跨境电商的发展与趋势，阐述了我国跨境电商的关检税法及政策，探讨了我国跨境电商物流的运作模式，介绍了跨境电商物流的运作难题，并在此基础上说明了跨境电商物流的运作策略。同时，结合当下前沿的数字贸易，介绍了数字贸易与跨境电商的关系，以及跨境电商生态圈。

案例讨论

【案例讨论1】

快时尚电子商务公司——SHEIN：跨境数字供应链的竞争优势

SHEIN，中文名希音，是一家总部位于中国广州的跨境电商平台。该公司以快时尚、质优价廉的产品而闻名，旨在为全球消费者提供多样化的时尚服饰和配件。SHEIN最初是一个小型B2C电商平台，主要销售女装产品。随着全球市场的迅速发展和跨境电商的兴起，SHEIN开始扩大其产品线和服务范围，并成功进军国际市场。目前，SHEIN已经成为全球最受欢迎的时尚电商之一，其产品覆盖了服装、鞋履、配饰等多个品类。SHEIN的成功经验为其他跨境电商企业提供了有价值的启示。它的以数字化、智能化快速响应市场需求、灵活的供应链管理和注重用户体验的做法对其他跨境电商企业具有重要的借鉴意义。

一、“小单快反”的柔性供应链策略

作为快时尚品牌，供应链体系是打造品牌“护城河”的生命之线。现代社会不断迭代的商业模式和快速的发展节奏对供应链提出了更高的要求。从原料采购、产品开发、制造生产，到分销销售、终端配送，一个完整、高效的供应链网络必须快速响应前端客户需求，而快时尚品牌紧跟当下潮流，商品周期短、滚动快的特点更是给供应链出了一个大难题。

“小单快反”是目前时尚服饰类品牌共同选择的供应链模式，其本质来源于“柔性供应链”理论，即品牌面对快速变化的消费者时尚需求相应催生的爆款或滞销款应能做到快速而经济地应对。在SHEIN建立的“小单快反”模式下，企业根据前期来自社交媒体、搜索引擎以及时尚潮流发布的资源进行调研，通过分析消费者的需求来开发产品，小批量快速生产、快速测款，单款一般先上架不超过200件产品，根据市场反馈和销量调整生产计划，保证爆款不断货，滞销款不产生库存积压，提高仓库周转能力，提升资金流转效率。

做到极致的柔性供应链让SHEIN实现千款以上的日均上新数量，一周上新数量在万款数量级，从设计生产到上架仅需两周左右，如此高速且巨量的上新碾压了快时尚界的老前辈Zara、H&M等品牌，同时也将其早期的竞争对手远远甩在身后。

二、构建数字供应链体系

SHEIN研发出一套适用于供应链上下游所有代工厂和供应商的后端供应链生态系统，简称SCM（Supply Chain Management）系统，通过这一系统，SHEIN能够对每个订单的供应链各节点进行线上监测和追踪，从而把控生产计划和生产进度。在供应链系统中，供应商能够查看每种款式的供需情况、实时更新的排期计划，极大提高了供应商的生产效率和生产利润。同时，SHEIN能够看到供应商的生产进度，追溯生产流程。柔性供应链体系的核心是先少量下单测试市场反应后再决定是否跟单，由于生产规模大的工厂接单太少不能覆盖其生产成本，小规模的厂商成为SHEIN柔性供应链的主要合作对象。

为了增加供应链的稳定性，SHEIN缩短供应商货款周期，对部分供应商提供资金支持、补贴工厂、承担打板费用等帮助其扩大生产规模，从而实现与供应商的深度合作。2017年，SHEIN引进了日韩企业工厂的经验做质量管理，不断完善供应商管理规则，对供应商建立包括紧急采购时的交付率、及时库存、交付率、不良产品率、新产品成功率等维度在内的评分制度，对评分低的供应商及时进行淘汰替换。SHEIN对供应商的管理可以降低成本，增加稳定性。

三、全球物流网络体系建设

对于跨境电商企业，物流配送是长期限制其发展的重要因素。早期的跨境电商企业通过邮政网络、国际物流和快递公司以航空包裹的形式实现“门对门”的配送。然而，这种从中国直接发货的物流模式给消费者带来较差的物流体验，如配送时间长且波动大、易破损、易丢包等，无法解决售后退换货问题，消费者退款不退货的情况时有发生，给跨境出口企业带来巨大的售后退款成本。而海外仓物流模式下，跨境出口企业需要根据市场反应或销量预测提前将商品集中运往销售国本地仓库，消费者下单以后，商品能直接从海外仓发货，极大地缩短了配送时间，同时海外仓能对退换货进行重新打包贴标，实现二次销售。

SHEIN采用集中建仓与海外中转运营仓配合运营模式，目前已经拥有南京、深圳、广州、杭州四个研发中心，佛山、南沙以及比利时、美东、美西、印度六个物流中心，以及洛杉矶、迪拜、孟买、义乌等地的客管中心。SHEIN的仓库按照类型可以分为国内中心仓、海外中转仓和海外运营仓。SHEIN将国内中心仓设在广东佛山，承担全球95%的发货量，并在海外设置了多个海外中转仓，不承担发货功能，只提供消费者退货服务。另外，SHEIN在中国香港以及比利时、德里、美国东北部和美国西部等地还设有运营仓承担全球5%的发货量，负责其可送达范围内的物流配送。以美国和英国为例，目前SHEIN平台上购买一件商品的包邮配送时长大约在10天左右，与第三方跨境电商平台上动辄两三周、一个月的配送时长相比，SHEIN配送速度有明显的优势。其海外销售额在2020年、2021年大幅增长，这离不开与品牌长期对海外仓建设的投入。

SHEIN通过数据设计物流路线，降低履约成本、提高物流效率。SHEIN的产品发往全球220多个国家和地区，大多数商品都由广州的中心仓发货。同时为了减少消费者等待时间，SHEIN也会在海外仓准备少量现货。SHEIN发往不同地区的快递是按重量计费的，但运费标准不是固定不变的，会根据促销节奏进行调整，如果遇到大型节日一般会设置一定配送范围内免运费或者消费达到一定金额免运费，这一行为极大提高了消费者的节日促销认知。SHEIN的退货流程非常简单，自交货之日起30天内的未使用、未损害原包装的商品都可以享受退换货服务，买家可以自行退回也可以支付少量费用由SHEIN安排快递上门取货，快速方便的物流服务保证了消费者的购物体验。

四、深耕供应链构建竞争优势

从SHEIN的成功经验来看，企业要想形成产品竞争力，构筑“护城河”，长期发展，就必须深耕供应链，做出差异化。具体来说，深耕供应链就是要求企业具有用户思维，在了解用户需求数据后，把这些大数据的合作运用到产品的研发、营销、生产、管理以及配送等各个环节。如企业通过共享大数据，与供应商一起参与产品设计、研发和定价，通过制定企业标准，将品控贯穿始终，并对工厂进行全方位评估，建立预警机制。总之，企业要深入产业链上下游进行优化，在供应链的各个环节进行成本控制和提效，通过把控上游，获得竞争力，构建竞争优势。

SHEIN掌握了柔性供应链，抓住产业转型升级的风口，击败了昔日的竞争对手，成为业内当之无愧的“领头羊”。江山易打不易守，依托于中国制造和人口红利，SHEIN一度被描述为快时尚行业的颠覆者。但在不断压低成本和缩短上市周期的情况下，版权纠纷、服装质量、新品推出价格与折后价格差距过大等，都将是SHEIN面临的难题。

问题：

1. SHEIN如何成功打造全球化的跨境电商平台？
2. SHEIN的成功经验对其他跨境电商企业有何启示和借鉴意义？

【案例讨论2】

嘉诚国际物流的全程供应链模式之特色

华山论剑，商道各异。新的时代，新的模式。不同企业有不同的优势和特色。嘉诚国际物流作为我国制造业与物流业联动的标杆企业，构建了全程供应链模式，把制造业、物流、电商有机融合在一起，形成了具有嘉诚国际物流自身特色的竞争优势，通过全程供应链将绿色低碳物流、数字化转型、物流标准化、跨境电商联通起来，提供优质的物流供应链一体化服务。

1. 推行“嵌入式”全程供应链一体化服务模式

嘉诚国际物流推行全程供应链一体化管理的物流运营模式，将物流服务嵌入制造类企业原材料采购，产品生产、配送、销售及售后服务各个环节，与制造企业达成深度联动，通过合理的全程供应链一体化物流流程设计，集成供应链的各个环节，提供“嵌入式”全程供应链一体化管理服务，实现原材料物流、成品物流以及逆物流的循环对流运输。在原材料采购阶段提供采购物流服务，在生产物料调配过程中提供及时的生产物流服务，在产品销售环节提供成品物流服务，在产品售后环节及生产环节提供逆物流服务。

2. 创新型物流通关模式——“超级中国干线”

“超级中国干线”是指香港与广州南沙保税港区一站式空、陆、海多式联运的一种新型物流经营模式。利用粤、港、澳快速通关优势，将香港空运、海运货站货物的收发点延伸至天运（南沙）多功能国际物流中心，凭香港货运仓单入园区，出园区凭进口报关单对碰核销仓单，让客户只须凭一张全程空运提单便可轻松延伸货物网络，接通全球市场。

“超级中国干线”的建设按照互联互通的思路，创新立体监管，有利于促进南沙保税港区与其他枢纽港口、航空口岸和公路铁路之间的全方位立体联动，逐步消除因海关管辖区域的设置给物流移动带来的束缚，实现多式联运方式下货物的自由流通，构建粤港澳大湾区国际综合物流大通道。

3. 建设全程供应链一体化信息平台

嘉诚国际物流结合国内车辆及运输现状的特点，凭借多年的运输经验和自身精细化管理要求，将运输需求与现代信息技术结合，开发了一套运输管理系统，提供上下游的各种管理接口，构建多功能的运输平台；另外，在途货物全天候可视化状态跟踪环节中集成了定位技术、自动计费系统、各项运输指标的分析及关键绩效指标管理等功能的运用，提高货物在运输环节的可控性、安全性和满载率，让客户随时随地掌握货物流通的环节，及时有效的信息沟通保证了时时运输、配载、传输，实现了成品和原材料配送的精确、及时，确保货物的准点、安全到达。

4. 应用甩挂运输、多式联运等现代集约化运输方式

公司率先应用甩挂运输、多式联运等现代化、集约化物流运输方式，构建了信息化、标准化、集约化的高效运输服务体系，帮助制造企业提高物流效率、降低物流成本，促进货运物流业规模化、网络化发展。发展甩挂运输，大幅提升车辆使用效率，单位运输成本和能耗下降，推动全社会物流成本降低，推动行业节能减排发展。

5. 研发个性化物流方案与标准化物流装备

一方面，公司可以根据不同制造类企业的生产特性，通过对企业物流调研及制造业全程物流的总体目标，设计个性化的全程物流一体化方案，在方案中明确对客户进行流程再造后的物流成本节省效果；另一方面，公司根据供应链上不同的物流环节设计相应标准化的物流器具，以托盘标准化为切入点，带动仓储设施和运输设施的标准化，提升备货效率、装货效率，提高车辆周转效率，降低库存周转成本。

6. 实施标准化流程与精细化管理

公司将精细化管理贯彻到公司运营的每一环节，对全程供应链的每一操作环节进行动作分解，整理出标准化流程，并在实践中不断完善，形成标准的作业指导书，明确岗位职责和操作规范，并通过对组织内部流程的输入端、输出端的关键参数进行设置、计算、分析，衡量流程绩效，进行绩效管理，把企业的战略目标分解为可操作的工作目标，提高精细化管理水平，使每一员工的操作规范化、岗位职责明晰化、业务流程标准化。通过精细化管理，物流操作更规范、严谨，大大降低了物流操作产生的物料损耗，相应减少产品包装物的规格要求，直接节省客户经营成本。

嘉诚国际物流将继续坚持以全程供应链一体化管理为业务核心，以丰富和健全物流服务产品为经营导向，通过技术创新，以更为先进的物流设施和信息化管理系统不断提升物流服务品质和业务管理水平，力争与多家大型制造类企业和知名电子商务平台建立全程供应链战

略合作伙伴关系，进一步稳固公司与制造类企业深度两业联动业务模式中的领先地位，创新与制造业、商贸业三业联动的新模式，增强公司品牌影响力。

公司紧密结合国家“一带一路”倡议，不断创新发展，开发新型的高端物流模式，利用“互联网+”的思维进一步深度整合商流、物流、资金流、信息流，利用金融与资本的杠杆导入全程供应链一体化的管理，全面覆盖制造业、商贸业与物流业三业联动发展，扩大园区功能，强化园区的软实力，打造全国性的示范基地标杆。

嘉诚国际物流投资建设了嘉诚国际无水港，项目总占地面积约为12.8万m^2，总建筑面积约50万m^2，仓库面积41万m^2。公司将嘉诚国际无水港打造成基于三业联动模式的通用集散型货运枢纽，建设成全球无缝衔接创新性跨境多式联运中心，同时具备报关报检等公共服务功能，与天运（南沙）多功能国际物流中心形成联动，开展更大范围的多式联运和甩挂运输等先进物流组织方式，继续深化供应链一体化服务改革和创新，适应“互联网+物流”的发展趋势，继续引进“超级中国干线”快速通关模式，将货物通关范围从香港至南沙港拓展到南沙区，推动园区从生产服务型向综合型转型升级，起到全国物流园区示范作用，为广州市加快建设国际航运中心贡献力量。

问题：

你对嘉诚国际物流的全球供应链特色是怎么认识的？你对它做何评价？对嘉诚国际物流的供应链体系的优化有何建议？

课后思考与练习

思考题

1. 与传统外贸相比，跨境电商有哪些特点？
2. 跨境电商物流有哪些运作模式？
3. 我国促进跨境电商发展的政策主要有哪些？

练习题

一、名词解释

1. 进口跨境电子商务
2. 出口跨境电子商务
3. 跨境 B2B
4. 跨境 B2C
5. E 贸易跨境电商

二、简答题

1. 跨境电商具有什么特点？
2. 我国的跨境电商的趋势是什么？
3. 我国的跨境电商物流有哪几种运作模式？
4. 简述数字贸易与跨境电商的关系。

第十二章

国际货运代理

学习目标

掌握货运代理人的概念，了解国际货运代理的作用，掌握国际货运代理所从事的业务，认识国际货运代理协议的主要内容以及国际货运代理委托书的内容，掌握国际货运代理的权利、义务与责任。

学习要点

国际货运代理　国际海运货运代理　班轮货运代理　租船代理　国际航空货运代理　国际陆上货运代理　国际货运代理协议　国际货运代理委托书　国际货运代理权利　国际货运代理义务　国际货运代理责任

场景导入

新鑫贸易公司和宁远国际货运代理公司签订了一份委托合同，欲将一批棉布存放于宁远国际货运代理公司所属的仓库。该委托合同下的业务由宁远国际货运代理公司业务员张明明负责。宁远国际货运代理公司将棉布运到仓库存放时发现该仓库严重破损，并且最近两天内仓库所在地区将有台风与大雨，若将棉布存放于此仓库内必将导致严重损失，而此时宁远国际货运代理公司又无法与新鑫贸易公司取得联系。无奈之下，宁远国际货运代理公司决定将这批棉布转至德铭物流公司的仓库内存放，并委托德铭物流公司代为管理。然而，棉布存放在德铭物流公司仓库期间发生了失窃，为此，新鑫贸易公司要求宁远国际货运代理公司赔偿其损失，但宁远国际货运代理公司拒绝赔偿，理由是自己的转委托正当，该损失应该由新鑫贸易公司直接向德铭物流公司索赔。双方争执不下，诉至法院。

问：

如果你是张明明，你觉得新鑫贸易公司的要求是否合理？为什么？

第一节 国际货运代理概述

一、国际货运代理的产生与发展

由于国际贸易的日益活跃和运输多样化的发展，国际贸易会涉及货物的装卸、存储及境内外的运输等多方面的专业业务，而贸易经营者和运输经营者都没有足够精力去处理每一项具体的业务，因此需要委托代理人为其办理一系列的商务手续，避免货物在运输、交割过程中发生信用风险。在此背景下，国际货运代理应运而生。

在世界经济史上，国际货运代理业早在公元10世纪就出现了，随着公共仓库在港口及城市的建立、海上贸易的扩大及欧洲交易会的举办，货运代理行业逐步得到发展。起初，货运代理作为厂家、商人或进出口者的代理，依附货方，进行各种经营管理，如装卸、结关、存储、运输、销售和收取货款等。到16世纪，已有相当数量的货运代理公司签发自己的提单、运单及仓储收据等，这些公司有的至今还存在。18世纪，货运代理开始把几家托运人运往同一目的地的货运集中起来托运，同时开始办理投保，后面逐步发展成现在我们熟悉的、中间性质的独立的行业，并渐渐地停止了收取货款和其他财务管理的业务。1850年以后，铁路运输因其速度快、运费低（仅为马车运费的1%）几乎完全垄断了陆运货物，并且进入与沿海、内河航运的竞争。而海上运输也发生了较大的变革，终于使建造用于装卸笨重货物的大船和气动吊机成为可能。这时，货运代理在一国的经济中占据了一定的地位。它不仅是运输的专家，而且能为其出口客户找到最快、最经济的路线。20世纪八九十年代，随着世界经济的全球化和信息时代的到来，国际贸易和货物运输迎来了大发展时期。国际海上运输进入了以集装箱班轮运输为主体的新时代。20世纪末至21世纪初是全球货运代理行业迅猛发展的黄金时期，该行业对国际贸易及世界经济的发展起着越来越重要的作用。

二、国际货运代理概述

1. 货运代理人的概念

FIATA（国际货运代理协会联合会）曾给出货运代理人的定义，即根据客户的指示，并为客户的利益而揽取货物运输的人，其本身不是承运人。

国际货运代理人既可以作为代理人以委托人的名义从事国际货代业务，也可以作为独立经营人以自己的名义办理委托事项。作为独立经营人时，国际货代企业需要以其自身的名义向委托人签发运输单证（海运提单、空运提单等），同时履行运输合同。选择作为独立经营人的货代，通常自身都具备仓库、堆场、运输工具等设施和条件，可以直接完成受托事务。根据业务范围和给客户提供的具体服务的不同，作为独立经营人的货代可以分为无船承运人、国际多式联运经营人、综合物流业的经营人。

2. 国际货运代理人的作用

（1）组织协调。帮助委托人组织运输活动，其具体内容有：设计运输路线，选择运输方式和承运人，协调货主、承运人以及其仓储保管人、保险人、银行、港口、机场、车站、堆场经营人、海关（商检、卫检、动植检）、进出口管制等相关部门的关系。

（2）专业服务。提供货物的承揽、交运、拼装、集运、接卸和交付等服务；办理保险、海关、卫检、动植检、进出口管制等手续；代理委托人支付和收取运费，垫付税金和政府规费。

（3）沟通控制。保持货物运输关系人之间、货物运输关系人与其他有关企业和部门之间的有效沟通。

（4）咨询顾问。国际货运代理人向委托人提出明确的咨询意见，协助委托人设计、选择适当的处理方案，减少不必要的风险周折和浪费。

（5）降低成本。可以选择货物的最佳运输路线、方式，合适的仓储保管人、装卸作业人和保险人，拿到尽量公平合理的运费。国际货运代理人还可以通过集运效应使所有相关的各方受益，从而降低货物运输人的业务成本。

（6）资金融通。代替收货人、发货人支付相关的费用税金等，提前和承运人、仓储保管人、装卸作业人结算有关费用，凭着信誉和实力向他们提供费用担保等。

三、国际货运代理所从事的业务

《中华人民共和国国际货物运输代理业管理规定》第二条规定：国际货物运输代理业，是指接受进出口货物收货人、发货人的委托，以委托人的名义或者以自己的名义，为委托人办理国际货物运输及相关业务并收取服务报酬的行业。

随着国际贸易、运输方式的发展，国际货运代理人已渗透到国际贸易的每一领域，为国际贸易中不可缺少的重要组成部分。市场经济的迅速发展使社会分工更趋于明确，单一的贸易经营者或者单一的运输经营者都没有足够的力量亲自处理每项具体业务，他们需要委托代理人为其办理一系列商务手续。国际货运代理人的基本特点是受委托人委托或授权，代办各种国际贸易、运输所需要服务的业务，并收取一定报酬，或作为独立的经营人完成并组织货物运输、保管等业务，因而被认为是国际运输的组织者，也被誉为“国际贸易的桥梁”和“国际货物运输的设计师”。

从国际货运代理人的基本性质看，他们主要是接受委托方的委托，处理有关货物运输、转运、仓储、装卸等事宜。他们与货物托运人订立运输合同，同时又与运输部门签订合同，对货物托运人来说，他们是货物的承运人。相当部分的货运代理人掌握各种运输工具和储存货物的库场，在经营其业务时办理包括海陆空在内的货物运输。国际货运代理人所从事的业务主要有：

1. 为发货人服务

货运代理人代替发货人承担在不同货物运输中的任何一项手续：

（1）以最快最省的运输方式，安排合适的货物包装，选择货物的运输路线。

（2）向客户建议仓储与分拨。

（3）选择可靠、效率高的承运人，并负责缔结运输合同。

（4）安排货物的计重和计量。

（5）办理货物保险。

（6）货物的拼装。

（7）装运前或在目的地分拨货物之前把货物存仓。

（8）安排货物到港口的运输，办理海关和有关单证的手续，并把货物交给承运人。

（9）代表托运人或进口商承付运费、关税税收。

（10）办理有关货物运输的任何外汇交易。

（11）从承运人那里取得各种签署的提单，并把它们交给发货人。

（12）通过与承运人与其货运代理在国外的代理联系，监督货物运输进程，并使托运人了解货物去向。

2. 为海关服务

当货运代理人作为海关代理办理有关进出口商品的海关手续时，它不仅代表他的客户，而且代表海关当局。事实上，在许多国家，他们得到了海关当局的许可，办理海关手续，并对海关负责。

3. 为承运人服务

货运代理人向承运人及时定舱，议定对发货人、承运人都公平合理的费用，安排适当时间交货，以发货人的名义处理和承运人的运费账目事宜等。

4. 为航空公司服务

货运代理人在空运业方面充当航空公司的代理。在国际航空运输协会以空运货物为目的而制定的规则中，货运代理人被指定为国际航空协会的代理。他们利用航空公司为货主服务，并由航空公司支付佣金。

5. 为班轮公司服务

货运代理人与班轮公司的关系随业务的不同而不同，如果货运代理人提供拼箱服务，即拼箱货的集运服务，则他们与班轮公司及其他承运人（如铁路）之间已建立了较为密切的联系。个别国家拒绝给货运代理人支付佣金。

6. 提供拼箱服务

国际贸易中集装运输的增长引发集运和拼箱服务，在提供这种服务时，货运代理人担负委托人的责任。集运和拼箱的基本含义是：把一个出运地若干发货人发往另一个目的地的若干收货人的小件货物集中起来，作为一个整件运输的货物发给目的地的货运代理人，并通过他把单票货物交给各个收货人。货运代理人签发提单，即分提单或其他类似收据交给每票货的发货人；货运代理人目的港的代理把初始的提单交给收货人。拼箱的收、发货人不直接与承运人联系，对承运人来说，货运代理人是发货人，而货运代理人在目的港的代理是收货人。因此，承运人给货运代理人签发的是全程提单或货运单。如果发货人或收货人有特殊要求的话，货运代理人也可以在启运地和目的地从事提货和交付的服务，提供“门到门”的服务。

7. 多式联运服务

集装箱化的一个更深远的影响是货运代理人介入了多式联运。他们充当主要承运人并承担了组织一个单一合同、通过多种运输方式提供“门到门”服务的货物运输。货运代理人可以以当事人的身份，与其他承运人或其他服务提供者分别谈判并签约。但是，这些分拨合同不会影响多式联运合同的执行，也就是说，不会影响发货人的义务和在多式联运过程中货运代理人对货损及灭失所承担的责任。

第二节　国际货运代理业务

一、国际海运货运代理业务

国际海运货运代理业务，是指接受委托方（可以为国内工厂、国内国际海运货运代理同行、国外货运代理等）的委托，在自身经营范围内，通过海陆空等某一环节或全程综合物流环节，直接或间接地完成物流运输服务，让买卖双方不用因为运输问题而操心，国际海运货运代理人从而收取一定的佣金。可以说国际海运货运代理人是货主和运力供给者之间的桥梁和纽带。

国际海上货物运输是指承运人按照海上货物运输合同的约定，以海运船舶作为运载工具，以收取运费作为报酬，将托运人托运的货物经海路由一国港口运送至另一国港口的行为。国际海运（International Ocean Freight）是国际贸易中最主要的运输方式，我国绝大部分进出口货物都是通过海洋运输方式运输的。海洋运输的运量大、费用低，航道四通八达。但其速度慢，航行风险大，航行日期不易确定。按照船舶的经营方式，国际海运可分为班轮运输和租船运输。

1. 班轮运输

（1）班轮运输的特点。①班轮运输有固定的船期、航线、停靠港口和相对固定的运费率；②班轮运费中包括装卸费，故班轮的港口装卸由船方负责；③班轮承运货物的数量比较灵活，货主按需订舱，特别适合一般件杂货和集装箱货物的运输。

（2）班轮运费。班轮运费由班轮运价表规定，包括基本运费和各种附加费。基本运费分成两大类：一类是传统的件杂货运费；另一类是集装箱包箱费率。件杂货也有按商品价格或件数计收运费的。大宗低值货物可由船、货双方议定运价。班轮运费中的附加费名目繁多，其中包括：超长附加费、超重附加费、选择卸货港附加费、变更卸货港附加费、燃油附加费、港口拥挤附加费、绕航附加费、转船附加费和直航附加费等。在集装箱运输费用中，除上述海运费用外，还包括有关的服务费和设备使用费。

此外，班轮公司对不同商品混装在同一包装内，按其中收费较高者计收运费。同一票商品，如果包装不同，其计费等级和标准也不同，如果托运人未按不同包装分别列明毛重和体积，则全票货物按收费较高者计收运费；同一提单内有两种以上不同货名，如果托运人未分别列明毛重和体积，也从高计费。

（3）班轮货运代理。

1）班轮运输船舶代理人。班轮运输船舶代理人是指在班轮运输中，班轮公司从事班轮运输的船舶停靠的港口委托的代理人。该代理人的责任通常由班轮代理合同的条款予以确定。代理人通常应该为班轮运输制作船期广告，为班轮公司开展揽货工作，办理订舱和收取运费，为班轮公司制作运输单据、代签提单，管理船务与集装箱工作，代表班轮公司就有关费率以及班轮公司营运业务等事宜与政府主管部门和班轮公会进行接触。总之，凡是班轮公司自行办理的业务都可以通过授权，由代理人代办。

2）订舱代理人。班轮公司为了使自己所经营的班轮运输船舶能在载重和舱容上得到充分利用，力争做到满舱满载，除在班轮船舶挂靠的港口设立分支机构或者委托代理人外，还会委托订舱代理人，以便争取广泛的货源。订舱代理人通常与货主以及货运代理人有着广泛和良好的业务联系，因此能为班轮公司创造良好的经营效益，同时也能为班轮公司建立起一套有效的货运程序。

2. 租船运输

租船是指包租整船。租船费用较班轮低廉，且可选择直达航线，故大宗货物一般采用租船运输。

（1）租船方式。租船方式主要有定程租船和定期租船两种。

1）定程租船。定程租船是以航程为基础的租船方式，又称程租船。船方必须按租船合同规定的航程完成货物运输任务，并负责船舶的运营管理及其在航行中的各项费用开支。程租船的运费一般按货物装运数量计算，也可按航次包租金额计算。租船双方的权利和义务由租船合同规定。在程租船方式中，合同应明确船方是否负担货物在港口的装卸费用。如果船方不负担装卸，则应在合同中规定装卸期限或装卸率，以及与之相对应的滞期费和速遣费。如租方未能在限期内完成装卸作业，为了补偿船方由此而造成的延迟开航的损失，应向船方支付一定的罚金，即滞期费。如租方提前完成装卸作业，则由船方向租方支付一定的奖金，称为速遣费。通常速遣费为滞期费的一半。

2）定期租船。定期租船是按一定时间租用船舶进行运输的方式，又称期租船。船方应在合同规定的租赁期内提供适航的船舶，并承担为保持适航的有关费用。租船人在此期间尚可在规定航区内自行调度、支配船舶，但应负责燃料费、港口费和装卸费等运营过程中的各项开支。

（2）租船代理人。租船代理（Shipping Broker）的主要业务是在市场上为租船人寻找合适的运输船舶或为船东寻找货运对象，以中间人身份使租船人和船东双方达成租赁交易，从中赚取佣金。因此，根据其所代表的委托人身份的不同可分为租船代理人和船东代理人。

租船代理人的主要工作：

1）按照委托人（船东或租船人）的指示要求，为委托人提供最合适的对象和最有利的条件并促成租赁交易的成交。

2）根据双方洽谈确认的条件拟订租船合同并按委托方的授权代签合同。

3）提供委托人航运市场行情、国际航运动态以及有关资料信息等。

4）为当事人双方斡旋调解纠纷，争取公平合理地解决问题。

代理佣金一般按租金的1%~2.5%在租船合同中加以规定。

二、国际航空货运代理业务

航空货运代理业务是航空货运的一种业务，采用空运方式进出口货物，需要办理一定的手续，如出口货物在始发站机场交给航空公司之间的揽货、接货、订舱、制单、报关和交运等；进口货物在目的站机场从航空公司接货、接单、制单、报关、送货或转运等。这类业务中有些航空公司不负责办理，而由专门承办此类业务的航空货运代理公司负责。航空货运业务一般有通过航空货运代理公司办理或由收、发货人直接向航空公司办理两种。

航空货运代理公司作为货主和航空公司之间的纽带和桥梁，可以是货主的代理代替货主向航空公司办理托运或提取货物的手续，也可以是航空公司的代理代替航空公司接收货物，出具航空公司的主运单和自己的分运单。

国际航空货运代理的流程包含以下几个环节。

1. 市场销售

航空货运代理公司开发货源，提供服务，与出口单位（发货人）就出口货物运输事宜达成意向。

2. 委托运输

发货人发货时需要填写委托书，并加盖公章，作为货主委托代理承办航空货运出口货物的依据。

航空货运代理人根据委托书要求办理出口手续，并据以结算费用。因此，国际货物托运书是航空货运代理人和发货人之间的重要法律文件。

在接受托运人的委托后，在单证操作前，需要对托运书的价格、航班日期进行合同评审。审核人员需要在托运书上签名和并写上日期以表示确认。

一般航空货运单上的价格显示的是 TACT（空运货物运价表）上公布的适用运价和费率，但托运书上显示的价格是根据航空公司和国际航空货运代理人签的优惠价格和服务费，或是航空货运代理人与发货量大的公司签署的长期代理协议上的协议价格。

3. 审核单证

需要审核的单证由于贸易方式、信用证要求等有所不同，主要包括以下几种：

（1）发票、装箱单。

（2）托运书。

（3）报关单。

（4）外汇核销单。

（5）许可证。

（6）商检证。

（7）进料/来料加工核销本。

（8）索赔/返修协议。

（9）到付保函。

（10）关封。

4. 预配舱

代理人汇总接受的委托和客户的预报，并输入计算机，计算各航线的件数、重量、体积，按照客户要求和货物的重、泡情况，根据不同航空公司不同箱板的重量和高度要求，制定预配舱方案，并对每票货配上运单号。

5. 预订舱

代理人根据所指定的预配舱方案，按航班、日期打印出总的运单号、件数、重量、体积等，向航空公司预订舱。由于此时货物还未进入仓库，预报和实际的件数、重量、体积都会有差别，留待配舱时再调整。

6. 接受单证

接受托运人送交的已经审核确认的托运书及报关单证、收货凭证，并将计算机中的收货记录与收货凭证核对；制作操作交接单，并填上所收到的各种报关单证份数，给每份交接单配一份主运单或分运单；将制作好的交接单、配好的主运单或分运单、报关单证移交下一环节制单。

此时如果货未到或未全到，则先按照托运书上的数据填入交接单并注明，等货全到齐后再进行修改。

7. 填制航空货运单

航空货运单包括主运单（AWB）和分运单（HWB）。航空货运单是发货人收结汇的主要有价证券。

8. 接受货物

接受货物是指航空货运代理人把即将发运的货物从发货人手中运到自己的仓库。

一般接受货物和接受单证同时进行。对于通过空运或铁路从内地运往出境地的出口货物，货运代理人按照发货人提供的运单号、航班号及接货地点、接货日期，代其提取货物。如果货物已经在始发地办理了出口海关手续，发货人应该同时提供始发地海关的关封。

9. 标记与标签

（1）标记：托运人、收货人联系方式；合同号；操作注意事项；单件超过 150kg 的货物。

（2）标签：识别标签；特种货物标签；操作标签或者按类别分为航空公司标签和分标签。

10. 配舱

在配舱时，要求所有运出的货物都已经入库。此时核对货物的实际件数、重量、体积和托运书上预报数量的差别。对预订舱位、箱板有效利用、合理搭配，按照各航班的机型、箱板型号、高度、数量再进行配载。对于货物晚到、未到或者未能顺利通关放行的货物进行调整。

实际上这一过程一直延续到交接给航空公司才完毕。

11. 订舱

将所接受空运货物向航空公司申请并预定舱位。

收到发货人的预报后，向航空公司吨控部门申请订舱，提供相应信息：货物的名称、体积（必要时提供单件体积）、重量、件数、目的地、要求出运的时间、其他运输要求（温度、装卸要求、货物到目的地时限等）。

一般航空公司舱位保障的原则是：

（1）应有固定舱位配额。

（2）优先保障邮件快件。

（3）优先保障运价较高的货物舱位。

（4）未订舱的货物，按交运时间和前三条原则按顺序安排舱位。

订舱后，航空公司签发舱位确认书，同时给予装货集装器领取凭证，以表示舱位订妥。

预订的舱位有时会因货物原因、单证原因、海关原因使得最终舱位不够或者空舱，此类情况需要通过一定程度的预见和调整来补救。

12. 出口报关

出口报关是指发货人或其代理人在货物发运前，向出境地的海关办理货物出口手续的过程。出口报关的基本程序如下：

（1）将发货人提供的出口货物报关单的各项内容输入计算机。

（2）在通过计算机填制的报关单上，加盖报关单位的报关专用章。

（3）将报关单与有关的发票、装箱单和航空货运单综合在一起，并根据需要随附有关的证明文件。

（4）以上报关单证齐全后，由持有报关证的报关员正式向海关申报。

（5）海关审核无误后，海关官员即在用于发运的运单正本上加盖放行章，同时在出口收汇核销单和出口报关单上加盖放行章，在发货人用于产品退税的单证上加盖验讫章，贴上防伪标志。

（6）完成出口报关手续，出运修理件、更换件时，需要留取海关报关单，以备以后进口报关用。

出口货物根据动、卫检部门的规定和货物种类，填制相应的动、卫签章。对于非动植物及其制品类，要求填制卫检申报单，加盖卫检放行章。

动植物类货物除需要填制卫检申报单外，还需要填制动植物检疫报检单，并加盖放行章。

化工类产品需要到指定地点检验证明其是否适合空运，对于不同的出口货物也有各种规定和限制。

13. 出仓单

配舱方案制定后，就可着手编制出仓单，其内容包括：

（1）出仓单的日期、承运航班的日期、装箱板形式及数量、货物进仓顺序编号、主运单号、件数、重量、体积、目的地三字代码和备注。

（2）出仓单用于出口仓库环节，作为出库计划、出口时点数并向装箱板环节交接。

（3）出仓单用于装箱板环节，作为向出口仓库提货的依据。

（4）出仓单用于货物交接环节，作为从装箱板环节收货的凭证和制作国际货物交接清单的依据，还用于向航空公司交接货物。

（5）出仓单用于外拼箱。

（6）出仓单用于报关环节，当报关有问题时，可有针对性地反馈采取措施。

14. 提板箱

根据订舱计划向航空公司申请领板、箱并办理相应的手续。提板、箱时，应领取相应的塑料薄膜和网。对所使用的板、箱要登记、消号。

15. 装板箱

大宗货物、集中托运货物可以在货运代理人自己的仓库、场地、货棚进行装板、装箱，也可在航空公司指定的场地装板、装箱。装板、装箱时需要注意：

（1）不要用错不同航空公司的集装箱、集装板，不要用错板型、箱型，否则装不上飞机。

（2）不要超装箱、板尺寸，各种集装板都有具体的尺寸规定，超装箱、板尺寸，就无法装上飞机。

（3）要垫衬、封盖好塑料纸，防潮、防雨淋。

（4）集装箱、板内货物尽可能配装整齐、结构稳定，并接紧网索，防止运输途中倒塌。

（5）对于大宗货物、集中托运货物，尽可能将整票货物装在一个或几个板、箱内运输。如果装箱后还有剩余货物，尽可能拼在同一箱、板上，防止散乱、遗失。

16. 签单

货运单在盖好海关放行章后，还需要到航空公司签单，主要是审核运价使用是否正确、货物性质是否适合空运，危险品等是否办妥了相应的证明和手续。航空公司的地面代理规定，只有签单确认后才允许将单、货交给航空公司。

17. 交接发运

交接是指向航空公司交单、交货，由航空公司安排运输。

交单是指将随机单据和承运人留存的单据交给航空公司。随机单据包括第二联航空运单正本、发票、装箱单、产地证明、品质鉴定书等。

交货即把与单据相符的货物交给航空公司。交货之前必须粘贴或拴挂货物标签，清点和核对货物，填制货物交接清单。

大宗货、集中托运货，以整箱板称重交接。零散小货按票称重，计件交接。

航空公司审单验货后，在交接签单上验收，将货物存入出口仓库，将单据交给吨控部门，以备航空公司配舱。

18. 航班跟踪

单、货交给航空公司后，航空公司可能会因各种原因，如航班取消、延误、机械故障、改机型、错运、倒垛或装板不符合规定等，未能按预定时间运出，所以货运代理人从单、货交给航空公司后，就需要对航班、货物进行跟踪。

需要联程中转的货物，在货物出运后，需要要求航空公司提供二、三程航班中转信息。即使已经事先预定了二、三程，也需要确认中转情况，有时需要直接发传真或电话与航空公司的海外办事处沟通中转情况，及时将相关信息反馈给客户。遇到不正常情况要及时想办法处理。

19. 信息服务

航空货运代理人需要给客户提供以下几个方面的信息：

（1）订舱信息。

（2）审单及报关信息。

（3）仓库收货信息。

（4）交运称重信息。

（5）一程及二程航班信息。

（6）集中托运信息。

（7）单证信息。

三、国际陆上货运代理业务

1. 国际铁路联运货物运输流程

以国际铁路运输出口为例，业务组织工作主要包括出口货物的托运、发货人在装车发运中的工作、出口货物在国境站的交接、到达取货等。

（1）出口货物的托运。货物托运是发货人向铁路提出委托运输的行为。国际铁路联运出口货物同国内运输货物的托运一样，发货人应向车站提出货物运单和运单副本，以此作为货物托运的书面申请。对于整车货物，一般在铁路规定的日期内装车完毕，铁路车站在货物运单上加盖承运日期戳，即为承运。

（2）发货人在装车发运中的工作。货物办理完毕托运和承运手续后，接下来装车发运。按照我国铁路的规定，在车站公共装卸场所内的装卸工作，由铁路负责组织；其他场所，如专用线装卸场，则由发货人或收货人负责组织。但某些性质特殊的货物，如易腐烂货物、未装容器的活动物等，即使在车站的货场内，也均由发货人组织装车或卸车。

（3）出口货物在国境站的交接。其一般程序是：出口国境站货运调度根据国内前方站列车到达预报，通知交接所和海关做好接车准备工作；出口货物列车进站后，铁路会同海关接车，并将列车随带的运送票据送交接所处理，货物列车接受海关的监管和检查；交接所实行联合办公。

（4）到达取货。在货物到站后，应通知运单中所记载的收货人领取货物。在收货人付清运单中所载的一切应付运送费用后，铁路需要将货物连同运单正本和货物到达通知单交付收货人。收货人需要支付运送费用并领取货物。

国际铁路联运进口货物运输流程与上述流程类似，对于小额订货（具有零星分散的特点）、合装货物和混装货物，通常以口岸外运分公司作为收货人。因此，在双方国境站办妥货物交接货手续后，口岸外运分公司应及时向铁路提取货物，进行开箱分拨，并按照合同编制有关货运单证，向铁路重新办理托运手续。在分运货物时，必须做到货物包装牢固、单证与货物相符，并办清海关申报手续。如发现货损货差并属于铁路责任的，必须由铁路出具商务记录；如属发货人责任的，由各有关进出口公司向发货人提出赔偿。

2. 国际公路联运代理业务

国际公路联运代理业务包括发送业务、途中业务和到达业务三部分。其中，发送业务主要包括受理托运、检货司磅、保管、组织装车和制票收费等内容；途中业务主要包括途中货物交接、货物整理或换装等内容；到达业务主要包括货运票据的交接，货物卸车、保管和交付等内容。

（1）公路货物运输业务的分类。公路货物运输业务可分为出口物资的集港运输、货物的疏港运输、国际多式联运的首尾段运输、边境公路过境运输、特种货物运输、浮动公路运输。

1）出口物资的集港运输。它是指出口商品由产地（收购站或加工厂）至外贸中转仓库，由中转仓库至港口仓库，由港口仓库至船边（铁路专用线或航空港收货点）的运输。

2）货物的疏港运输。它是指接受进口货物代理人委托，将进口货物由港（站）送达指定交货地点。

3）国际多式联运的首尾段运输。它是指国际多式联运国内段的运输，即将出口货物由内陆装箱点装运至出运港（站），将进口货物由港（站）运至最终交货地的运输。

4）边境公路过境运输。它是指经向海关申请办理指定车辆、驾驶员和过境路线，在海关规定的地点停留，接受海关监管和检查，按有关规定办理报验、完税、放行后运达目的地的运输。

5）特种货物运输。它是指超限笨重物品、危险品、鲜活商品等的运输，要使用专门车辆并向有关管理部门办理准运证方得起运。

6）浮动公路运输。浮动公路运输又称车辆渡船方式运输，这种联合运输的特点是在陆运与水运之间，不需要将货物从一种运输工具上卸下再转换到另一种运输工具上，而仍利用原来的车辆作为货物载体。衔接方式是将整车货载开上船舶，以运达另一港口。而且其在转换时不触碰货物，因而有利于减少或防止货损。

（2）外贸公路运输的主要任务

1）将出口商品由产地集中到外贸仓库。

2）将出口商品由外贸储存库运至发运点仓库。

3）将出口商品由发运点仓库运至港口前方仓库，或直接运至港口、车站、机场。

4）将集装箱货物由交货点通过公路运输至车站装上火车或运至港口装船，即承担国际多式联运的第一段运输。

5）进口货物的疏运，送货上门。

6）边境贸易的直达货物运输等。

第三节　国际货运代理协议

一、国际货运代理协议概述

1. 国际货运代理协议的概念与特点

国际货运代理协议是指在国际货运代理人与委托人之间订立的、规定双方权利和义务的协议。其中，委托人是进出口货物的发货人、收货人或代理人，而国际货运代理企业作为受托人，根据国际货运代理协议负责代表委托人处理与货物运输、交付、存储等相关的各种事务。国际货运代理协议具有以下特点：

（1）从协议性质来看，国际货运代理协议是双务有偿合同，即国际货运代理协议双方当事人既享受权利，又需要承担义务与责任。按协议完成代理服务后，国际货运代理人有权收取代理费，而委托人则应承担相应的按约支付费用义务。

（2）从协议涉及的关系来看，国际货运代理协议体现了货运代理人与委托人之间有关国际货物运输服务的经济关系，通常不涉及委托人与第三人、受托人与第三人之间的外部关系。

（3）从协议内容的标准化来看，国际货运代理协议具有学术性强、应用性弱的特点。尽管 FIATA（国际货运代理协会联合会）、中国国际货运代理协会以及英国、德国、新加坡、马来西亚等国的货运代理行业组织都在积极推进国际货运代理协议内容的标准化，各自出台了相关的规范与标准，但由于国际货运中涉及地区与组织的复杂性，相关的规范与标准的推广和应用始终进展缓慢。

2. 国际货运代理协议的类型

国际货运代理协议根据委托代理内容、代理权限大小、代理有效期限的不同可划分为不同的类型。

根据委托代理内容的不同划分：

（1）货运代理协议。在此类协议下，委托人通常为发货人、收货人或其代理人，委托国际货运代理为其提供出口货运代理、进口货运代理及中转货运代理等服务。

（2）互为代理协议。在此类协议下，委托人通常为货运代理人，当委托人需要转委托或以承运人身份从事集运、分拨、转运业务时，通常与另一家国际货运代理人签署委托协议。在实务中，这种代理协议既可以是双向的（即互为代理），也可以是单向的。

（3）揽货/销售代理协议。在此类协议下，委托人为承运人或其代理人，委托另一家国际货运代理人为其提供揽货/销售、代收运费等服务。

3. 根据代理权限大小的不同分类

（1）总代理协议。代理人是委托人在指定地区的全权代表，享有委托人某项货运事务、享有独家专营权及代表委托人委托分代理人并处理相关事务的权利。在国际货运代理实际业务中，总代理人一般不直接办理代理业务和处理相关事宜，而是交由自己的分支机构或分代理人代为办理。

（2）独家代理协议。代理人在委托人授权的区域或期限内享有代理某项货运事务的专营权，直接办理代理业务和处理相关事宜，但不享有委托分代理的权利。

（3）一般代理协议。代理人在委托人授权的区域或期限内，直接办理代理业务和处理相关事宜，既不享有代理专营权，也不享有委托分代理的权利。因此，委托人可以同时委托若干个代理人处理事务。在国际货运代理实际业务中，国际货运代理与委托人签署总代理协议或独家代理协议的难度较大。

4. 根据代理有效期限的不同划分

（1）航次代理协议。委托人委托代理人处理与特定航次相关的货物运输、单证交接等相关事务后，代理关系即终止。在协议履行过程中，双方应遵循协议约定，履行各自的职责和义务，确保航次代理业务的顺利进行。

（2）长期代理协议。委托人与代理人签署有效期一年以上的国际货运代理协议，确保国际货运代理人在较长时间内为委托人提供稳定和可靠的服务，同时也有助于双方更好地规划和管理业务。在协议有效期内，只要未发生协议所规定的可以终止长期代理关系的事项，代理关系不会中止。

二、国际货运代理协议的主要内容

2016年4月26日，中国海事仲裁委员会上海分会制定并发布了《货运代理协议示范条款》。该条款内容分为定义、委托事项、甲方义务、乙方义务、费用结算、违约责任、特别约定、其他约定、协议适用法律、争议解决，以及协议的生效、修改、终止等共十个部分。该条款成为我国国际货运代理业务实践中的重要参考与依据。目前，在我国的国际货运代理协议中，根据业务实践需要，具体条款通常包括：

（1）委托人的名称、地址、法定代表人姓名及公司电话。

（2）代理人的名称、地址、法定代表人姓名及公司电话。

（3）代理授权、代理期限、代理权限。

（4）代理人的义务，包括一般性义务及特定义务（可列若干选择性条款）。

（5）委托人的义务，包括一般性义务及特定义务（可列若干选择性条款）。

（6）代理事项，包括通常事项、特定事项（需要声明的）。

（7）收费标准、收费时间、收费方式，以及未按时支付费用的法律后果。例如，是按代理事项类别、服务量多少等约定不同档次的收费标准，还是采取包干收费的方式；代理人是否有义务垫付有关费用及垫付后的处理；委托人未能按约定时间支付相关费用的后果等。

（8）协议纠纷的解决办法，选择适用法律。

（9）协议生效条件、终止、变更、续展及有效期。

（10）协议正本数、所用文字及其效力。

（11）其他协议事项。

（12）单位盖章、法定代表人或其代理人签字。

（13）协议附件说明，包括代理公司的业务规程、收费标准及双方协商的往来电报、电文。

同时，由于国际货运代理人身份的不确定性，在国际货运代理协议中通常会对代理人是否享有以委托人的名义与第三人签约的权利、代理人与第三人签约前是否需要通过委托人书面确认以及代理人是否有权转委托等事项做出明确规定，为协议履行期间出现相关争议的处理提供依据。

此外，在国际货运总代理协议或独家代理协议中，为确保双方利益的平衡。代理人通常会明确规定委托人在协议履行期间，不得直接或间接在其代理区域内再委托其他代理人，并且不得存在直接与客户洽谈相关业务的行为，若委托人被动接受客户委托，委托人也应按成交额支付约定比例的佣金给代理人。同样，委托人通常也会规定代理人应完成的最低业务限额，积极维护委托人品牌形象与市场渠道，并定期向委托人报告市场经营情况等。

三、国际货运代理委托书概述

国际货运代理委托书是委托代理授权行为的书面形式，委托书上应详细列出托运各项资料和委托办理事项及工作要求，它是国际货运代理人的工作依据。在实践中，通常由委托人以电传、传真、电子邮件等形式向国际货运代理发出。

1. 国际货运代理委托书的分类

国际货运代理委托书可以根据委托人的国籍、委托书的格式、委托书的性质、委托书的范围进行划分。

（1）根据委托人的国籍划分，可分为国内委托书和国际委托书。

（2）根据委托书的格式划分，可分为标准格式委托书和非标准格式委托书。

（3）根据委托书的性质划分，可分为一般委托书和专项委托书。

（4）根据委托书的范围划分，可分为全球委托书和地区委托书。

2. 国际货运代理委托书的内容

国际货运代理委托书的内容通常包括以下几个部分：

（1）委托人信息。其包括委托人名称、地址、联系方式等基本信息。

（2）代理人信息。其包括代理人名称、地址、联系方式等基本信息，以及代理人与委托人之间的关系和合作历史等。

（3）货物信息。其包括货物的种类、数量、质量、价值等信息，以及货物的装运和交付要求等。

（4）运输信息。其包括运输方式、运输路线、运输费用预算等信息，以及运输时间和交货期限等要求。

（5）费用预算和支付方式。委托人应向代理人支付的费用预算和支付方式，包括各项费用的具体金额和支付时间等。

（6）责任与风险。委托人和代理人之间的责任和风险分配，以及各自承担的义务和风险范围等。

（7）其他附加条款。根据具体情况，还可以包括其他附加条款，如保密协议、知识产权保护协议、安全协议等。

3. 国际货运代理委托书与国际货运代理协议的区别

国际货运代理委托书与国际货运代理协议都是用于国际货运代理服务的文件。它们的区别如下：

（1）性质不同。国际货运代理委托书是委托人授权代理人进行货运代理的书面文件，而国际货运代理协议是双方协商并达成的协议，具有一定的合同性质。

（2）内容不同。国际货运代理委托书主要包含委托人与代理人的基本信息、货物信息、运输要求、费用预算、责任与风险等内容，而国际货运代理协议除包含上述信息外，还包含协议的生效期、协议期限、协议变更、违约责任、争议解决方式等内容。

（3）签订方式不同。国际货运代理委托书通常由委托人填写并提交给代理人，代理人根据实际情况进行确认或修改，最终双方签字盖章后生效。而国际货运代理协议一般由双方协商并签订，可以在签订后进行修改或补充。

（4）法律效力不同。国际货运代理委托书是代理人接受委托人授权的依据，具有一定的法律效力，而国际货运代理协议是双方协商达成的协议，具有更强的法律约束力。

长期以来，由于没有各方都接受的国际货运代理协议范本，加之与委托方相比，国际货运代理处于弱势地位，因而在业务实践中，通常采用国际货运代理委托书来代替国际货运代理协议。但在业务实践中，国际货运代理委托书中有关代理人与委托人之间的权利、义务和责任等方面的内容往往较为简单，一旦双方产生纠纷，很难有效保护国际货运代理人的利益。

因此，与《货运代理协议示范条款》相配套的国际货运代理委托书右上角需要注明："本委托书经受托方承诺/履行，为双方之间成立货运代理关系证明。有关权利、义务和责任适用中国的《合同法》及相关法律法规。"从而可以利用《合同法》及相关法律法规保障国际货运代理人的利益。

第四节 国际货运代理人的权利、义务与责任

根据《中华人民共和国民法典》《中华人民共和国国际货物运输代理业管理规定》等相关法律法规，国际货运代理协议中的国际货运代理人既享有代理权、获取报酬的权利、请求费用偿还的权利、知情权、留置权等，又得承担相应的义务。

一、国际货运代理人的权利

1. 代理权

代理权是指被代理人授予代理人代理其事务的权利，代理权产生于被代理人和代理人之间的委托合同关系。根据《中华人民共和国民法典》（以下简称《民法典》）的规定，被代理人和代理人之间是基于委托合同而产生的法律关系，被代理人授权代理人代表自己处理事务，这种授权可以是口头的，也可以是书面的。在代理关系中，代理人的权利和义务是统一的，代理人必须同时代表被代理人的利益和自己的利益。代理人在代理权限内可以代表被代理人进行各种民事活动，包括签订合同、处理事务、接受诉讼等。

国际货运代理的代理权是指货运代理人在委托人的授权范围内，以委托人的名义办理国际货物运输及相关业务。根据《民法典》第八百二十五条规定，托运人办理货物运输，应当向承运人准确表明收货人的姓名、名称或者凭指示的收货人，货物的名称、性质、重量、数量，收货地点等有关货物运输的必要情况。因此，国际货运代理人在代理权的范围内，可以以委托人的名义与承运人签订运输合同，并处理相关业务，如安排货物的装卸、报关、保险等事务。同时，国际货运代理人也有权在代理范围内处理与运输合同相关的其他事务，如

与承运人结算运费、处理货物保险等事务。需要注意的是，国际货运代理人的代理权是基于委托人的授权而产生的。因此，在行使代理权时，国际货运代理人应当遵守委托人的指示和法律规定，确保代理行为符合委托人的利益和法律规定。

2. 获取报酬的权利

获取报酬的权利是指国际货运代理人作为代理人身份，因提供相关服务而获取报酬的权利，是国际货运代理人的基本权利之一。根据《中华人民共和国国际货物运输代理业管理规定实施细则》第二条第二款的规定，国际货运代理企业作为代理人从事国际货运代理业务，是指国际货运代理企业接受进出口货物收货人、发货人或其代理人的委托，以委托人名义或者以自己的名义办理有关业务，收取代理费或佣金的行为。因此，国际货运代理人有权因提供服务而获取报酬。

在业务实践中，国际货运代理人可以根据与委托人签订的代理协议，按照协议约定的服务内容和费用标准，向委托人收取相应的服务报酬。该报酬可以按照运费的一定比例提取，也可以按照约定的固定费用进行支付。此外，如果国际货运代理人还提供其他附加服务，如仓储、包装、装卸等，也可以在代理协议中约定相应的服务费用。

需要注意的是，国际货运代理人应当在遵守相关法律法规和代理协议的前提下，合理、公正地确定服务报酬，并按照协议约定及时收取。同时，在代理协议中应当明确约定服务费用及其计算方式，避免因费用纠纷而损害双方的权益。

如果在双方没有明确约定的情况下，国际货运代理人请求委托人支付概括委托（即双方当事人约定受托人为委托人处理一切事务、费用比较难以计算的协议）下的费用，法院可以根据具体的情况，支持国际货运代理人合理的费用请求。对此，国际货运代理人应进行初步的举证，而“合理的费用”则需要根据具体的情况判定。

3. 请求费用偿还的权利

请求费用偿还的权利是指国际货运代理人在代理过程中，有权要求委托人支付自己依指示并尽职处理委托事务时产生的必要费用，以及有权要求相关当事人偿还因货主或承运人的原因导致代理人受到损失或支出额外费用。

根据《民法典》第九百二十一条的规定，委托人应当预付处理委托事务的费用。受托人为处理委托事务垫付的必要费用，委托人应当偿还该费用并支付利息。因此，对于国际货运代理协议履行过程中的必要费用，若在协议中明确规定由代理人垫付，代理人垫付后占用了自身资金，委托人除偿还垫付的费用外还应偿还从占用（即支出）资金之日起计算该资金的法定孳息；若在协议中明确规定由委托人预付，而委托人应当预付而不预付时，国际货运代理人可以拒绝处理委托事务而不承担违约责任。但在必要费用相关纠纷中，国际货运代理人主张必要费用的，应当负举证责任。

对于因货主或承运人的原因导致国际货运代理人受到损失或支出额外费用的情况，例如，在国际货物运输中，因承运人的原因导致货物滞留、延误或损坏，国际货运代理人有权要求承运人承担相应的额外费用，包括但不限于滞留费、仓储费、保险费等。如果货主与承运人之间存在纠纷，国际货运代理人也可以在代理协议的范围内要求货主支付相关费用。如果相关当事人不履行费用偿还的义务，国际货运代理人可以通过法律途径维护自己的权益。但需要注意的是，国际货运代理人要求费用偿还时应当依据代理协议和相关法律法规的规定，并保留相关证据。

4. 知情权

知情权是指知悉、获取信息的自由与权利，包括从官方或非官方知悉、获取相关信息。根据《民法典》第五百零九条第二款规定，当事人应当遵循诚信原则，根据合同的性质、目的和交易习惯履行通知、协助、保密等义务。该条款中对通知义务与协助义务的规定是对合同履行过程中双方知情权的保护。

在国际货运代理领域，知情权同样重要。国际货运代理人需要了解进出口货物的基本情况、运输要求、运输成本、支付细节等信息，以便其能够为委托人提供更好的服务。同时，国际货运代理人也需要了解运输合同中各方的权利和义务，以便其能够更好地履行其在合同中的义务。然而，在实践中，国际货运代理人的知情权往往受到各种限制。例如，一些货主可能不愿意透露货物的价值、数量、重量、目的地等信息，或者提供的信息不准确或不完整。此外，一些承运人可能也不愿意向国际货运代理人透露其运输成本、运输时间和运输要求等信息，这会影响到国际货运代理人的服务质量。因此，为了保障知情权的实现，建议国际货运代理人采取以下措施：

（1）与货主和承运人建立良好的沟通和信任关系，尽可能了解货物的详细信息，以及承运人的运输成本、运输时间和运输要求等信息。

（2）在签订运输合同前，尽可能了解各方的权利和义务，包括货物的保险、支付方式、运输条款等。

（3）了解相关国家和地区的法律规定和做法，以保障其知情权的合法有效行使。

（4）对信息进行合理使用和保密，不得泄露客户的商业机密和个人隐私等信息。

5. 留置权

留置权是指债权人因合法手段占有债务人的财物，在由此产生的债权未得到清偿以前留置该项财物并在超过一定期限仍未得到清偿时依法变卖留置财物，从价款中优先受偿的权利。国际货运代理人的留置权是指国际货运代理人在特定条件下对承运人货物的留置权。根据《民法典》和相关国际法规，国际货运代理人可以在以下情况下行使留置权：

（1）承运人未按照合同约定履行支付义务，包括运费、滞期费、港口使用费等费用。

（2）承运人未按照合同约定履行其他义务，如未按约定时间提供货物信息等。

（3）合同履行过程中出现其他违约行为，如违反保密义务等。

在上述情况下，国际货运代理人可以留置承运人的货物，以保障自己的权益。但需要注意的是，国际货运代理人的留置权必须依法在合理期限内行使，不能违反相关法律法规的规定。

同时，《最高人民法院关于审理海上货运代理纠纷案件若干问题的规定》第七条规定："海上货运代理合同约定货运代理企业交付处理海上货运代理事务取得的单证以委托人支付相关费用为条件，货运代理企业以委托人未支付相关费用为由拒绝交付单证的，人民法院应予支持。合同未约定或约定不明确，货运代理企业以委托人未支付相关费用为由拒绝交付单证的，人民法院应予支持，但提单、海运单或者其他运输单证除外。"因此，货运代理人在满足行使同时履行抗辩权（双务合同中应当同时履行的一方当事人有证据证明另一方当事人在同时履行的时间不能履行或者不能适当履行，则到履行期时，其享有不履行或者部分履行的权利）条件的情形下，可以扣留核销单、报关单等有关单证，禁止扣留对国际贸易的正常秩序有重大影响的提单等运输单证，否则将构成违约并应承担相应的赔偿责任。

二、国际货运代理人的义务

国际货运代理人的义务分为主要义务、次要义务和随附义务。

1. 主要义务

(1) 依约、依指示处理事务。根据国际货运代理协议，代理人为委托人处理的事务主要包括代为订立运输合同与代为订立运输合同之外的其他事务。代为订立运输合同的约定一般伴随委托人授予代理权时产生，其依约履行将产生代理的法律效果。无偿接收和交付货物，货物的保管、仓储、收仓、装载、称量，向承运人交付货物，包装，收取和预付保险费用，办理有关关税业务，签发、保管、交付相关单证，以及更为普遍的行政性管理及检验等，通常伴随着代订运输合同产生，对委托人的权益和合法利益产生影响，因而委托人可根据客观情况随时指示代理人，代理人负有遵守委托人指示的义务。代理人不遵守委托人的指示，构成代理人过错，给委托人造成损失的，代理人应承担赔偿责任。

以提单为例，要求承运人签发提单是法律赋予托运人的一项权利。依据《中华人民共和国海商法》(以下简称《海商法》) 第四十二条第三项的规定，“托运人”是指：本人或者委托他人以本人名义或者委托他人为本人与承运人订立海上货物运输合同的人；本人或者委托他人以本人名义或者委托他人为本人将货物交给与海上货物运输合同有关的承运人的人。该条款中“与承运人订立海上货物运输合同的人”是契约托运人，“将货物交给与海上货物运输合同有关的承运人的人”是实际托运人。在 FOB (即装运港船上交货) 贸易条件下，买方负责订立租船订舱合同，为契约托运人；卖方负责按约定时间、地点交货，为实际托运人。

《海商法》第七十二条第一款规定：“货物由承运人接收或者装船后，应托运人的要求，承运人应当签发提单。”在同时面对契约托运人和实际托运人时，承运人应向哪一个托运人签发提单，法律规定得并不明确，这也是《海商法》的不足之处。

实际上，依据《海商法》第七十二条的规定，国内卖方作为实际托运人也有权请求承运人签发提单。虽然这一结论突破了合同的相对性原则，即承运人应当将提单交付给与其订立海上货物运输合同的契约托运人，而不是与其不具有运输合同关系的实际托运人，但该结论并不违反《海商法》的规定，实际托运人的地位正是《海商法》基于海商业务的特殊性而特别设定的。更重要的是，如此规定并没有损害国外买方的利益，但有效地保护国内卖方的合法权益，为我国的对外出口提供了有力的保障。基于此，《最高人民法院关于审理海上货运代理纠纷案件若干问题的规定》第八条第一款规定：“货运代理企业接受契约托运人的委托办理订舱事务，同时接受实际托运人的委托向承运人交付货物，实际托运人请求货运代理企业交付其取得的提单、海运单或者其他运输单证的，人民法院应予支持。”

由此可见，对于在 FOB 贸易条件下，货运代理企业应向买、卖哪一方交付提单这一问题，《最高人民法院关于审理海上货运代理纠纷案件若干问题的规定》采取了保护货物所有人利益的司法政策，明确货运代理人应向实际交付货物的卖方交付提单。首先，从国际贸易制度的设计来看，在 FOB 贸易条件下，买方为契约托运人，卖方为实际托运人。FOB 贸易条件实际上是单证的买卖，买方按照约定支付价款与卖方交付单证构成对等给付义务，也就是卖方取得运输单证是其请求买方支付货款的前提条件，否则贸易合同将无法履行。据此，可以认为买卖双方已经约定应由卖方取得运输单证以保证贸易合同的履行。因此，实际托运人有优先于契约托运人向货运代理企业主张交付单证的权利。此外，从我国的贸易实践出发，目前我国出口贸易中采用FOB贸易条件成交的交易居多，这一规定也有助于保护国内卖方的利益。需要注意的是，在实践中，如果实际托运人急于向货运代理人请求交付单证，货运代理企业需要及时询问契约托运人的意见并取得书面授权，确认实际托运人是否已经支付了所有相关费用，确保单证交付过程不会影响货物的安全和运输，同时保护自己的合法权益。

（2）自己处理义务。国际货运代理协议是典型的委托合同，具有高度的属人性，要求受托人应当亲自处理委托事务，不得将事务转委托他人处理。

《最高人民法院关于审理海上货运代理纠纷案件若干问题的规定》第五条规定："委托人与货运代理企业约定了转委托权限，当事人就权限范围内的海上货运代理事务主张委托人同意转委托的，人民法院应予支持。没有约定转委托权限，货运代理企业或第三人以委托人知道货运代理企业将海上货运代理事务转委托或部分转委托第三人处理而未表示反对为由，主张委托人同意转委托的，人民法院不予支持，但委托人的行为明确表明其接受转委托的除外。"因此，如果在国际货运代理协议中，双方当事人约定了转委托权限，货运代理企业在约定权限内转委托他人办理相关事务，主张转委托经委托人同意的，应予以认定。在没有约定转委托权限的情况下，如果只是委托人知道货运代理人将相关事务转委托他人而没有表示反对的，不认为委托人同意转委托行为。

根据《民法典》第一百六十九条第三款规定，转委托代理未经被代理人同意或者追认的，代理人应当对转委托的第三人的行为承担责任；但是，在紧急情况下代理人为了维护被代理人的利益需要转委托第三人代理的除外。因此，在紧急情况下，如果国际货运代理人为了维护委托人的利益进行了转委托行为，即使事先没有征得委托人的同意，也是可以接受的。但是，为了确保委托人的利益得到保障，代理人应该及时向委托人报告转委托的情况，并在事后取得委托人的书面同意。

（3）报告义务。《民法典》第九百二十四条规定："受托人应当按照委托人的要求，报告委托事务的处理情况。委托合同终止时，受托人应当报告委托事务的结果。"报告义务分为两种：一种是事务处理过程中的报告义务，另一种是事务终止时的报告义务。

根据《中华人民共和国国际货物运输代理业管理规定》，国际货运代理企业应当向货主提供货物运输信息，包括货物的品名、数量、运输价格等内容，并按照货主的要求及时报告货物的运输情况。此外，国际货运代理企业还应当向货主提供有关单据和文件，包括提单、发票、装箱单等，并按照货主的要求及时交付。这些报告和单据的提供和交付是国际货运代理企业的重要义务，因为它们直接关系到货主在国际贸易中的权益和合法利益。如果国际货运代理企业没有履行这些报告和单据的提供和交付义务，可能会给货主造成损失或影响货主的利益。

同时，在国际贸易中，根据《中华人民共和国海关法》的规定，进口货物的收货人、出口货物的发货人未按照规定如实申报货物的，可能会被处以罚款或者其他行政处罚。如果未按照规定如实申报货物导致发生偷逃税等行为的，还可能会构成犯罪并面临更加严重的处罚。《中华人民共和国进出口商品检验法》《中华人民共和国进出境动植物检疫法》等法律条款和规定也要求申报人如实申报货物的相关信息，并遵守相关检验检疫要求。国际货运代理人作为申报人之一，必须严格遵守相关法律法规和行政管理部门的规范要求，如实、准确、及时地向海关申报货物的相关信息，以保障国际贸易的合法性和安全性。此外，在代理协议履行期间，货运代理人收取总额运价并赚取其中差价时，其对差价的构成和明细负有报告义务。因此，报告义务是国际货运代理企业的主要义务之一，而不是次要义务。

2. 次要义务

（1）谨慎尽职义务。所有代理人对被代理人都有谨慎办事的义务。大陆法系的民法要求代理人尽到一个“善良家长”对自己事务所应尽的责任，英美法系的代理法则要求代理人对其所代理的事务给予“应有的注意”。因此，代理人只有积极行使代理权，尽勤勉与谨慎的义务，才能实现和保护被代理人的利益。在国际货运代理协议履行期间，代理人应做到合理谨慎、尽职尽责，保证货物安全、保证服务的质量、遵守法律法规、及时发出通知信息，以及在委托人需要时提供必要的协助等，但合同另有约定的除外。

（2）忠实义务。忠实义务实际上是一种原则和精神，体现在受托人（代理人）各项具体的活动中，并延伸出若干具体规定。委托合同建立在双方当事人互信的基础上，受托人应当完全忠实于委托人，为委托人的利益处理事务，不得利用信息优势谋取合同以外的私利，也不得为第三人的利益而损害委托人的利益。例如，在某些情况下，卖方是海上货物运输合同的委托人，而收货人（通常是买方）与承运人却是该运输合同下的实际受益人，其享有的权利是最大的。若收货人出现了要求货运代理协助其向承运人索赔或采取其他行动的情况，可能会对委托人造成不利影响。国际货运代理人应该遵循职业道德和法规，确保为买卖双方提供高效、专业、可靠的服务，同时避免任何可能损害委托人利益的行为。当面临利益冲突时，国际货运代理人应该尽力寻求合理的平衡，并遵守委托人的意愿和要求。

（3）保密义务。根据相关法律法规和职业道德规范，国际货运代理人在代理协议履行期间或合同明确规定的保密期限内，有义务保守客户的商业机密，同时还应避免任何可能损害客户利益的行为，例如，不正当使用客户商业秘密或技术秘密的行为等。具体来说，国际货运代理人应对以下信息保密：

1）未向社会公开或只在一定范围内公开的任何信息、经验、技术和资料。这包括建设和经营计划、重要会议内容、重要公文内容、招投标方案、技术方案、财务数据、营销策略、用户信息等一切有关甲方商业、技术及经营管理秘密的信息，以及国家法律、法规规定的涉及通信保密和网络安全的内容。

2）在代理过程中所得到的资料。这些资料包括但不限于提单、发票、装箱单、商检证明、商业发票等，如果向第三方泄露可能会给委托人带来损失。如果在某些特殊情况下，国际货运代理人可能需要向第三方披露某些信息，例如，为了向第三方索赔或采取其他行动时可能需要披露与委托人利益相冲突的信息。此时，国际货运代理人应该遵守职业道德和法规，确保合理平衡各方利益并遵守委托人的意愿和要求。

需要注意的是，不同国家和地区的法律法规和行业标准可能存在差异，因此国际货运代理人在不同地区或不同国家提供的服务可能有所不同，其义务也会随之改变。

3. 随附义务

（1）提供信息的义务。国际货运代理人有义务向发货人提供关于货物运输的必要信息，如运输方式、运输路线、运输时间、运输费用等，以便发货人能够做出明智的决策。

（2）协助处理问题的义务。在货物运输过程中，如果发生了包括但不仅限于货物丢失、损坏、延误等任何问题，国际货运代理人有义务协助发货人解决问题，包括提供必要的证明、联系保险公司、与承运人交涉等。例如，国际货运代理人选择的航空公司出现航班延误或取消，导致委托人的货物无法及时到达目的地，那么国际货运代理人需要为委托人提供相应的解决方案，如协助委托人重新安排航班或提供相应的赔偿等。

三、国际货运代理人的责任

1. 对委托人的法律责任

根据《民法典》第一百六十四条规定，代理人不履行或者不完全履行职责，造成被代理人损害的，应当承担民事责任。代理人和相对人恶意串通，损害被代理人合法权益的，代理人和相对人应当承担连带责任。根据《民法典》第九百二十九条规定，有偿的委托合同，因受托人的过错造成委托人损失的，委托人可以请求赔偿损失。无偿的委托合同，因受托人的故意或者重大过失造成委托人损失的，委托人可以请求赔偿损失。受托人超越权限造成委托人损失的，应当赔偿损失。

因此，国际货运代理人在下列情形中应承担相应责任：

（1）代理人不履行职责而给委托人造成损害的，应当承担赔偿责任。

（2）代理人因过错而给委托人造成损失的，应当承担相应的法律责任，包括但不限于赔偿经济损失等。

（3）代理人与第三人串通损害委托人利益的，与第三人承担连带赔偿责任。

（4）在非因紧急情况而事先没有征得委托人同意，事后又未被追认的情况下转委托的，由代理人对自己的转委托行为负民事责任。但经委托人追认的转委托行为，应由委托人承担责任。

（5）无权代理，对委托人一般不发生效力，自行承担责任，即国际货运代理人在没有代理权、超越代理权或者代理权终止后等情况下，仍然以委托人名义实施民事行为所产生的法律责任，应当由代理人自行承担，以防止代理人滥用代理权或者进行不当行为。但如果委托人知道国际货运代理以自己的名义实施民事行为，而不做否认表示的，那么该民事行为的法律后果就由委托人承担，以保护第三人的利益，确保民事行为的合法性和有效性。

（6）代理人明知委托事项违法的，不能接受该委托，并向有关机关举报或寻求合法途径解决，否则将与委托人承担连带责任。委托人知道国际货运代理人的代理行为违法而不表示反对的，委托人与国际货运代理人负连带责任。

2. 对第三人的法律责任

国际货运代理中的第三人主要是指与国际货运代理人有业务往来的其他物流服务提供商，如船公司、航空公司、铁路公司、仓储公司、报关行等。这些第三人通常与国际货运代理人建立合作关系，为其委托人提供更全面的物流服务。例如，国际货运代理人可能需要将委托人的货物交给仓储公司进行储存和管理，或者委托报关行进行货物的报关和通关。国际货运代理人对第三人的责任主要是指其对合作第三人的责任。

当国际货运代理人以被代理人（委托人）的名义与第三人签订合同时，根据《民法典》第一百六十二条的规定，“代理人在代理权限内，以被代理人名义实施的民事法律行为，对被代理人发生效力”。因此，在国际货运代理人的代理行为中，代理人在代理权限内以被代理人名义进行的代理行为所产生的法律后果由被代理人（委托人）承担。也就是说，国际货运代理人以委托人的名义与第三人之间所产生的民事法律关系中的民事权利和民事义务的承担者应当是委托人和第三人，而不包括代理人本身，国际货运代理人在履行代理义务过程中对第三人产生的责任应当由被代理人（委托人）负责，国际货运代理人有责任协助委托人举证。但是，存在以下两种例外情况：

（1）如果第三人知道国际货运代理人没有代理权、超越代理权或者代理权终止，仍与其实施民事行为而给他人造成损害的，由第三人负连带责任。

（2）如果委托书授权不明或者存在缺陷，导致国际货运代理人无法准确了解其代理范围和权限，从而给第三人造成损害的，委托人应当向第三人承担民事责任，国际货运代理人负连带责任。

当国际货运代理人以自己的名义，在委托人的授权范围内与第三人订立合同；第三人在订立合同时知道国际货运代理人与委托人之间的代理关系的，该合同直接约束委托人与第三人，国际货运代理人在履行代理义务过程中对第三人产生的责任应当由委托人负责，但有确切证据证明该合同只约束国际货运代理人和第三人的除外。

当国际货运代理人以自己的名义与第三人订立合同，而第三人不知道国际货运代理人与委托人之间的代理关系的情况下，若国际货运代理人因第三人的原因对委托人不履行义务或造成损失的，国际货运代理人应当向委托人披露第三人。委托人可以行使国际货运代理人对第三人的权利，要求第三人履行其应尽的义务或承担相应的责任。同时，第三人也可以向委托人主张其对国际货运代理人的抗辩，如果委托人的行为或要求违反了合同或法律规定，第三人可以要求委托人承担相应的责任。但在第三人与国际货运代理人订立合同时如果知道该委托人就不会订立合同的除外。也就是说，如果第三人在订立合同时并不知道该合同涉及委托人的利益或权利，而后来发现存在委托人，因此不会订立该合同。在这种情况下，第三人可以主张其抗辩，如不可抗力、合同无效等，以避免承担不必要的责任或义务。

同时，根据《民法典》的规定，若国际货运代理人因委托人的原因对第三人不履行义务或造成损失的，国际货运代理人应当向第三人披露委托人。在披露委托人后，第三人可以选择国际货运代理人或者委托人作为相对方主张其权利，要求国际货运代理人或委托人履行相应的义务或承担相应的责任。但是，第三人不得变更选定的相对人。因此，国际货运代理人需要谨慎处理披露事宜，并尽可能与委托人协商解决相关纠纷。

如果第三人选择委托人作为相对人，委托人认为国际货运代理人没有履行其应尽的义务或责任，导致了对第三人的损失或损害，委托人可以要求国际货运代理人承担相应的责任；同时，如果国际货运代理人认为第三人也存在过错或责任，也可以向第三人主张抗辩。如果第三人选择国际货运代理人作为相对人主张权利，国际货运代理人应当向第三人承担相应的法律责任，但可以向委托人追偿相关损失。

3. 代为签发提单与代为转交、传递运输单证的责任

《最高人民法院关于审理海上货运代理纠纷案件若干问题的规定》第十二条规定，“货运代理企业接受未在我国交通主管部门办理提单登记的无船承运业务经营者的委托签发提单，当事人主张由货运代理企业和无船承运业务经营者对提单项下的损失承担连带责任的，人民法院应予支持。货运代理企业承担赔偿责任后，有权向无船承运业务经营者追偿。”因此，国际货运代理人应当制定运输单证的签发、审批流程并严格执行。货运代理企业在接受

承运人委托并代为签发运输单证时，应当严格审核承运人的资信状况，订立书面委托合同，取得承运人的书面授权，并保留运输单证签发过程中的文件记录。货运代理企业在代无船承运人签发提单时，应注意审核该无船承运人是否具备无船承运人经营资质和代签提单是否已在上海航运交易所进行登记，禁止代为签发未经登记的无船承运人提单，并注意防范境外无船承运人与收货人相互勾结的欺诈行为；否则，若货运代理人接受其委托并签发提单，则需要承担连带责任。

《最高人民法院关于审理海上货运代理纠纷案件若干问题的规定》第十四条规定："人民法院在案件审理过程中，发现不具有无船承运业务经营资格的货运代理企业违反《中华人民共和国国际海运条例》的规定，以自己的名义签发提单、海运单或者其他运输单证的，应当向有关交通主管部门提出司法建议，建议交通主管部门予以处罚。"因此，在委托人指定未合法登记无船承运人的情况下，若委托人要求国际货运代理人向第三人代为转交、传递有关运输单证，国际货运代理人应当谨慎处理，可以建议委托人直接转交、传递，避免自身卷入法律纠纷。

4. 举证责任

国际货运代理人是联系发货人、收货人和承运人的货物运输中介人，在处理被委托事务的同时还会与发货人、收货人和承运人之间产生更多具体关系，一旦在这些具体关系存续期间产生货物或利益损失纠纷，国际货运代理人应承担相应的举证责任。

（1）证明其与进出口货物收货人、发货人之间的委托代理关系的存在。国际货运代理人应提供合同、发票、提单、装箱单等相关文件，证明其作为代理人为委托人办理了国际货物运输及相关业务。

（2）证明其选择承运人谨慎得当。根据《最高人民法院关于审理海上货运代理纠纷案件若干问题的规定》第十一条规定："货运代理企业未尽谨慎义务，与未在我国交通主管部门办理提单登记的无船承运业务经营者订立海上货物运输合同，造成委托人损失的，应承担相应的赔偿责任。"显然，在满足如下两个条件的情况下，国际货运代理人应承担赔偿责任：一是未尽谨慎义务，与未办理提单备案的无船承运人签订运输合同；二是造成委托人损失。因此，国际货运代理人想要免责，需证明其已尽到了谨慎义务，不存在选任承运人不当的情况。尤其是国际货运代理人在代委托人向境内外无船承运人订舱时，应本着对货主负责的态度，选择合格、合法的无船承运业务经营者，并谨慎订立海上货物运输合同，否则国际货运代理人应对其不当选任承担民事责任。

（3）证明在货物运输过程中已尽必要注意义务。国际货运代理人应提供充分的证据，如符合要求的运输单据、通信记录、合同草案等，以证明其在货物运输过程中已尽必要注意义务，不存在任何过错。

（4）证明货物损失的发生与委托人的指示有关联。如果货物损失的发生与委托人的指示有关联，国际货运代理人应提供证据，如委托人的指示记录、通信记录等，以证明其对于货物损失的发生没有过错。根据《最高人民法院关于审理海上货运代理纠纷案件若干问题的规定》第十条规定："委托人以货运代理企业处理海上货运代理事务给委托人造成损失为由，主张由货运代理企业承担相应赔偿责任的，人民法院应予支持，但货运代理企业证明其没有过错的除外。"显然，委托人向国际货运代理人索赔，只需要证明其实际遭受损失且该损失与国际货运代理人处理货运代理事务具有因果联系即可。在满足上述两个条件的情况下，法院将推定国际货运代理人应承担赔偿责任，除非国际货运代理人能够证明其没有过错。此外，根据过错推定的一般理论，如果国际货运代理人能够证明委托人存在过错，也可免除或减轻自身的责任。因此，该规定加大了国际货运代理人的举证责任，对国际货运代理人较为不利。

（5）证明免责事由的存在。国际货运代理人应提供证据，如不可抗力事件、意外事故、对方过错等，以证明其对于货物损失的发生没有过错，依法应当免除或减轻责任。

本章小结

本章介绍了国际货运代理的作用、产生与发展，阐述了国际货运代理协议的主要内容以及国际货运代理委托书的内容，介绍了不同类型的国际货运代理业务内容与业务组织过程，探讨了国际货运代理人的权利、义务与责任。

案例讨论

以色列以星航运公司与我国招商物流公司签订的订舱协议约定，招商物流公司委托以星航运公司作为其在天津的进出口货物运输承运人；若货物在目的港无人提取，招商物流公司将与托运人对因此给以星航运公司所造成的一切责任、后果和费用承担连带责任。2014 年 8 月，招商物流公司委托以星航运公司将一个 20 尺集装箱[㊀]货物从天津新港运至乌克兰敖德萨港。以星航运公司签发了托运人为索尔特公司的指示提单，提单载明了集装箱的免费使用期与超期收费标准。货物到港后，一直没有收货人持正本提单提货。后货物在目的港被销毁，以星航运公司为此支付了目的港产生的销毁费用、堆存费、装卸费等。以星航运公司提起本案诉讼，请求判令招商物流公司、索尔特公司连带赔偿其目的港各项费用及集装箱超期使用费等经济损失 20310 美元及利息。案件审理中，以星航运公司与招商物流公司均主张适用中国法律处理本案合同争议。

天津海事法院一审判令招商物流公司赔偿以星航运公司在目的港支付的货物处置费用及按照购置成本基础计算的集装箱超期使用费共计 66152.52 元人民币及利息，驳回以星航运公司的其他诉讼请求。招商物流公司不服一审判决，提起上诉。

天津市高级人民法院二审认为：涉案提单系以星航运公司基于招商物流公司按照订舱协议提出的订舱要求所签发，虽提单记载托运人并非招商物流公司，但以星航运公司仍有权按照由订舱所形成的运输合同法律关系向订舱的托运人主张权利，当货物在目的港无人提货时，以星航运公司有权向合同相对方招商物流公司主张相应权利。承运人留置货物仅为其主张债权的方式之一，不留置货物并不影响承运人向托运人主张相关费用的权利。就货物销毁费用、堆存费、装卸费等损失，以星航运公司提交的在乌克兰目的港形成的相关证据经过公证认证，可相互印证。遂判决驳回上诉，维持原判。二审终审后，招商物流公司主动履行了判决确定的义务。

资料来源：http://rmfyb.chinacourt.org/paper/html/2018-08/09/content_142197.htm.

问题：

该案例具体体现了国际货运代理人的什么责任？

㊀ 20 尺集装箱的具体尺寸为 6.058m×2.438m×2.591m。

课后思考与练习

思考题

1. 国际货运代理人除开展传统的货运业务外，还可以拓展哪些业务？
2. 国际航空货运代理的流程是什么？
3. 国际货运代理人的义务有哪些？

练习题

一、单项选择题

1. 国际货运代理人是货物运输工作中的（　　）。

A. 托运人　B. 承运人　C. 中间人　D. 收货人

2. 以船舶为商业活动对象而进行船舶租赁业务的人为（　　）。

A. 咨询代理人　B. 货运代理人　C. 船务代理人　D. 租船代理人

3. 国际货运代理人根据委托人的授权，以委托人的名义从事代理行为时，所产生的法律后果由（　　）承担。

A. 委托人　B. 国际货运代理人

C. 代理行为的相对人　D. 顾客

4. 按照我国法律的规定，明知委托事项违法，货运代理人为了自身利益，仍进行货运代理活动，则（　　）。

A. 委托人不负责追偿责任　B. 货运代理人不负被追偿责任

C. 委托人不负连带责任　D. 货运代理人与委托人承担连带责任

二、多项选择题

1. 按照代理业务的性质和范围不同，代理行为主要包括（　　）。

A. 租船代理　B. 船务代理　C. 货运代理　D. 咨询代理

E. 航空代理

2. 船务代理的业务范围包括（　　）。

A. 船舶进港业务　B. 货运业务　C. 淡水、物料供应

D. 船员登岸手续　E. 报关、报检

3. 我国国际货运代理人的经营范围包括（　　）。

A. 揽货和订舱　B. 报关和报验　C. 缮制有关单证　D. 私人信函快递

E. 集运

4. 下列选项中属于货运代理人作为代理人的权利的是（　　）。

A. 以委托人名义处理委托事务

B. 要求委托人提交待运输货物和相关运输单证、文件资料

C. 要求委托人预付、偿还处理委托事务费用

D. 要求委托人承担代理行为后果

5. 关于货运代理人作为代理人的民事法律责任下列说法正确的是（　　）。

A. 因过错而给委托人造成的赔偿责任

B. 与第三人串通损害委托人利益的，与第三人承担连带赔偿责任

C. 明知委托事项违法的，与委托人承担连带责任

D. 擅自将委托事项转委托他人，应对转委托的行为向委托人承担责任

第十三章

国际物流金融与风险管理

学习目标

掌握国际物流金融与风险，国际物流中海运、陆运、空运、邮包货物运输的风险与保险，了解国际货运代理责任保险险别，掌握国际物流风险投保与承保，了解国际物流保险的索赔办理程序等内容。

学习要点

物流金融　仓单质押　海上风险　海上损失　海上费用　全部损失　部分损失　单独海损　共同海损　施救费用　救助费用　平安险　水渍险　一切险　战争险　罢工险　陆运险　空运险　索赔　理赔　物流投融资　保兑仓融资　买方信贷融资

场景导入

我国A公司与某国B公司于2001年10月20日签订购买52500t化肥的CFR合同。A公司开出信用证规定，装船期限为2002年1月1日至2002年1月10日，由于B公司租来运货的“顺风号”轮船在开往某外国港口途中遇到飓风，结果装船至2002年1月20日才完成。承运人在取得B公司出具的保函的情况下签发了与信用证一致的提单。“顺风号”轮船于2002年1月21日驶离装运港。A公司为这批货物投保了水渍险。2002年1月30日，“顺风号”轮船途经巴拿马运河时起火，造成部分化肥烧毁；在救火过程中又造成部分化肥湿毁。由于船在装货港口的延迟，该船到达目的地时正遇上了化肥价格下跌。A公司在出售余下的化肥时不得不大幅度下调价格，造成很大的经济损失。

问：

1. 途中烧毁的化肥损失属于什么损失？应由谁承担？为什么？
2. 途中湿毁的化肥损失属于什么损失？应由谁承担？为什么？
3. A公司可否向承运人追偿由于化肥价格下跌造成的损失？为什么？

4. 题3中的这种损失可否获得保险公司的赔偿？为什么？

国际物流的风险主要是指国际物流货物在运输过程中存在的风险以及在仓储中存在的风险。本章主要讨论国际物流金融与风险管理及保险问题。

第一节 国际物流金融与风险

一、物流金融概述

1. 物流金融的产生

物流金融是金融机构为了减少自身的业务风险和业务成本，在运作的过程中把第三方物流企业引入其中的新型金融业务。

因物流金融业务包含贷款业务、投资主体和业务等，企业之间的物流业务交流和抵押等部分也都包含在内。如果物流体系中的各项信息不能保持一致，其不但会造成物流资源的浪费，而且会导致资源出现积压，降低整个系统的经济效益，所以需要有一个完整的金融机构和物流金融来解决这些问题，物流金融应运而生。

2. 物流金融的概念

从供应链的角度出发，物流金融的概念可以分为广义的和狭义的两种。

广义的物流金融是指在整个供应链管理过程中，通过应用和开发各种金融产品，有效地组织和调剂物流领域中货币资金的运动，实现商品流、实物流、资金流和信息流的有机统一，提高供应链运作效率的融资经营活动，最终实现物流业与金融业融合发展的状态。

狭义的物流金融是指在供应链管理过程中，第三方物流供应商与金融机构向客户提供商品和货币，完成结算和实现融资的活动，实现同生共长的一种状态。

物流金融是物流企业与金融机构合作的一种创新模式，在传统供应链运作过程中，物流公司在原有业务的基础上，与金融机构联合起来，共同为资金需求方提供融资、结算和保险等相关服务的业务，其核心在于物流融资。

3. 物流投融资的概念

物流投融资是指物流发展过程中的物流投资和融资等物流金融活动。国家强调要加强物流发展中的投融资，支持其方式创新。发改委〔2019〕352号文指出，要按照“扶优做强”原则，研究设立国家物流枢纽中央预算内投资专项，支持国家物流枢纽的物流基础设施建设。鼓励符合条件的金融机构或大型物流企业集团等发起物流产业发展投资基金，按照市场化原则运作，加强重要节点物流设施建设。支持符合条件的物流企业发行各类债务融资工具，拓展市场化主动融资渠道，稳定企业融资链条。鼓励持牌金融机构在相应的金融业务资质范围内开发基于供应链的金融产品，引导和支持资金流向实体企业，加大对小微企业融资支持力度。

对于国外物流企业的投融资问题《中华人民共和国外商投资法》已于2019年3月15日第十三届全国人民代表大会第二次会议通过，自2020年1月1日起施行。《中华人民共和国中外合资经营企业法》《中华人民共和国外资企业法》《中华人民共和国中外合作经营企业法》同时废止。国家对外商投资实行“准入前国民待遇+负面清单”管理制度。准入前国民待遇，是指在投资准入阶段给予外国投资者及其投资不低于本国投资者及其投资的待遇；负面清单是指国家规定在特定领域对外商投资实施的准入特别管理措施。国家对负面清单之外的外商投资给予国民待遇。负面清单由国务院发布或者批准发布。

二、物流金融的参与主体、业务种类和实施方式

1. 参与主体

物流金融的参与主体包括物流企业、金融机构和融资企业三方。

2. 业务种类

作为一个新的金融创新平台，物流金融主要是面对物流业的运营过程，同时通过应用和开发各类金融产品，有效地调剂和组织物流领域中货币资金的运作。其业务种类包括发生在物流过程中的各种存款、贷款、投资、信托、租赁、抵押、贴现、保险、有价证券发行与交易，以及金融机构所办理的各类涉及物流业的中间业务等。

物流金融为物流产业提供了资金融通、结算、保险等附加的金融服务业务，物流金融是伴随着物流产业的快速发展而产生的。

3. 实施方式

实施方式包括仓单质押、动产质押、保兑仓、开证监管等。

三、国际物流金融服务运作模式

1. 仓单质押模式

仓单质押模式是指融资企业将其拥有完全所有权的货物存放于金融机构指定的物流公司，并以物流公司出具的仓单在金融机构进行质押，作为融资担保，金融机构依据质押仓单向融资企业提供短期融资业务。仓单质押模式适用于流通性好、易变现的大宗商品，特别是具有一定国际市场规模的初级产品，如有色金属及原料、黑色金属及原料、煤炭、焦炭、橡胶、纸浆以及大豆、玉米、高粱、药材等农产品。

2. 保兑仓融资模式

保兑仓融资模式是指承兑金融机构与经销商承兑申请人，即买方、供货商通过三方合作协议参照保全仓库方式，即在卖方承诺回购的前提下，以贸易中的物权控制（包括货物监管、回购担保等）作为保证措施而开展的特定票据业务服务模式。

保兑仓融资模式主要适用于品牌知名度高、市场占有率高、经营规模大的产品生产厂家与其下游主要经销商的批量供货所形成的商品交易关系或债权债务关系。换言之，实体产品市场认可度高是保兑仓融资模式的根基。

3. 垫付货款融资模式

垫付货款融资模式是指发货人（生产企业）将货权转移给金融机构，金融机构根据市场情况按一定比例提供融资，当提货人（经销商）向金融机构偿还货款后，金融机构向第三方物流企业发出放货指示，将货权还给提货人（经销商），如果提货人（经销商）不能在规定的期间内向金融机构偿还货款，金融机构可以在国际、国内市场上拍卖掌握在其手中的货物或者要求供应商承担回购义务。

垫付货款融资模式要求金融机构与物流企业结成战略合作关系，物流企业应具备完善的信息系统，能即时向金融机构提供相关货物的动态信息。对供应商而言，垫付货款融资模式

有利于供应商提前获得货款，将主营业务集中在产品研发和生产环节；对经销商而言，垫付货款融资模式有利于经销商将主要精力集中在销售环节，最终有利于供应链效率的提高。

4. 买方信贷融资模式

买方信贷融资模式是指供应商、经销商、物流公司、金融机构四方签署“保兑仓”业务合作协议书，经销商根据与供应商签订的购销合同向银行交纳一定比率的保证金，该款项不少于经销商计划向供应商在此次提货的价款，申请开立银行承兑汇票，专项用于向供应商支付货款，由物流公司提供承兑担保，经销商以货物对物流公司进行反担保。

买方信贷融资模式要求物流公司提供承兑担保，物流公司面临潜在风险，要求物流企业具备较强的经济实力。经销商以货物向物流公司提供反担保在一定程度上减轻了物流公司的压力，但货物在不同时期价格涨跌不一，故买方信贷融资模式应选择价格相对稳定、流通性较好的交易标的。

5. 供应链核心企业信用融资模式

供应链核心企业信用融资模式涉及核心企业、物流企业、金融机构、供应链上游供应商、供应链下游经销商等，在核心企业（通常是知名制造企业）、物流企业和金融机构相互配合下，供应链上游供应商和供应链下游经销商基于核心企业的信用可实现订单融资、存货融资、应收款融资和应付款融资。供应链核心企业信用融资模式要求核心企业具备强大的物流管理和工业品物流操作能力。

供应链核心企业信用融资模式通过将核心企业、物流企业、金融机构和上下游企业联系在一起提供金融产品和服务，把资金作为供应链的“溶剂”，增加了资金的流动性。供应链核心企业信用融资模式依托核心企业（知名制造企业）产品优势，借助物流企业信息和业务控制能力，有助于核心企业供应链上游供应商和供应链下游经销商实现信用融资。

6. 信息共享平台信用融资模式

政府采购和市场物流公共信息两大资源共享平台的整合可有效衔接政府采购信息和物流运输信息，促进政府采购活动中商流、信息流、资金流、物流等“四流合一”，以创造更好的经济效益。

在信息共享平台信用融资模式下，采购人和政府公共资源交易中心依据供应商和物流企业在政府采购活动中的具体表现给予相应评级，并在政府公共信息平台发布相关评级数据，金融机构依据评级数据为供应商和物流公司提供小额短贷。

四、国际物流金融的风险与管理

1. 信用风险与管理

物流金融主要是基于信用的一种金融业务表现形式，其必定存在一定的信用风险。针对物流金融业务中的信用风险，应根据第三方物流企业的金融信用度实施信用分析评价管理。同时，融资企业、物流企业以及金融企业需要共同建立防范措施，适当选择物流金融产品，对市场进行适当的规范授信以及统计分析，并建立健全制度、培养管理者能力和理念，加强质押评估控制制度，进而有效地构建其风险预警机制。

2. 环境风险

所谓环境风险，其实质上是指经济环境和政策制度所带来的风险，主要包括新政策的出台、相关政策的实用性及经济的稳定性等。目前，银行贷款是我国物流金融的主要业务，其单一融资方式极易受到政策环境的影响，一旦国家运用“紧缩银根”政策，金融机构也必定会缩小对物流企业和中小企业的授信额度，企业的融资门槛将会进一步提高，融资期限也将会随之缩短，这非常容易导致中小企业和物流企业出现违约的情况，从而引起供应链上的经营风险。

3. 担保物风险与管理

作为新型的金融形式，物流金融业务不仅关注企业的盈利能力、资产负债等财务表面上的状况，同时还承载着各类抵押担保物的细化信息，如价值、规格、型号、市场供求情况、交易双方实力以及价格波动走势等。控制好担保物风险对于物流金融来说具有重要意义。因此，担保物风险会体现在质押物变现风险、所有权的法律风险、产品市场风险、监管风险等几个方面。具体来说，可细分为仓单风险、担保物自身的风险及仓单质押技术风险。在规避手段上，要确保仓单内容的唯一性和真实性，以及货物质押率和货物存放地合法、合理、有效，还有货物的保值率及其真实存在性。

第二节 国际海运风险与保险

一、海运风险、损失与费用

在海运货物保险中，保险人的承保范围包括可保障的风险、可补偿的损失及可承担的费用三个方面。

1. 海运风险

海运风险的分类如图 13-1 所示。

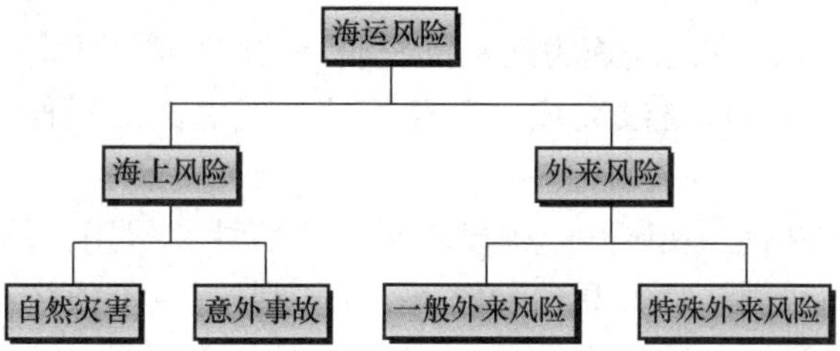

图 13-1 海运风险分类

（1）海上风险。海上风险又称海难，是指船舶或货物在海上运输过程中所遇到的自然灾害和意外事故。

自然灾害是指不以人的意志为转移的自然界的力量所引起的灾害，如恶劣气候、雷电、地震、海啸、火山喷发、洪水等。

意外事故是指人或物体遭受到外来的、突然的、非意料中的事故，如船舶搁浅、触礁、沉没、碰撞，以及火灾、爆炸等。

（2）外来风险。外来风险可分为一般外来风险和特殊外来风险两类。

一般外来风险是指由于一般外来原因所造成的风险，主要包括破损、丢失、短少、渗漏、短量、碰损、钩损、生锈、雨淋、受热、受潮等。

特殊外来风险主要是指由于军事、政治及行政法令等原因造成的风险，如战争、罢工、交货不到、拒收等。

2. 海运损失

海运损失的分类如图 13-2 所示。

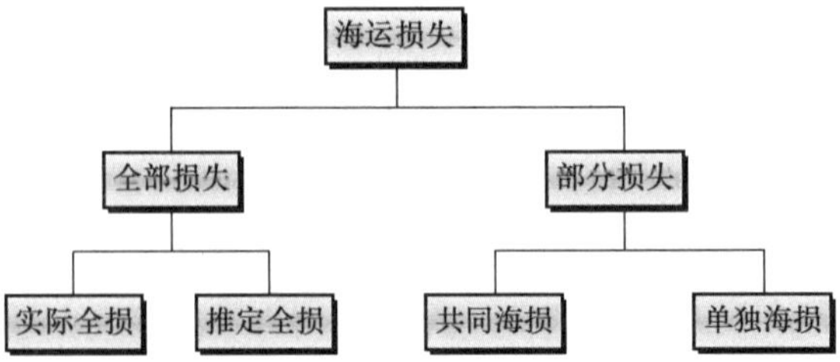

图 13-2　海运损失分类

海运损失又称海损（Average），是指货物在海运过程中由于海上风险而造成的损失。海损包括与海运相连的陆运和内河运输过程中的货物损失。海运损失按损失的程度可分为全部损失和部分损失。

（1）全部损失。全部损失又称全损，是指被保险货物的全部遭受损失。全损有实际全损和推定全损之分。

实际全损是指货物全部灭失或全部变质而不再有任何商业价值。

推定全损是指货物遭受风险后受损，尽管未达实际全损的程度，但实际全损已不可避免，或者为避免实际全损所支付的费用和继续将货物运抵目的地的费用之和超过了保险价值。推定全损需要经过保险人核查后认定。

（2）部分损失。不属于实际全损和推定全损的损失，为部分损失。它按照损失产生的原因可分为共同海损和单独海损。

共同海损是指载货船舶在运输途中遇到危及船货共同安全的危险，船方为了维护船舶和货物的共同安全或使航程得以继续完成，有意并且合理地做出某种特殊牺牲或支出的特殊费用。

在船舶发生共同海损后，凡属共同海损范围内的牺牲和费用，均可通过共同海损清算，由有关获救受益方（即船方、货方和运费收入方）根据获救价值按比例分摊，然后再向各自的保险人索赔。共同海损分摊涉及的因素比较复杂，一般均由专门的海损理算机构进行理算（Adjustment）。

共同海损的构成条件有：

1）导致共同海损的危险必须是真实存在的、危及船、货共同安全的危险。

2）共同海损的措施必须是为了解除船、货的共同危险，船方人为地、有意识地采取的合理措施。

3）共同海损的牺牲必须是特殊性质的，费用损失必须是额外支付的。

4）共同海损的损失和费用必须是共同海损措施下的、直接的、合理的后果。

5）船方所采取的抢救措施最终必须有效果。

单独海损是指由承保风险直接导致的船舶或货物本身的部分损失，即货物受损后未达到全损程度，而且是船舶或货物所有人单方面的利益受损，并只能由该利益所有者单独负担的一种部分损失。

单独海损是一种特定利益方的单方面的部分损失，不涉及其他货主或船方。

单独海损仅指保险标的本身的损失，并不涉及由此所引起的费用损失。

按照保险条例，不论担保何种险种，由于海上风险而造成的全部损失和共同海损均属保险人的承保范围。对于推定全损的情况，由于货物并未全部灭失，被保险人可以选择按全损或按部分损失索赔。倘若按全损处理，则被保险人应向保险人提交“委付通知”，把残余标的物的所有权交付保险人，经保险人接受后，可按全损得到赔偿。

3. 费用

海上风险还会造成费用支出，主要有施救费用、救助费用、续运费用、额外费用等。

（1）施救费用。所谓施救费用，是指被保险货物在遭受承保责任范围内的灾害事故时，被保险人或其代理人或保险单受让人为了避免或减少损失，采取各种措施而支出的费用。

（2）救助费用。所谓救助费用，是指保险人或被保险人以外的第三者采取了有效的救助措施之后，由被救方付给的报酬。

保险人对上述费用都负责赔偿，但以总和不超过保险金额为限。

（3）续运费用。续运费用是指运输工具遭遇海难后，为防止或减轻货物的损失，在中途港或避难港由于卸货、储存以及运送货物所产生的费用。

（4）额外费用。额外费用是指为了证明货损索赔成立而支付的费用，包括被保险货物受损后对其进行检验、查勘、公证、理算或拍卖受损货物等支付的费用。

国际货运保险同其他保险一样，被保险人必须对保险标的具有保险利益。这个保险利益，在国际货运中，体现在对保险标的的所有权和所承担的风险责任上。以 FOB、CFR 方式达成的交易，货物在越过船舷后风险由买方承担。一旦货物发生损失，买方的利益就会受到损失，所以买方具有保险利益。因此，以买方作为被保险人向保险公司投保，保险合同只在货物越过船舷后才生效。货物越过船舷以前，买方不具有保险利益，因此不属于保险人对买方所投保险的承保范围。以 CIF 和 CIP 贸易方式达成的交易，投保是卖方的合同义务，卖方拥有货物所有权，当然具有保险利益。卖方向保险公司投保，保险合同在货物启运地启运后即生效。

二、中国的《海洋运输货物保险条款》

在国际货物运输业务中，保险是一个不可缺少的条件和环节。其中业务量大、涉及面广的是海运货物保险。中国的《海洋运输货物保险条款》（CIC）所承保的险别，分为基本险和附加险两类。

1. 基本险条款

海运货物保险的基本险分为平安险、水渍险和一切险三种。

（1）平安险。平安险的责任范围主要包括：

1）被保货物在运输过程中，由于自然灾害造成整批货物的全部损失或推定全损。被保货物用驳船运往或远离海轮的，每一驳船所装货物可视为一整批。

2）由于运输工具遭受意外事故造成货物全部或部分损失。

3）在运输工具已经发生意外事故时，货物在此前后又在海上遭受自然灾害落海造成的全部或部分损失。

4）在装卸或转运时，由于一件或数件货物落海造成的全部或部分损失。

5）被保险人对遭受承保责任内危险的货物采取抢救、防止或减少货损的措施而支付的合理费用，但以不超过该批被救货物的保险金额为限。

6）运输工具遭遇海难后，在避难港由于卸货所引起的损失以及在中途港、避难港由于卸货、存仓以及运送货物所产生的特别费用。

7）共同海损的牺牲、分摊和救助费用。

8）运输契约订有船舶互撞责任条款的，根据该条款规定应由货方偿还船方的损失。

以上八条属于平安险的范围。由于平安险责任范围有限，一般多适用于大宗、低值、粗装货物，如废钢铁、木材、矿石等的投保。

（2）水渍险。水渍险的责任范围：除平安险的各项责任外，还负责被保险货物由于自然灾害造成的部分损失。水渍险扩大了平安险的责任范围。其包括被保险货物在运输途中，由于恶劣气候、雷电、海啸、地震、洪水等自发灾害所造成的部分损失。

（3）一切险。一切险的责任范围：除平安险和水渍险的各项责任外，还负责被保险货物在运输途中由于一般外来原因所造成的全部或部分损失，但并不包括特别外来风险造成的损失。因此，一切险是平安险、水渍险和一般附加险的总和。

上述三种险别都有货物运输的基本险别，被保险人可以从中选择一种投保。

同时，上述三种基本险别中，明确规定了除外责任。所谓除外责任，是指保险公司明确规定不予承保的损失或费用。

2. 附加险条款

附加险是基本险责任的扩大和补充，它不能单独投保，附加险别分为一般附加险和特别附加险。

（1）一般附加险。它共有 11 种，主要包括：

1）偷窃、提货不着险（Theft，Pilferage and Non-delivery，T. P. N. D）。

2）淡水雨淋险（Fresh Water and/or Rain Damage）。

3）短量险（Risk of Shortage in Weight）。

4）混杂、沾污险（Risk of Intermixture and Contamination）。

5）渗漏险（Risk of Leakage）。

6）碰损、破碎险（Risk of Clash and Breakage）。

7）串味险（Risk of Odor）。

8）受潮受热险（Sweating and Heating Risk）。

9）钩损险（Hook Damage Risk）。

10）包装破裂险（Breakage of Packing Risk）。

11）锈损险（Risk of Rust）。

（2）特别附加险。附加险除上述一般附加险的 11 种险别外，还包括特别附加险和特殊附加险。特别附加险所承保的风险，与政治、国家行政管理、政策措施、航运贸易惯例等因素相关。而特殊附加险主要承保战争、罢工等风险。具体有：

1）货物不到险（Failure to Deliver Risk），被保险货物从装上船开始，如果在规定抵达日满 6 个月仍不能运到原定的目的地交货，则保险公司按全部损失赔付。

2）进口关税险（Import Duty Risk）。承保货物由于遭受保险事故损失，但被保险人仍按该完好货物价值缴纳进口关税所造成的损失。

3）舱面险（On Deck Risk），承保载于舱面的货物因遭受保险事故而致的损失，以及抛弃和浪击落海损失。

4）拒收险（Rejection Risk）。

5）黄曲霉素险（Aflatoxin Risk）。

6）出口货物到香港（包括九龙）或澳门存仓火险责任扩展条款（Fire Risk Extention Clause for Storage of Cargo of Destination Hong kong Including Kowloon，or Macao）

7）海洋运输货物战争险（War Risk）。战争险的承保责任范围包括：直接由于战争、类似战争行为和敌对行为、武装冲突或海盗行为，以及由此引起的捕获、拘留、扣留、禁制、扣押所造成的损失；或者各种常规武器（包括水雷、鱼雷、炸弹）所造成的损失；以及由于上达原因引起的共同海损牺牲、分摊和救助费用。但对原子弹、氢弹等热核武器所造成的损失不负赔偿责任。

战争险的保险责任期限以水面危险为限，即自货物在起运港装上海轮或驳船时开始，直到目的港卸离海轮或驳船为止；如不卸离海轮或驳船，则从海轮到达到目的港的当天午夜起算满 15 天，保险责任自行终止。保险条款还规定，在投保战争险前提下，加保罢工险不另收费。

8）货物运输罢工险（Strikes Risk）。

9）海洋运输货物战争的附加费用险。

以上 1）~6）是特别附加险的范围，7）、8）、9）是特殊附加险的范围。

3. 海运货物保险除外责任

除外责任是指保险人列明不负赔偿责任的风险范围，即除外不保的项目。“责任范围”“除外责任”分别列明了保险人、被保险人、发货人和承运人等有关方面损失或费用应负的责任，以便保险人的赔偿责任更加明确。海洋运输货物保险的主要除外责任有五项：

（1）被保险人的故意行为或过失所造成的损失。“故意行为”是指明知自己的行为可能造成损害结果，却仍然希望其结果发生或任由这种结果发生，如海运欺诈和故意走私。“过失”是指应当预见自己的行为可能发生损害结果，却因为疏忽大意而没有预见或者已经预见但轻信能够避免，以致发生这种损害结果。

（2）属于发货人责任所引起的损失。发货人责任是指由于发货人的故意行为或过失而引起的货物损失，如发货人准备的货物不足或不当、发错货物、标志不清等。

（3）在保险责任开始前，被保险货物已存在的品质不良或数量短缺所造成的损失。

（4）被保险货物的自然损耗、本质缺陷、特性以及市价跌落、运输延迟所引起的损失或费用。货物自然损耗是指因货物自身特性而导致在运输途中必会发生的损失，具体表现为水分蒸发、渗漏、扬尘、易碎品破碎等。本质缺陷是指货物本身固有的缺陷或在货物发运前已经存在的质量上的瑕疵。市价跌落属于商业风险，是指保险人无法控制的一项风险，属于除外责任。运输延迟是指运输过程中的种种原因致使货物未能在明确约定的时间内、在约定的港口交付。常见的运输延迟造成的损失有市价下跌、鲜活物的腐烂变质。

（5）海洋运输货物战争险条款和货物运输罢工险条款规定的责任范围和除外责任。战争风险和罢工风险属于特殊风险，不在基本的责任范围之内，须另行附加投保，若没有投保此类特殊附加险，则不予赔偿。

4. 责任起讫条款

保险的责任起讫，又称保险期间或保险期限，是指保险人承担责任的起讫时限，海洋货物运输保险是对特定航程的货物保险，因而保险责任的起讫除了指具体的开始与终止日期外，还指保险责任在什么情况下可以开始或终止。

我国海运货物保险责任遵循了国际习惯行为，起讫以运输过程为限，采取“仓至仓”原则。具体而言，保险人承担责任的起讫地点，以保险单载明发货人仓库或储存处所开始运输时生效，在正常运输过程中继续有效，包括正常运输过程中的海上、陆上、内河和驳船运输在内，直到保险单载明的目的地收货人最后的仓库或储存处所或保险人用作分配、分摊或非正常运输的其他储存处所为止，货物进入仓库或储存处所后保险责任即行终止。

正常运输是指保险货物自保险单载明起运地发货人仓库或储存处所首次运输时开始，不论先使用何种运输工具运输货物，只要属于航程需要都属于正常运输范围。非正常运输是指被保险货物在运输中，由于被保险人无法控制的运输延迟、船舶绕道、被迫卸货、重新装卸或承运人行使运输合同赋予的权限所做的任何航海上的变更或终止运输合同，致使被保险货物抵运非保险单所载明的目的地等非正常情况。

5. 海洋运输货物被保险人的义务

投保后，被保险人为了获得保险赔偿，必须履行保险合同中规定的有关义务和支付保险费，如被保险人未恪尽职守履行其义务影响了保险人的利益，对保险货物的有关损失，保险人将有权拒绝赔偿。我国《海洋运输货物保险条款》中，被保险人应承担的义务主要有：

（1）及时提货义务。当货物运抵保险单所载明的目的地后，被保险人有义务及时提货。

（2）采取合理的措施施救的义务。在保险货物遭受责任内的损失时，被保险人有义务迅速采取合理的抢救措施，防止或减少货物损失的进一步扩大。

（3）维护保险单的效力。如遇航程变更或发现载明的货物、船名或航程等内容有遗漏或错误时，被保险人有义务在获悉这种情况后立即通知保险人进行更正，如有必要须追加一定的保险费，以维护保险单证的效力，保险则继续有效。

（4）提供索赔单证义务。如果货物遭受损失，被保险人向保险人索赔时，必须提供下列单证：保险单证本、提单、发票、装箱单、磅码单、货损货差证明、检验报告及索赔清单。如涉及第三者责任，被保险人还必须提供向责任方追偿的有关函电及其他必要的单证或文件。

（5）保险人在获悉有关运输合同中船舶互撞责任条款的实际责任时，须及时通知保险人。

6. 海运货物保险的索赔期限

保险索赔期限又称保险索赔时效，它是指被保险货物发生责任范围内风险造成损失时，被保险人向保险人提出索赔的有效期限。

我国《海洋运输货物保险条款》与《中华人民共和国海商法》（以下简称《海商法》）在索赔期限上的规定有一定的差别。它们都规定时效期为两年，但《海洋运输货物保险条款》规定的起始时间为被保险货物在最后卸载港全部卸离海轮后起算，而《海商法》以保险事故发生之日起算。在实务中，以《海商法》规定为准。

三、伦敦保险协会运输货物保险条款

由于英国在17世纪成为世界贸易、船运、保险事业中心，它所制定的各种保险规章制度对世界各地有着深远的影响。目前世界范围内约2/3的国家都采用伦敦保险协会制定的《协会货物保险条款》（ICC）。

1. ICC（A）条款的主要内容

（1）承保风险。该部分的内容包括三个条款，即风险条款、共同海损条款和船舶互撞责任条款。

1）风险条款。在风险条款中，A条款改变了以往“列明风险”方式，采取“一切险减去除外责任”的方式，声明承保一切风险造成的损失，对约定和法定的除外项，在“除外责任”部分全部予以列明，对于未列入除外责任的损失，保险人均予负责。

2）共同海损条款。共同海损条款，明确共同海损推算或救助费用确定应适用的法律。该条款规定，保险人不仅赔偿保险货物本身遭受的共同海损牺牲，还包括保险货物应承担的共同海损分摊或救助费用分摊。

3）船舶互撞责任条款。在承运人根据“双方有责”条款索赔时，被保险人有义务立即通知保险人，使得保险人能够自担费用以被保险人的名义对承运人的索赔进行抗辩。

总的看来，A条款责任范围广泛，承保海上风险和一般外来风险。

（2）除外责任。协会条款除外责任采用列明的方法进行列举。主要有一般除外责任，不适航、不适货除外责任，战争除外责任和罢工除外责任四个条款。所有的除外责任不仅适用于保险标的的损失和损害，而且适用于有关的费用。

1）一般除外责任。A条款共列举七种除外责任：

① 保险人故意行为造成的损失、损害或费用。

② 保险标的的自渗漏、自损耗或自磨损造成的损失、损害或费用。

③ 保险标的包装或准备不足或不当造成的损失、损害或费用。

④ 保险标的的固有缺陷及特性所引起的损失、损害或费用。

⑤ 直接由于延迟所造成的损失、损害或费用。

⑥ 由于船舶所有人、经理人、承租人或经营人破产或经济困难产生的损失、损害或费用。

⑦ 由于使用任何原子核裂变或聚变或其他类似反应、放射性作用或放射性物质的战争武器产生的损失、损害或费用。

2）不适航、不适货除外责任（Unseaworthiness and Unfitness Exclusion Clause）。这一除外责任有两类：

① 船舶、驳船、运输工具、集装箱或大型船运箱对保险标的的安全运输不适合，而且保险标的装于其上时，被保险人或其雇员对此种不适航或不适货牟私所造成的损失、损害或费用，保险人不予负责。

② 保险人放弃载运保险标的到目的港的船舶不得违反默示适航或适货保证，除非被保险人或其雇员对此种不适航或不适货牟私。

3）战争除外责任。对以下原因造成的损失、损害或费用，保险人不予负责：

① 战争、内战、造反、叛乱或由此引起的内乱或交战方之间的任何敌对行为。

② 捕获、拘留、扣留、禁运、扣押（海盗除外）以及这种行动的后果或这方面的企图。

③ 被遗弃的水雷、鱼雷、炸弹或其他被废弃的战争武器。

4）罢工除外责任。对下列原因造成的损失、损害和费用，保险人不予负责：

① 罢工者、被迫停工工人或参加工潮、暴动或民变人员造成。

② 罢工、被迫停工、工潮、暴动或民变引起。

③ 任何恐怖分子或任何由于政治动机采取行动的人员造成。

（3）保险期限（Duration）。保险期限的规定体现在以下三个条款之中：

1）运输条款。该条款规定保险责任的起、始、持续和终止的条件。该条款的规定与我国《海洋货物运输保险条款》基本一致，均以“仓至仓”为限。

2）运输合同终止条款。该条款的规定与我国《海洋货物运输保险条款》基本一致。

3）航程变更条款。该条款规定，保险开始生效后，如被保险人事后变更其目的地，在被保险人及时通知保险人并另行缴费的条件下，保险继续有效。

但是，在保险责任开始前，如果发生被保险人航程叙述错误，导致承保航程从未开始，或保险责任从未开始，就不存在航程变更问题。

（4）索赔。被保险人在保险标的发生事故而向保险人索赔时，适用以下四个条款：

1）保险利益条款。

① 在发生损失时，被保险人对保险标的必须具备保险利益，否则不能获得保险赔偿。

② 除非另有规定，被保险人有权获得在保险期间发生的承保损失的赔偿，尽管该损失发生在本保险合同订立之前，除非当时被保险人知道该损失而保险人不知道。

2）续运费用条款。该条款规定，由于承保责任范围内的风险导致运输在非保险单载明的港口或处所终止时，保险人应赔偿由此产生的卸货、存仓及续运保险标的至保险单载明目的地而产生的合理的额外费用，但不包括被保险人或其雇佣人员的过错、疏忽、破产或经济困难而引起的费用。

3）推定全损条款。该条款规定，如果由于实际全损看来不可避免，或因为恢复、整理和续运保险标的到保险目的地的费用会超过其抵达目的地的价值，经过委付，被保险人可得到推定全部赔偿。

4）增值条款。由于投保货物因市价上涨而增值，买方按增值后价值与原投保金额之差，另行投保增值保险。如果被保险人在本项保险项下的保险投保了增值保险，则该货物的约定价值将被视为增至本保险与增值保险金额的总和。

（5）不得受益条款。该条款规定，本保险的利益，承运人或其他受托人不得享受。

（6）减少损失。该条款规定了被保险人所负的义务。该条款规定，被保险人及其雇员和代理人对于保险项下的索赔，负有以下义务：

1）为避免或减少损失而采取合理措施。

2）保证适当地保留和行使对承运人、受托人或其他第三者的权利，即保证保险人的代位追偿权。

（7）避免迟延。被保险人在其所能控制的一切情况下，应合理迅速处置。

（8）法律与惯例。该条款规定本保险适用英国法律和惯例，明确 ICC 受英国法律和惯例管辖。

2. ICC（B）条款的主要内容

（1）承保风险。B条款承保责任范围比A条款小，它采用列明风险的方式将承保风险一一列举。主要有：

1）火灾或爆炸。

2）船舶或驳船搁浅、触礁、沉没或倾覆。

3）陆上运输工具倾覆或出轨。

4）船舶、驳船或运输工具与水以外的任何外部物体碰撞或接触。

5）在避滩港卸货。

6）地震、火山爆发或闪电。

7）共同海损牺牲。

8）抛弃或浪击落水。

9）海水、湖水或河水进入船舶、驳船、运输工具、集装箱、托盘或储存处所。

10）货物在装卸时落水或坠落造成的整件货物的全部损失。

另外，由于以上原因造成的共同海损分摊和救助费用也属于承保风险。

（2）除外责任。B条款的除外责任和A条款的除外责任大致相同，但有两点区别：

1）保险人对被保险人故意非法行为所致损失也不负责任。

2）战争除外责任包括海盗行为。

（3）其他内容。保险期限、索赔、被保险人义务的约定与A条款相同。

3. ICC（C）条款的主要内容

C条款是A、B、C三种条款中保险人责任范围最小的条款。C条款承保风险列举如下：

（1）承保风险。C条款仅对以下原因造成的保险标的的损失负责：

1）火灾或爆炸。

2）船舶或驳船遭受搁浅、触礁、沉没或倾覆。

3）陆上运输工具倾覆或出轨。

4）船舶、驳船或其他运输工具与水上以外的任何外界物体碰撞或接触。

5）在避难港卸货。

6）共同海损牺牲。

7）抛弃。

另外，保险对以上原因所致的共同海损的分摊和救助费用负责赔偿。

可见C条款仅对意外事故所致损失承保，对自发灾害造成的损失不予负责。

（2）其他内容。在其他方面C条款与B条款一致。

4. 战争险条款的主要内容

战争险可以单独投保。它承保以下原因造成保险标的损失。

（1）战争、内战、革命、叛乱、造反或由此引起的内乱，交战国或针对交战国的任何敌对行为。

（2）由上述原因引起的捕获、拘留、扣留、禁止或扣押及其后果，或任何进行这种行为的有关企图。

（3）遗弃的水雷、鱼雷、炸弹或其他遗留的战争武器。

由以上风险引起的共同海损及救助费用也在承保范围内。

5. 罢工险条款的主要内容

罢工险仅负责由于罢工等风险所直接造成的保险标的物的物质损失，而不负责罢工等风险所产生的费用或间接损失，但还包括恐怖行为引起的风险，具体有：

(1) 罢工者、被迫停工工人或参与工潮、暴动或民变人员所造成的损失。

(2) 任何恐怖分子或出于政治目的行为人造成的灭失或损害。

6. 附加险条款的主要内容

附加险不能单独投保，仅供双方当事人在基本条款基础上加投。包括：

7. 恶意损害险条款

该条款承保的是被保险人以外的其他人（如船长、船员等）的事故破坏行为所致的货物损失。但如果损害出于政治动机，则不属于承保风险。该条款可以作为B条款和C条款的补充。

8. 特种货物保险条款的主要内容

伦敦保险协会在上述条款的基础上，对特种货物的海上运输制定了相应的保险条款。主要有：

(1) 冷冻食品保险条款。

(2) 散装油类条款。

(3) 木材货物联合会条款。

第三节 国际陆、空运输风险与保险

一、国际陆运风险与保险

国际陆上运输货物主要有经铁路的火车运输和经公路的汽车运输两种方式，这种运输方式适用于陆路相通的毗邻国家之间的贸易。

对于国际货物陆上运输的风险、损失和费用，物流公司可以投保相应的陆运保险。

1. 陆上运输货物保险险种

陆上运输主要包括铁路运输和公路运输两种，其运输工具主要是火车和汽车。采用人口和牲口驮运的运输不属于保险范围。

陆上运输货物保险的基本险别分为陆运险与陆运一切险、陆运冷藏货物险、陆运货物战争险。

(1) 陆运险与陆运一切险。

1) 承保责任范围。陆运险的承保责任范围与《海洋运输货物保险条款》中的水渍险的承保责任范围相似。保险人负责赔偿被保险货物在运输途中遭受暴风、雷电、洪水、地震等自然灾害，或由于运输工具遭受碰撞、倾覆、出轨，或在驳运过程中因驳运工具遭受搁浅、触礁、沉没、碰撞，或由于遭受隧道坍塌、崖崩，或失火、爆炸等意外事故所造成的全部或部分损失。此外，还包括被保险人对遭受承保范围内危险的货物采取抢救货物、防止或减少货损的措施而支付的合理费用，但以不超过该批被救货物的保险金额为限。

陆运一切险的承保责任范围与《海洋运输货物保险条款》中的“一切险”或ICC (A)条款相似。

陆运险与陆运一切险的除外责任与海洋运输货物的除外责任基本相同。

2）保险期限。陆上运输货物保险的责任起讫也采用“仓至仓”条款，与海运货物一致。

陆上运输货物的索赔时效为：从被保险货物在最后目的地车站全部卸离车辆后起算，不超过两年。

（2）陆运冷藏货物险。

1）承保责任范围。陆运冷藏货物险是陆上运输货物保险中的一种专门保险。其主要责任范围除负责陆运险所列举的自然灾害和意外事故所造成的全部或部分损失外，还负责赔偿由于冷藏机器或隔离设备在运输途中损坏所造成的被保险货物解冻融化而腐烂的损失。

2）保险期限。陆运冷藏货物的责任自被保险货物远离保险单所载明的启运地点的冷藏仓库，装入运送工具开始运输时生效，包括正常陆运和其有关的水上驳运在内，直至货物到达目的地收货人仓库为止。

（3）陆运货物战争险。陆运货物战争险是陆上运输货物保险的一种附加险，只有在投保了陆运险或陆运一切险的基础上，经过投保人与保险人协商才可加保。不过，这种加保只针对火车运输方式。

二、国际空运风险与保险

航空运输发展较快，航空险业务历史也不长，迄今尚未形成完整独立的体系。

对于国际航空运输货物的风险、损失和费用，物流公司可以投保相应的航空运输险。

我国航空运输保险主要包括航空运输险和航空运输一切险两种。

1. 承保责任范围

航空运输险的承保责任范围与《海洋运输货物保险条款》中的“水渍险”大致相同。

航空运输一切险的承保责任范围除航空运输险的全部责任外，保险公司还负责赔偿被保险货物由于被偷窃、短量等外来原因所造成的全部或部分损失。

航空运输险和航空运输一切险的除外责任与《海洋运输货物保险》的除外责任基本相同。

2. 保险期限

航空运输货物的两种基本险的保险责任也采用“仓至仓”条款，但与海洋运输的“仓至仓”条款有不同之处：

（1）如果货物运达保险单所载明的目的地而未运抵保险单所载明的收货人仓库或储存处所，则以被保险货物在最后卸载离飞机后满30天为止。

（2）由于被保险人无法控制的运输延迟、绕道、被迫卸货、重新装卸、转运或承运人运用运输合同所赋予的权限所做的任何航行上的变更或终止运输契约，致使被保险人货物运到非保险单所载明的目的地时，在被保险人及时将获知的情况通知保险人并在必要时加缴保险费的情况下，保险仍继续有效。

第四节　其他国际货运风险与保险

一、邮包运输货物保险

邮包运输货物保险是保险人承保邮政包裹在运输途中因自然灾害、意外事故或外来风险所造成的对包裹里物体的损失。由于邮包运送，可能会同时涉及海、陆、空三种运输方式，因此保险人在确定承保责任范围时，必须考虑这三种运输风险。我国邮包运输货物保险可分为基本险和附加险，前者是以邮包保险为主，后者包括邮包战争险。

1. 邮包保险

邮包保险属于邮包运输货物保险中的基本险，其包括邮包险和邮包一切险。

（1）承保责任范围。

邮包险的承保责任范围是承保被保险邮包在运输途中由于恶劣气候、雷电、海啸、地震、洪水等自然灾害，或由于运输工具搁浅、触礁、沉没、碰撞、出轨、倾覆、坠落、失踪，或由于失火和爆炸等意外事故造成的全部或部分损失。另外，还负责被保险人为采取抢救货物，防止、减少货损的措施而支付的合理费用。

邮包一切险的承保责任范围除包括上述邮包险的全部责任外，还负责被保险邮包在运输途中由于一切险外来原因所致的全部或部分损失。

2. 邮包战争险

邮包战争险是邮包运输货物保险中的一种附加险，只有在投保了邮包险或邮包一切险的基础上，经过投保人与保险人协商才可加保。

二、管道运输保险

管道运输是使用管道运输液体物质的一种运输方式。现今管道运输已形成独立的技术门类和工业体系。它与全国铁路运输、公路运输、水路运输、航空运输并列成为第五种主要运输方式。管道运输所输送的货物主要是油品（原油和成品油）、天然油（包括油田）、天然气、煤浆及其他矿浆。这些货物需要投相应的管道运输险。例如，油气管道运输保险和油气管道综合保险。

三、国际货运代理责任保险

国际货运代理责任保险是为了补偿国际货运代理企业在从事货物运输服务中从收货到交货的所有环节可能出现的责任赔偿。

目前，FIATA（国际货运代理协会联合会）及英国、德国、美国等主要贸易国家和地区都将投保国际货运代理责任保险作为从事国际货运代理业务的必要条件。2007 年，在中国国际货运代理协会的大力推动和专业保险服务机构的配合下，国内数家最具实力的保险公司联合推出了国际货运代理责任保险新险种，由此诞生了我国国际货运代理责任保险的“协会条款”。

1. 基本责任保险

基本责任保险主要承保国际货运代理企业作为代理人，由于其在合同履行过程中的疏忽、错误、遗漏等造成委托人产生货损货差的直接损失、施救费用、法律费用与其他相关费用。具有法人资格的国际货运代理企业投保，其保费与年度营业额、责任限额、分支机构的数量成正比，与免赔额成反比。每次事故的免赔额由投保人与保险人在签订保险合同时协商确定，并在保险合同中载明。除另有约定外，保险期间为一年，以保险合同载明的起讫时间为准。基本责任保险免责范围通常包括特殊货物责任、被保险人的故意责任与违法违规责任、被保险人的越权代理责任、第三者责任以及不可抗力责任等，仅部分保险公司，如联运保赔协会的经营人基本责任保险包括了第三者责任。

2. 综合责任保险

综合责任保险除了要承保委托人的直接损失以及施救费用和法律费用（即包含国际货运代理基本责任保险的全部范围），国际货运代理人签发的，在商务主管部门备案的运输单证（不含无船承运人提单）项下的货物的直接损失，经济赔偿责任依法应由被保险人承担的，若是因下列事件造成的，保险人也应根据保险合同的规定在约定的责任限额内负责赔偿：

（1）火灾、爆炸。

（2）偷窃、提货不着、抢劫。

（3）运输工具发生碰撞、出轨、倾覆、坠落、搁浅、触礁、沉没，或道路、隧道、桥梁、码头坍塌。

（4）货物遭受振动、碰撞、挤压、坠落、倾覆导致的破碎、弯曲、凹瘪、折断、散落、开裂、渗漏、沾污、包装破裂或容器的损坏。

（5）装卸人员违反操作规程进行装卸、搬运。

（6）符合运输安全管理规定而遭受水损。

（7）错发、错运、错交导致货物无法追回或追回费用超过货物自身价值。

（8）装箱、拆箱、拼箱、交付/接收货物、配载、积载、装卸、存储、搬移、包装或加固不当。

（9）交接货物时发现数量短少、残损。

（10）由于冷藏机器设备损坏导致货物腐烂变质。

（11）机械操作不当或使用的机械故障。

国际货运代理综合责任保险免责范围、保险期间与基本责任保险的规定相同。

3. 附加条款——扩展责任保险

（1）特殊货物扩展责任保险条款。经合同双方特别约定，并由被保险人交付附加保险费后，保险人根据附加险条款和主险条款规定，承担被保险人代理以下货物引起的赔偿责任：

1）金银、珠宝、钻石、玉器、贵重金属。

2）古玩、古币、古书、古画。

3）艺术作品、邮票。

4）活动物、牲畜、禽类和其他饲养动物及有生植物。

（2）第三者责任保险条款。经合同双方特别约定，并由被保险人交付附加保险费后，在保险期间，被保险人及其代理人在从事国际货运代理业务过程中造成第三者的人身伤亡或财产损失，依法应由被保险人承担的民事赔偿责任，保险人按照附加保险合同的约定负责赔偿。保险合同所称的第三者是指保险人、被保险人及其代理人和雇员以外的人。但对于下列损失、费用和责任，保险人不负责赔偿：

1）被保险人及其代理人和雇员的人身伤亡或财产损失。

2）因机动车发生意外造成的第三者的人身伤亡或财产损失。

第五节 国际物流风险投保与承保

一、国际物流风险投保

在国际物流中，由于运输与仓储的风险，货物无论是进口还是出口都有风险管理与投保的问题，并且主要是评估风险及投保人、被保险人及保险人对货物运输保险的具体操作方法。一般而言，国际物流风险管理的过程包括风险评估、险别选择、投保人投保、保险人承保签发保单、保险索赔、理赔六个环节。对投保人和被保险人来说，需要评估风险、选择投保什么险别、掌握投保技术、熟悉承保手续和保单种类、知道发生损失时如何索赔。

1. 选择投保险别

在不同险别下，保险人的承保责任范围各不相同，保险费率也不相同。例如，在我国海运保险中，平安险的责任最小，水渍险次之，一切险最大，与之对应，保险费率也相应增加。ICC A、B、C 条款中，A 条款责任最大，B 条款次之，C 条款最小，保险费率也逐渐降低。另外也可以根据货物特点投保其他附加险和特殊险。

投保人在选择险别时应根据货物特点，在险种和保险费率之间进行权衡，既要使货物得到充分保障，又要尽量节约保险费的支出，降低成本。

2. 选择合适的保险人

保险人的资信直接影响到损失发生时被保险人能否及时足额地得到补偿。选择保险人时应主要考虑：

（1）保险人的经济实力和经营的稳定性。

（2）保险商品的价格是否合理。

（3）保险公司的理赔情况。保险公司处理索赔是否公平、及时，是选择保险人的一个重要条件。有的保险公司在展业时的承诺与理赔时的处理存在很大差异。这需要投保人在投保时多方进行比较，了解保险公司的理赔情况，选择资信较好的保险公司。

（4）保险公司提供的服务。投保人需要了解保险公司保前、保中、保后的服务状况，看保险人能否在保前提供全面、客观的有关保单的咨询；在投保后，投保人的合理要求能否得到满足；在保险标的受损后，保险理赔是否迅速、合理等。应选择服务水平高、态度好的保险公司。

3. 确定保险金额

保险金额是被保险人对保险标的的实际投保金额，是保险人承担保险责任的标准和计收保险费的基础。在货物发生保险责任内的损失时，保险金额就是保险人赔偿的最高限额。因此，投保人投保运输货物保险时，一般应按保险价值向保险人申报保险金额。

海运货物保险一般是按 CIF 或 CIP 发票金额加一成（即加成 10%）计算的。之所以按 CIF 或 CIP 计算，主要是为了使被保险人在货物发生损失时，不仅货物的损失可获得补偿，对已经支出的运费和保险费也能获得补偿。

保险金额的计算有两种情形：

（1）已知 CIF 价格和加成率，计算保险金额：保险金额=CIF 价格×(1+加成率)。

（2）已知 CFR 价格、保险费率和加成率，计算保险金额。保险金额是以 CIF 价格为基础计算的，如果对外报价为 CFR 价格，而国外买方要求 CIF 价格，则应把 CFR 价格按成本 CIF 价格，再加成计算保险金额。换算公式为：CIF 价格=CFR 价格/[1-保险费率×(1+加成率)]。

4. 办理投保手续

我国投保海运货物险应以书面方式订立合同关系，即签订投保单。

从保险合同的成立来看，投保人填写的投保单是合同成立的要约，是投保人与保险人权利和义务确定的依据。投保人必须准确、真实地填写保单中的这些项目：被保险人名称、标记、包装数量、货物名称、保险价值、保险金额、船名或装运工具、开船日期、提单或运单号码、航程或路程、航次、航班、发票号码和合同号码、承保险别、赔付地点、投保日期，以及投保签章企业名称、电话等。

5. 选择投保方式

（1）进口货物的投保方式。按 FOB、FCA 或 CFR、CPT 价格成交的进口货物，货物的运输保险由国内买方办理投保，投保的方式有两种：

1）订立预约保险合同。保险人填写“国际运输预约保险起运通知书”。保险公司把此通知书作为投保人的投保依据，代替保险单。

2）逐笔办理保险。这种方式适用于不经常有货物进口的单位。其具体操作为：按 FOB、CFR、FCA 和 CPT 条件成交的进口货物，由进口企业自行办理保险；为简化投保手续和避免漏保，一般采用预约保险的做法，即被保险人（投保人）和保险人就保险标的物的范围、险别、责任、费率以及赔款处理等条款签订长期性的保险合同；投保人在获悉每批货物起运时，应将船名、开船日期及航线、货物品名及数量、保险金额等内容，以国际运输预约保险启运通知书通知保险公司；保险公司对属于预约保险合同范围内的商品，一经启运，即自动承担保险责任。

未与保险公司签订预约保险合同的进口企业，则采用逐笔投保的方式，进口方在接到国外出口方的装船通知或发货通知后，应立即填写装货通知或投保单，注明有关保险标的物的内容、装运情况、保险金额和险别等后交保险公司，保险公司接受投保后签发保险单。

（2）出口货物投保方式。按 CIF 和 CIP 条件成交的出口货物，由出口企业向当地保险公司逐笔办理投保手续。应根据合同或信用证规定，在备妥货物，并确定装运日期和运输工具后，按约定的保险险别和保险金额，向保险公司投保。投保时应填制投保单并支付保险费，保险公司凭以出具保险单或保险凭证。

投保的日期应不迟于货物装船的日期。若合同没有明确规定投保金额，应按 CIF 价格或 CIP 价格加成 10%。如买方要求提高加成率，一般情况下可以接受，但增加的保险费应由买方负担。

保险单证是主要的出口单据之一。保险单证所代表的保险权益经背书后可以转让。卖方在向买方（或银行）交单前，应先行背书。

二、国际物流风险承保

在国际物流风险的承保业务中，保险人必须对投保人及相关因素进行充分评估，确定相应的风险、成本与收益。一般来讲，承保业务包括风险因素的分析评估，保险单的编制、批改和转让，保险费的计算等。

1. 承保业务的内容

（1）风险因素的分析评估。保险公司接到投保人的货运保险投保申请后要进行选择评估，以使保险费收入和承担的风险达到平衡。在评估中，保险公司要考虑的风险因素主要有货物的性质和特点、货物的包装、运输工具、运输路线及停滞港、运输季节、投保险别，以及投保人资信等。

（2）保险单的编制、批改和转让

1）保险单的编制。保险单是保险公司根据投保人提供的投保单的内容而制作的，与投保人对保险的要求一致。保险单的构成要件包括以下内容：保险公司名称、保险单名称、保险单号次、被保险人的名称、发票号、包装及数量、保险货物项目、保险金额、保费、装载运输工具、开航日期、运输起讫地、承保险别、保险公司在目的地的检验、理赔代理人名称及详细地址、电话号码、赔款偿付地点、保单签发日期及保险公司代表签名。

2）保险单的批改。由于在保单签发后，发现原来投保人申请陈述时的错误或遗漏，货物运输过程中，可能遇到某些意外情况，如承运人根据运输合同赋予的权利改变航行路线、变更目的地、临时挂靠非预定港口或转船等，这些新的变化需要对保险单的内容进行变更或修改。

投保人或被保险人如果需要对保险单进行变更或修改，应提出书面申请。在保险条款规定的范围内，保险人一般会予以批准。若扩大了保险范围，在追加保险条件下，保险人也可能予以批准。保险人批改保险单一般采用签发批单的方式进行。

3）保险单的转让。保险单的转让是指保单持有人将保险单所赋予的要求损失赔偿的权利以及相应的诉讼权转让给受让人，即保险单权利的转让。转让保险单一般采用空白背书的方式办理。

（3）保险费的计算。投保人以支付保险费为代价换取受保险的权利。保险费是保险公司经营业务的基本收入，也是保险公司用以支付保险赔偿的保险基金的主要来源。

货物运输险的保险费是以货物的保险金额和保险费率为基础计算的，计算公式为：保险费=保险金额×保险费率。

保险金额是根据保险价值确定的，一般包括货价、运费、保险费、经营管理费和预期利润。然而，保险金额以超过保险价值为前提。

2. 货运保险的承保方式

我国货物运输保险业务的承保方式分为直接业务、代理业务和预约统保业务三种。

（1）直接业务是由保险公司业务员直接接受投保人的投保申请，并签发保险单的业务。

（2）代理业务是由保险代理人接受投保人的申请并签发保险单的业务。

（3）预约统保业务是保险公司和保户预先签订保险合同，根据此合同，保险公司对保户所有运输货物负有自动承保责任的业务。

第六节 国际物流保险索赔与理赔

国际物流货物在运输途中或仓储过程中遭受损失，被保险人（投保人或保险单受让人）可向保险公司提出索赔。保险公司按保险条款所承担的责任进行理赔。

一、保险索赔

保险索赔的主要程序如下：

1. 损失通知

被保险人获悉货损后，应立即通知保险公司或保险单上指明的代理人。后者接到损失通知后应立即采取相应的措施，如检验损失、提出施救意见、确定保险责任和签发检验报告等。

2. 向有关方面提出索赔

被保险人除向保险公司报损外，还应向承运人及有关责任方（如海关、理货公司等）索取货损货差证明，如属承运人等方面的责任，应及时以“索赔函”的形式提出索赔。

3. 采取合理的施救措施

被保险人应采取必要的措施以防止损失的扩大，保险公司对此提出处理意见的，应按保险公司的要求办理。所支出的费用可由保险公司负责，但以与理赔金额之和不超过该批货物的保险金额为限。

4. 备妥索赔单证，提出索赔要求

索赔单证除正式的索赔函以外，应包括保险单证、运输单据、发票，以及检验报告、货损货差证明等。保险索赔的时效一般为两年。

5. 代位求偿

有时保险标的所遭受的损失是由第三人的行为引起的，被保险人当然有权利向肇事者就其侵权行为进行索赔。由于海事诉讼往往涉及许多方面，诉讼过程旷日持久，保险人为方便被保险人，就按照保险合同的约定先行赔付，同时取得被保险人在标的物上的相关权利，代被保险人向第三人进行索赔。这种在国际海运保险业务中普遍存在的行为称为代位求偿。

例如，同属于被保险人的两艘船相撞，即使全部责任应由另一艘船舶承担，保险人也无权起诉。只有被保险人最了解自己对于标的物的所有权利，掌握拥有这些权利的最充分证据。为保证代位求偿的真正实现，被保险人应当向保险人提供必要的文件和其所知道的情况，并尽力协助保险人向第三人追偿。

《中华人民共和国海商法》（以下简称《海商法》）、《中华人民共和国合同法》和《中华人民共和国保险法》（以下简称《保险法》）等均规定了保险人的代位求偿权。世界各国的海上保险合同立法和海上保险条款也有类似规定。

我国《海商法》规定的诉讼时效期间为一年的有海上货物运输合同、海上拖航合同、共同海损分摊、多式联运合同、船舶碰撞的追偿请求权等；时效期间为两年的有海上旅客运输合同、航次租船合同、定期租船合同、光船租赁合同、船舶碰撞、海难救助及海上保险合同等；时效期间为三年的是油污损害赔偿。有关海事时效的中止和中断的规定与《中华人民共和国民法典》的规定是一致的。国际上一些责任第三方往往利用时效而免除其赔偿责任。如果责任第三人对保险人在时效期限间提出的索赔不予理会或故意拖延，则海上保险人应提起海事诉讼。

此外，海上保险人还应注意赔偿责任限制的问题。我国《海商法》第二百零六条规定，被保险人依照本章规定可以限制赔偿责任的，对该海事赔偿请求承担责任的保险人，有权依照本章规定享受相同的赔偿责任限制。如果被保险人依据法律规定（如我国《海商法》第二百一十八条）而将对第三人的责任作为保险标的而投保且依法律规定享受赔偿责任限制，对被保险人的赔偿责任承担实际赔付责任的海上保险人亦能享受与被保险人相同的赔偿责任限制。若向第三方责任进行代位追偿时亦需注意这个问题。

二、保险理赔

索赔与理赔是保险事故发生时一个问题两个角度的保险争议解决方式的法律用语。

索赔是被保险人依据保险合同所享有的重要权利，当保险标的发生保险合同项下的保险事故造成损失或对此损失负有责任时，被保险人有权向保险人要求赔偿或追偿。

理赔是保险人在知悉发生保险事故并调查确认法律责任归属后，审查索赔材料，做出赔付、部分赔付或拒赔等决定的法律行为。理赔是保险人应尽的保险义务，也是保险人完善经营管理的重要措施。

有关保险人理赔的程序和时限及拒绝理赔通知、说明义务，我国《保险法》第二十三条规定，保险人收到被保险人或者受益人的赔偿或者给付保险金的请求后，应当及时作出核定；情形复杂的，应当在三十日内做出核定，但合同另有约定的除外。保险人应当将核定结果通知被保险人或者受益人。第二十四条还进一步规定，保险人依照本法第二十三条的规定做出核定后，对不属于保险责任的，应当自做出核定之日起三日内向被保险人或者受益人发出拒绝赔偿或者拒绝给付保险金通知书，并说明理由。

一般来说，理赔的主要程序包括：

（1）损失通知。

（2）查勘检验。

（3）核实保险案情。

（4）分析理赔案情，确定责任。

（5）计算赔偿金额，支付保险赔偿。

本章小结

本章主要介绍了国际物流金融与风险、国际海运的风险、损失及其费用，我国《海洋货物运输保险条款》中的平安险、水渍险和一切险及其附加险，伦敦保险协会制定的ICC（A）条款、ICC（B）条款、ICC（C）条款及战争险条款、罢工险条款、附加险条款、恶意损害险条款和特种货物保险条款，还介绍了我国的陆运保险、空运保险、邮包保险、管道运输保险、国际货运代理责任保险，最后介绍了国际物流风险投保与承保以及国际物流保险索赔与理赔等内容。

案例讨论

已售出但尚未运走的货物损失，保险人是否应予赔偿

某棉织厂A于2008年11月投保了仓储货物保险，保险期限为一年。同年12月，该厂与一家国外的制衣厂B签订了10000m涤纶棉布的EXW进出口购销合同。按照合同规定，该制衣厂于次年1月10日派人送来了购货款，并进行了所属10000m涤纶棉布货物的验收，准备装车运走。当制衣厂的负责人将涤纶棉布验收并装车6100m时，天色已晚，为保证质量，该负责人决定第二天（1月11日）的上午再验收并装载余下的货物，已验收并装上车

的货物暂交棉织厂代为看管，并存于棉织厂的仓库中。棉织厂说，你的货已经交验，什么时间来装走你自己负责。不料，在这天夜里，该棉织厂发生了火灾，涤纶棉布属易燃物，库内存放的35000m涤纶棉布皆被烧毁，由于已验收的6100m涤纶棉布随车停放在仓库内，这些布匹也未能幸免于难。

事故发生后，保险公司K立即赶往现场进行查勘，确认了事故是由于线路短路造成的，决定对损失予以赔偿，但当了解到被保险人与制衣人的购销合同时，对该合同相关的涤纶棉布的损失是否赔偿、如何赔偿，K公司内部产生了意见分歧。

第一种意见认为，库内车上的6100m涤纶棉布不应赔偿，库内35000m涤纶棉布中有3900m不应赔偿，因这两部分总计10000m涤纶棉布已经售出，被保险人对其已丧失保险利益。

第二种意见认为，库内车上的6100m涤纶棉布因已出库不再属于保险财产，而库内的受损涤纶棉布均为保险财产，所以库内车上的涤纶棉布不应赔偿，其他都应赔偿。

第三种意见认为，所有的涤纶棉布都未运出厂，虽然车上的涤纶棉布已经验收出库，但仍由被保险人看管，因此所有涤纶棉布的损失都应赔偿。

问题：

（1）请你根据案例中的材料，结合有关理论分析保险公司K应如何赔偿。

（2）被保险人棉织厂A哪些损失可以获得赔偿？哪些损失不能够获得赔偿？为什么？

（3）制衣厂B损失的10000m涤纶棉布向棉织厂A要求赔偿，棉织厂A称货物已售出交完货不予赔偿，让制衣厂B自己找保险公司看能不能够获赔。试问B公司是否能够获得棉织厂A或保险公司的赔偿？为什么？

课后思考与练习

思考题

1. 什么是物流金融？它有哪些服务运作模式？如何进行风险管理？

2. 什么是国际海运的风险与损失？它们包括哪些内容？海上费用又是什么？你如何理解？

3. 什么是平安险？它与水渍险比较，有什么不同？要投保海上一切风险，应该投保什么险别？

4. 我国海运保险的除外责任包括哪些内容？

5. 国际空运保险有哪些险别？

6. 如何防范国际物流仓储货物风险？

7. 试比较ICC条款与我国《海洋运输货物保险条款》各险别的承保范围，它们的战争险、罢工险又有什么区别？

练习题

一、单项选择题

1. 平安险的英文原意为“单独海损不赔”，所以其承保范围为（　　）。

A. 不包括单独海损造成的损失　　B. 不包括推定全损

C. 包括任何意外事故导致的部分损失　　D. 包括任何自然灾害导致的部分损失

2. 下列损失不在中国人民财产保险股份有限公司海运平安险承保范围之内的是（　　）。

A. 海啸致使货物全部灭失　　B. 共同海损分摊额
C. 因货物受潮霉变而遭受的损失　　D. 因船舶互撞致使货物部分损失

3. 下列说法正确的是（　　）。
A. 水渍险的英文全称是 Water Average，简称 W. A.
B. 货物投保一切险之后可以再投保一种或几种一般附加险险别
C. 我国出口货物可以向中国人民财产保险股份有限公司同时投保平安险和水渍险
D. 货物如果投保了水渍险，保险人对自然灾害导致的全部或部分损失都负责赔偿

4. 海运过程中，被保险物茶叶被涌入船舱的海水浸湿，致使部分茶叶发霉变质，这种损失属于（　　）。
A. 推定全损　　B. 共同海损　　C. 实际全损　　D. 单独海损

5. 我国某公司与外商按 CIF 条件签约成交出口茶叶一批，双方约定由我国公司投保一切险。在装运港装船过程中，因船上的吊杆脱钩，造成数箱茶叶在被吊到船和岸之间时落海，从而失去了使用价值。则这一损失应由（　　）。
A. 外商向船方索赔　　B. 外商持保险单向保险公司索赔
C. 我国公司向船方索赔　　D. 我国公司持保险单向保险公司索赔

6. 国际物流金融的服务运行模式中，适合仓单质押模式是（　　）类型的产品。
A. 大宗货物产品　　B. 品牌货物产品
C. 服务类型产品　　D. 加工类产品

二、多项选择题

1. 在海洋运输货物保险中，共同海损（　　）。
A. 是部分损失的一种　　B. 是风险直接导致的损失
C. 是非常情况下的损失　　D. 由各个受益方按比例分摊

2. 向中国人民财产保险股份有限公司投保平安险后，如被保险货物发生（　　），保险公司不负责赔偿。
A. 自然损耗　　B. 发货人责任引起的损失
C. 由于战争引起的损失　　D. 共同海损的牺牲、分摊和救助费用

3. 共同海损分摊涉及的受益方包括（　　）。
A. 船方　　B. 货方　　C. 付运费方　　D. 救助方

4. 我国某公司按 FOB 术语进口玻璃一批，在办理货运保险时，可以投保（　　）。
A. 破碎险　　B. 一切险
C. 平安险加破碎险　　D. 一切险加破碎险

三、判断题

1. 内地某公司向香港售卖一批货物，货物经铁路运输，保有陆运险。车到深圳后，发现车上货物部分被窃，因该货物保有陆运险，该公司可向保险公司索赔。（　　）

2. 在已投保一切险的基础上，可以再加保交货不到险。（　　）

3. 船舶航行中遇暴风雨搁浅，为使船舶起浮，船长命令将舱面上整批钢板抛入海中，该批钢板损失属于部分损失。（　　）

4. 货物投保一切险以后，在运输途中由于任何外来原因所造成的一切货损，均可向保险公司索赔。（　　）

四、计算题

1. 一批出口货物的CFR价格为250000美元，现客户要求该报CIF价格加20%投保海运一切险，我方同意照办，如保险费率为0.6%时，我方应向客户报价多少?

2. 我国某公司进口一批机械，FOB价格为995000元人民币。已知该批货物的平均运费率为6%，投保水渍险和战争险，平均保险费率为0.5%。试计算该批货物的投保金额及保险费。

参考文献

[1] 张良卫．国际物流[M]．北京：高等教育出版社，2011.

[2] 杨明．国际物流管理[M]．北京：高等教育出版社，2005.

[3] 丁立言，张铎．国际物流学[M]．北京：清华大学出版社，2003.

[4] 邵作仁．国际物流[M]．大连：东北财经大学出版社，2005.

[5] 周哲，申雅君．国际物流[M]．北京：清华大学出版社，2006.

[6] 吕军伟．国际物流业务管理模板与岗位操作流程[M]．北京：中国经济出版社，2005.

[7] 林正章．国际物流[M]．北京：机械工业出版社，2006.

[8] 杨霞芳．国际物流管理[M]．上海：同济大学出版社，2004.

[9] 孙家庆．中国保税港区与内陆港互动发展研究——基于厦门海沧保税港区的实践[M]．大连：大连海事大学出版社，2013.

[10] 张海燕，吕明哲．国际物流[M]．3版．大连：东北财经大学出版社，2014.

[11] 北京市商务委员会．北京物流发展蓝皮书[M]．北京：中国财富出版社，2013.

[12] 刘卫东，田锦尘，欧晓理，等．“一带一路”战略研究[M]．北京：商务印书馆，2017.

[13] 金立群，林毅夫．“一带一路”引领中国：国家顶层战略设计与行动布局[M]．北京：中国文史出版社，2015.

[14] 厉以宁，林毅夫，郑永年，等．读懂“一带一路”[M]．北京：中信出版社，2015.

[15] 戴建中．电子商务概论[M]．3版．北京：清华大学出版社，2016.

[16] 卢荣忠，黄建忠．国际贸易[M]．2版．北京：高等教育出版社，2010.

[17] 马述忠，濮方清，潘钢健，等．数字贸易学[M]．北京：高等教育出版社，2022.

[18] 张夏恒．跨境电子商务生态系统构建机理与实施路径[J]．当代经济管理，2021，43（7）：55-60.

[19] 李芳，杨丽华，梁含悦．我国跨境电商与产业集群协同发展的机理与路径研究[J]．国际贸易问题，2019（2）：68-82.

[20] 王惠敏，戴明锋，赵新泉．跨境电商带动传统产业转型升级路径[J]．国际经济合作，2021（1）：33-40.

[21] 张良卫．全球供应链管理[M]．北京：中国物资出版社，2008.

[22] 中国电子技术标准化研究院．制造业数字化转型路线图（2021）[R/OL]．（2021-12-02）[2023-10-1]．https://www.cesi.cn/202112/8106.html.

[23] 中国信息通信研究院．数字经济治理白皮书（2019年）[R/OL]．（2019-12-26）[2023-10-1]．http://www.caict.ac.cn/.

[24] 中华人民共和国商务部服务贸易和商贸服务业司．中国数字贸易发展报告（2021）[R/OL]．（2023-01-16）[2023-10-1]．http://images.mofcom.gov.cn/fms/202301/20230117111616854.pdf.

[25] 普华永道．加快推动数字贸易高质量发展的建议[R/OL]．（2022-12-11）[2023-10-1]．https://www.pwccn.com/zh/research-and-insights/accelerating-digital-trade-dec2022.pdf.

[26] 中华人民共和国商务部．中国电子商务报告（2022）[R/OL]．（2022-06-09）[2023-10-1]．http://dzsws.mofcom.gov.cn/article/ztxx/ndbg/202306/20230603415404.shtml.

[27] 中华人民共和国商务部服务贸易和商贸服务业司．中国数字贸易发展报告（2021）[R/OL]．（2023-01-16）[2023-10-1]．http://images.mofcom.gov.cn/fms/202301/20230117111616854.pdf.

[28] 谢康．世界信息经济与国家知识优势[M]．广州：广东人民出版社，2001.

[29] 骆温平．第三方物流理论、操作与案例[M]．上海：上海社会科学院出版社，2001.

［30］张良卫，等．进出口贸易实务［M］．北京：中国人民大学出版社，2013.
［31］陈振明．政策科学［M］．北京：中国人民大学出版社，1999.
［32］张金马．政策科学导论［M］．北京：中国人民大学出版社，1998.
［33］安德森．公共决策［M］．唐亮，译．北京：华夏出版社，1990.
［34］夏春玉．现代物流概论［M］．北京：首都经济贸易大学出版社，2004.
［35］杨长春，顾永才．国际物流［M］．北京：首都经济贸易大学出版社，2003.
［36］张良卫．国际物流实务［M］．4 版．北京：电子工业出版社，2022.
［37］逯宇铎，侯铁珊，邢金有．国际物流管理［M］．北京：机械工业出版社，2006.
［38］张良卫．国际海上运输［M］．北京：北京大学出版社，2014.
［39］毕功兵，王慧玲．国际物流［M］．北京：中国物资出版社，2006.
［40］刘北林．国际物流实务［M］．北京：中国物资出版社，2006.
［41］王学锋．国际物流运输［M］．北京：化学工业出版社，2004.
［42］姚新超．国际贸易运输［M］．北京：对外经济贸易大学出版社，2003.
［43］王长琼．绿色物流［M］．北京：化学工业出版社，2004.
［44］苏雄义．企业物流总论：新竞争力源泉［M］．北京：高等教育出版社，2003.
［45］牛鱼龙．需求链物流：成本与利润［M］．深圳：海天出版社，2004.
［46］王之泰．现代物流学［M］．北京：中国物资出版社，1995.
［47］吴清一．物流基础［M］．北京：清华大学出版社，2000.
［48］汪鸣，冯浩．我国现代物流业发展政策及建议［J］．宏观经济研究，2002（5）：5.
［49］孔文．国际物流发展趋势下的供应链管理［J］．江西财经大学学报，2005（1）：9-12.
［50］张良卫．加强中国物流的协调发展与政策［J］．南方经济，2002（8）：4.
［51］戴定一，贺登才．发展我国现代物流产业的相关政策建议［J］．物流技术与应用，2003（1）：42-47.
［52］成耀荣，胡小文．物流政策的制定及其评估方法研究［J］．综合运输，2004（2）：33-36.
［53］李波，王谦．物流信息系统［M］．北京：清华大学出版社，2008.
［54］王先庆，李征坤，刘芳栋，等．互联网+物流：“互联网+”时代，下一个千亿级“风口”［M］．北京：人民邮电出版社，2015.
［55］马化腾，张晓峰，杜军．互联网+国家战略行动路线图［M］．北京：中信出版社，2015.
［56］巴卢．企业物流与供应链管理［M］．宋华，改编．5 版．北京：中国人民大学出版社，2008.
［57］斯托克，兰伯特．战略物流管理［M］．邵晓峰，译．北京：中国财政经济出版社，2003.
［58］戴维．国际物流：国际贸易中的运作管理：第 4 版［M］．北京：清华大学出版社，2014.
［59］郭靖宇．“互联网+”开启物流新变革［J］．金融世界，2015（5）：96-97.
［60］国家发展和改革委员会．物流业调整和振兴规划［EB/OL］．（2009-03-10）［2023-10-1］．https://www.ndrc.gov.cn/xxgk/zcfb/qt/200904/t20090424_967750.html.
［61］国家发展和改革委员会．珠三角地区改革发展规划纲要（2008—2020 年）之一［EB/OL］．（2009-04-28）［2023-10-1］．https://www.ndrc.gov.cn/fggz/tzgg/ggkx/200904/t20090428_1038327.html.
［62］王学锋．国际物流［M］．北京：高等教育出版社，2009.
［63］孙家庆，靳志宏．国际物流［M］．北京：科学出版社，2019.
［64］武亮，王跃进．一本书搞懂跨境电商［M］．北京：化学工业出版社，2015.
［65］何传添．跨境电子商务［M］．北京：经济科学出版社，2016.
［66］周嘉娣．我国跨境电子商务的现状分析及建议［J］．电子商务，2013（34）：102-103.
［67］张夏恒，马天山．中国跨境电商物流困境及对策建议［J］．当代经济管理，2015（5）：51-54.
［68］曹旭光，王金光，刘希金．跨境电子商务的物流商业模式及其创新途径［J］．对外经贸实务，2015（10）：93-96.

[69] 张红英．中国 B2C 跨境电子商务的发展问题研究：以兰亭集势和全球速卖通为例[D]．济南：山东大学，2014.
[70] 沈丹阳，黄金利，何仕奇．我国跨境电商物流模式研究[J]．价格月刊，2015（8）：39-42.
[71] 窦粲灿，吴会芳．跨境电商物流存在的问题与对策研究[J]．物流工程与管理，2015（9）：155-156.
[72] 彭龙．中国电商市场发展报告：2014，电商都在做什么[M]．北京：人民邮电出版社．2015.
[73] 马朝阳．国际贸易实务[M]．北京：中国商务出版社．2014.
[74] CARTER C R，ELLRAM L M. Reverse logistics：a review of the literature and framework for future investigation[J]．Journal of business logistics，1998，19（1）：85- 102.
[75] WU H J，DUNN S C. Environmentally responsible logistics systems[J]．International journal of physical distribution and logistics management，1995，25（2）：20-22.